高等院校"十二五"工商管理核心课程系列教材

ERP 理论、应用与实训教程

ERP Theory，Application and Training Course

主　编　张　平

副主编　李秀芬

参　编　曾辉祥　王茂凤

经济管理出版社

前　言

21 世纪的中国企业处于新旧经济体制交替和竞争全球化的环境中，面临前所未有的机遇和挑战。企业管理的个性化和持续完善已经成为现代企业竞争的基本战略。在此背景下，企业的业务系统必须能够快速定制、灵活调整、自由扩展、自行维护才能够迅速应对市场、技术、资源、业务、客户、服务和管理等各方面的不断变化和发展。ERP 作为一项目前在全球范围内应用最为广泛、最具发展潜力的企业现代化管理工具和模式，日益受到越来越多企业的青睐和重视。ERP 是 Enterprise Resource Planning 的缩写，中文含义是"企业资源计划"。ERP 可以全面整合企业资源，对企业物流、资金流、信息流进行有效统一，通过建立一个覆盖整个公司经营领域内的集成化信息平台，以及系统化的计划、组织和控制功能，达到协同利益相关者、加快市场响应、降低运营成本、提高管理效率之目的，从而使企业在激烈的竞争中获得一席之地。

自从 20 世纪 80 年代 ERP 的前身 MRP Ⅱ 进入中国市场以来，大量企业在实践中感受到了这一管理思想和技术的价值。随着中国大型企业数量的与日俱增，企业迫切需要大量了解、熟悉和能够熟练应用 ERP 知识及技能的复合型人才，这也在一定程度上影响到目前高校学生培养方案的制定。为了适应上述需要，本书在编写过程中综合 ERP 原理、应用和实训的重点内容，参考大量相关教辅书籍，并广泛听取高校教师、企业管理和技术人员、ERP 培训老师的意见，力求在内容方面满足多样化的需求。

本书在编写过程中尽量考虑到了不同使用者的需求，使其在使用过程中可以对部分章节进行灵活掌握。例如，教师在教学中既可以将理论、应用和实训作为一门 ERP 课程，也可以将"实训"部分作为单独课程开设。教师还可以根据学生的教学大纲要求安排教学侧重点。例如，对于会计专业学生，可以加强手工沙盘操作；对于其他专业学生，可以采用电子沙盘进行实训教学。

本书在编写过程中得到了"用友"软件甘肃分公司徐向阳女士的大力帮助，在此特别表示感谢！另外，本书的编写参考了大量文献，均在书后注明，如有遗漏请作者指出，再版时将予更正。

由于作者的水平有限，书中如有错误和不足之处，请读者批评指正。

张 平

2010 年 12 月

目　录

理 论 篇

应用篇

实训篇

理 论 篇

第一章 ERP 概述

[学习目的]

通过本章学习，能够掌握 ERP 的基本概念；

了解 ERP 与企业的关系；

理解 ERP 系统的管理思想；

熟悉 ERP 技术的发展趋势和主要 ERP 软件系统。

在当前全球竞争激烈的大市场中，无论是流程式还是离散式的制造业，无论是单件生产、多品种小批量生产、少品种重复生产还是标准产品大量生产的制造业，制造业内部管理都可能遇到以下一些问题：企业可能拥有卓越的销售人员推销产品，但是生产线上的工人却没有办法如期交货，车间管理人员则抱怨说采购部门没有及时供应他们所需要的原料；许多公司要用 3~5 个星期的时间，才能计算出所需要的物料量；财务部门不信赖仓库部门的数据，不敢以它来计算制造成本；等等。

不能否认，以上这些情况正是许多企业所面临的严峻问题。然而，针对这一现象，我们已经有了有效的办法来解决它。当中国的企业界已经逐渐意识到这一问题的严重性时，国内外的 ERP/MRPⅡ 的软件厂商早已走进了中国市场，并随着时间的推移，ERP 开始广泛被中国的企业界、理论界所认知。

第一节 ERP 的基本概念

一、ERP 的概念

ERP 是 Enterprise Resource Planning（企业资源计划）的简称。ERP 是 20 世纪 90 年代由 Gartner Group 公司根据当时计算机信息、IT 技术发展及企业对供应链管理的需求，预测在今后信息时代企业管理信息系统的发展趋势和即将发生的变革而提出的一个概念。

关于 ERP 的概念可以从管理思想、软件产品、管理系统三个层次来理解。

（1）ERP 是由美国著名的计算机技术咨询和评估集团 Gartner Group 提出的一整套企业管理系统体系标准，其实质是在 MRPⅡ（Manufacturing Resources Planning，制造资源计划）基础上进一步发展而成的面向供应链（Supply Chain）的管理思想。

3

（2）综合应用了客户机/服务器体系、关系数据库结构、面向对象技术、图形用户界面、第四代语言（4GL）、网络通信等信息产业成果，以 ERP 管理思想为灵魂的软件产品。

（3）集企业管理理念、业务流程、基础数据、人力物力、计算机硬件和软件于一体的企业资源管理系统。

ERP 的概念层次如图 1-1 所示，针对管理界、信息界、企业界不同的表述要求，"ERP" 分别有着它特定的内涵和外延。本书由于主要是针对企业界的应用，因此主要是采用第三种定义方式。对于企业来说，要理解"企业资源计划"（ERP），首先要明确什么是"企业资源"。简单地说，"企业资源"是指支持企业业务运作和战略运作的事物，也就是人们常说的"人"、"财"、"物"。据此可以认为，ERP 就是一个有效地组织、计划和实施企业"人"、"财"、"物"管理的系统，它依靠计算机信息技术和手段以保证其信息的集成性、实时性和统一性。ERP 最初是一种基于企业内部"供应链"的管理思想，在 MRPⅡ 的基础上扩展了管理范围，给出了新的结构。它的基本思想是将企业的业务流程看作是一个紧密联结的供应链，将企业内部划分成几个相互协同作业的支持子系统，如财务、市场营销、生产制造、质量控制、服务维护、工程技术等。最早采用这种管理方式的是制造业，当时主要考虑企业的库存物料管理，于是产生了 MRP（物料需求计划）系统，同时企业的其他业务部门也都各自建立了信息管理系统，如会计部门的计算机账务处理系统、人事部门的人事档案管理系统等，而这些系统早期相互独立，彼此之间缺少关联，形成信息孤岛，不但没有发挥 IT 手段的作用，反而造成了企业管理的重复和不协调。在这种情况之下，MRPⅡ 应运而生。它围绕"在正确的时间制造和销售正确的产品"这样一个中心，将企业的"人"、"财"、"物"进行集中管理。ERP 可以说是 MRP 的一个扩展：①它将系统的管理核心从"在正确的时间制造和销售正确的产品"转移到了"在最佳的时间和地点，获得企业的最大增值"。②基于管理核心的转移，其管理范围和领域也从制造业扩展到了其他行业和企业。③在功能和业务集成性方面，它都有了很大加强，特别是商务智能的引入使得以往简单的事物处理系统变成了真正智能化的管理控制系统。

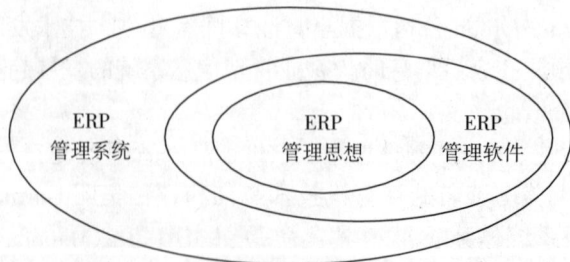

图 1-1　ERP 基本概念的三个层次

二、ERP 的系统功能

ERP 是一个复杂的系统工程，如图 1-2 所示。本书分别从软件功能范围、软件应用环境、软件功能增强和软件支持技术方面对 ERP 的系统功能进行界定。

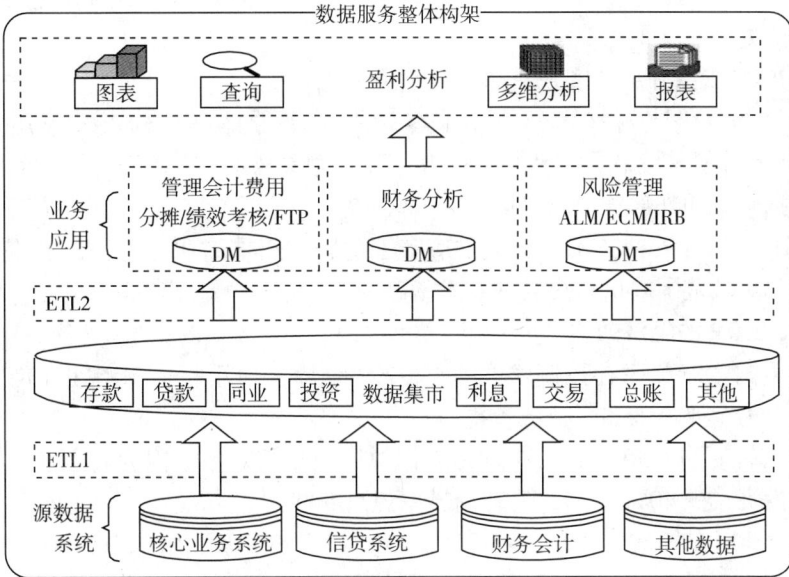

图 1-2 ERP 系统框架

1. ERP 超越 MRP Ⅱ 范围的集成功能

ERP 相对于标准 MRP Ⅱ 系统来说，扩展功能包括：质量管理、试验室管理、流程作业管理、配方管理、产品数据管理、维护管理、管制报告和仓库管理。这些扩展功能仅是 ERP 超越 MRP Ⅱ 范围的首要扩展对象，并非包含全部的 ERP 的标准功能。目前尚不能像 MRP Ⅱ 标准系统那样形成一个"ERP 标准系统"。事实上，像质量管理、试验室管理等许多不包括在标准 MRP Ⅱ 系统之内的功能，在一些软件系统中已经具备，只是还缺少标准化和规范化。

2. ERP 突破 MRP Ⅱ 的两个局限

ERP 支持混合方式的制造环境。混合方式的制造环境包括以下三种情况：生产方式的混合，经营方式的混合，生产、分销和服务等业务的混合。

（1）在标准 MRP Ⅱ 系统中，一直未涉及流程工业的计划与控制问题。MRP Ⅱ 系统适用于 4~5 级的离散型生产方式的企业，这是 MRP Ⅱ 的简单原则造成的。ERP 扩展到流程企业，把配方管理、计量单位的转换、联产品、副产品流程作业管理、批平衡等功能都作为 ERP 不可缺少的一部分。

（2）MRP Ⅱ 是面向特定的制造环境开发的。即使通用的商品软件在按照某一用户的需求进行业务流程的重组时，也会受到限制，不能适应所有用户的需求。而面向顾客的需求，在瞬息万变的经营环境中，根据客户需求快速重组业务流程的灵活性，正是 ERP 的特点。

3. ERP 支持能动的监控能力

ERP 的能动式功能表现在它所采用的控制和工程方法、模拟功能、决策及图形能力。决策支持能力是 ERP "能动" 功能的一部分。传统 MRP II 系统是面向结构化决策问题。ERP 的决策支持功能则要扩展到对那些半结构化或非结构化问题的处理。

4. ERP 支持开放的客户机/服务器计算环境

ERP 的软件支持技术包括要求客户机/服务器体系结构、图形用户界面 (GUI)、计算机辅助软件工程 (CASE)、面向对象技术、关系数据库、第四代语言、数据采集和外部集成 (EDI)。

ERP 的软件支持技术是面向供应链管理、快速重组业务流程、实现企业内部与外部更大范围内信息集成的技术基础。

三、ERP 的经济效益

据美国生产与库存控制学会 (APICS) 统计，使用一个 MRP II /ERP 系统，平均可以为企业带来如下经济效益：

（1）库存下降 30%~50%。这是人们说得最多的效益。因为它可使一般用户的库存投资减少 40%~50%，库存周转率提高 50%。

（2）延期交货减少 80%。当库存减少并稳定的时候，用户服务水平提高了。使用 ERP/MRP II 的企业的准时交货率平均提高 55%，误期率平均降低 35%，这就使销售部门的信誉度大大提高。

（3）采购提前期缩短 50%。采购人员有了及时、准确的生产计划信息，就能集中精力进行价值分析、选择货源、研究谈判策略、了解生产问题，缩短了采购时间，节省了采购费用。

（4）停工待料减少 60%。由于零件需求的透明度提高，计划也做了改进，能够做到及时与准确，零件也能以更合理的速度准时到达，因此，生产线上的停工待料现象将会大大减少。

（5）制造成本降低 12%。由于库存费用的下降、劳力的节约、采购费用的节省等一系列人、财、物的效应，必然会引起生产成本的降低。

（6）管理水平提高，管理人员减少 10%，生产能力提高 10%~15%。

第二节　ERP 与企业的关系

一、ERP 的广泛应用

ERP 是借用一种新的管理模式来改造企业旧的管理模式，是先进的、行之有效的管理思想和方法。目前，ERP 软件已在实际中得到了相当广泛的应用。如图 1-3 以用友 ERP 系统为例，显示了这一新管理技术的长足发展。

服装鞋帽	用友 BI			机械
	用友电子商务			
食品	用友 PLM	用友 U8	用友分销零售	汽车汽配
			用友 ERM	
			用友 SNS	医药
流通与零售	用友 HR		用友协同办公	电子
物流	UAP			化工能源

图 1-3 用友 ERP 系统在各行业中的应用

二、实施 ERP 是企业管理全方位的变革

企业领导层应该首先是受教育者，其次才是现代管理理论的贯彻者和实施者。企业领导层要规范企业管理及其有关环节，使规范成为领导者、管理层及员工自觉的行动，使现代管理意识扎根于企业中，成为企业文化的一部分。国外企业实施 ERP 一丝不苟。中国企业应该向其学习，告别迁就陈腐、互相推诿的陋习，全面实施 ERP 管理系统。作为企业管理者，要眼睛向内，练好内功，做好管理的基础工作，这是任何再好的应用软件和软件供应商都无法提供的，只能靠自己勤勤恳恳地耕耘。有些企业人士把 ERP 的实施称为"第一把手工程"，这说明了企业的决策者在 ERP 实施过程中的特殊作用。ERP 是一个管理系统，牵动全局，没有第一把手的参与和授权，很难调动全局。

三、ERP 的投入是一个系统工程

ERP 的投入和产出与其他固定资产设备的投入和产出相比，并不那么直观、浅显和明了，投入不可能马上得到回报，见到效益。ERP 的投入是一个系统工程，并不能立竿见影，它所贯彻的主要是管理思想，这是企业管理中的一条红线。它长期起作用、创效益，在不断深化中向管理要效益。

此外，实施 ERP 还要因企业而异，具体问题具体分析。首先，要根据企业的具体需求设置相应的系统，而不是笼统地不顾企业的规模全盘吸收，否则对企业危害性极大。其次，ERP 的投入不是一劳永逸的，由于技术的发展日新月异，而且随着工作的深入，企业会越来越感到资源的紧缺，因此，企业每年应有相应的投入，才能保证系统健康地运转。

四、ERP 的实施需要复合型人才

ERP 的实施既要靠计算机专业技术人才，又要靠管理人才。当前高校对复合型人才的培养远远满足不了企业的需求。复合型人才的培养需要一个过程和一定的周期，但企业领导者常把这样不多的人才当作一般管理者，没有把他们当作是企业来之不易的财富，没有把他们视为一支重要的队伍。这与长期忽视管理有关，这些复合型人才在企业中的地位远远不及市场开拓人员和产品开发者，而是充当"辅助"角色，这是造成人才流失的重要原因。另外，当企业设置 ERP 系

统时，这些复合型人才才会起到先导作用，而一旦管理进入常规，他们似乎又成为多余的人，这已成为规律。在人才市场上，复合型人才最为活跃，那些有眼光的企业家都会下工夫挖掘人才，但这不利于实施队伍的稳定。

总之，条件具备的企业要不失时机地使用 ERP 管理系统，不能只搞纯理论研究、再研究。长时间的考察后要整理好内部管理基本数据，选定或开发适合自己企业的 ERP 软件，当条件成熟时就使用。

第三节 ERP 系统的管理思想

ERP 作为当今国际上一个最先进的企业管理模式，在体现当今世界最先进的企业管理理论的同时，也提供了企业信息化集成的最佳解决方案。它把企业的物流、资金流、信息流统一起来进行管理，以求最大限度地利用企业现有资源，实现企业经济效益的最大化。

ERP 的核心管理思想就是实现对整个供应链的有效管理，主要体现在以下三个方面：

一、体现对整个供应链资源进行管理的思想

在知识经济时代，仅靠自己企业的资源不可能有效地参与市场竞争，还必须把经营过程中的相关各方如供应商、制造工厂、分销网络、客户等纳入一个紧密的供应链中，才能有效地安排企业的产、供、销活动，满足企业利用全社会一切市场资源快速、高效地进行生产经营的需求，以期进一步提高效率和在市场上获得竞争优势。换句话说，现代企业竞争不是单一企业与单一企业间的竞争，而是一个企业供应链与另一个企业供应链之间的竞争。ERP 系统实现了对整个企业供应链的管理，适应了企业在知识经济时代市场竞争的需要。图 1-4 以 ERP 中的生产、销售、采购过程为例说明了供应链的上、下游关联协同思想。

二、体现精益生产和敏捷制造思想

ERP 系统支持对混合型生产方式的管理，其管理思想表现在两个方面：

（1）"精益生产（Lean Production，LP）"的思想。它是由美国麻省理工学院（MIT）提出的一种企业经营战略体系，即企业按大批量生产方式组织生产时，把客户、销售代理商、供应商、协作单位纳入生产体系，企业同其销售代理、客户和供应商的关系，已不再是简单的业务往来关系，而是利益共享的合作伙伴关系，这种合作伙伴关系组成了一个企业的供应链。

（2）"敏捷制造（Agile Manufacturing）"的思想。当市场发生变化，企业遇到特定的市场和产品需求时，企业的基本合作伙伴不一定能满足新产品开发生产的要求，这时，企业会组织一个由特定的供应商和销售渠道组成的短期或一次性供应链，形成"虚拟工厂"，把供应和协作单位看成是企业的一个组成部分，运用"同步工程（SE）"，组织生产，用最短的时间将新产品打入市场，时刻保持产品的高质量、多样化和灵活性，这即是"敏捷制造"的核心思想。

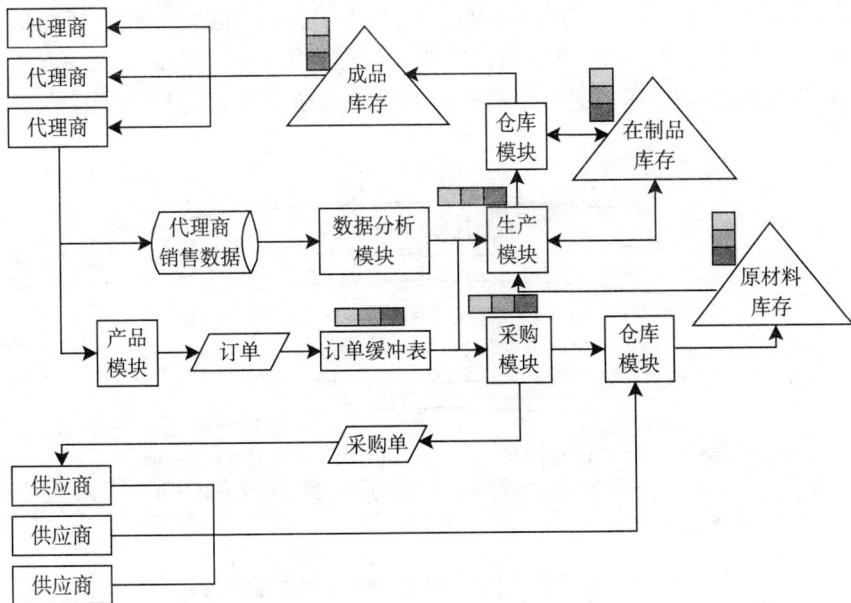

图 1-4 生产、销售、采购功能关联图

三、体现事先计划与事中控制的思想

ERP 系统中的计划体系主要包括：主生产计划、物料需求计划、能力计划、采购计划、销售执行计划、利润计划、财务预算和人力资源计划等，这些计划功能与价值控制功能已完全集成到整个供应链系统中。

（1）ERP 系统通过定义与事务处理（Transaction）相关的会计核算科目及核算方式，使得在事务处理发生的同时自动生成会计核算分录，保证了资金流与物流的同步记录和数据的一致性，从而实现了根据财务资金现状追溯资金的来龙去脉，并进一步追溯所发生的相关业务活动的目的，改变了资金信息滞后于物料信息的状况，便于实现事中控制和实时做出决策。

（2）计划、事务处理、控制与决策功能都在整个供应链的业务处理流程中实现，它要求在每个流程业务处理过程中最大限度地发挥每个人的工作潜能与责任心，流程与流程之间则强调人与人之间的合作精神，以便在有机组织中充分发挥每个人的主观能动性与潜能，实现企业管理从"高耸式"组织结构向"扁平式"组织结构的转变，提高企业对市场动态变化的响应速度。总之，借助 IT 技术的飞速发展与应用，ERP 系统得以将很多先进的管理思想变成现实中可实施应用的计算机软件系统。

第四节 ERP 在我国的应用

20 世纪后期我国企业逐步引入 ERP（MRPⅡ）管理软件，经过艰难的探索，ERP 在我国企业中的应用已经呈现出健康发展的态势（如图 1-5 所示）。近年来，虽然我国已进入 ERP 的普及阶段，但是由于我国大多数企业，特别是国有企业正处在建立现代企业制度的过渡阶段，管理思想、管理水平、管理方法和管理基础都与发达国家有一定的差距，ERP 系统的全面实施过程中还存在着一些问题。

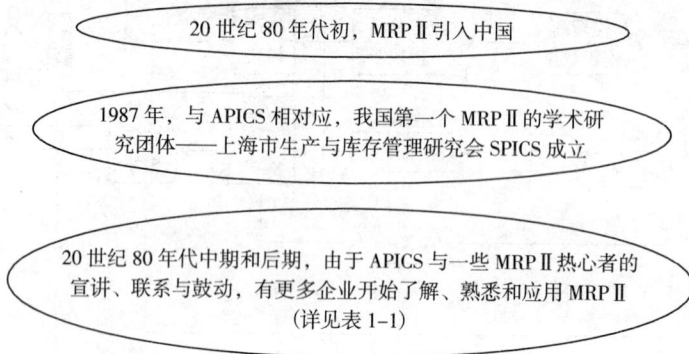

20 世纪 80 年代初，MRPⅡ引入中国

1987 年，与 APICS 相对应，我国第一个 MRPⅡ的学术研究团体——上海市生产与库存管理研究会 SPICS 成立

20 世纪 80 年代中期和后期，由于 APICS 与一些 MRPⅡ热心者的宣讲、联系与鼓动，有更多企业开始了解、熟悉和应用 MRPⅡ（详见表 1–1）

图 1–5 我国引进 ERP（MRPⅡ）技术的主要历程

表 1–1 　　　　　　　　我国企业早期 ERP（MRPⅡ）技术的使用情况

企业名称	引进时间（年）	公司性质	主要效益
上海电机厂	1992	国有企业	生产管理和经济效益得到提高
上海爱梯恩梯通信设备有限公司	1991	合资企业	提高了劳动生产率
上海施贵宝制药有限公司	1990	合资企业	实现库存管理
杭州制氧集团公司	1991	国有企业	经济效益得到提高
上海第二机床厂	1992	国有企业	建立了基本支持系统
上海庄臣有限公司	1994	独资企业	解决了缺料问题
广东科龙电器股份有限公司	1992	乡镇企业	实现了计划管理
上海福克波罗有限公司	1986	合资企业	销售额得到提高

一、ERP 在我国企业应用中的现状

我国的企业信息化建设从 20 世纪 70 年代开始起步，20 世纪 80 年代进行铺垫，20 世纪 90 年代中后期进入了快速发展阶段。ERP 软件在经历了厂商、媒体的大力推广后，ERP 产品的应用观念已得到普及，ERP 所带来的信息整合功能已经被广大企业用户普遍接受，国内企业对 ERP 软件的需求巨大。然而由于国内企业的信息化基础不强，ERP 系统应用意识相对较薄弱等原因，虽然产品的概念已经普及，但总体上来说我国 ERP 应用还处在普及的初级阶段，是低水平的普及阶段。

（1）从 ERP 系统应用的规模来看，在我国无论是大型企业还是中小型企业，对企业信息化的实施都持积极态度。但是，不同规模的企业之间实施状况存在着很大的差异。总体来看，大型企业应用程度远远高于中小型企业。

（2）从 ERP 用户行业分布来看，国内 ERP 软件应用较多的行业主要集中在机械、汽车等传统制造业领域以及电子、制药、石化、食品和一些流通行业。这些行业由于起步较早，企业规模较大，至今在 ERP 软件的销售市场中仍占主导地位。最近几年，ERP 的应用范围得到了显著扩展，已扩展到第二、第三产业，随着社会主义市场经济的不断完善，ERP 将在金融业和信息产业中发挥主导作用。

（3）从 ERP 用户区域分布来看，ERP 软件的销售区域主要集中在华东、华北和华南地区。这些地区不仅大型企业数量较多，而且中小型企业数量也是西部的几倍。这些地区经济发展较快，企业的经营状况也比较好，因此 ERP 用户较多。而在华中、东北、西北和西南地区，ERP 的用户就相对较少。

（4）从 ERP（包括 MRP Ⅱ）是否有效实施来分析，伴随着企业信息化的快速发展，ERP 在我国也进入到广泛普及阶段，越来越多的人知道了什么是 ERP。

二、ERP 在我国企业应用中存在的问题

1. 观念上的偏失

目前 ERP 在我国的普及还是低水平的普及，是 ERP 普及的初级阶段。很多企业对 ERP 的真谛、内涵、复杂性及其对企业自身基础的要求知之甚少。

2. 高素质复合型人才的缺乏

要想成功实施 ERP，必须有一批既精通 ERP 管理思想，又掌握软件技术的复合型人才。虽然近年来我国培养了一批适应企业信息化需要的复合型人才，可和我国企业的需求相比还相差很远。

3. ERP 市场环境不健全

在 ERP 产品市场准入方面，缺乏权威的、合理的、规范的以及高效的市场准入和退出制度，造成 ERP 市场鱼龙混杂、良莠不齐。在 ERP 产品质量认证方面，还缺乏合理的、规范的和高效的 ERP 产品质量标准和质量事故认定规范。

4. 战略规划的缺失

国内企业对于实现企业的战略管理始终缺乏有效的认识，而企业信息化依赖于由企业长期的发展战略而建立的信息化体系，在信息化伊始不制定信息化的方针和策略，也就对所选择开展的信息化内容的可行性缺乏充分研究，这种信息化存在巨大的风险。

三、影响我国企业实施 ERP 的因素

根据长虹集团、哈药集团等国内企业实施 ERP 的一些典型案例，我们可以将影响我国企业实施 ERP 的关键因素概括为以下七个方面：

1. 明确的战略目标

明确实施 ERP 系统是企业战略发展的需求，而不仅仅是"赶时髦"。企业管理层应该把企业的这些目标传达下去，让企业的员工都知道在项目中的职责，为企业 ERP 的实施营造一个良好的氛围。

2. 高层领导的支持

由于 ERP 项目的投资大、周期长，是一项关系到企业发展全局的系统工程，

只有高层领导的充分理解、持续支持、亲自参与才能成功。高层领导的充分参与才能保证足够的人力、物力和财力投入。另外，高层领导的有效参与能提高员工实施 ERP 的积极性。

3. 业务流程再造

业务流程再造（Business Process Reengineering，BPR）就是在 ERP 实施过程中对企业原有的业务流程进行重新设计。在面对企业业务流程与 ERP 系统的标准业务流程不相符的时候有两种选择：第一，通过对系统的配置和二次开发，将企业原有的业务流程在系统中固化；第二，根据系统标准的业务流程对企业的现有业务流程进行重组。一些已实施 ERP 项目的企业发现按照企业现有的业务流程对系统进行配置和二次开发都存在很大的风险性。

4. 软件选择

目前很多国内大型企业都使用国外 ERP 软件，由于文化背景和法律法规的不同，很可能导致选择的软件不能满足企业的需求，或者是选择软件中的部分功能不被国家认可，导致功能不能使用。据统计，美国 ERP 实施失败的企业中有 50%~75%是由于软件选择失误造成的。国内的北京三露在 ERP 系统实施中也遭遇了软件选择失败的尴尬处境，最终导致了系统实施的失败。

5. 出色的项目管理

ERP 项目涉及企业经营发展的各个方面，必须要有优秀的项目管理，才能保证 ERP 项目的成功实施。在项目管理过程中，还必须保证良好有效的沟通。这不仅需要 ERP 项目经理与高层领导的有效沟通，还需要项目组中企业员工与外部咨询顾问的有效沟通，这样做能使外部咨询顾问明白企业的现状、了解企业的需求，让系统的实施真正满足企业的需求。

6. 咨询公司的选择

由于国内大多数企业信息化起步晚、底子薄，企业的很多员工对信息化没有一个完整的认识。而外部咨询公司的介入可以很好地解决 ERP 实施的诸多细节问题，他们带来 ERP 软件系统专家，同时也带来了这套 ERP 软件系统在同行业其他企业的实施经验，可以很好地控制 ERP 项目的实施。

7. 用户培训

用户培训在 ERP 项目实施过程中有着举足轻重的地位，由于 ERP 系统的复杂性，对企业用户的培训必须囊括 ERP 项目实施的各类人员。

在新的形势下，将会有越来越多的企业选择实施 ERP，希望借助 ERP 从根本上提高企业的管理水平、提高企业的市场应变能力，但是，这并不意味着企业对 ERP 的选择、实施等有深刻的理解和认识。良好的愿望必须借助科学的方法才能成为现实。因此，企业必须结合自身情况，选择适合自身管理水平的 ERP 系统，并在实施过程中重视各方面的影响因素，以保证 ERP 系统的全面成功实施，并达到提高企业综合管理能力的目的。然而我们必须关注的是：实施 ERP 毕竟只是企业提高竞争力的一种手段，而不是企业的终极目标。因此，对于一个企业来说，是否选择并实施 ERP 也许并不是最重要的。对国内企业来说，重要的是要掌握蕴藏在 ERP 系统中的深厚的管理思想，并在企业管理中贯彻执行，同时必须夯实企业的基础管理工作，特别是基本数据管理，为 ERP 的实施奠定坚实的基础，为企业管理理念的根本变革做好充分的准备。

第五节　ERP 的发展趋势

一、ERP 技术的发展历程

ERP 技术起源于美国，其在国外的应用历程如图 1-6 所示。

1957 年，美国的生产与库存控制协会（American Production and Inventory Control Association，APICS）建立，开创了新的研究领域——MRP Ⅱ 。
1960 年前后，由 APICS 的 MRP 委员会主席 Joseph Orlicky 等人第一次用物料需求计划 MRP 原理，开发了一套微机系统。
20 世纪 70 年代，一些计算机软件商开发了闭式 MRP 软件。20 世纪 80 年代，又推出了 MRP Ⅱ 软件。
20 世纪 90 年代，涌现出几百家专门从事 MRP Ⅱ 开发与销售的公司。MRP Ⅱ 的应用也从离散工业向流程工业扩展，不仅能应用于汽车、电子等行业，也能用于化工、食品等行业。
至今，MRP Ⅱ 软件的功能还在不断增强、完善与扩大，已向企业资源计划（Enterprise Resource Planning，ERP）发展。

图 1-6　ERP 系统在国外的应用

ERP 技术的发展大体经过了四个阶段：

1. 订货点法（Order Point，OP）

OP 是一种 20 世纪 40 年代的，以控制库存量为目标，基于定期、定量采购方式的企业库存管理方法。

2. 物料需求计划（Material Requirement Planning，MRP）

MRP（包括时段 MRP 和闭环 MRP）是一种 20 世纪 60 年代中期的，以加强物料的计划与控制，最大限度地降低库存量、减少资金占用和满足企业生产为目标，基于按需采购方式的企业生产与库存管理方法。

3. 制造资源计划（Manufacturing Resources Planning，MRP Ⅱ）

MRP Ⅱ 是一种 20 世纪 70 年代末期的，以企业资源优化配置，确保企业连续、均衡地进行生产，实现信息流、物流与资金流的有机集成和提高企业整体水平为目标，以计划与控制为主线，面向企业产、供、销、财的现代企业管理思想和方法。

4. 企业资源计划 (Enterprise Resources Planning, ERP)

ERP 是一种在 20 世纪 90 年代初期，以市场和客户需求为导向，以实行企业内外资源优化配置，消除生产经营过程中一切无效的劳动和资源，实现信息流、物流、资金流、价值流和业务流的有机集成和以提高客户满意度为目标，以计划与控制为主线，以网络和信息技术为平台，集客户、市场、销售、采购、计划、生产、财务、质量、服务、信息集成和业务流程重组 (BPR, Business Process Reengineering) 等功能于一体，面向供应链管理 (SCM, Supply Chain Management) 的现代企业管理思想和方法。

二、ERP 的发展趋势

面对新经济时代的市场竞争和企业管理发展趋势，未来的 ERP 将是一个集管理、技术和信息之大成的 SCM 系统。它的主要特点是：以进一步提高竞争力、市场占有率和获取最大利润为目标，以市场为导向、以客户需求为中心，面向开放、互动的 SCM，实行协同商务、协同竞争和双赢原则，充分运用先进的管理技术、信息技术、网络技术和集成技术。

未来的 ERP 主要扩大功能有以下几个方面：支持集多种生产类型、多种经营方式和多种产业于一体的，跨区域的 SCM 模式；支持协同商务、协同竞争和双赢原则的 SCM 基本运作模式；支持市场分析、销售分析和客户关系管理 (Customer Relationship Management, CRM)；支持包括先进计划与排产技术 (APS) 在内的多种计划和优化排产方法；支持电子商务 (Electronic Commerce, EC)；支持物流和配送中心管理；支持集团的资本运作管理；支持更大范围的信息集成和系统开放；美国 APICS 认为未来的 ERP 将是一个全面企业集成 (TEI) 的系统；美国 GG 公司则称未来的 ERP 为 ERP Ⅱ；国内对未来的 ERP 也有各种各样的称谓。但不管怎样称谓，关键要看这些系统所具有的基本思想、特点和功能，即要看它的实质。企业在选择 ERP 时，一定要清楚自己的需求和应用目标。

以网络经济、知识经济和电子商务革命为特征的新经济的迅猛发展，不但深刻地改变着人类社会的生产、贸易、生活和学习方式，而且也促使企业发展趋势发生了巨大的变化。这些变化的主要特点是：一些大的企业集团跨国界实行强强联合，组成新的跨国战略联盟，进而发展成为经济全球化的动力和主体力量；越来越多的企业走出国门参与国际市场大循环；全球市场竞争趋势已由原来的企业与企业之间的竞争转变为供应链与供应链之间的竞争；供应链与供应链之间的竞争优势主要取决于供应链的创新能力和核心能力的竞争；协同商务、协同竞争和双赢原则成为 SCM 的基本运作模式；信息技术、网络技术和集成技术的日新月异，不但为加强 SCM 和企业管理提供了必要的条件和基础，而且也给供应链和企业的生存与发展带来了新的挑战和机遇；时间、质量、成本、服务和环境这五个要素已经成为衡量一个供应链和企业的整体水平与竞争力的主要标志；知识及客户信息已经成为供应链和企业的主要资源。

第六节　典型 ERP 系统简介

一、SAP 系统

1972 年 IBM 公司五位系统分析师离开公司，在德国的曼海姆建立了 System Analyse and Programmentwicklung 公司（简称 SAP 公司）。这是一家致力于为企业提供解决方案的专业的应用软件供应商。

SAP 的两个主要产品为 R/2 和 R/3。R/2 系统运行在大型机上，R/3 运行在 PC 机上。

SAP 解决方案的主要思想是提供大量的各行业的应用模块，主要包括财务、物流和人力资源，而这些模块具有灵活的可定制性，使得 SAP 系统能够为各种企业提供服务。

1. SAP 的基础平台

SAP 的基础平台由中间件构成，中间件通过接口向上为应用程序服务，向下接受各种底层的服务。底层通常包括操作系统、网络系统、数据库系统等。这样的应用程序将独立于特定的系统，使得 SAP 在不同的软硬件环境中有相似的窗口图形显示。这也是可移植性的基础。

SAP 的基础系统平台提供了多种接口：

（1）操作系统接口。构成 SAP 的底层操作系统的接口的基本部分有：SAP 事务和 SAP 逻辑工作单元。

（2）网络接口。SAP 基础平台系统采用 TCP/IP 协议进行通信；数据库层通过远程 SQL 进行通信；应用层通过 CPIS、RFC、ALE、EDI 进行通信；通过远程函数调用（RFC）接口、SAP 系统之间或 SAP 系统与非 SAP 系统。

（3）数据库接口。数据库接口的主要任务是将 ABAP 的 SQL 表述转化为底层数据库的 SQL 表述。

（4）GUI 图形用户界面。SAP 很早就重视 GUI，认为 GUI 将是和用户交往方面最能代表发展方向的因素。

（5）SAP 系统管理工具。SAP 系统管理工具包括：R/3 系统工具、系统跟踪工具。

2. SAP R/3 的应用模块

SAP R/3 的应用模块主要有：财务与会计模块（FI-CO）、销售与分销（SD）、物料计划（MM）、生产计划（PP）、质量管理（QM）、工厂维护（PM）、人力资源（HR）、行业（IS）解决方案和 SAP 解决方案图。现举例说明。

（1）财务与会计模块（FI-CO）。财务和会计模块是整个基础系统的核心业务流程，因为所有其他模块都把交易信息传递给这个模块。其中财务模块包括总账会计和结算、应收账款、应付账款、资产管理、公司合并。会计模块包括成本要素会计、成本中心会计、收入要素会计、产品成本、目标成本会计、盈利分析、基于业务的成本。财务与会计模块、销售与分销、物料管理、生产计划、人力资源等模块都存在接口。

（2）销售与分销（SD）。该模块核心业务流程包括客户 RFQ 处理和客户查询、客户报价处理、订单条目、交货安排、可获得性检查、定价、信用检查、开票、包装、运输、客户支付、客户未偿结余、客户营销活动、购买清单、购买流程、购买确认、仓库管理流程、运输流程、销售报表生成。该模块与物料管理、生产计划、财务等模块存在接口。

（3）物料计划（MM）。物料管理模块的核心业务流程包括查询采购需求、报价请求、报价、采购订单、货物接收、发票验证、支付、拖欠款项、卖方评估、质量控制。该模块与财务和控制、销售和分销、审查计划、质量管理、工厂维护等模块存在接口。

（4）生产计划（PP）。生产计划中各模块之间的接口如表 1-2 所示。

表 1-2   各模块之间的接口

	FI-CO	SD	MM	PP	QM	PM	HR
FI-CO	×	√	√	√			√
SD	√	×	√	√			
MM	√	√	×		√	√	
PP				×			
QM					×		
PM						×	
HR							×

3. SAP 的新进展

（1）加速 SAP 实施方法。以众多 SAP 项目实施经验为基础的、详细的项目计划对各阶段进行加速指导。

（2）RRR（SAP Read-to-Run R/3）。将硬件和软件集于一体，专为中小企业而设计。

（3）EnjoySAP。EnjoySAP 可为用户定制用户界面。

（4）mySAP.COM。它将 SAP 的功能与互联网结合起来。

二、Fourth Shift（四班）ERP

四班（Fourth Shift）是总部设在美国的全球性企业管理（ERP）及供应链管理软件公司——思博公司（Soft Brands）旗下、面向中小型制造业的 ERP 及供应链解决方案的系统。

四班系统是一个可靠的、基于互联网完全集成的企业管理及供应链管理解决方案，其强大功能如下：提供多个语言版本；便于与其他应用程序集成；全球第一个为中小企业提供支持互联网的 ERP 和供应链解决方案；运行在微软 Windows 平台上。所有这些都确保了快速投资回报率和快速市场响应能力。

1. Fourth Shift ERP 系统涉及的范围

四班 ERP 系统包括五十多个功能模块，可帮您提高所有的核心运作能力而创造高的效率和效益。涉及的范围包括：订单输入；会计、财务；库存控制；制造；决策支持；工程设计；采购；发货；信息系统（MIS）。

2. Fourth Shift ERP 系统对中国市场的支持

（1）中文财务报表模块。四班的中文财务报表模块专门为中国内地的制造企业生成符合中国财政部要求的财务报表。

（2）现金流量表工具。中国财政部从 1999 年 1 月开始要求企业在原有的财务报表中增加现金流量表。四班的现金流量表工具使用户可以直接从系统中生成现金流量表来满足中国财政部门的要求。

（3）增值税发票套打接口。为减少重复录入发票的工作及提高效率，四班开发了相应的接口模块，使四班系统输出的发票数据直接传送入防伪税控开票系统，从而客户可直接套打中国增值税发票。

（4）固定资产管理模块。固定资产管理模块利用资产号和折旧计算值跟踪资产整个使用寿命中的活动。它的主要功能包括计算和跟踪有形资产的折旧及汇总，通过 ODBC 的方式把四班数据库中固定资产信息输入到该模块，方便查询及打印固定资产信息，进行阶段性处理，将会计信息传送至四班系统，生成年度相关财务报表等。

三、用友 U8 简介

用友 U8 企业管理软件着眼于企业内部资源、关键业务流程的管理和控制，不仅考虑到信息资源在部门内、企业内、集团内共享的要求，还充分体现了预测、计划、控制、业绩评价及考核等管理方面的要求，实现了资金流、物流、信息流管理的统一。

1. U8 的安全功能

（1）身份验证、对多组的支持、授权/取消/否认模型和对组的动态使用等技术，增强了数据库系统的安全性。

（2）为保障数据安全存储，利用了 SQL Server 7.0（或 SQL Server 2000）行级锁自动选择最优级锁，改进了软件应用的并发控制，保证多用户使用时数据存储安全稳定。

（3）事务处理机制保证了意外掉电等情况下的数据完整性。

（4）通过与 Microsoft Proxy Server 等防火墙结合，以保证网络应用时的数据库安全。网络通信采用连接串，保证数据在网络上传递时的安全。

（5）U8 软件中关于操作员功能权限的设置，保证了系统在授权机制的有效控制下安全运转。

（6）系统操作日志可以记录各操作员登录时间、操作内容。

（7）对于跨地区分、子公司的财务业务数据监控，可以通过 SQL Server 的复制技术来实现在企业、分公司和移动办公室之间对数据的移动和存储，很好地支持分布式应用。

2. U8 的系统功能

从系统功能上讲，U8 管理软件包括 10 部分：财务系统（含总账、UFO、应收应付、工资、固定资产、资金管理、成本管理、现金流量表、财务分析等模块）、购销存系统（含采购计划、采购管理、销售管理、库存管理、存货核算模块）、分销业务管理、人力资源、生产制造、决策支持、行业报表、合并报表、商业智能、客户化工具等。

以上各功能模块共同构成了 U8 管理软件的系统架构，各模块既相对独立，分别具有完善和精细的功能，能最大限度地满足用户全面深入的管理需要，又能融会贯通，有机地结合为一体化应用，满足用户经营管理的整体需要。如图 1-7 所示。

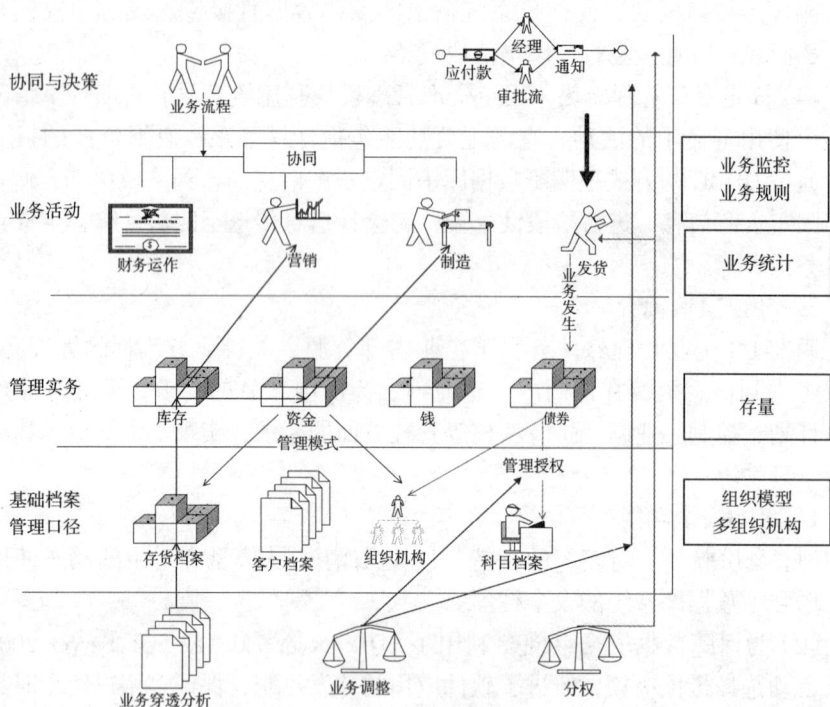

图 1-7 U8 的企业构成模型

3. U8 管理软件主要产品

（1）财务系统。为了更好地构建财务系统理论体系，U8 将财务系统分为两大层次：财务会计和管理会计。财务会计主要完成企业日常的财务核算，并对外提供会计信息；管理会计则灵活运用多种方法，搜集整理各种信息，围绕成本、利润、资本三个中心，分析过去、控制现在、规划未来，为管理者提供经营决策信息，并帮助其做出科学决策。

（2）人力资源系统。人力资源系统包括薪资管理系统、福利管理系统、人事信息管理系统、考勤管理系统。

薪资管理系统适用于各类企业、行政、事业及科研单位，主要提供工资核算、工资发放、经费计提、统计分析等功能。支持工资的多次或分次发放；支持代扣税或代缴税；工资发放支持银行代发，提供代发数据的输出功能，同时也支持现金发放，提供分钱清单功能。可以对经费计提的内容和计提的比率进行设置。

福利管理系统提供员工的各项福利基金的提取和管理功能。主要包括定义基金类型、设置基金提取的条件、进行基金的日常管理，并提供相应的统计分析。基金的日常管理包括基金定期提取、基金的补缴、转入转出等。此外，系统还提供向相关管理机关报送相关报表的功能。

人事信息管理系统主要记录和管理人员的各种信息以及相关的信息变动情况，并提供多角度的统计分析功能。人事信息管理系统建立起人员的各种信息中心，包括人员的培训信息、人员的考勤信息、人员的职位信息、人员的业绩管理信息等。

考勤管理系统主要提供员工出勤情况的管理，帮助企业完善作业制度。主要包括各种假期的设置、班别的设置、相关考勤项目的设置，以及请假单的管理、加班迟到早退的统计、出勤情况的统计等。另外，系统还提供与各类考勤机系统的接口，并为薪资管理系统提供相关数据。

（3）供应链管理。供应链管理包括采购计划系统、采购管理系统、库存管理系统、存货核算系统、销售系统、DRP 系统。

采购计划系统是在既保证生产又尽量减少库存资金积压的情况下，编制工业企业需要的采购计划。本系统在 MRP（物料需求计划）理论的基础上，结合我国工业企业的实际应用水平开发而成，适用于各类工业企业编制采购计划。

采购管理系统是根据工业企业和商品流通企业采购业务管理和采购成本核算的实际需要，对采购订单、采购到货处理以及入库状况进行全程管理，为采购部门和财务部门提供准确及时的信息，并辅助管理决策。本系统适用于各类工业、商品批发、零售企业及宾馆饭店等。

库存管理系统适用于各类工商企业的库存管理，具有单据输入、审核和账表查询等功能。

存货核算系统主要针对企业存货的收发存业务进行核算，掌握存货的耗用情况，及时准确地把各类存货成本归集到各成本项目和成本对象上，为企业的成本核算提供基础数据，并可动态反映存货资金的增减变动，提供存货资金周转和占用的分析，为降低库存，减少资金积压，加速资金周转提供决策依据。本系统适用于工业企业的材料、产成品核算，商业的商品核算管理。

销售系统是以销售业务为主线，兼顾辅助业务管理，以实现销售业务管理与财务核算一体化。本系统适用于各类工业、商贸批发、零售企业。

DRP 系统可构建和管理企业分销网络，以基于存量和基于需求的网络资源控制方法，控制和平衡整个分销网络中的货物存量水平，对整个分销网络中的货物存量进行统一管理。系统通过定义分销网络及分销结点，在获取网络上每个结点现存量、要货申请及预测信息的情况下，在对要货申请做必要的合理性检测后，根据可配置的算法，完成对分销网络存货水平的自动平衡，自动给出合理的补货建议或调拨建议。每个结点现存量、预计入、预计出可从各结点的 U8 系统获取，同时，系统支持网上直接录入或 E-mail 发送，以便实现信息采集的垂直化和扁平化。

DRP 系统还支持全球范围内的物流控制。

本章小结

ERP 作为一种蕴涵众多先进管理思想的管理工具，在国内企业的广泛传播和应用，具有非常强烈的时代背景。本章从 ERP 的概念、管理思想及 ERP 在我国的应用现状出发，预测了未来 ERP 的发展，重点介绍了用友 ERP-U8 系统。

练习与思考

一、填空题

1. 关于 ERP 的概念可以从_____、_____、_____三个层次给出它的定义。

2. ERP 技术的发展大体经过了_____、_____、_____和_____四个阶段。

二、名词解释

1. ERP

2. 用友 ERP-U8

三、简答题

1. 简述 ERP 的核心管理思想。

2. 简述 ERP 与企业的关系。

3. 简述 ERP 在我国的发展现状及存在的问题。

4. 简述 ERP 未来的发展趋势。

小链接：

ERP 实质

信息化与工业化融合是国家战略性的大课题，具体落实到 ERP 系统，就是用 ERP 系统解决企业管理业务问题，反过来，管理业务不断发展的需求又推动 ERP 内涵不断充实与扩展。

处理好信息技术应用和管理业务之间的关系，对许多企业来说，仍然是一个没有彻底解决的问题。一个突出的表现就是企业的 CIO 和 CEO 缺乏沟通和共同语言，反映了国内企业对 ERP 实质的理解还存在许多误区。要尽快厘清 ERP 的实施，以利于 ERP 事业在我国健康发展。

下面分 6 个题目来讨论。

1. 信息化管理和手工管理是完全不同的两种管理模式。信息化管理绝不是手工管理的翻版，它们是两种不同的管理模式。借助信息技术的支持，信息化管理（如 ERP）具备许多手工管理无法做到的功能特点，可以用 8 个字概括，即：法、明、通、快、细、准、警、强。

实现这 8 个字所取得的效果便是"规范流程"、"掌控全局"、"快速响应"、"决策有据"等，都是企业高层管理团队梦寐以求的目标，而且这也是传统手工管理难以做到的。可以这样说，信息化管理要做手工管理做不到的事。

2. ERP 的实质是解决方案，不是单纯的软件。人们习惯于把 ERP 理解为一个软件，多数 ERP 产品提供商也以"软件公司"冠名，的确，实现 ERP 的功能必须通过一个软件。但是世上 ERP 软件上百种，此消彼长；每一种产品的行业定位不同，服务对象不同，各有特色；新技术不断出现，各公司的投入和发展差别很大，在具体功能上有很大差异，各有所长。究竟哪一个软件产品才能够代表 ERP？因此，不能把 ERP 和软件直接画等号，软件只是实现 ERP 的一个不可或缺的载体。

国外已经习惯把 ERP 产品称为"解决方案（solution）"而不称"软件包（package）"，信息化管理是要解决传统手工管理解决不了的问题，它是一种"解决方案"，而不是单纯的软件。

思想认识上的误区（尤其是企业高层管理团队对 ERP 的片面认识）造成错误的实施行为是 ERP 成功率不高的主要原因，也是实施 ERP 最大的风险。因此，高层管理团队统一思想认识，正确理解 ERP，是保证 ERP 项目顺利执行的重要前提。

3. 实施 ERP 的动力。实施 ERP 的动机只能是为了"解决手工管理解决不了的问题"。

人们常用"工欲善其事，必先利其器"来描述信息化，这是不错的，信息技术就是一种工具。但是人们往往忽视了这句话的前两个字，就是"工"和"欲"。

这里"工"就是管理者和员工，"欲"就是管理者有把管理搞上去、提高企业竞争力的强烈欲望，简言之，"工欲"就是"我要干"。如果企业的管理者和全体员工没有改进管理的欲望，再好的 ERP 产品也不可能发挥作用。因此，千万不能忽视这个"工"字，也就是"人的因素"。

国内企业上 ERP 有各种动因，其中不少虽然有正确的动机，但是缺少量化的目标，最后很难衡量和判断实施的效果。有一些企业上 ERP 是完全被动的，例如，完成上级主管部门下达的信息化指标，同行业之间攀比，面子工程或形象工程，受 IT 部门从单纯技术层面上的鼓噪拱动等。"动机不正"埋下了失败的种子，使大量资金和人力打了水漂。

各种动因归纳起来，无非是"我要干"和"要我干"两大类，因此，企业首先要弄清楚"为什么要上 ERP，上 ERP 想解决什么问题"。

正因为是"我要干"，所以必须坚持"企业主体意识"，企业要任命得力的项目经理、选配精干的业务骨干组织项目实施组，从管理诊断和需求分析开始，到项目实现目标并验收，勇挑重任，负责到底。

实施 ERP 必须从分析企业的管理问题入手。从全球竞争的战略高度，审视企业的劣势和弱点，找出存在问题的根因（因果分析），设计理想的解决办法；在此基础上做出信息化的需求分析，并明确目的，制订量化指标和评价标准，作为 ERP 产品选型和最后验收的依据。同时，要选择熟悉企业所在行业、有成功业绩的咨询顾问公司和顾问，作为实施方合作伙伴。在几方共同努力下，实现企业预期的目标。

强调需求分析之前必须做管理诊断和因果分析，是因为各种管理问题并不一定都是通过实施 ERP 能够解决的，那种以为"上了 ERP 什么问题都解决了"是一种极大的误解，ERP 并不是万能的。如果产品成本高、质量差是由于加工工艺落后造成的，那么就需要把资金用于更新设备和技术改造，而不是上 ERP；如果企业的问题是没有稳定的市场，也不是上 ERP 就能完全解决的。换言之，改进管理就像看病一样，必须找准"病因"对症下药。

企业必须有自己的战略规划，没有战略就没有方向。有了战略规划，还必须由企业管理高层区分问题的轻重缓急，提出实现规划的措施。IT 部门要在这个基础上，分析现行业务流程对实现战略规划的影响，找出问题及其根源，并提出解决办法，确定各类措施需要哪些信息技术来支持，进而制定企业信息化的规划。

来自企业高层的需求，是实施 ERP 必要的动力。由 IT 部门提出支持各种措施的方案，是沟通 CEO 和 CIO 的必要步骤。企业信息化规划必须为企业战略规划服务，不能喧宾夺主。只有这样，CEO 和 CIO 才有共同语言。

使每一位员工对实施 ERP 有"我要干"的迫切感，就要以实现企业战略目标为全体员工的行动纲领。从上到下逐层分解，制订各个部门和岗位的业绩考核指标，形成各级工作的"方向标"，使每一位员工都为实现企业的经营战略努力奋斗，掀起"我要干"的热潮；使员工自愿地把 ERP 当成一种解脱管理困境的良方。在创新实践中，企业文化得到改变，员工自身素质也得到了提高。因此，实施 ERP 的动力只能而且必须由企业高层发动和倡导。

4. ERP 是覆盖企业业务全流程的管理系统。ERP 不同于各种单项业务信息化系统，它是一种打破部门之间的界限，实现跨部门的信息化管理系统。它的着眼点是企业的全流程，也就是从获取商情（捕捉机遇）、拿到订单开始，经过一系列的业务运作，最后把产品或服务交到客户手中，并收回货款。这是一种始于客户、终于客户，为客户创造价值，并实现企业与客户共赢的流程。

在这样的全流程中，企业的每一项业务都是其中的一个子系统，它们之间的关系是"相互依存、相互作用"的。因此，企业全体员工必须牢牢树立全局、整体、系统和集成观念，才能使 ERP 的实施取得成效。

任何业务运行的结果，都要通过一系列的业务流程产生。为了判断结果的真实性和可靠性、纠正偏差、避免错误重复发生，就必须追溯业务流程，找出原因。要掌控业务全流程，流程必须可视化，只有流程透明，才能做到信息集成和实时共享。但是，当"信息"成为财富和权力的象征时，要想流程透明、信息共享，会遇到各种阻力。为了克服阻力，只有坚持深化管理改革。显然，实施 ERP 绝不是一个单纯的技术问题，它和管理改革有着不可分割的联系。

很多管理问题都不是靠一个甚至几个部门就能解决的，如库存量居高不下、资金占用过多、资金周转周期过长这类问题，绝不是仅靠加强库存管理就能够解决的，企业要从全流程的角度逐层深入剖析。有些企业做需求分析只是把每个部门提出的问题加以汇总，这是经常遇到的一种错误做法。部门提出的问题往往只考虑局部，为自己方便，不一定有全流程的整体概念，不一定能满足实现企业战略目标的要求。

对 ERP 的发展过程，同样也要从信息集成覆盖的业务流程范围来理解。提出 ERP 概念的美国 Gartner Group 公司对 ERP 的原始定义是：打破企业四面墙，实现内外信息集成，管理整个供需链，信息集成的范围延伸到企业的上下游，并不仅限于企业内部管理。内部集成包括三方面，即同产品研发设计的集成、内部核心业务的集成和数据采集的集成。外部集成就是同客户和供应商以及各合作伙伴的信息集成。覆盖的业务流程范围是相当广阔的。我国真正实现这一要求的企业还不是很多，信息化管理的道路还相当漫长，也是人们常说的"信息化没有终点"的道理。

综上所述，ERP 可以理解为一种借助信息技术来规范、集成、控制和优化企业内外业务流程的解决方案。而"业务流程"、"信息集成"和"创新改革"是 ERP 的关键词。

5. "一把手（高层管理团队）工程"是ERP成败的决定因素。

所有失败的案例，尽管理由多多，但是都有共同的一条就是"得不到管理高层的支持"。ERP项目要想取得成功，必须坚持"一把手工程"，这是国内外在长期实践中得出的一致结论。这个问题虽然在不断地反复强调，但时至今日，还没有被所有的企业管理高层理解。这说明我国真正理解ERP的高管还不是很多，这是影响我国实施ERP系统前进步伐的一个严重的障碍，因此，在企业高管中普及ERP的基础知识是一项迫切需要解决的问题。

"一把手工程"是一个本土化了的形象化提法，强调了企业"一把手"的责任和作用。英文的原意是"管理高层承诺（Top Management Commtment）"，指的是"管理高层团队"对项目的倡导和责任，是在讲一个班子，并不是某个人。当我们用"一把手"称谓时，必须理解其实质的含义。

为什么ERP项目必须是"一把手工程"？我们可以从两个方面理解。

实施ERP的正确动因是为了支持企业经营战略的实现，这是企业管理高层团队的需要。有了ERP系统，"一把手"走遍天涯海角，只要有上网的地方，都可以随时掌控企业的运营情况，有偏差及时纠正，有机遇绝不放过；有完整详尽的数据依据，就可以减少决策失误。所以说，ERP成功实施后最大的受益者正是"一把手"。

要获益就得付出，英文里常说"no pain, no gain"（没有艰苦的付出，就不会有收获），实施ERP必须深化管理改革，如业务流程重组、组织机构调整、人员的合理安排、部门间利益的协调、各种业务规则的完善、建立有利于提高生产力的激励机制和考评体系，等等，都会遇到各种阻力。这些阻力只有"一把手"亲自出面拍板定夺，才能排除。因此"一把手"对ERP项目的成败有不可推卸的责任。

正因为"一把手"是实施ERP最大受益者和第一责任人，顺理成章，ERP项目必然是"一把手工程"。"一把手"要成为受益者和责任人，必须是明白人，而且要亲自用ERP系统。

"一把手"只有是"明白人"，才能明辨是非、正确指导、坚持改革、积极推动，成为ERP项目成败的责任者。只有"自己用"，ERP项目的效益才能充分发挥；"一把手"才能不断提出更高的新需求，促使企业信息化不断深入发展，使自己成为ERP项目最大的受益者。

一些成功实施ERP项目的企业总经理都有这样的感触："ERP是一种关系企业全局的信息化系统，是一种贯穿各个业务部门的管理系统，它要提供我所关心的信息，我是企业的大总管，我不抓谁抓？"

6. 成功实施ERP的规范流程。

ERP是一种规范化的管理模式，同样，成功实施ERP也必须遵照规范的流程。在总结50年来我国实施MRPⅡ/ERP经验教训的基础上，可以把这个流程归纳为四大步骤，就是：知理—知己—知彼—知用。四大步骤不能遗漏，更不能颠倒。

首先必须清楚ERP是干什么的、能够解决什么问题、会带来什么效益、实施过程中可能会遇到什么阻力和风险、ERP立项需要具备什么条件——"知理"。"知理"的要点是既知其然，又知其所以然。

其次要弄清楚自己企业存在的管理问题、分析这些问题产生的根源、这些问题是不是用ERP可以解决、解决这些问题对ERP产品有什么特殊的（个性化）要求——"知己"。"知己"的要点是重视分析，明确企业需求。

再次在"知理—知己"的基础上，设想解决问题的理想业务流程，确立期望的量化目标，列出对ERP产品功能和技术的明细要求，带着问题去寻求解决方案（选型），避免盲目性——"知彼"。"知彼"的要点是：带着问题，选择解决方案。

最后 ERP 项目是否成功，绝不是停留在"成功上线"上，而是只能以实现企业预期的管理目标为准，ERP 最后的落脚点是应用——"知用"。这里要提醒的是，成功上线不仅是："将所购买系统的各个子系统都已经过测试走通，所有基本数据和参数都已录入系统，ERP 系统已处于交付状态，用户可以接手用来取代手工管理了。"还有一个重要的内容就是："完成 ERP 原理和应用知识的转移，使企业管理人员（最终用户）具备应用 ERP 系统解决问题的能力。"如果企业员工掌握了 ERP 的原理和应用知识，"一把手"又能不断提出更高的需求目标，"深化应用"自然就不再是个问题。"知用"的要点就是深化应用，实现战略目标。

在全球竞争的大环境下，实现企业信息化管理，是一项长期的战略任务，只能本着务实的精神，扎实稳步地前进，来不得半点浮躁。按照"知理—知己—知彼—知用"的规律走，一定会少走冤枉路、少花冤枉钱，我国 ERP 事业一定会取得更大的成功。

（原载于《中国信息界》（学术版）2010 年第 1-2 期，引用时略有删改）

第二章 ERP 发展历程

[学习目的]

通过学习订货点法、时段 MRP、闭环 MRP、MRP Ⅱ 和 ERP 的发展历程，熟悉各阶段的特点、作用及其不足；

了解 ERP 技术的整个发展历程。

第一节 管理需求推动 ERP 发展

任何企业的存在目标和经营目标都是一致的，即通过企业资源的有效利用和优化配置，降低成本，实现企业的利润最大化。但在实际的运营过程中，这一目标的实现却面临着一系列严峻的挑战。例如，生产计划的合理性、成本的有效控制、设备的充分利用、作业的均衡安排、库存的合理管理、财务状况的及时分析，等等。于是，为了解决上述种种经营难题，出现了各种企业管理理论和管理软件，这其中当然包括了对企业管理影响极为深远的企业管理软件 ERP 的使用。

任何一个新概念的形成，都不是一蹴而就的。或者说，新的概念都是在老概念的基础上不断完善和发展起来的。作为企业管理软件的高级应用，ERP 是伴随着管理矛盾的解决与新矛盾的产生而发展的，经历了从简单、局部应用到高级、全面解决管理问题的一段比较长的发展历程，其管理的侧重点也从原先的侧重于物流（原料、产品）扩展到物流与资金相结合，进而扩展到再与信息流结合在一起。

综合看来，从 20 世纪 40 年代到现在，ERP 的发展经历了下面 5 个重要阶段：订货点法、时段式 MRP（Material Requirement Planning，物料需求计划）、闭环式 MRP、MRP Ⅱ（Manufacturing Resource Planning，制造资源计划）以及 ERP。从订货点法到 ERP 的发展历程，是从库存管理到物流和资金流、从企业内部到整个供应链的信息集成范围不断扩大、功能不断包容和增强的过程。它们出现的时间以及核心功能如图 2-1 所示。

多行业、多地区、
多业务、供需链
信息集成

MRP—MRPⅡ—ERP
功能扩展

		物流资金流 信息集成	法制条例控制 流程工业管理 运输管理 库存管理 设备维修管理 质量管理 产品数据管理
	库存计划 物料信息集成	销售管理 财务管理 成本管理	销售管理 财务管理 成本管理
	MPS, MRP, 库存管理 工艺路线 工作中心	MPS, MRP, 库存管理 工艺路线 工作中心	MPS, MRP, 库存管理 工艺路线 工作中心
取代缺料表			
库存控制理论 EOQ	库存控制理论 EOQ	库存控制理论 EOQ	库存控制理论 EOQ
订货点法 20 世纪 40 年代	时段式 MRP、 闭环式 MRP 20 世纪六七十年代	MRPⅡ 20 世纪 80 年代	ERP 20 世纪 90 年代

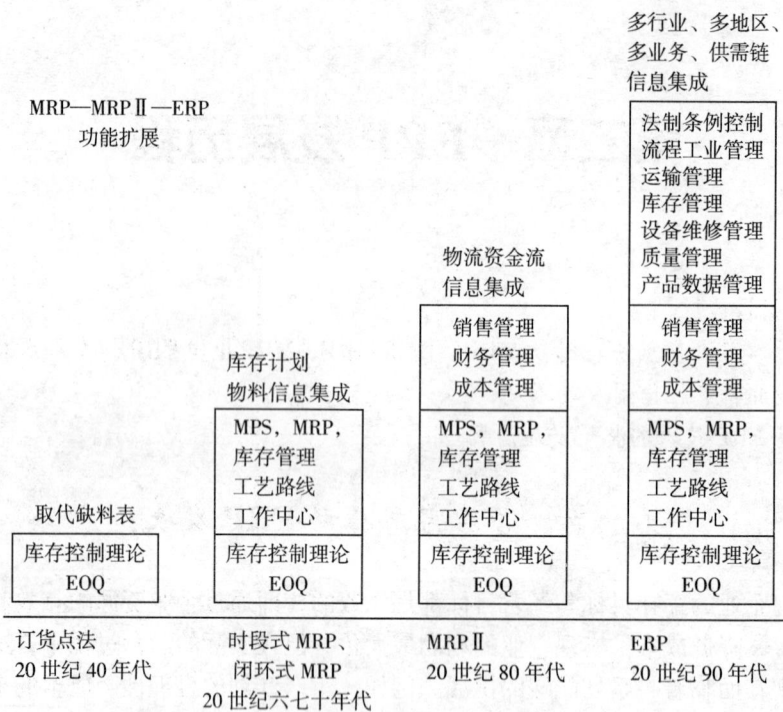

图 2-1　ERP 发展的 5 个阶段

第二节　订货点法

一、订货点法的产生背景及基本概念

在计算机出现之前，发出订单和进行催货是一个库存管理系统在当时所能做的一切。库存管理系统发出生产订单和采购订单，但用于确定对物料的真实需求的却是缺料表。缺料表上所列的是马上要用但却没有库存的物料。制定缺料表后企业根据缺料表派人进行催货。因为这种物料采购模式没有任何预见性和前瞻性，因此在企业的实际生产活动中，会造成严重的停工待料现象。

订货点法是在当时的条件下，为改变这种被动的状况而提出的一种按过去的经验预测未来的物料需求的方法。这种方法有各种不同的形式，但其实质都是着眼于"库存补充"的原则。"补充"的意思是把库存填满到原来的状态。"库存补充"的原则是保证在任何时候仓库里都有一定数量的存货，以便需要时随时取用。当时人们希望用这种做法来弥补由于不能确定近期内准确的必要库存储备数量和需求时间所造成的缺陷。订货点法依据对库存补充周期内的需求量进行预测及保留一定的安全库存储备来确定订货点。安全库存的设置是为了应对需求的波动。一旦库存储备低于预先规定的数量，即订货点，则立即进行订货来补充库存。

订货点法产生于 20 世纪 40 年代。订货点法是一种在库存量一旦要低于安全库存时立即补充库存以保障库存供给的方法。

订货点法的基本原理是：当物料逐渐消耗、库存逐渐减少到某个时刻，使剩余的库存量（假设不动用安全库存）可供消耗的时间刚好等于订货所需要的时间时（即订货提前期），则下达订单（包括加工订单和采购订单）来补充消耗了的库存量。这个时刻的剩余库存量称为订货点，订货点是用物料的某个数量来表达的，如图 2-2 所示。

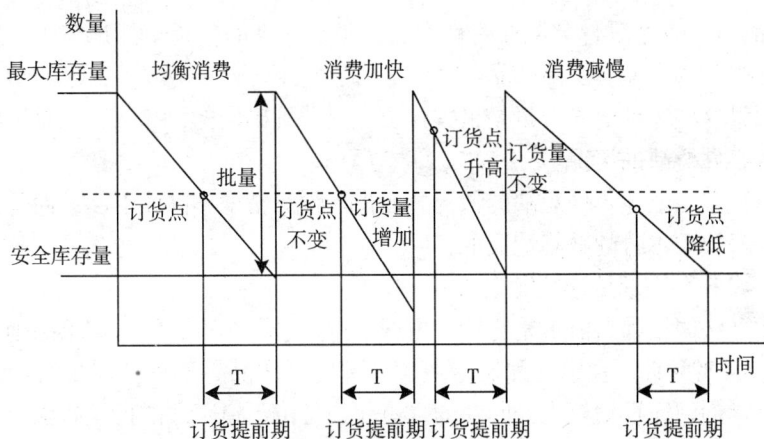

图 2-2　订货点法

图中：

订货点 = 单位时段的需求量 × 订货提前期 + 安全库存量

在消费稳定的情况下，订货点是一个固定值。当消费加快时，如果保持订货点不变，就会消耗安全库存；如果还要保持一定的安全库存，就必须增加订货量来补充消耗了的安全库存；如果不增加订货量，又不消耗安全库存，就必须提高订货点，也就是提早订货。相反，如果消费减慢，就要降低订货点。这样，订货点上下浮动，不再是一个固定值。因此，对需求量随时间变化的物料，由于订货点会随消费速度的快慢而升降，因而我们无法设定一个固定的订货点。

例如，假定某项物料的需求量为每周 30 件，提前期为 5 周，并保持 100 件的安全库存量，那么，该物料的订货点可计算如下：

$30 \times 5 + 100 = 250$（件）

二、订货点法的不足

尽管与其前身（企业采用缺料表进行物料管理的模式）相比，订货点法有非常大的改进，但在实际使用过程中，订货点法往往造成物料库存过高或缺料的现象频频出现，究其原因，主要是因为订货点法还存在很多不足之处，具体表现为以下四方面。

1. 对各种物料的需求是相互独立的

订货点法不考虑物料项目之间的关系，独立地确定每项物料的订货点。因此，订货点法是面向零件的，而不是面向产品的。但是，在制造业中有一个很重要的要求，那就是各项物料的数量必须配套，以便能装配成产品。由于企业对各项物料分别独立地进行预测和订货，因而就会在装配时发生各项物料数量不匹配的情况。这样，虽然单项物料的供货率提高了，但总的供货率却降低了。因为不可能每项物料的预测都很准确，所以积累起来的误差反映在总供货率上将是相当大的。

例如，用 10 个零件装配成一件产品，每个零件的供货率都是 90%，而联合供货率却降到 34.8%。一件产品由 20 个、30 个甚至更多个零件组成的情况是常有的。如果这些零件的库存量是根据订货点法分别确定的，那么，在总装配时就可能发生零件短缺的情况。

应当注意，上述零件短缺的情况并非由于预测精度不高而引起，而是由于这种库存管理模型本身的缺陷造成的。

2. 假设物料需求是连续发生的

订货点法假设物料需求是连续发生的。按照这种假设，物料需求必须相对均匀，库存消耗率必须稳定。而制造业生产部门对产品零部件的需求恰恰是不均匀、不稳定的，库存消耗也是间断的。这往往是由下道工序的批量要求引起的。

3. 假设库存在消耗之后，应立即被重新填满

订货点法假设库存在消耗之后，应立即被重新填满。按照这种假设，当物料库存量低于订货点时，则必须发出订货要求，以重新填满库存。但如果需求是间断的，那么这样做不但没有必要，而且也不合理。因为很可能因此而造成库存积压。例如，某种产品一年中可以得到客户的两次订货，那么，制造此种产品所需的钢材则不必因库存量低于订货点而立即填满。

4. 通过触发订货点来确定订货时间

"何时订货"被认为是库存管理的一个大问题。因为库存管理正是订货并催货这一过程的自然产物。然而真正重要的问题却是"何时需要物料"。当这个问题解决以后，"何时订货"的问题也就迎刃而解了。订货点法通过触发订货点来确定订货时间，再通过提前期来确定需求日期，其实是本末倒置的。

从以上可以看出，订货点库存控制模型是围绕一些不成立的假设建立起来的。订货点法作为一个库存控制模型是那个时代的理论错误。因此对于今天来说，它不再具有重要的实用价值。但它提出了许多在新的条件下应当解决的问题，从而促使 MRP 的出现。

第三节　时段式 MRP

一、时段式 MRP 产生的背景

订货点法的不足之处是它没有按照各种物料的真正需要时间来确定订货日期，不能反映物料的实际需求，因此企业往往为了满足生产需求而不断提高订货点的数量，从而造成较多的库存积压，导致库存占用的资金大量增加，产品成本也就随之提高，企业缺乏竞争力。

为了解决订货点法在处理需求计划上的不足，20 世纪 60 年代中期，美国 IBM 公司的约瑟夫·奥利弗博士提出了一种新的管理理论：物料需求计划（Materials Requirements Planning，MRP）理论。奥利弗博士提出了把物料的需求分为独立需求与相关需求的概念，将企业内的物料分成独立需求物料与相关需求物料两种类型。

MRP 管理模式与传统的库存理论和方法有着明显的不同，主要表现为以下三方面：

（1）将企业产品中的各种物料需求分为独立需求和相关需求。

（2）引入了时间分段和反映产品结构的物料清单，并按时间段确定不同时期的物料需求。

（3）通过产品结构将所有物料的需求联系起来，根据产品完工日期和产品结构制订生产计划，从而较好地解决了库存管理和生产控制中的难题，即按时按量得到所需要的物料。

二、时段式 MRP 的基本概念

时段式 MRP 是一种模拟技术，它根据主生产计划（根据客户订单结合市场预测制订出来的各产品的生产计划，即要生产什么、什么时候生产、生产多少等内容）、物料清单（产品结构在计算机中的表示）和库存信息，对每种物料进行计算，指出何时将会发生物料短缺，并给出建议，以满足需求且避免物料短缺。

时段式 MRP 在概念里实际上回答了企业经营中如下非常重要的问题：①要生产什么？生产多少？（根据 MPS）②要用到什么？（根据物料清单或产品信息）③已经有了什么？（根据物料库存信息）④还缺什么？何时需要？何时订货？何时生产？（MRP 运算结果）

以上 4 个问题是任何企业，不论其产品类型、生产规模、工艺过程如何，都必须回答的基本问题，被称为"制造业的方程式"。MPS、物料单和库存信息被称为时段式 MRP 的三项基本要素。其中 MPS 起"驱动"作用，它决定时段式 MRP 系统的现实性和有效性。另外两项是最基本的数据依据，它们的准确性直接影响 MRP 运算的结果。

企业生产的主要经济矛盾是需求与供给的矛盾。时段式 MRP 不仅说明了供需之间品种和数量的关系，更重要的是说明了它们之间的时间关系；不仅说明了需要的时间，还说明了下达订单的时间。

三、时段式 MRP 与订货点法的区别

时段式 MRP 与订货点法的区别有如下三点：

（1）时段式 MRP 通过产品结构将所有物料的需求联系起来。如前所述，传统的库存管理方法，如订货点法，是彼此孤立地推测每项物料的需求量，而不考虑它们之间的联系，从而造成库存积压和物料短缺同时出现的不良局面。时段式 MRP 则通过产品结构把所有物料的需求联系起来，考虑不同物料的需求之间的相互匹配关系，从而使各种物料的库存在数量和时间上均趋于合理。

（2）时段式 MRP 将物料需求区分为独立需求和非独立需求并分别加以处理。时段式 MRP 还把所有物料按需求性质区分为独立需求项和非独立需求项，并分别加以处理。如果某项物料的需求量不依赖于企业内其他物料的需求量而独立存在，则称为独立需求项目；如果某项物料的需求量可由企业内其他物料的需求量来确定，则称为非独立需求项目或相关需求项目。例如，原材料、零件、组件等都是非独立需求项目，而最终产品则是独立需求项目，独立需求项目有时也包括维修件、可选件和工厂自用件。独立需求项目的需求量和需求时间通常由预测和客户订单、厂际订单等外在因素来决定。而非独立需求项目的需求量和时间则由时段式 MRP 系统来决定。

（3）时段式 MRP 对物料的库存状态数据引入了时间分段的概念。所谓时间分段，就是给物料的库存状态数据加上时间坐标，亦即按具体的日期或计划时区记录和存储库存状态数据。在传统的库存管理中，库存状态的记录是没有时间坐标的。其记录的内容通常只包含库存量和已订货量。当这两个量之和由于库存消耗而小于最低库存点的数值时，便是重新组织进货的时间。因此，在这种记录中，时间的概念是以间接的方式表达的。

四、时段式 MRP 的业务逻辑流程

时段式 MRP 系统从主生产计划、独立需求预测以及厂外零部件订货的输入可以确定"我们将要生产什么"，通过物料清单可以回答"用什么来生产"，把主生产计划等反映的需求沿各产品的物料清单进行分解，从而得知"为了生产所需的产品，我们需要用些什么"。然后将物料需求和库存记录进行比较来确定出所要订货的物料量，即回答"我们还需要再得到什么"。通过这样的处理过程，使得在时段式 MRP 系统控制下的每项物料的库存记录都总能正确地反映真实的物料需求。

一般来说，时段式 MRP 基本上由主生产计划、产品结构与物料清单和库存信息构成。

时段式 MRP 系统的工作原理如下：

首先产生主生产计划。结合用户订单和预测需求，以及高层制订的生产计划大纲，在现有资源下决定生产的数量。

其次产生物料需求计划。在决定生产批量后，究竟需要订购多少原材料和外

购件来满足生产呢？答案是先通过物料清单确定原材料和零部件的需求量，再根据库存记录决定订购什么、订购多少和何时订购等问题。

最后输出制造与采购订货清单。物料需求计划输入的是主生产计划、物料清单和库存记录；输出的是详细的外购物料数量与订货时间的清单。

因此，时段式 MRP 是一种根据需求和预测来测定未来物料供应、生产计划和控制的方法，时段式 MRP 提供了物料需求的准确时间和数量。时段式 MRP 的逻辑流程如图 2-3 所示。

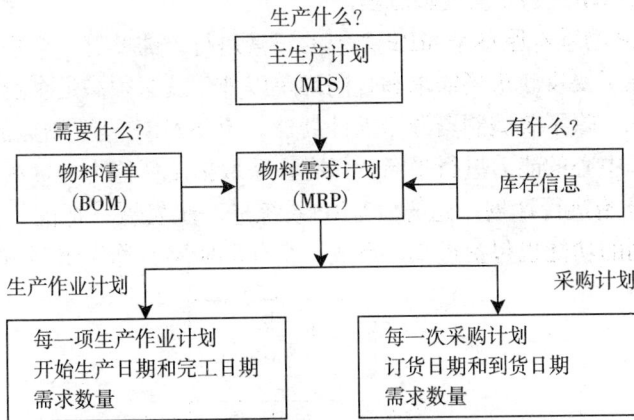

图 2-3　时段式 MRP 的工作逻辑流程图

第四节　闭环 MRP

一、闭环 MRP 产生的背景

20 世纪 60 年代的时段式 MRP 的主要缺陷是没有考虑到生产企业现有的生产能力和采购的有关条件的约束。因此，有可能因设备和工时的不足而没有能力生产，或者因原料的不足而无法生产导致无法按计算出来的物料需求日期完成所需物料的生产。同时，它也缺乏根据计划实施情况的反馈信息对计划进行调整的功能。而闭环 MRP 系统除了包括物料需求计划外，还将生产能力需求计划、车间作业计划和采购作业计划也全部纳入 MRP，形成一个封闭的系统。

二、闭环 MRP 的基本概念

闭环 MRP 有如下两层含义：

（1）闭环 MRP 在时段 MRP 的基础上，把需要和可能结合起来，通过能力与负荷的反复平衡，形成了一个完整的计划与控制系统。即通过把生产能力计划、车间作业计划和采购作业计划等功能纳入到 MRP，形成一个封闭系统。

（2）在计划执行过程中，必须有来自车间、供应商和计划人员的反馈信息，并利用这些反馈信息进行计划调整平衡，从而使生产计划方面的各个子系统得到协调统一。其中工作过程是一个"计划—执行—评价—反馈—计划"的过程。

闭环 MRP 的目的是使计划落实可行，主要方法是反复进行需求与供给的平衡。这种需求和供给的平衡包括两个方面：一是在运行 MPS 时，要进行粗能力计划（Rough Cut Capacity Planning，RCCP），同关键工作中心（工作中心是能力单元的统称）能力等进行平衡，它的计划对象为独立需求件，主要面向的是主生产计划。二是在运行 MRP 时要进行能力需求计划（Capacity Requirements Planning，CRP），或称细能力计划，它的计划对象为相关需求件，同所有工作中心的能力（负荷）进行平衡。

三、闭环 MRP 的业务逻辑流程

闭环 MRP 的基本原理是 MRP 系统的正常运行，需要有一个现实可行的主生产计划。它除了要反映市场需求和合同订单以外，还必须满足企业的生产能力约束条件。因此，除了要编制资源需求计划外，闭环 MRP 还要制定能力需求计划，以同各个工作中心的能力进行平衡。只有在采取措施使能力与资源均满足负荷需求时，才能开始执行计划。这样，MRP 系统进一步发展，把能力需求计划、执行及控制计划的功能也包括进来，形成一个环形回路，称为闭环 MRP。如图 2-4

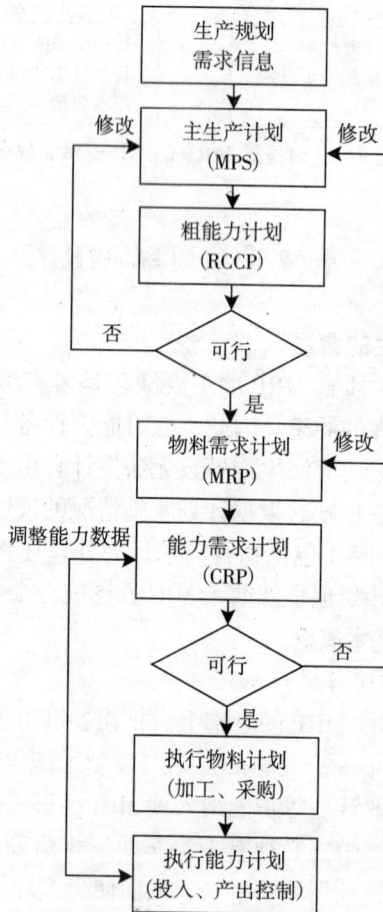

图 2-4 闭环式 MRP 逻辑流程

所示，闭环 MRP 是一个完整的生产计划与控制系统。

整个闭环 MRP 的运行过程如下。首先，企业先根据发展的需要和市场需求制订生产规划；再根据生产规划制订主生产计划，同时进行粗能力计划。如果生产计划通过了粗能力计划运算，则验证了主生产计划是可行的，这时方可进入物料需求计划层次，即根据主生产计划、库存信息、产品结构清单等信息来制订物料需求计划。其次，物料需求计划需要通过能力需求计划来验证，即由物料需求计划、所有物料的工艺路线和所使用的工作中心的平均可用能力生成对能力的需求计划，通过对各工作中心的能力进行平衡来调整物料需求计划。如果这个阶段无法平衡各工作中心的能力，还有可能修改主生产计划。最后，采购与车间作业按照能力平衡后的物料需求计划执行，并进行能力的控制，即输入输出控制，并根据作业执行结果反馈到计划层。因此，闭环 MRP 是一个集计划、执行、反馈于一体的综合性系统。

第五节　MRPⅡ

一、MRPⅡ的产生背景

闭环 MRP 的运行过程主要是物流运行的过程，而生产的运作过程、产品从原材料的投入到成品的产出过程都伴随着企业资金的流通，闭环 MRP 却无法反映出来。而且资金的运作会影响到生产的运作。例如采购计划制订后，由于企业的资金短缺而无法按时完成，这样就影响到了整个生产计划的执行。

为了解决上述问题，1977 年美国著名生产管理专家奥列弗·怀特（Oliver W. Wight）提出了一个新概念——制造资源计划（Manufacturing Resources Planning），它的简称也是 MRP，但其内容更加丰富。为了与传统的 MRP 有所区别，它被称为 MRPⅡ。

MRPⅡ是闭环 MRP 系统的直接发展和补充，它与闭环 MRP 的区别在于：①MRPⅡ将财务系统纳入了管理之中，实现了信息流、物流和价值流的有机集成。②虽然 MRPⅡ系统包含多个子系统，但是各子系统的数据均来源于共享数据库，保证了信息的一致性和准确性。③MRPⅡ具有辅助决策功能，它能够根据不同的决策方针模拟出未来可能发生的情况，从而帮助企业管理者制订规划和实施方案。

二、MRPⅡ的基本概念

MRPⅡ是把经营、生产、财务、销售、工程技术、采购等各个子系统集成一个一体化的系统，是对企业资源和产、供、销、财各个环节进行有效计划、组织和控制的一整套方法。它围绕企业的基本经营目标，以生产计划为主线，对企业制造产品所需的各种资源进行统一的计划和控制，保障企业的物流、信息流、资金流流动畅通并动态反馈各种信息。

这里讲的制造资源，是指以"信息"的形式来表现的人工、物料、设备、能源、资金等。通过信息集成，MRP 有效地对小企业有限的各种制造资源进行周密的计划、合理的利用，以提高企业的竞争力。

三、MRPⅡ的业务逻辑流程

MRPⅡ的逻辑流程如图 2-5 所示。

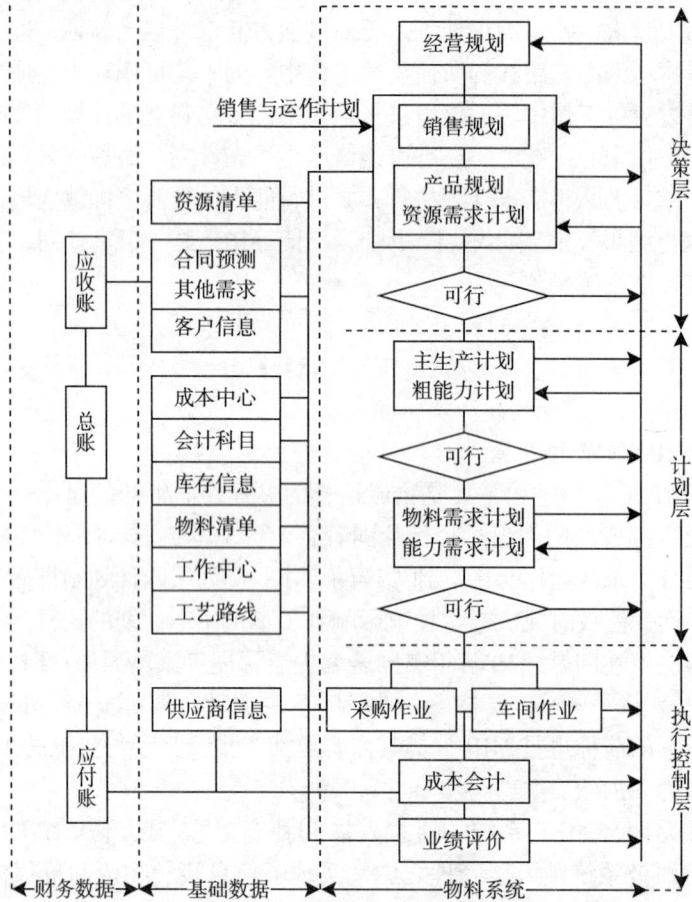

图 2-5　MRPⅡ的逻辑流程

从图 2-5 中可知，MRPⅡ包括决策层、计划层以及执行控制层的有关计划，集成了应收、应付、成本及总账的财务管理。其采购作业根据采购单、供应商信息、收货单及入库单形成应付款信息（资金计划）；在销售商品后，再根据客户信息、销售订单信息及产品出库单形成应收款信息（资金计划）；根据采购作业成本、生产作业信息、产品结构信息、库存领料信息等产生生产成本信息。MRPⅡ能把应付款信息、应收款信息、生产成本信息和其他信息等记入总账。产品的整个制造过程都伴随着资金流动。MRPⅡ通过对企业生产成本和资金运作过程的掌握，调整企业的生产经营规划和生产计划，因而得到更为可行、可靠的生产计划。

MRPⅡ的基本原理是基于企业经营目标制订生产计划，以物料需求计划（MRP）为核心，将MRP的信息共享程度扩大，使生产、销售、财务、采购、工程紧密结合在一起，共享有关数据，组成一个全面生产管理的集成优化模式。例如，上海施贵宝制药公司通过实施MRPⅡ项目，从管理思想上和手段上改变了公司的面貌，极大地增强了管理的系统性、计划的严肃性，做到了信息共享、决策合理和有效监督。

四、MRPⅡ的特点

MRPⅡ的主要特征是信息集成，从图2-5中可以看出其特征表现在以下几个方面：

（1）计划的一贯性与可行性。MRPⅡ是一种计划主导型的管理模式，计划层次从宏观到微观、从战略到战术、由粗到细，逐层细化，但始终保持与经营战略目标的一致。

（2）管理的系统性。MRPⅡ是一种系统工程，它把企业所有与经营生产活动直接相关的部门的工作联成一个整体，每个部门的工作都是整个系统的有机组成部分。

（3）数据共享性。MRPⅡ是一种管理信息系统，企业各部门都依据同一数据库提供的信息，按照规范化的处理程序进行管理和决策，数据信息是共享的。

（4）动态应变性。MRPⅡ是一种闭环系统，它要求不断跟踪、控制和反馈瞬息万变的实际情况，使管理人员可以随时根据企业内外环境条件的变化，提高应变能力，迅速做出响应以满足市场不断变化的需求，并保证生产计划的正常进行。

（5）模拟预见性。MRPⅡ是经营规律、生产规律、管理规律的反映，按照规律建立的信息逻辑很容易实现模拟功能，也可以预见较长远的时期内可能发生的问题，以便企业事先采取措施消除隐患。

（6）物流和资金流的统一。MRPⅡ的系统中包括了产品成本和财务会计，因此可以由生产活动直接生成财务数据，把实物形态的物料流动直接转换为价值形态的资金流动，保障生产和财务数据的一致性。

第六节 ERP

一、ERP产生的背景

20世纪90年代，随着新兴的管理思想和方法的出现，企业间跨地区、跨国界的合作和生产模式的出现以及信息技术的发展，MRPⅡ逐渐显示出它的局限性和不足，主要表现在以下几方面：

（1）企业间的竞争范围扩大要求企业在各个方面加强管理；要求企业的信息化建设应有更高的集成度。同时，要求企业信息管理的范畴扩大到对企业的整个资源集成管理而不仅是对企业的制造资源的集成管理。而MRPⅡ主要以计划、生产和作业控制为主线，并未覆盖企业的所有职能层面。

（2）MRPⅡ主要是面向企业内部资源的计划管理，而企业规模扩大促使多集团、多工厂要求协同作战、统一部署，这已经超出了MRPⅡ的管理范围。

（3）信息全球化趋势的发展要求企业之间加强信息交流与信息共享，企业之间既是竞争对手，又是合作伙伴。生产企业与分销网点之间的集成、主机厂同配套厂之间的集成、供需双方业务联系的电子数据交换（EDI），这些都迫切要求信息管理扩大到整个供应链，这些更是MRPⅡ所不能解决的。

（4）MRPⅡ需要通过融合现代管理思想和方法来完善自身，如准时制生产（JIT）、全面质量管理（TQM）、优化生产技术（OPT）、同步工程（SE）、敏捷制造（AM）、精益生产（LP）等。20世纪90年代MRPⅡ发展到了一个新的阶段——ERP（Enterprise Resource Planning，企业资源计划）。

ERP汇合了离散型生产和流程型生产的特点，面向全球市场，包罗了供应链上所有的主导功能和支持功能，协调企业各个管理部门围绕市场导向，更加灵活或"柔性"地开展业务活动，实时地响应市场需求，进一步提高企业的竞争力。为此，需要重新定义供应商、分销商和制造商之间的业务关系，重新构建（Re-engineering）企业的业务和信息流程及组织结构。

ERP的提出同计算机技术的高度发展是分不开的，用户对系统有了更强的自主性。作为计算机辅助管理，其所涉及的功能已远远超过MRPⅡ的范围。

二、ERP的功能模块结构

ERP包括的功能除了MRPⅡ（制造、供销、财务）拥有的功能外，还包括多工厂管理、质量管理、实验室管理、设备维修管理、库存管理、运输管理、过程控制管理、数据采集接口、电子通信（EDI、电子邮件）、项目管理、市场信息管理，等等。它将重新定义各项业务及其相互关系；在管理和组织上采取灵活的方式；对供应链上供需关系的变动，同步、敏捷、实时地做出响应；在掌握准确、及时、完整信息的基础上，做出正确决策，能动地采取措施。ERP的主要功能模块及其联系如图2-6所示。

三、ERP与MRPⅡ的区别

ERP与MRPⅡ主要存在以下区别：

（1）ERP扩充了企业经营管理功能。ERP相对于MRPⅡ，在原有功能的基础上进行了拓宽，增加了质量控制、运输、分销、售后服务与维护、市场开发、人事管理、实验室管理、项目管理、配方管理、投融资管理、获利管理、经营风险管理等功能子系统。它可以实现全球范围内的多工厂、多地点的跨国经营运作。

（2）ERP面向供应链，扩充了企业经营管理的范围。ERP系统把客户需求和企业内部制造活动以及供应商的制造资源整合在一起，强调对供应链上所有环节进行有效管理。ERP能对供应链上的所有资源进行计划、协调、控制和优化，这就降低了库存、运输等费用，并通过在整条供应链上实时传递信息，使整条供

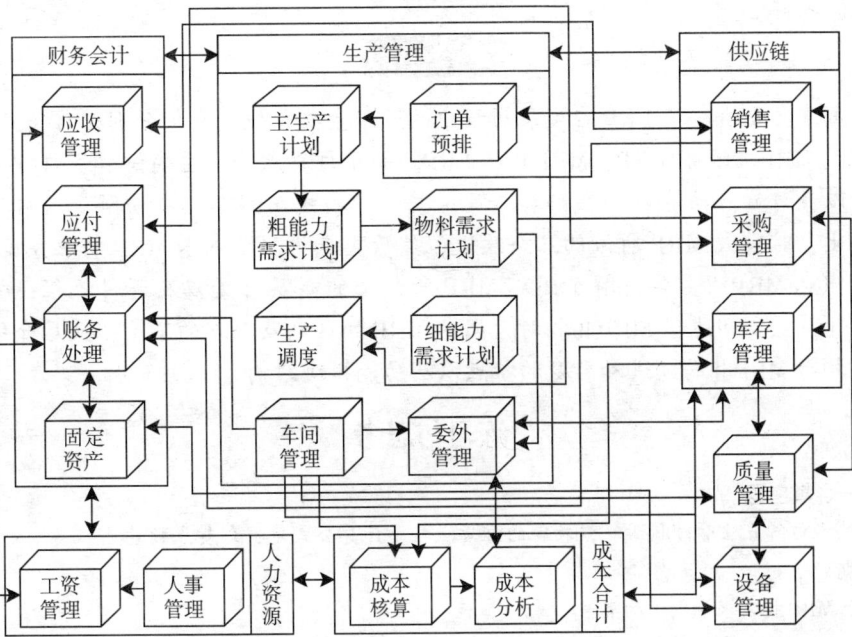

图 2-6 ERP 的主要功能模块及其联系

应链面对同一需求做出快速的反应，使企业以最快的速度、最低的成本将产品提供给用户。ERP 供应链管理范畴如图 2-7 所示。

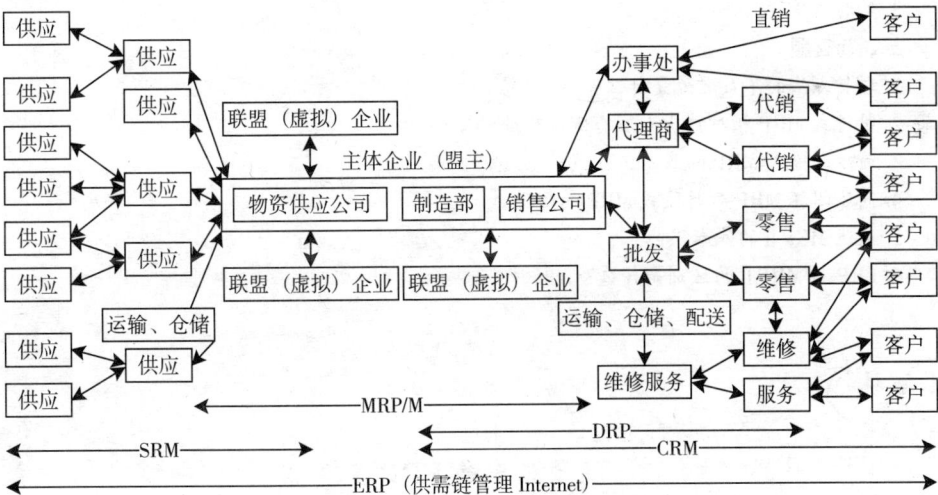

图 2-7 ERP 供应链管理范畴

（3）ERP 扩展了应用环境——管理面向混合制造方式。ERP 不仅支持各种离散型制造环境，而且支持流程式制造环境。

（4）ERP 以成本为核心，而 MRPⅡ以物流为核心。

本章小结

本章主要讲解了 ERP 在发展历程中的五个重要阶段，它们分别是订货点法、时段式 MRP、闭环 MRP、MRP Ⅱ 和 ERP。关于订货点法，主要讲解了订货点的计算以及订货点法存在的缺陷和不足；关于时段式 MRP，主要讲解了与订货点法相比，时段式 MRP 所做的三个改进，然后重点讲解了基本 MRP 的业务流程；关于闭环 MRP，主要讲解了闭环 MRP 所包含的两层含义以及逻辑流程；关于 MRP Ⅱ，主要阐述了 MRP Ⅱ 相对于闭环 MRP 的区别及存在的不足；最后介绍了 ERP 相对 MRP Ⅱ 的改进和自身的特点以及功能模块结构。

练习与思考

一、填空题

1. 在订货点法管理模式下，物料的订货点数量计算公式是：订货点数量=＿＿＿＿×订货提前期+＿＿＿＿＿。

2. MRP 将需求分成了两类：＿＿＿＿＿和＿＿＿＿＿。

3. ERP 的发展与形成经历了五个阶段：＿＿＿＿、＿＿＿＿、＿＿＿＿、＿＿＿＿和 ERP。

二、名词解释

1. 独立需求

2. 相关需求

3. 物料清单

三、简答题

1. 订货点法的不足之处是什么？

2. 时段式 MRP 相对订货点法有哪些改进之处？

3. 简述时段式 MRP 的基本工作逻辑。

4. 简述闭环 MRP 对时段式 MRP 的改进。

5. 简述 MRP Ⅱ 的基本思想。

6. ERP 与 MRP Ⅱ 的区别是什么？

小链接：

生活中的 ERP

一天中午，丈夫在外给家里打电话："亲爱的老婆，晚上我想带几个同事回家吃饭可以吗？"（订货意向）

妻子："当然可以，来几个人？几点来？想吃什么菜？"

丈夫："6 个人，我们 7 点左右回来，准备些酒、烤鸭、番茄炒蛋、凉菜、蛋花汤……你看可以吗？"（商务沟通）

妻子："没问题，我会准备好的。"（订单确认）

妻子记录下需要做的菜单（MPS 计划）和具体要准备的东西：鸭、酒、番茄、鸡蛋、调料……（BOM 物料清单）。发现需要：1 只鸭、5 瓶酒、4 个番茄……（BOM 展开），炒蛋需要 6 个鸡蛋，蛋花汤需要 4 个鸡蛋（共用物料）。

妻子打开冰箱一看（库房），只剩下 2 个鸡蛋（缺料）。

来到自由市场，妻子："请问鸡蛋怎么卖？"（采购询价）

小贩："1 个 1 元，半打 5 元，1 打 9.5 元。"

妻子："我只需要 8 个，但这次买 1 打。"（经济批量采购）

妻子："这有一个坏的，换一个。"（验收、退料、换料）

回到家中，准备洗菜、切菜、炒菜……（工艺线路），厨房中有燃气灶、微波炉、电饭煲……（工作中心）

妻子发现拔鸭毛最费时间（瓶颈工序、关键工艺路线），用微波炉自己做烤鸭可能来不及（产能不足），于是打电话到餐厅订购（产品委外）。

下午 4 点，妻子接到儿子的电话："妈妈，晚上几个同学想来家里吃饭，你帮忙准备一下。"（紧急订单）

"好的，你们想吃什么？爸爸晚上也有客人，你愿意和他们一起吃吗？"

"菜你看着办吧，但一定要有番茄炒鸡蛋。我们不和大人一起吃，6 点 30 分左右回来。"（不能并单处理）

"好的，肯定让你们满意。"（订单确定）

妻子发现还差烤鸭了，于是打电话叫小店送来。（紧急采购）

6 点 30 分，一切准备就绪，可烤鸭还没送来，妻子急忙打电话询问："我是李太太，怎么订的烤鸭还不送来？"（采购委外单跟催）

"不好意思，送货的人已经走了，可能是堵车吧，马上就会到的。"

门铃响了。

"李太太，这是您要的烤鸭。请在单上签一个字。"（验收、入库、转应付账款）

6 点 45 分，女儿的电话："妈妈，我想现在带几个朋友回家吃饭可以吗？"（呵呵，又是紧急订购意向，要求现货）

"不行呀，女儿，今天妈已经需要准备两桌饭了，时间实在是来不及，真的非常抱歉，下次早点儿说，一定给你准备好。"（哈哈，这就是 ERP 的使用局限，要有稳定的外部环境，要有一个基本的提前期）

……

送走了所有客人，疲惫的妻子坐在沙发上对丈夫说："亲爱的，现在咱们家请客的频率非常高，应该要买些厨房用品了（设备采购），最好能再雇个小保姆。"（连人力资源系统也有缺口了）

丈夫："家里你做主，需要什么你就去办吧。"（通过审核）

妻子："还有，最近家里花销太大，用你的私房钱来补贴一下，好吗？"（最后就是应收货款的催要）

现在还有人不理解 ERP 吗？记住，每一个合格的家庭主妇都是生产厂长的有力竞争者。

（原载路晓辉《ERP 制胜——有效驾驭管理中的数字》）

第三章 销售与运作规划

[学习目的]

通过本章学习，能够了解销售与运作规划的基本概念、作用和工作流程，掌握在 MTS 和 MTO 模式下的销售与运作规划以及相应的资源需求计划的编制方法。

第一节 销售与运作规划基本概念

一、企业经营规划

企业的计划是从长远规划开始的，这个战略规划层次在 ERP 系统中称为经营规划。经营规划要确定企业的经营目标和策略，对企业长远发展做出规划，主要有以下几个方面：①产品开发方向及市场定位、预期的市场占有率。②营业额、销售收入与利润、资金周转次数、销售利润率和资金利润率（ROI）。③长远能力规划、技术改造、企业扩建或基本建设。④员工培训及职工队伍建设。

企业经营规划的目标，通常以货币或金额来表达。这是企业的总体目标，是 ERP 系统其他各层次计划的依据。ERP 所有层次的计划，只是对经营规划进一步具体细化，而不允许偏离经营规划，经营规划在企业高层领导主持下会同市场、生产、计划、物料、技术与财务各部门的负责人共同制定。如果在执行过程中有意外情况，下层计划人员只有反馈信息的义务，没有变动规划的权限；变更经营规划只能由企业高层领导决定。

按 ERP 标准系统要求，软件应包括企业经营规划这个计划层次，但由于它主要是由人工方式进行决策并录入数据，不是由系统运算得出的结果。因此并非所有的软件都包括这层计划功能。

二、销售与运作的规划

销售与运作规划（Sales and Operational Planning，S&OP）是 ERP 的五层计划体系中的第二个层次，是对企业经营规划的细化，是企业实现供需协调的关键之一。在早期的 MRP II 中，销售规划与生产规划（或产品规划）是两个相互独立的层次。但由于它们之间有不可分割的联系，因而后来在 ERP 系统中两者被合并为一个层次。销售与运作规划是为了体现企业经营规划而制订的产品系列生产大纲。由于销售与运作规划和上层企业经营规划具有相同的属性，即均属于战略规划，计算机系统目前没有优势把它体现出来，因此在部分软件系统中也没有包含这层计划功能。

在 APICS（美国生产与库存管理协会）编制的字典中，S&OP 被定义为："制定整体制造产量及其他活动水平的一种功能，其目的是最好地满足当前计划中的销售水平，同时实现整体商业目标，如盈利、生产力、有竞争力的顾客交付周期、库存及储备水平等。"S&OP 帮助公司管理层设定顾客服务与库存的目标水平以及生产计划。更重要的是，它还可以引导企业积极地向最佳的业务表现看齐。

销售与运作规划具有如下特点：①S&OP 是一个单一的、集成的和协调一致的计划，作为企业各个部门行动的依据。②S&OP 规划必须由企业总裁主持，会同各高层经理一起制订。③S&OP 必须与经营规划保持一致。④S&OP 是对各产品系列进行计划的。

销售规划和生产规划不一定完全一致。例如，销售规划要反映季节性需求，而生产规划要考虑均衡生产。在不同的销售环境下，生产规划的侧重点也不同。对现货生产（MTS）类型的产品，生产规划在确定月产率时，要考虑已有的库存量。如果要提高成品库存资金周转次数，年末库存水准要低于年初，那么，生产规划的月产量就低于销售规划的预测值，不足部分用消耗库存量来弥补。对订货生产（MTO）类型的产品，生产规划要考虑未交付的、拖欠的订单量，如果要减少拖欠量，那么，生产规划的月产量要大于销售规划的预计销售量。

第二节　销售与运作规划的作用和效益

销售与运作规划的作用是：①把经营规划中用货币表达的目标转换为用产品系列的产量来表达。②制定一个均衡的月产率，以便均衡地利用资源，保持稳定生产。③把控制拖欠量（MTO 模式）或库存量（MTS 模式）作为编制主生产计划（MPS）的依据。

销售与运作规划的主要效益在于提升整体盈利水平，使企业在适当的时间、适当的地点拥有适当的产品。销售与运作规划使行政人员及管理者能更好地控制业务，掌握未来，并充分利用各种信息来做出更好的决策。可量化的效益主要包括改善客户服务水平、降低库存，以及提高生产效率。另外一个重要却难以量化的效益是：这个程式鼓励并发展高层及中间管理层的团队精神。

第三节　销售与运作规划的编制

销售与运作规划的编制分为五个步骤进行：
（1）从各个方面搜集需求资料。
（2）编制销售与运作规划（S&OP）初稿。
（3）确定资源需求计划。
（4）确定销售与运作规划（S&OP）。

（5）审查批准销售与运作规划（S&OP）。

具体流程如图 3-1 所示。

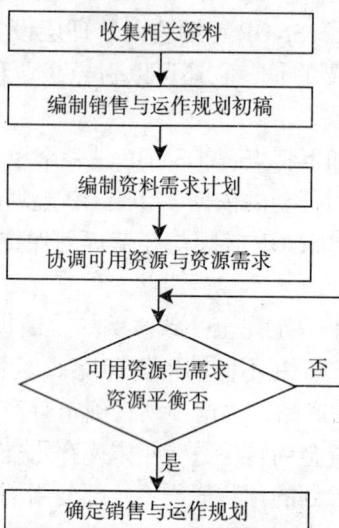

```
        ┌──────────────────┐
        │    收集相关资料    │
        └────────┬─────────┘
                 ↓
        ┌──────────────────┐
        │ 编制销售与运作规划初稿 │
        └────────┬─────────┘
                 ↓
        ┌──────────────────┐
        │   编制资料需求计划   │
        └────────┬─────────┘
                 ↓
        ┌──────────────────┐
        │ 协调可用资源与资源需求 │
        └────────┬─────────┘
                 ↓
            ╱╲
          ╱     ╲
        ╱ 可用资源与需求 ╲   否
        ╲  资源平衡否   ╱────→
          ╲     ╱
            ╲╱
             │ 是
             ↓
        ┌──────────────────┐
        │   确定销售与运作规划  │
        └──────────────────┘
```

图 3-1　销售与运作规划的编制流程

一、搜集需求资料

首先识别销售与运作规划（S&OP）制订小组的成员，分配小组成员的搜集任务并对其进行业绩衡量。小组成员搜集完资料后要对资料进行整理与分析，找出发展趋势并将生产表现与目标进行比较。S&OP 工作流程中准备工作与资料收集工作的重要性经常被低估，事实上决策的有效性非常依赖这些基础资料。为编制销售与运作规划（S&OP），需要从许多方面搜集具体数据，包括经营规划、市场部门、工程部门、生产部门和财务部门。

（1）经营规划提出了企业未来的销售额目标和利润目标，通常以金额为单位，如一个自行车公司来年的销售额目标为 1000 万元。

（2）市场部门根据对产品类按时间段的销售预测，得到客户对某类产品或零件的未来需求的估计。如对自行车产品类的预测是一年 3000 辆。

（3）工程部门提供资源清单，即生产每单位产品类所需的劳力、机器和材料清单。如公司的工程部门将提供每生产一辆自行车所需的钢材数量、所需的劳力和装配工时。

（4）生产部门提供关于能力，即关于资源的可用性方面的数据。如可用的劳力工时、可用的机械小时和工作中心小时，还提供当前库存水平、当前未交付的订货等实时的数据。

（5）财务部门提供经核算确定的单位产品的收入和成本，从而使销售与运作规划增加资源（如设备）的财务预算、可用的资金（如流动资金的限额、信贷资金的限额）等信息。

总之，经营规划、市场部门和工程部门提出的是需求方面的数据，这些需求来自客户，也来自企业自身发展的需要，需求数据的表现形式可以是销售额、产品数量、所需的劳力、机器和材料；而生产部门和财务部门提供的主要是能力方面的数据，关于劳力、设备、库存品及资金方面的可用性。

二、编制销售与运作规划初稿

1. 销售与运作规划协调会

销售与运作规划初稿的编制通常在企业每月一次的销售与运作规划会议上完成。该会议需要所有与销售和运作规划有关的功能部门参加，包括高层管理层、销售与市场部、生产部、工程部及财务都，其目标是对每个产品系列的当前状况与未来计划达成共识，实现需求与供应的准确预测和平衡。在编制销售与运作规划初稿的工作会议上，与会人员要首先回顾上一段时期计划的实际完成情况，包括销售与运作的业绩。在销售方面他们应当集中了解关于预测以及客户服务的问题。例如，为什么实际销售情况高于、低于或者等于预测的销售量以及是否已经达到顾客服务的目标。在运作方面他们则需要判断需求是否得到有效的满足、实际产量是否符合计划的产量、能否保持达到库存或储备的目标、过期库存是否已经减少。

其次讨论具体的产品系列，包括特例、实现目标的具体困难、可能的解决办法，并设计一套方案。从销售的角度探讨需求方面的因素：某个产品系列将来的需求如何发展、市场需要什么新产品、旧产品何时淘汰、新产品的需求量如何、我们是否需要增加宣传或促销来实现需求以及实现销售目标。从运作的角度讨论供应方面的问题：我们是否持有过时的库存；我们是否需要将库存尽快出手（通过促销活动尽快消耗库存，或者将库存发送到减价商店以便尽快销货）；考虑到生产能力与物料方面的因素，我们需要对生产计划做出何种调整；这将带来何种成本；何时需要进行此种调整；如果调整生产或分销地点，运输成本是否会上升；设计、测试与生产产品需要何种资源及时间。

最后，在参与会议的各部门一致同意的情况下，制订出企业在未来一定时间内需要生产的产品系列种类，以及各产品系列在计划展望期内各时段的销售与生产数量。

2. 编制销售与运作规划初稿

在不同的制造模式下，销售与生产规划的侧重点也不同。对面向库存生产（MTS）模式的企业，生产规划在确定月运作规划量时，要考虑已有库存量。如果要提高成品库存资金周转次数，那么年末库存水准就要低于年初。因此，生产规划的月产量就会低于销售规划值，相差部分用消耗库存量来弥补。对面向订单（MTO）生产模式的企业，生产规划要考虑未交付的欠单量，如果要减少拖欠量，那么，生产规划的月产量要大于预计的销售规划量。下面分别介绍 MTS 和 MTO 两类制造模式下的销售与运作规划初稿的编制方法。

（1）MTS 制造模式下的销售与运作规划（初稿）编制。MTS 制造模式下编制销售与运作规划（S&OP）初稿，其目标是使生产满足销售规划量、保持一定库存量和平衡的生产率，以此来确定月生产量和年生产量。其具体编制步骤和各步骤所用公式如表3-1所示。

表3-1　　　　　　MTS制造模式下的销售与运作规划初稿编制过程

过　程	公式/说明	例　子
（1）将年销售规划均匀分布在计划展望期各时段上	把市场部门提供的销售预测分布在各时段上	年销售规划量：1200辆城市车，月预测量：100辆
（2）计算期初库存	期初库存＝当前库存－欠单量	500－100＝400（辆）
（3）计算库存水平的改变	库存变化＝目标库存－期初库存	100－400＝－300（辆）
（4）计算总产量	总生产量＝预测数量＋库存改变	1200－300＝900（辆）
（5）把总生产量和库存改变按时段分布在整个展望期	平稳的产出率：月生产规划量＝总生产量/12	900/12＝75（辆）

（2）MTO制造模式下的销售与运作规划（S&OP）初稿。MTO制造模式下销售与运作规划（S&OP）初稿的编制，其目标是使生产满足销售运作量和欠单量变化对产品的需求。其具体编制步骤和各步骤所用公式如表3-2所示。

表3-2　　　　　　MTS制造模式下的销售与运作规划初稿编制过程

过　程	公式/说明	例　子
（1）把年销售规划分布在计划展望期上	将销售部门提供的整个计划分布在时间段上	年规划量：1200辆车月规划量：100辆
（2）把未完成订单分布在计划展望期上	未完成的订单按交货期分布在计划展望上	参见MTS编制方法
（3）计算欠单量的变化	欠单量的变化＝目标期末未完成订单－当前未完成订单	300－420＝－120（辆）
（4）计算总生产规划量	总生产规划量＝年销售规划量－欠单量改变	1200－（－120）＝1320（辆）
（5）把总生产规划量和库存改变按时间段分布在整个展望期上	把总产量分布在计划展望期上，使月产量至少满足当月的未完成订单	参见MTS编制方法

三、编制资源需求计划

在销售与运作规划（S&OP）的编制过程中，在确定产品系列的生产量时，要考虑生产这种产品所需占用的有效资源（物力、劳力和设备）的数量，如果资源不足，应协调这些差距。这个过程也称为资源需求计划（Resource Requirements Planning）。资源需求计划所需资源是关键资源，可以是关键工作中心的工时、关键原材料（受市场供应能力或供应商生产能力限制）、资金等，用每一种产品系列消耗关键资源的综合平均指标（如工时/台、吨/台或元/台）来计算。ERP是一种分时段的计划，计算资源需求量必须同生产规划采用的时间段一致（如月份），不能按全年笼统计算。只有经过按时段平衡了供应与需求后的生产规划，才能作为下一个计划层次——主生产计划的输入信息。有些ERP软件是从销售与运作规划（S&OP）层次开始的。计划期一般为1年，时段为月。

制订资源需求计划的步骤如下：

（1）审定资源清单。所谓资源清单是生产单位产品系列所需的材料、劳动工时、设备工时、收入、利润等的记录。资源清单中的数字表示的是一个产品系列中所有项目的平均值。

（2）计算资源需求。在审定资源清单的基础上，计算资源需求，即把每类产品的计划生产量和资源需求率相乘。如果资源由几类产品共享，则汇总所有产品类的资源需求。

（3）解决资源需求与可用资源之间的差距。当资源需求超过可用资源时，将出现物料、劳动力和设备等资源短缺情况。可以根据具体情况采取措施加以协调。①物料短缺：增加物料购买、减少生产总量、用其他供给源、用替换物料等措施。②劳动力短缺：安排加班、雇用临时工、转包、减少生产总量、调整生产线等措施。③设备短缺：购买新的设备、升级现有设备、转包作业、改变工艺过程、减少生产总量、调整产品类或生产线等措施。

四、需求与供应计划的修订与传达

当跨部门小组一致同意高层的销售与运作计划（S&OP）之后，接着便对需求与供应计划进行具体的修订。销售部门需要根据S&OP会议上的决策修订销售预测、营销计划、销售计划以及促销活动。运作部门则需要修改生产计划、分销策略及运输安排。高层根据最新的小组决策对S&OP报告进行更新，并分发给小组成员，而且编写及分发会议纪要。最后，新计划必须传达给有关的其他部门，包括采购部、研发部、工程部等。

第四节　销售与运作规划中的沟通和协作

销售与运作规划（S&OP）必须结合四种既关键又关联的活动：需求预测、销售计划、物料管理以及生产规划。尤其在高度外包供应链中，这经常会带来各种问题。有效的协同工作必须在销售部、市场部、采购部、分销部、生产部以及高级管理层之间进行沟通与协商。企业面临的挑战就是如何建立一套工作流程确保通过协同工作来制订出供求平衡的计划。

销售与运作规划（S&OP）的挑战通常来自以下三方面：

首先企业必须面临会议无建设性的问题。许多销售与运作规划（S&OP）会议基本上是情况汇报会。各个业务部门的代表利用会议的时间来讨论一般性、非关键性的问题。因此，凡与当前计划中无冲突的销售与运作资料都应当在会议之前分发给各个代表以供参考。而销售与运作规划（S&OP）会议应当营造一个协作的气氛，创造一个论坛来讨论并解决计划外的特殊问题。

其次综合而灵活的规划与衡量工具所通过的资料难以方便地应用。会议中的资料经常来自多个不同的系统、代表不同的时间阶段，而且统计方式不同。这些资料难以快速而方便地获取，亦难以在管理报告中融合使用。参加会议的代表需要花费大量时间挖掘出这些资料，并编写出可以在会议上使用的报告。

最后是计划信息的缺乏。当小组设定整体生产量水平及其他活动来实现计划中的销售水平时，就必须有特别精确的预测。而由于许多规划工具的能力有限，所做出的预测与运作计划在现有资源条件下经常无法完成。

第五节　销售与运作规划编制示例

[例3-1] MTS制造模式下的销售与运作规划编制

假定某公司生产自行车，年销售规划量为3600辆，则月销售量为300辆。当前库存为1250辆，拖欠订单量为650辆，目标库存为300辆。请编制其销售与运作规划初稿。

解：根据前面介绍的计算步骤，可得：

（1）把销售规划分布在计划展望期各时段上（如表3-3第1行）。

（2）计算期初库存（即当前库存－拖欠订货数＝1250－650）为600。

（3）计算库存改变量（即目标库存－期初库存＝300－600）为-300。

（4）计算总生产量（即预测数量＋库存改变量＝3600－300）为3300。

（5）把总生产量按时间段分布在整个展望期上，分配时通常要求按均衡生产率原则：把3300辆产量（按均衡生产率）分布到12个月，其中每月均为275辆（如表3-3第2行）。

（6）把库存改变量按时间段分布在整个展望期上，按以下公式来计算每月的预计库存：

本月库存量＝上月库存量＋本月运作规划量－本月销售规划量（如表3-3第3行）。

表3-3　　　　　某公司某年的销售与运作规划（S&OP）（MTS制造模式）

（单位：辆）

	1月	2月	3月	4月	5月	6月	7月	8月	9月	...	全年
销售规划	300	300	300	300	300	300	300	300	300	...	3600
运作规划	275	275	275	275	275	275	275	275	275	...	3300
预计库存600	575	550	525	500	475	450	425	400	375	...	目标库存300

[例3-2] MTO制造模式下的销售与运作规划编制

某公司生产台式计算机，其年销售规划量为3600台，则月销售规划量为300台；期初欠单量预计为1250台，其数量分别为1月250台，2月250台，3月250台，4月200台，5月100台，6月100台，7月100台，期末拖欠量为950台，请编制其销售与运作规划初稿。

解：根据前面介绍的计算步骤，可得：

（1）把销售规划分布在计划展望期的各时段上（如表 3-4 第 1 行）。

（2）把未完成的订单分布在计划展望期上（如表 3-4 第 2 行）。

（3）计算拖欠量变化（即期末拖欠量 – 期初拖欠量 = 950 – 1250）为-300 台。

（4）计算总产量（即预测量 – 拖欠量变化 = 3600 + 300）为 3900 台。

（5）把总产量按时间段分布在计划展望期上，分配时通常要求按均衡生产率原则，且月生产量应保证满足月末完成订单的数据，即把 3900 台产量（按均衡生产率）分布到 12 个月，结果为 1~12 月均是 325 台（如表 3-4 第 4 行）。

（6）把预计未完成的订单按时间段分布在计划期上，按以下公式来计算每月的预计未完成订单量：本月未完成订单量=上月未完成订单量-本月运作规划量+本月销售规划量（见表 3-4 中第 3 行）。

表 3-4　　　　　某公司某年的销售与运作规划（S&OP）（MTO 制造模式）

（单位：台）

	1 月	2 月	3 月	4 月	5 月	6 月	7 月	8 月	9 月	…	全年
销售规划	300	300	300	300	300	300	300	300	300	…	3600
期初未完成订单	250	250	250	200	100	100	100				1250
预计未完成订单	1225	1200	1175	1150	1125	1100	1075	1050	1025		950
运作规划	325	325	325	325	325	325	325	325	325	…	3900

本章小结

　　本章首先介绍了作为企业经营规划细化的销售与运作规划（S&OP）的概念、内容、作用及意义；然后详细阐述了销售与运作规划（S&OP）的编制流程和方法，以及资源需求计划的概念和编制过程；最后通过示例详尽讲解了在 MTS 和 MTO 两种制造模式下的销售与运作规划（S&OP）编制计算和资源需求计划编制。销售与运作规划（S&OP）下的生产规划将成为编制下层计划（主生产计划）的根据和基础。

练习与思考

一、填空题

1. 企业经营规划的目标，通常是以_____来表达。

2. 销售与运作规划是 ERP 的五层计划体系中的第_____个层次，它的上层是_____。

3. 销售与运作规划是编制_____的依据。

4. 销售与运作规划的英文全称为_____。

二、简答题

1. 简述销售与运作规划的特点。

2. 销售与运作规划的作用有哪些？

3. 简述销售与运作规划的编制步骤。

三、计算题

某公司的生产类型是面向订单的生产模式，且某产品 X 的下年销售预测量为 2400 台，期初未完成的拖欠预计为 400 台，其数量为 1 月 120 台，2 月 90 台，4 月 80 台，6 月 50 台，8 月 60 台，期末的拖欠量目标为 100 台，请编制其销售与运作规划初稿。

小链接：

深圳皇裕五金制品厂 ERP 实施案例

"三分软件，七分实施。任何 ERP 软件都需要和企业各业务流程、规范、制度相结合，形成完整解决方案，并制定和执行流程化、标准化的实施程序。在这个过程中，企业必须参与并主导 ERP 的应用才可安心无忧，达到大器安天下的境界。"皇裕 ERP 项目负责人袁经理回顾一年前 ERP 实施体会时表示。

深圳皇裕五金制品厂（以下简称深圳皇裕）自 1996 年成立以来发展迅速，于 2000 年成立扬州皇裕精密冲件公司，2002 年成立昆山皇裕精密冲件公司。公司主要从事模具设计、制造、各种端子弹片五金制品的冲压制造。

2004 年底，深圳皇裕选用正航软件 T357 订单、库存、账款、财务、生管、物料、成本模块实施信息化，其信息化范围涉及采购、销售、生产、品管、仓库、财务等所有日常作业，其目的在于实现财务业务一体化、生产管理信息化。

2005 年初，深圳皇裕和正航软件成立以深圳皇裕贺副总、正航软件华南实施总监为负责人的项目小组实施 ERP 系统。在项目小组中，除了信息管理部门之外，深圳皇裕主动从涉及信息化的部门选派了骨干成员以及负责人参与。深圳皇裕认为，要确保良好的实施效果，以及后续应用效果的不断优化，必须让企业人员亲身参与其中。在此前提下，双方利用半个月时间对前期的《调研报告》进行完善，在确认了《实施方案书》后，按方案书正式开始实施。

（1）产品和专业知识培训。ERP 实施实质上是厂商行业经验和产品知识向用户转移的过程。因此，培训工作应该贯彻到实施的全过程。正航软件的培训课程根据各个模块的实施时间和进度安排，和学员进行深入讨论。双方共同讨论软件产品与企业流程结合的解决方案，完善实施方案。

（2）基础资料准备和导入。其中包括将旧编号转换成新编码，而由此增加的工作量容易造成项目的拖延。因此，正航软件的顾问向深圳皇裕领导层建议，配合出台相应的奖惩制度，而当某一个环节出现异常时，立即采取措施使整个数据导入工作得以顺利完成。

（3）模拟运行。组织所有操作人员集中进行按脚本的模拟运行，并进行不同参数设置的模拟。此阶段，深圳皇裕项目负责人余经理亲自到场监督，并确定参数方案。同时要求操作人员每日输入 5 张单据，并每日检查。

（4）参数设定。经过模拟运行之后，应用人员也提出了不少建议。因此，由各部门人员配合正航软件的实施顾问再度对参数进行调整和确认。

（5）期初资料准备和导入。正式导入期初库存量、客户厂商期初余额、会计科目期初余额等基础资料，并明确定义要求完成时间。

（6）并线运行。操作人员进行手工与 ERP 系统的并行工作。正航软件的顾问和深圳皇裕老总给予了充分的重视，督促操作人员做到日清日结，有力地促进了人员的应用。

（7）正式上线。经过并行运行，在确保各个应用人员都能够正确操作，并保证数据的准确性后，系统正式上线。深圳皇裕管理层也明确要求，今后相关报表和数据都要通过系统实现，使企业都能够充分利用系统，提升管理效率。

虽然整个实施过程严格按照实施方案书进行，深圳皇裕的各级人员也参加了正航软件组织的多次培训，但在实际应用过程中，深圳皇裕还是碰到了不少的问题。对此，正航软件服务人员通过上门、远程连线、Call Center 服务提供快速、规范的服务。例如，2005 年 12 月，深圳皇裕曾向正航软件服务部门反映一个生产管理多次加工问题。当产品从上游工序移转到下游工序时，数量是 1000 个，其中 950 个是良品，50 个是不合格的产品，与生产的数量有差异。而差异部分有时不需要重新生产，因为在下计划时就已经考虑进了损耗。Call Center 中心当即给出完善的解决方案：在登打［多次加工移转单］时，在移转数量中输入实际移转的数量。如果是已转到下一制程，还需要返回到上一制程返工时，则可登打［移转退回单］，对报废掉的产品所耗用的料登打［用料差异单］。考虑到用户刚刚开始上线运行，Call Center 服务中心专门制作了完整的文档，并把它传递给深圳皇裕，而且在实施人员回访时，特别要求实施人员针对这一状况，检查系统的运行和人员的操作情况，确认深圳皇裕是否已经妥善解决这一应用问题。

用户和厂商的良好互动，帮助深圳皇裕更好地完善了 ERP 系统，获得了更好的投资回报。

ERP 系统上线后的深圳皇裕变得更有效率，企业经营也更加稳健了。

（1）管理效率提升。ERP 系统可以全程追踪和控制采购状况、业务状况、生产进度，并产生数据，帮助优化库存管理，实现各部门数据的全面集成和整合。物流和资金流也实现一致性动态控制，有力地支持了企业决策。

（2）企业经营更加规范。不论是谁，只要不按照既定的流程走，信息流就"流"不下去，工作就完不成。"计算机面前人人平等"，政策得以不折不扣地执行。

（3）精细化成本管理。准确清楚生产过程中的料、工、费动态信息，通过系统灵活的成本管理模式，不仅使企业销售策略更加灵活，产品更具市场竞争力，也避免业务部门由于不了解产品实际成本，发生订单利润为零或者为负值的现象。

一个企业就是一个小世界，在这个世界里，有它自己的规则存在，这些规则运行是否顺畅，是决定这个企业是否具有竞争力的关键。诚如深圳皇裕袁经理所言，ERP 软件是管理工具，系统如何与企业融为一体，并良好运转，需要可靠的厂商提供良好的实施以及 ERP 服务，实现并优化 ERP 价值。

（原载王小云《ERP 企业案例教程》）

第四章　主生产计划

[学习目的]

通过本章学习，能够了解主生产计划（MPS）和粗能力需求计划（CRP）的基本概念、作用和业务流程，并熟练掌握主生产计划和粗能力需求计划的编制方法。

第一节　主生产计划基本概念与作用

早期的物料需求计划（MRP）系统直接将客户的需求数据（包括预测或订单）根据物料清单（BOM）展开计算，得到在数量和时间上与预测和客户订单需求相互匹配的生产和采购计划。然而由于预测和客户订单是不稳定和不均衡的，而且企业的生产能力和其他资源也是有限的，这必然造成企业的生产过程频繁出现如下现象：要么加班加点也不能完成任务，要么设备闲置导致很多人没有活干，造成生产效率低下和混乱无序的情况。在这样的背景下，主生产计划的概念被提了出来。

一、基本概念

主生产计划（Master Production Schedule，MPS）是 ERP 五层计划体系中的第三层，即在销售与运作规划（S&OP）和物料需求计划（MRP）之间，是对企业销售与运作规划（S&OP）的细化，和进一步进行物料需求计划（MRP）的基础和前提。它以需求预测和客户订单为依据，说明将来各时段中生产什么、生产多少以及什么时段完成，将上层产品系列生产计划转化为具体的产品计划。这里的时间段，通常是以周为单位，在有些情况下，也可以是日、旬、月。主生产计划的对象一般是最终产品，即对于企业来说最终完成、要出厂的完成品，它要具体到产品的品种、型号。但有时也可能是组件的 MPS 计划。

二、主生产计划的作用

主生产计划是 ERP 计划体系中一个重要的层次，是传统手工管理模式没有的新概念。ERP 中加入主生产计划这一层次，可以有效避免上述生产安排严重失衡的现象出现。通过人工干预、均衡安排，使得在一段时间内主生产计划量与预测及客户订单在总量上相匹配，而不追求在每个具体时刻上均与需求相匹配，从而得到一份稳定均衡的计划。据此得到的关于非独立需求项目的物料需求计划也将是稳定和均衡的。因此，制订主生产计划可以得到一份稳定、均衡的生产计划。

概括起来，主生产计划主要有以下作用：

（1）把较高层次的生产计划与日常的工程计划连在一起。这就确保后者支持前者，而且在两者不能保持同一步伐之前，会生成早期警告信号。

（2）驱动若干种明细计划，包括物料需求、能力需求（人力与设备）这些明细计划。建立物料、人员、机器、机床安装、供应、检测与用来生产 MPS 中最终物料所需的其他设备的恰当时机与数量。其结果是连接一家制造厂及其供应商的一套充分一体化的计划。

（3）驱动财务计划。导向组件库存与制品库存、采购与承诺、直接劳务与售出物料的成本等的弹性预算，是可从该作业计划直接计算出来的财务分析中的主要因素。正式的利润计划所需的间接劳务、工厂管理费与销售净收益可从二次计算得到。

（4）为订货生产产品做出客户交货承诺。当客户订单被记载入册时，倘若它们被转换成 MPS 中的模块与最终物料并从 MPS 中某一适当的时间期间减去的话，这些订单就可看做是消耗了 MPS。剩下的余额，常称为可供销售量，为对新的客户订单做出交货承诺提供了可靠的基础。在一种计划健全与有效执行的环境中，做出承诺比较容易，而且可以达到及时交货的较高水平。这些比各种提前期公式或经验性规则要优先得多，因为后者对现存负荷不能做出充分的考虑。

（5）监督各项实际绩效。市场营销，评价市场需要与期望；销售，获取客户订单；工程设计，坚持设计与开发工作的进度；计划工作，开发健全的计划；制造，执行该计划。通过这些手段，系统实施中失败的根源与原因得以呈现，对失败的指责可以消除而绩效足可以得到改善。

（6）协调诸多管理人员的活动。开发与维持 MPS 的工作迫使大家一致同意一项最好的满足他们各自需要与期望的操作计划。这为执行该计划中的集体合作奠定了基础。

第二节　编制主生产计划的相关概念

一、提前期

提前期是指某一工作的时间周期，即从工作开始到工作结束的时间。提前期是生成 MPS、MRP、车间作业计划和采购计划的重要基础数据。在 ERP 中提前期是在物料主文件中进行维护的（直接维护或根据工艺路线生成）。

按照提前期是否可变分为固定提前期和变动提前期两种。固定提前期是指不论批量大小都以一定时间为提前期，适合于用作采购零部件和原材料的提前期。变动提前期是指提前时间的长短随着每批加工量大小而变动，适合用作自制件的提前期。

另外，按照提前期在生产过程中所完成的功能，可以划分为以下几种：

（1）生产准备提前期。它是指从生产计划开始到生产准备完成（可以投入生产）所需的时间。

（2）采购提前期。它是指采购订单下达到物料完工入库的全部时间。

（3）生产加工提前期。它是指生产加工投入开始（生产准备完成）至生产完工入库的全部时间。

（4）装配提前期。它是指装配投入开始至装配完工的全部时间。

（5）累计提前期。它是指采购、加工、装配提前期的总和。

（6）总提前期。它是指产品的整个生产周期，包括产品设计提前期、采购提前期以及加工、装配、试车、检测、发运等提前期的总和。

各类提前期的时间组成如图 4-1 所示。

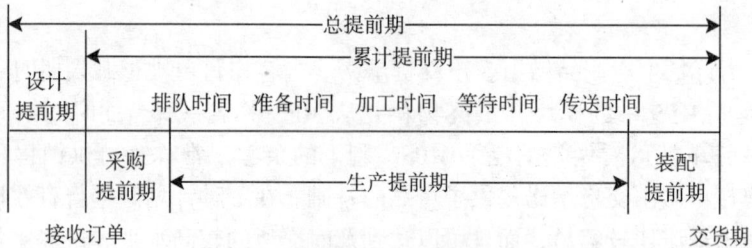

图 4-1 各类提前期

下面详细说明加工提前期的构成。由上图可以看出其包含以下五个部分：

（1）排队时间。它指一批零件在工作中心前等待的时间。

（2）准备时间。它包括熟悉图纸及技术条件、工装的准备和调整等时间。

（3）加工时间。在工作中心加工或装配的时间，与工作中心的效率、人员技术水平相关。

每批零件加工时间 = 零件数量 × 单个零件加工时间

（4）等待时间。它指加工完成后等待运往下道工序或存储位置的时间。有些软件系统将等待时间合并到传送时间中。

（5）传送时间。它指工序之间或工序至库位之间的运送时间，若为外协工序则包含的内容更多。

上述五类时间之和形成了加工件的生产周期，即从下达任务开始到加工完成为止的时间。

对于物料提前期的设置问题，在 ERP 系统中一般是在物料主文件中进行维护的（直接维护或根据工艺路线生成），采购件要设置采购提前期，而自制件则要设置加工提前期，这是进行物料需求计划（MRP）展开计算重要的基础数据之一。累计提前期是根据物料清单的结构层次，由系统自动逐层滚动累加生成的。生产加工部分的变动提前期是指占用工作中心的加工时间。由此可以看出，加工提前期与物料的工艺路线及工作中心能力有关。

二、计划展望期和计划时段

1. 计划展望期

计划展望期（Planning Horizon，PH）指编制计划所覆盖的时间范围，也称为计划跨度、计划水平期或计划期。它说明了 MPS 计划的时段长度。为了便于安排产品开发或生产准备计划，它通常不小于 MPS 计划对象（如产品）的总提前期。实际运行时，只要有长期合同订单或可靠的数据录入，计划期可以长些，如一年或更长，以提高计划的预见性。

ERP 中的不同计划层次，其计划展望期是不尽相同的。一般来说，计划的层次越高，计划展望期越长；计划层次越低，计划展望期越短。例如，经营计划的计划展望期一般为 2~7 年；生产计划大纲一般为 1~3 年；主生产计划为 1~6 个月；MRP 为 2 周~3 月。

2. 计划时段

计划时段（Time Buckets，TB）是组织和显示计划的时间单位。将计划展望期分成若干时间段，是为了说明在各个跨度内的计划量、产出量、需求量。以固定的时间段间隔对计划量、产出量和需求量进行汇总，便于对比计划。由此可以区分出计划需求的优先级别，进而合理安排和组织生产。同时，计划时段说明计划报表能够细分的程度，时段的长度可以由用户任意设定。在系统参数中，用户可定义每个时段所表示的长度，如近期为日或周，中远期为月或季。

与计划展望期类似，计划的层次越低，其计划时间周期越短。经营计划的计划周期一般为 1 年；生产计划大纲的计划周期一般为 1 月；主生产计划的计划周期一般为 1 周，如果再细分，可以是每日一个计划时段；而 MRP 的计划周期一般为 1 日。

三、时区和时界

在产品的计划展望期的各时段，计划的修改对企业的影响力各有不同，因此 ERP 系统引入了时区（Time Zone，TZ）与时界（Time Fence，TF）的概念。时区和时界的划分是主生产计划人员控制计划变动的手段之一，用来说明需求量计算的依据，变动计划的限制条件、难易程度以及付出的代价，从而谋求一个比较稳定的主生产计划。

在主生产计划中，将计划展望期依次划分为三个时区：需求时区（时区 1）、计划时区（时区 2）和预测时区（时区 3），每个时区包含若干个计划时段。其中，需求时区是产品的总装提前期的时间跨度，即指从产品投入加工开始到产品装配完工的时间跨度；计划时区是指在产品的累计提前期的时间跨度内，超过时区 1 以外的时间跨度；预测时区是指超过时区 2 以外的时间跨度。

时区之间的分隔点，称为时界，因此存在两个时界。其中需求时区和计划时区之间的分隔点称为需求时界（Demand Time Fence，DTF），计划时区与预测时区之间的分隔点称为计划时界（Planning Time Fence，PTF）。

下面以图 4-2、图 4-3 解释和说明一个产品在单个订单和多个订单两种情况下，时区和时界的概念及其间的关系。

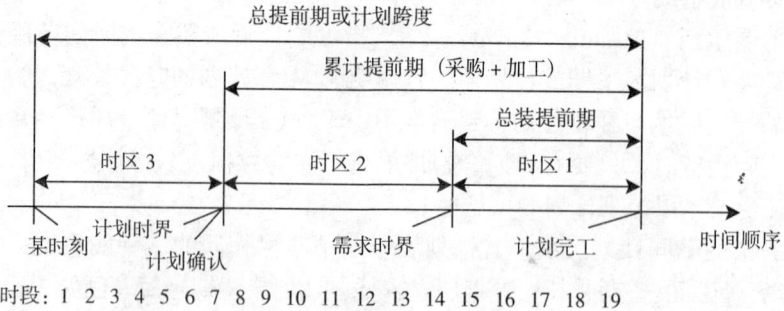

图4-2 某产品在单个订单情况下的时区和时界分布关系

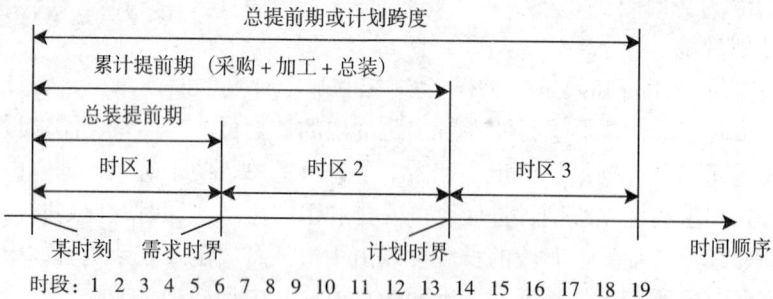

图4-3 某产品在多个订单情况下的时区和时界分布关系

1. 某产品单个订单在时间上的时区和时界分布关系

图4-2中横坐标为计划展望期，共包括19个计划时段，并假定第1个时段的开始时间为计划的时间（计划开始时间）。该产品的总装配提前期为5个时段，采购和加工提前期为7个时段。现该订单要求该产品在第19时段完工交货，因此按照前面的定义，由远及近，第15~19时段为需求时区（时区1），第8~14时段为计划时区（时区2），第1~7时段为预测时区（时区3），第15时段开始时间为需求时界（时界1），第8时段开始时间为计划时界（时界2）。

随着时间的推移，该产品所处的时区从预测时区移至计划时区，在进行该产品原材料的采购和零部件的加工工作后，最后移至需求时区，然后在完成产品的组装和装配工作，并在第19时段结束时完工入库。

2. 某产品在多个订单情况下在时间上的时区和时界分布关系

如图4-3所示，该产品目前有6张订单，在这种情况下，时区的划分是由近及远，以当期时间为基准，订单1和订单2已处于总装阶段，因此位于需求时区（时区1）内；订单3和订单4处于采购和加工阶段，位于计划时区（时区2）内，订单5和订单6则位于预测时区内。一般情况下，主生产计划的时区和时界是按照图4-3中所示由近及远进行划分的。

由上可知，在不同的时区内计划的修改对企业的影响是不同的。在时区1内，需求依据实际合同，计划已下达及执行，计划变动代价极大，很难变动。因为产品已经投入生产，装配已在进行，变动需由厂领导决定，所以应该尽量避免更改计划；在时区 2 内，需求依据合同与预测，可以取合同、预测、合同与预测之和或者最大值。计划已确认及下达，变动代价大，系统不能自动变动更改，只能由人工干预。在时区 3 内，计划以预测为主，或取预测与合同的最大值。计划允许变动，无代价。系统可自动更改，计划员即有权进行更改。

第三节　主生产计划的编制步骤

主生产计划的编制步骤包括确定 MPS 物料、编制 MPS 初步计划、编制 RC-CP 清单、评估 MPS 初步计划、批准和下达 MPS 等步骤。各步骤间的关系如图 4-4 所示。

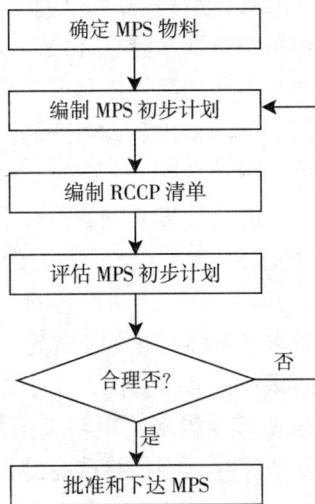

图 4-4　主生产计划编制流程

一、确定 MPS 物料

确定 MPS 物料就是把销售与运作规划中的产品系列进行具体化的最终项目（End Item）。最终项目通常是独立需求件。在不同的生产方式下，主生产计划中的最终项目可以是产品、主要组件、虚拟物料单中的组件或者甚至可以是产品结构中最高层次上的单个零件。下面介绍在面向现货生产（MTS）、面向订货生产（MTO）和面向订货组装（ATO）等环境下的主生产计划对象的确定。

（1）在面向现货生产的环境下，主生产计划对象是指产品、备品、备件等独立需求项目。MPS 要确定每一具体的最终产品在每一具体时间段内的生产数量，其中的最终产品是指对于企业来说最终完成的、要出厂的产品。实际上，这主要是针对多数备货生产型企业而言。在此类企业中，虽然用到多种原材料和零部件，但最终产品的种类一般较少且大都是标准产品。这种产品的市场需求预测的可行性也较高。因此，通常是将最终产品预先生产出来，放置于仓库，随时准备交货。

（2）在面向订货生产的环境下，若交货期比产品生产提前期长，可直接安排生产最终产品，否则就需预测产品的需求。

当最终产品和主要的部件、组件都是顾客订货的特殊产品时，这些最终产品的主要部件、组件的种类比他们所需的主要原材料和基本零件的数量可能要多得多。因此，类似装配生产，MPS可能以主要原材料和基本零件为对象来制定。

（3）在面向订货组装的环境下，若产品是一个系列，结构基本相同，都是由若干组件和一些通用件组成，每项基本组件又可有多种选件，从而可形成一系列多种规格的变型产品，在这种情况下，最终项目指基本组件和通用件。编制计划时，先根据历史资料确定各基本组件中各种可选件占需求量的百分比，并以此安排生产，保持一定库存储量。一旦收到正式订单，只要编制一个总装计划，规定从接到订单开始的一系列核查库存、组装、测试检验、包装发货的进度，就可以选装出各种变型产品，从而缩短交货期，满足客户需求。

在如今的市场上，要求企业生产的最终产品的"变型"有很多，变型产品是若干标准模块的不同组合。例如，汽车，每天生产的汽车可以说几乎没有一模一样的，因为顾客对汽车的颜色、驱动系统、方向盘、坐椅、音响、空调系统等不同部件可以自由选择，最终产品的装配只能根据顾客需求来决定。基于顾客的不同选择，可装配出的汽车种类有 $A \times B \times C \times \cdots$ 种，但主要部件和组件一共只有 $A + B + C + \cdots$ 件，部件种类的总数比最终产品种类的总数要少得多。在这种情况下，一方面，对最终产品的需求非常多样化和不稳定，很难预测，因此保持最终产品的库存是一种很不经济的做法；另一方面，由于构成最终产品的组合部件种类较少，因此预测它们的需求要容易得多，也精确很多。所以，在这种情况下，通常只是持有主要部件和组件的库存，当最终产品的订单到达后，才开始按订单生产。如果以最终产品编制MPS，由于种类很多，计划就大大复杂化，而且由于需求难以预测，计划的可靠性就难以保证。此时，MPS是以主要部件和组件为对象来制定的。

表4-1为各类生产模式下的主生产计划对象的确定方法。

表4-1   各类生产模式下的主生产计划对象的确定方法

生产模式	计划依据	MPS物料	举　例
现货生产 MTS	主要根据市场预测安排生产；产品完成后入库待销，要进行促销活动	独立需求类型物料	大批生产的定型产品，如日用消费品
订货生产 MTO	根据客户订货合同组织生产	独立需求类型物料	标准定型产品
订货组装 ATO	产品成系列，有各种变型，根据合同选择装配	通用件、特征件及可选件	标准系列产品，有可选项

二、MPS 报表

主生产计划以最终项目为计划对象，按每种产品分别提供计划报表。MPS

报表主要体现需求和供应的演算关系。报表的输入信息包括来自销售部门的预测和合同信息、来自物料主文件中与计划和物料管理相关的信息（如提前期、需求时界、计划时界、批量规则、批量、安全库存量等），以及来自库存管理子系统的库存量信息。输出信息包括该产品在未来各时段的需求量、库存量、计划产出量和计划投入量、可供销售量等。

如表 4-2 所示，MPS 报表分表头和表体两部分。表头中除现在库存量随时间变化，属于动态信息（来源于库存管理子系统）外，其 WB 均为静态信息（来源于物料主文件）。

表 4-2 主生产计划模式报表示例

物料号：10000　　　　物料名称：A　　　　安全库存：10
提前期：1　　　　　　批量规则：固定批量　批量：10
当期库存：30　　　　　需求时界：2　　　　计划时界：4
计划日期：2007/5/10　计划员：ZY

类别	时段	1	2	3	4	5	6
	当期	5/14	5/21	5/28	6/4	6/11	6/18
预测量		10	10		20	10	20
订单量		5	20	20		16	18
毛需求量		5	20	20	20	10	20
计划接收量			10				
预计库存量	30	25	15	15	15	15	15
净需求量				15	15	5	15
计划产出量				20	20	10	20
计划投入量			20	20	10	20	

横式报表描述了某最终项目在各计划时段的毛需求量、净需求量、计划产出量，计划投入量和预计库存量的计算关系和计算过程，可以方便主生产计划的生成。如果为了追溯需求的来源、了解加工单和需求的对应关系以及出现例外情况的处理措施，就要用到竖式报表格式。

第四节　MPS 初步计划的编制

此节主要介绍横式 MPS 报表中各种数量的计算公式和顺序。

一、编制 MPS 初步计划的逻辑流程

主生产计划逻辑流程如图 4-5 所示。

二、逻辑流程中相关术语的概念及计算说明

1. 毛需求量（Gross Requirement，GR）

毛需求量是指在任意给定的计划周期内，项目的总需求量。涉及的计算数据主要包括项目在计划展望期内的预测量和客户的订单量。其中，预测量和订单量均来自销售管理子系统。预测量是通过销售预测确定的该项目在某时段的市场需

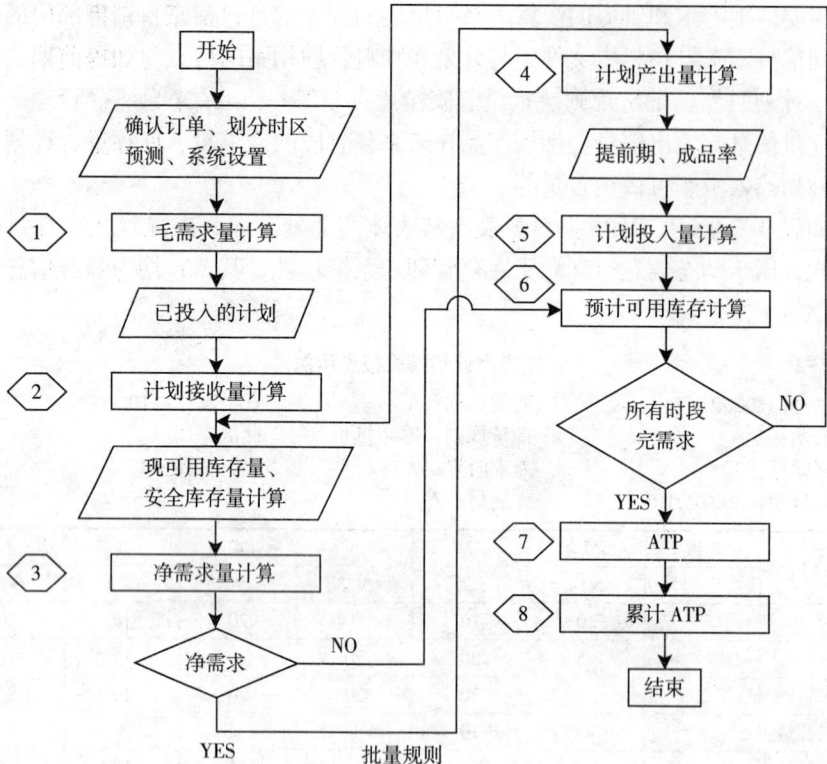

图 4–5　主生产计划逻辑流程

求；订单量是由客户下达订单确定的需求量，是总的订单数减去已出库的数量（也即未完成订单的数量）。

如何把预测量和订单量进行组合从而得出毛需求量，这在各个时区的取舍方法是不同的。本书采用的方法如下：①在预测时区：毛需求量 = 预测量。②在计划时区：毛需求量 = Max（预测量，订单量）。③在需求时区：毛需求量 = 订单量。

当然不同的 ERP 软件，毛需求量的计算方法还可以选择其他策略。

（1）毛需求量 = 预测量。这里不考虑合同，适合于库存型（MTS）企业。

（2）毛需求量 = 合同量。预测只作参考，不解决计划，适合于订货型（MTO）企业。

（3）毛需求量 = Max（预测量，合同量）（各时区），适合于既有预测又有合同的企业。

（4）毛需求量 = 合同量（在需求时界内）；毛需求量 = 预测量（在需求时界外）。

（5）毛需求量 = 合同量（在需求时界内）；毛需求量=Max（预测量、合同量）（在需求时界外）。

（6）毛需求量 = 合同量 + 预测量。

2. 计划接收量（Scheduled Receipts，SR）

计划接收量也叫预期到货量，是指正在执行或者已经确认的订单量。在制订MFS计划时，往往把制订计划日期之前已经下达和执行的订单，并在本计划期内完成或到达的数量作为计划接收量处理。

3. 净需求量（Net Requirement，NR）

净需求量指在任意给定的计划周期内，某项目实际需求数量。毛需求量指"需要多少"，而净需求量指"还缺多少"。

净需求量＝本时段毛需求量＋安全库存量－（前一时段末的可用库存量
＋本时段计划接收量）

若计算值≤0，则无净需求量；若计算值＞0，则净需求量＝计算值。

这种从毛需求到净需求的计算方法称为净需求计算法（Netting）。如果产生了净需求，则启动了MPS的批量排产。其中，安全库存量是指库存量的最低限。设置安全库存旨在预防需求或供应方面不可预料的波动，避免造成生产或供应中断，缓解用户需求与工厂之间、供应商和工厂之间、制造和装配之间的矛盾。

4. 计划产出量（Planned Order Receipts，PORC）

计划产出量是为了满足净需求，系统根据设定的批量政策计算得出的供应数量。其计算公式为：

计划产出量＝N×批量

最后的结果要满足：

计划产出量≥净需求量＞（N－1）×批量

因为计划产出量的计算中考虑了批量规则，并补足了安全库存，则计划产出量经常会出现净需求的情况。此外，若预测值大于订单量，毛需求取预测值，也会出现产出大于实际合同需求的情况。

目前MPS的批量规则根据是否变化分为静态和动态两种。

（1）静态方法。静态方法包括固定批量法（Fixed Quantity）和经济批量法（Economic Order Quantity）两种。

固定批量法是指每次MPS的计划量是相同的或是常数，但下达的间隔周期不一定相同。该规则主要适用于订货费用较大的物料。由于受生产条件、运输等的限制，不论实际需求量有多少，均需按照标准批量的整数倍进行生产或采购。

经济订货批量简称EOQ，是指某种物料的订购费用和保管费用之和为最低时的最佳MPS批量法。订购费用是指从订购至入库所需要的差旅费用、运输费用等；保管费用是指物料储备费、验收费、库存管理费所占用的流动资金利息费、物料储存消耗费。EOQ法一般用于需求是常量和已知的、成本和提前期也是常量和已知的、库存能立即补充的情况下，即它用于连续需求的、库存消耗稳定的场合。因此，对于需求是离散的MRP方法来说，库存消耗是变动的，此时EOQ方法的效率不高。

（2）动态方法。动态方法包括直接批量法（Lot for Lot）和固定周期法

（Fixed Time）。

直接批量法完全根据实际需求量来确定 MPS 的计划量，即 MPS 计划量定义实际需求量。这种批量规则往往适用于生产或订购数量和时间基本上能得到保证的物料，并且所需要的物料的价值较高，不允许过多地生产或采购。

固定周期法是指 MPS 计划的下达间隔周期相同，但其计划量却不尽相同。这种批量法一般用于内部加工自制品生产计划，旨在便于控制，即通过人为设定一个时间间隔，按这段时间内的用量订货。

5. 计划投入量（Planned Order Releases，POR）

计划投入量是系统根据计划产出量、规定的提前期和成品率计算得出的计划投入数量，说明"什么时间下达计划"。计划投入量所处时段的计算方法是在对应的计划产出量的基础上往前推相应的提前期。

6. 预计可用库存量（Projected Available Balance，PAB）

预计可用库存量是从现有库存中，扣除了预留给其他用途的已分配量，可以用于下一时段净需求计算的那部分库存量。它与现有量不是同一个概念。

预计可用库存量 =（前一时段末的可用库存量 − 本时段计划接收量

　　　　　　　　 − 本时段计划产出量）− 本时段毛需求量

7. 可用承诺量（Available to Promise，ATP）

可用承诺量是指在某一期间内，产品的产出数量可能会大于订单数量的差值。这里的"某一期间"是指连续两次产出该产品的时间间隔。可用承诺量所含的产品是一种多余的库存，可以随时向客户出售，而不影响其他订单的交货，这个数量为销售部门的销售提供了重要的参考依据。

可用承诺量 = 某期间的计划产出量（包括计划接收量）− 该期间的订单总和。

可用承诺量 ATP 的具体计算可分为如下三个阶段：

第一阶段：时段 1 的 ATP = 当前库存量 + MPS 在时段 1 的计划接收量 −（时段 1 的订单量 + 在下一个计划产出量出现之前的实际需求量）。

第二阶段：随后出现的"MPS 计划产出"时段的 ATP = 计划接收量 −（本时段发生的订单量 + 随后几个时段的订单量），直到出现新的计划接收量的时段为止。

第三阶段：如果本期的 ATP 出现负值（时段 1 除外），则用上一个 ATP 不为 0 的时段中的 ATP 值，减去本期的负值的绝对值，同时把本期的 ATP 设置为 0。

可用承诺量的计算结果主要是供销售部门决策用的，它是销售人员同临时来的客户洽商供货条件的重要依据，通俗的意思是"我还有多少'没有买主'的库存可卖"。因此我们称为"可销售"。

8. 累计可用承诺量

从最早的时区开始，把各个时区的可用承诺量累加到所考虑的时区即是这个时区的累计可签约量。它指出在不改变主生产计划的前提下，积累到目前所考虑的时区为止，关于此最终项目还可向客户作出多大数量的供货承诺。

9. 安全库存 (Safety Stock，SS)

安全库存是一种额外持有的库存，它作为一种缓冲器，用来预防由于自然界或环境的随机干扰而造成的缺货，用来补偿在订货提前期内实际需求量超过期望需求量或实际提前期所产生的需求。安全库存是为了应对供应链中需求和材料供应的不确定性而设立的。因为客户需求经常在变动，而且供应商也可能出现拖期交货的现象，所以为了不至于缺货，必须设立一定的安全库存。

三、MPS 初步计划编制案例

假定已知某自行车企业的某型号自行车的提前期为 1 个时段，计划展望期为 10 个时段，需求时界是 3，计划时界是 7，安全库存量是 5，批量规则采用固定批量法，批量是 10，当前可用库存为 16，第 1 周的预期到货量为 10。在计划展望期内各时段的预测量和订单量如表 4–3 所示。

表 4–3　　　　　某计划展望期内的某型号自行车预测量和订单量

类别	时段	1	2	3	4	5	6	7	8	9	10
	当期	4/1	4/8	4/15	4/22	4/29	5/6	5/13	5/20	5/27	6/3
预测量		15	30	10	30	18	30	32	25	30	20
订单量		20	25	20	25	20	16	35	20	28	25

（1）确定毛需求量。根据订单或预测数据确定毛需求量。计算时采用如下规则：

时区 1：毛需求量 = 订单量

时区 2：毛需求量 = Max（订单量，预测量）

时区 3：毛需求量 = 预测量

计算结果如表 4–4 所示。

表 4–4　　　　　某计划展望期内的某型号自行车需求量的确定

类别	时段	1	2	3	4	5	6	7	8	9	10
	当期	4/1	4/8	4/15	4/22	4/29	5/6	5/13	5/20	5/27	6/3
预测量		15	30	10	30	18	30	32	25	30	20
订单量		20	25	20	25	20	16	35	20	28	25
毛需求量		20	25	20	30	20	30	35	25	30	20

（2）读入计划接收量和库存量，如表 4–5 所示。

（3）计算第 1 时段净需求量。根据前面介绍的净需求量计算公式，第 1 时段的净需求量 = 本时段毛需求量 + 安全库存量 –（前一时段末的可用库存量 + 本时段计划接收量）= 20 –（16 + 10）+ 5 = –1，如表 4–6 所示。

（4）计算第 1 时段预计可用库存。由于上述第 1 时段的净需求量计算值 ≤ 0，即无净需求。根据前面介绍的 MPS 初步计划的计算逻辑流程，下一步需转入第 1 时段的预计可用库存的计算。

表 4–5　　某计划展望期内的某型号自行车计划接收量和当前库存量的录入

类别	时段	1	2	3	4	5	6	7	8	9	10
	当期	4/1	4/8	4/15	4/22	4/29	5/6	5/13	5/20	5/27	6/3
预测量		15	30	10	30	18	30	32	25	30	20
订单量		20	25	20	25	20	16	35	20	28	25
毛需求量		20	25	20	30	20	30	35	25	30	20
计划接收量		10									
预计库存	16										

表 4–6　　某计划展望期内的某型号自行车第 1 时段净需求量的确定

类别	时段	1	2	3	4	5	6	7	8	9	10
	当期	4/1	4/8	4/15	4/22	4/29	5/6	5/13	5/20	5/27	6/3
预测量		15	30	10	30	18	30	32	25	30	20
订单量		20	25	20	25	20	16	35	20	28	25
毛需求量		20	25	20	30	20	30	35	25	30	20
计划接收量		10									
预计库存	16										
净需求量		−1									

第 1 时段的预计可用库存 ＝（前一时段末的可用库存量 + 本时段计划接收量 + 本时段计划产出量）– 本时段毛需求量 =（16 + 10 + 0）– 20 = 6。结果如表 4–7 所示。

表 4–7　　计划展望期内的某型号自行车第 1 时段的预计可用库存的确定

类别	时段	1	2	3	4	5	6	7	8	9	10
	当期	4/1	4/8	4/15	4/22	4/29	5/6	5/13	5/20	5/27	6/3
预测量		15	30	10	30	18	30	32	25	30	20
订单量		20	25	20	25	20	16	35	20	28	25
毛需求量		20	25	20	30	20	30	35	25	30	20
计划接收量		10									
预计库存	16	6									
净需求量		−1									

（5）计算第 2 时段的净需求量。第 1 时段的预计可用库存计算完成后，就可以开始进行第 2 时段的计算。根据前面的逻辑介绍，首先计算净需求量。

第 2 时段净需求量 = 本时段毛需求量 + 安全库存量 –（前一时段末可用库存量 + 本时段计划接收量）= 25 + 5 –（6 + 0）= 24。结果如表 4–8 所示。

（6）计算第 2 时段的计划产出量。由于第 2 时段的净需求量大于 0，根据计算逻辑流程，下一步需计算第 2 时段的计划产出量。计划产出量由净需求量根据批量规则归整而得，本例采用固定批量法，且批量为 10。则当净需求量<10，计

表 4-8　　　　　　　计划展望期内的某型号自行车第 2 时段的净需求量的确定

类别	时段	1	2	3	4	5	6	7	8	9	10
	当期	4/1	4/8	4/15	4/22	4/29	5/6	5/13	5/20	5/27	6/3
预测量		15	30	10	30	18	30	32	25	30	20
订单量		20	25	20	25	20	16	35	20	28	25
毛需求量		20	25	20	30	20	30	35	25	30	20
计划接收量		10									
预计库存	16	6									
净需求量		–1	24								

划产出量取 10；若净需求量大于批量，超出 10 的倍数的零头部分，需归整为 10。因此第 2 时段的计划产出量应为 30。结果如表 4-9 所示。

表 4-9　　　　　　　计划展望期内的某型号自行车第 2 时段的计划产出量的确定

类别	时段	1	2	3	4	5	6	7	8	9	10
	当期	4/1	4/8	4/15	4/22	4/29	5/6	5/13	5/20	5/27	6/3
预测量		15	30	10	30	18	30	32	25	30	20
订单量		20	25	20	25	20	16	35	20	28	25
毛需求量		20	25	20	30	20	30	35	25	30	20
计划接收量		10									
预计库存	16	6									
净需求量		–1	24								
计划产出量			30								

（7）计算第 2 时段的计划投入量。计划投入量的计算是由计划产出量根据设定的提前期和成品率计算得到的，说明下达计划的时间。本例中，产品的成品率为 100%，即没有损耗，则仅需根据提前期（当前物料的提前期为 1 个时段）来倒推就可得到计划投入量。结果如表 4-10 所示。

表 4-10　　　　　　计划展望期内的某型号自行车第 2 时段的计划投入量的确定

类别	时段	1	2	3	4	5	6	7	8	9	10
	当期	4/1	4/8	4/15	4/22	4/29	5/6	5/13	5/20	5/27	6/3
预测量		15	30	10	30	18	30	32	25	30	20
订单量		20	25	20	25	20	16	35	20	28	25
毛需求量		20	25	20	30	20	30	35	25	30	20
计划接收量		10									
预计库存	16	6									
净需求量		–1	24								
计划产出量			30								
计划投入量		30									

（8）计算第 2 时段的预计可用库存量。预计可用库存量 =（前一时段末的可用库存量 + 本时段计划接收量 + 本时段计划产出量）– 本时段毛需求量 =（6 + 0 + 30）– 25 = 11。结果如表 4–11 所示。

表 4–11　　　　　计划展望期内的某型号自行车第 2 时段的预计可用库存的确定

类别	时段	1	2	3	4	5	6	7	8	9	10
	当期	4/1	4/8	4/15	4/22	4/29	5/6	5/13	5/20	5/27	6/3
预测量		15	30	10	30	18	30	32	25	30	20
订单量		20	25	20	25	20	16	35	20	28	25
毛需求量		20	25	20	30	20	30	35	25	30	20
计划接收量		10									
预计库存	16	6	11								
净需求量		–1	24								
计划产出量			30								
计划投入量		30									

（9）依次计算其他时段的各量。根据计算逻辑流程，采用相同的计算顺序和公式，依次计算其他时段的各量，计算结果如表 4–12 所示。

表 4–12　　　　　计划展望期内的某型号自行车其他各时段的各量的确定

类别	时段	1	2	3	4	5	6	7	8	9	10
	当期	4/1	4/8	4/15	4/22	4/29	5/6	5/13	5/20	5/27	6/3
预测量		15	30	10	30	18	30	32	25	30	20
订单量		20	25	20	25	20	16	35	20	28	25
毛需求量		20	25	20	30	20	30	35	25	30	20
计划接收量		10									
预计库存	16	6	11	11	11	11	11	6	11	11	11
净需求量		–1	24	14	24	14	24	29	24	24	14
计划产出量			30	20	30	20	30	30	30	30	20
计划投入量		30	20	30	20	30	30	30	30	20	

（10）依次计算其他时段的可用承诺量（ATP）和累计可供销售量。

根据 ATP 的计算公式：ATP =（某期间的计划产出量 + 计划接收量）– 该期间的订单总和，可计算得到各时段的 ATP，如表 4–13 所示。

表 4–13　　　　　计划展望期内的某型号自行车各时段的可用承诺量的确定

类别	时段	1	2	3	4	5	6	7	8	9	10
	当期	4/1	4/8	4/15	4/22	4/29	5/6	5/13	5/20	5/27	6/3
预测量		15	30	10	30	18	30	32	25	30	20
订单量		20	25	20	25	20	16	35	20	28	25
毛需求量		20	25	20	30	20	30	35	25	30	20

类别	时段	1	2	3	4	5	6	7	8	9	10
	当期	4/1	4/8	4/15	4/22	4/29	5/6	5/13	5/20	5/27	6/3
计划接收量		10									
预计库存	16	6	11	11	11	11	11	6	11	11	11
净需求量		-1	24	14	24	14	24	29	24	24	14
计划产出量			30	20	30	20	30	30	30	30	20
计划投入量		30	20	30	20	30	30	30	30	20	
可用承诺量		6	5		5		9		7		
累计可用承诺量		6	11	11	16	16	25	25	32	32	32

第五节　粗能力需求计划的编制

一、粗能力需求计划基本概念

主生产计划 MPS 的初稿计算和编制完成后，其可行性需要通过粗能力需求计划（Rough-cut Capacity Planning，RCCP）进行校验和平衡。粗能力需求计划是伴随主生产计划运行的，即 ERP 在生成 MPS 时同时计算 MPS 的能力需求。

由于在这个阶段还没有展开计算所有物料的需求，所以还不能知道所有工作中心的负荷情况，只能根据经验判断对"关键工作中心"的负荷做一个粗略的估计。因此粗能力需求计划是对"关键工作中心"的能力进行运算而产生的一种能力需求计划，它的计划对象只是设置为"关键工作中心"的工作中心能力，计算要比能力需求计划（将在第六章详细讲解）简单很多，是比较简单、粗略、快速的能力核定方法，所以称为"粗能力需求计划"。粗能力需求计划为安排可行的主生产计划提供了参考，计划员可以据此决定主生产计划是否能得到有效的执行，从而决定是否继续进行下一步的物料需求计划 MRP。

粗能力需求计划通过工艺路线，将主生产计划与执行这些生产任务的关键工作中心（瓶颈资源）联系起来，完成将主生产计划的物料需求数量转换成对关键工作中心的能力需求的工作。能力需求中包括了劳动力、设备、库存空间及供应商的能力等。粗能力需求计划给出对这些能力需求的粗略估计，据此评估主生产计划的可行性并进行相应调整。

二、粗能力需求计划相关概念

1. 关键工作中心

由于粗能力需求计划的负荷计算对象是"关键工作中心"，因此在划定工作中心时，需要对那些具有能力"瓶颈"作用的工作中心（即关键工作中心）特别标明。

一般来讲，关键工作中心具有如下特征：①设备经常满负荷，经常加班加点。②需要熟练技术工人，工人不能任意替代或随时招聘工人。③工艺独特的专用设备，没有可能替代或分包。④设备昂贵且不可能及时增添。⑤受成本或生产周期限制，不允许替代。

另外，需要注意的是，确定关键工作中心要考虑 MPS 全部计划对象，当产品结构变化时，工作中心的能力需求也会发生变化，定义的关键工作中心也可能发生变化，因此要注意随产品结构的变化而修正关键工作中心。关键工作中心可在软件的工作中心文件中定义，系统会自动计算关键工作中心的负荷。

2. 偏置天数

主生产计划对象主要是产品物料清单 BOM 结构中 0 层的独立需求型物料。它的工艺路线可能并不含有关键工作中心，对这个产品来讲，关键工作中心往往是由它下属低层某个零部件决定的，这个零部件使用关键工作中心的日期同最终成品完工日期之间的时间，称为偏置天数或提前期偏置（days offset, or lead time offset），如图 4-6 中关于独立需求件铁锤的加工过程中，其零部件锤头的加工过程中使用到关键工作中心车床的偏置天数。在计算关键工作中心负荷时，除计算准备时间和加工时间外，还要说明发生这个负荷相对于 MPS 最终成品完工日期的偏置天数，这样才能比较符合实际。偏置天数由物料清单上相应物料的累计提前期确定。

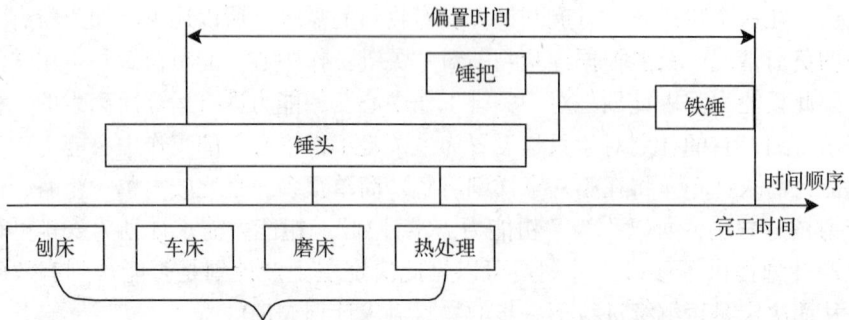

图 4-6　铁锤加工过程中的关键工作中心的偏置时间

三、编制粗能力需求计划——能力清单法

目前常用的粗能力计划编制方法是能力清单法，下面简单介绍该方法的基本步骤。

1. 建立关键工作中心的能力清单

能力清单（Bill of Capacity, BOC）是一个与物料清单相似的文件，在有些技术文献中也称为资源清单（Bill of Resources, BOR）。物料清单列出了生产某一产品所需的物料，而能力清单则描述了生产该产品所需的关键工作中心及其单位能力需求。

主生产计划能力清单的获得需要借助对物料清单（BOM）和工艺路线两个文

件的计算得到，其中物料清单提供产品的结构信息。图 4-7 给出了一个简单产品 A 的物料清单，本节的例子中将使用它。

由 4-7 中的外购件 D、G、H、I 不消耗内部的生产能力，所以不用在能力计划中考虑。

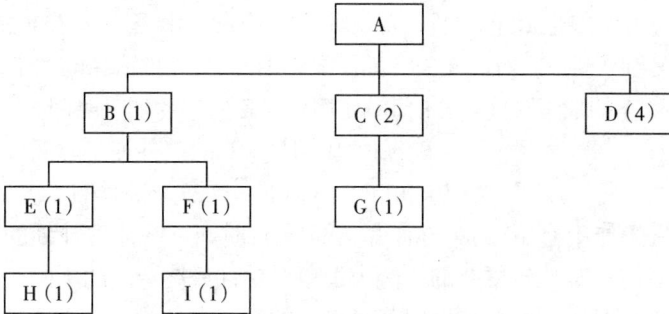

图 4-7　产品 A 的物料清单

另外，粗能力需求计划的计算还需要用到工艺路线文件，该文件包括加工每个物料所需的工作中心（此处只考虑关键工作中心）以及每个工作中心上的单件定额工时和生产准备时间等。图 4-7 中产品 A 及其相关零部件的工艺路线信息如表 4-14 所示。产品 A 的能力清单表明了单件成品与各个关键工作中心所需的定额工时数之间的关系，如表 4-15 所示。

表 4-14　　与产品 A 相关的制造信息（对所有的项目用定额工时进行估计）

物料	工序号	关键工作中心	单件加工时间	生产准备时间	平均批量	单件准备时间	单件总时间
A	10	W30	0.09	0.40	20	0.0200	0.1100
B	10	W25	0.06	0.28	40	0.0070	0.0670
C	10	W15	0.14	1.6	80	0.0200	0.1600
	20	W20	0.07	1.1	80	0.0138	0.0838
E	10	W10	0.11	0.85	100	0.0085	0.1185
	20	W15	0.26	0.96	100	0.0096	0.2696
F	10	W10	0.11	0.85	80	0.0106	0.1206

表 4-15　　　　　　　　　　　　产品 A 能力清单

关键工作中心	单件加工时间	单件生产准备时间	单件总工时
W10	0.22	0.0191	0.2391
W15	0.54	0.0496	0.5896
W20	0.14	0.0276	0.1676
W25	0.06	0.0070	0.0670
W30	0.09	0.0200	0.1100
合计	1.05	0.1233	1.1733

能力清单如表 4-15 所示，其包含了产品 A 及下发物料加工所涉及的关键工作中心，以及在各关键工作中心上的单件加工时间、单件生产准备时间和单件总工时。下面以关键工作中心 10 为例，讲解能力清单上各关键工作中心的各项时间的计算过程。按表 4-14 有关工艺路线的信息，物料 E 的工序 10 和物料 F 的工序 10 由关键工作中心 10 加工。

（1）关键工作中心 10 的单件产品 A 的加工时间。由图 4-7 可知加工单件产品 A 需要 1 件 E 和 1 件 F。所以在关键工作中心 10 上，单件产品的加工时间为：

单件产品 A 的加工时间 = E 的 BOM 用量×E 的单件加工时间

+F 的 BOM 用量×F 的单件加工时间

= 1 × 0.11 + 1 × 0.11 = 0.22（工时/件）

（2）关键工作中心 10 的单件产品 A 的准备时间。在能力计划的计算中，要包括生产准备时间是比较复杂的。能力清单对单件最终产品的不同关键工作中心给出了加工处理时间。这意味着对某道工序的生产准备时间，必须首先分配给单个制造件，然后乘上完成单件最终产品的零件总数，这样就给出了与最终产品相关的生产准备时间。该生产准备时间的分配基于每个物料的加工批量。因为批量在一段时间内是可变的，所以"平均批量"计算的是单件生产的准备时间。表 4-17 中给出了所有零部件的平均批量。这样对工作中心 10，单件产品 A 的生产准备时间为：

单件产品 A 的生产准备时间 = E 的 BOM 用量×E 的单件准备时间

+ F 的 BOM 用量×F 的单件准备时间

= 1 ×（0.85/100）+ 1 ×（0.85/80）

= 0.0191（工时/件）

（3）关键工件中心 10 的单件总工时。

单件总工时 = 单件产品 A 的加工时间 + 单件产品 A 的生产准备时间

= 0.22+0.0191 = 0.2391（工时/件）

按照上述计算过程，可以计算得到其他关键工作中心的各单件时间，最后产生的能力清单如表 4-15 所示。

主生产计划所需要的定额工时，由每个时段的计划产量乘以能力清单中各项时间值得到。由表 4-16 中的主生产计划生成了表 4-17 中的能力计划。这里假设主生产计划用开工日期表示对最后一道工序的描述，而不是用需要日期表示。

表 4-16　　　　　　　　　　　　产品 A 的主生产计划

周	1	2	3	4	5	6	7	8	9	10
MPS	25	25	20	20	20	20	30	30	30	25

2. 确定及调整超负荷时段

首先，根据表 4-17 的计算结果，以及各关键工作中心的额定能力，可以方便地找到各关键工作中心的超负荷时段分布情况，常用的分析图有直方图、饼图和产品进度平衡图。

表 4-17 产品 A 的能力需求计划

工作中心	周									
	1	2	3	4	5	6	7	8	9	10
30	2.75	2.75	2.20	2.20	2.20	2.20	3.30	3.30	3.30	2.75
25	1.68	1.68	1.34	1.34	1.34	1.34	2.01	2.01	2.01	1.68
20	4.19	4.19	3.35	3.35	3.35	3.35	5.03	5.03	5.03	4.19
15	14.74	14.74	11.79	11.79	11.79	11.79	17.69	17.69	17.69	14.74
10	5.98	5.98	4.78	4.78	4.78	4.78	7.17	7.17	7.17	5.98
总工时	29.34	29.34	23.46	23.46	23.46	23.46	35.20	35.20	35.20	29.34

其次，调整和平衡关键工作中心的能力，同时要注意对 MPS 最终产品的各子件的进度进行总体平衡。此时只需进行初步平衡工作，详细的平衡和调整将在制订物料需求计划和能力需求计划时进行。主生产计划员要对主生产计划和关键资源的能力之间的矛盾进行协调和平衡。有两种方法，即改变负荷和改变能力。其中改变负荷的措施主要有：重新制订计划、延长交货期、取消客户订单、减少订货数量等；改变能力的措施主要有：更改加工路线、加班加点、组织外协、增加人员和机器设备。具体的负荷分布直方图，以及超负荷时段调整的示例参考第六章能力需求计划的编制。

对那些难以解决的严重问题，应把分析情况及提出的建议报告上级，协调有关部门工作，与有关部门一起商讨解决办法。

制订出的 MPS 初步计划经过 RCCP 调整和平衡后，相关人员应向负责 MPS 审核工作的部门提交该计划以进行评估。负责审核和评估的 MPS 工作部门，应该及时组织与 MPS 实施相关的部门，如市场销售部门、工程技术部门、生产制造部门、财务部门和采购部门等。审核和评估工作主要包括以下内容：

（1）提供对 MPS 初步计划的分析。分析生产规划和 MPS 初步计划之间的所有差别。MPS 中产品大类的总数应约等于相应时期内销售计划的数量，若不一样，一般则需要改变 MPS，使 MPS 和销售计划尽量保持一致。

（2）各部门要通过讨论和协商，解决 MPS 中的所有问题。

（3）如果 MPS 初步计划通过审核和评估，那么它就成为正式 MPS。此时应该召开会议批准 MPS，并将正式的 MPS 下达给有关部门，如生产制造、物料、采购、工程技术、市场销售、财务等部门以及相关人员。

本章小结

本章从主生产计划（MPS）的基本概念与作用出发，介绍了其提前期、时区和时界等相关概念，详细介绍了 MPS 编制和 MPS 物料的确定方法，然后着重讲解了 MPS 的需求和库存状态等指标量的计算公式，并以实例介绍了 MPS 初稿的编制过程，最后介绍了粗能力需求计划（RCCP）的基本概念和具体编制、计算过程。

练习与思考

一、填空题

1. 编制主生产计划时将计划展望期划分为_____、_____和_____三个时区，以及_____和_____两个时界。

2. 累计提前期是由_____、_____和_____三类提前期组成。

3. 主生产计划 MPS 的初稿计算和编制完成后，其可行性需要通过_____进行校验和平衡。

4. 粗能力需求计划的计划对象是_____，负荷计算对象是_____。

二、简答题

1. 简述主生产计划（MPS）的作用。

2. 简述主生产计划（MPS）的编制步骤。

3. 简述粗能力需求计划（RCCP）的编制过程。

4. 什么是关键工作中心？它有哪些主要特征？

5. 主生产计划初稿计算过程中，如何确定各时段的毛需求量？

三、计算题

假定某企业生产一种产品 X，该产品的生产批量为 10，提前期为 1 周，安全库存为 10，需求时界为 3 周，计划时界为 6 周，当前可用库存为 40，第 3 期的计划接收量为 15，已知各时段的订单和销售预测情况，如下表所示。请编制主生产计划。

某企业销售预测量和订单量

时段	1	2	3	4	5	6	7	8
销售预测量	15	10		25	10	20	20	15
订单量	10		20		8	28	25	

小链接：

一个主生产计划的小故事

星期三上午 11：50，C 电器设备公司的主生产计划员朱女士正准备去吃午饭，电话铃响了，对方是公司主管销售的副总裁。

"朱女士，你好。我刚刚接到我们浙江的销售代表的电话，他说，如果我们能够比 D 公司交货更快，就可以和一家大公司做成 A3 系统的一笔大生意。"

"这是一个好消息，"朱女士回答，"一套 A3 系统可以卖一百多万。"

"是的，"副总裁说道，"这将是一个重要的新客户，一直由 D 公司控制着，如果我们这一步走出去了，以后的生意会接踵而来的。"

朱女士知道，副总裁打电话给她绝不是告诉她这个好消息。"如果我们能够比 D 公司交货更快"才是打电话的原因。作为主生产计划员，她意识到副总裁下面还有话说，她全神贯注地听着。

"你知道，朱女士，交货是销售中的大问题。D 公司已经把他们的交货期从原来的 5 周缩短到 4 周。"副总裁停顿了一下，也许是让朱女士做好思想准备。然后他说："如果我们要做这笔生意，我们就必须做得比 D 公司更好，我们可以在 3 周之内向这家公司提供一套 A3 系统吗？"

朱女士在今天上午刚检查过 A3 系统的主生产计划，她知道，最近几周生产系统都已经排满了，而且，A3 系统的累计提前期是 6 周。看来必须修改计划。"是 3 周以后发货吗？"朱女士问道。

"恐怕不行，3 周就要到达客户的码头。"副总裁回答。朱女士和副总裁都清楚，A3 系统太大，不能空运。

"那我来处理这件事吧。"朱女士说，"两个小时之后我给您回电话。我需要检查主生产计划，还需要和有关人员讨论。"

副总裁去吃饭了。朱女士继续工作。她要重新检查 A3 系统的主生产计划，有几套 A3 系统正处于不同的生产阶段，它们是为其他客户做的。她需要考虑当前可用的生产能力和物料；她要尽最大的努力，使销售代表能够赢得这个重要的新客户，同时必须让其他老客户保持满意。尽一切可能把所有事情做好，这是她的工作。

下午 1：50，朱女士给销售副总裁打了电话："您可以通知您的销售代表从现在开始 3 周，一套 A3 系统可以到达客户的码头……"

"太好了！朱女士，您是怎么解决的？"副总裁高兴地问。

"事情是这样的，我们有一套 A2 系统正在生产过程中。我请您的助手给这套系统的客户代表打了电话，请他和客户联系，能否推迟 2 周交货。我们答应这家客户，如果他们同意推迟两周交货，我们将为他们延长产品保修期。他们同意了，我们的财务部门也批准了。我可以修改计划，利用现在的物料和能力把 A2 系统升级为 A3 系统，就可以按时交货了。但是还有一个问题，如果能解决，那就可以为您浙江的销售代表开绿灯了。"

"什么问题？"副总裁有点担心。

"您的广东销售代表有一份 A3 系统的单子正在生产过程中。如果我们按照那样来改变计划，这份订单就得推迟 3 到 4 天，您看可以吗？"

球又回到了副总裁手里。他清楚，对原有计划的任何修改都是要付出一定代价的。

"好吧，我来处理。"副总裁说。

问题终于解决了。朱女士看看表，2：15，她感到了饥饿。

这个故事说明，主生产计划员利用 ERP 的 MPS 软件工具得到关于 A3 系统的生产、能力和物料的信息，在此基础上，她需要精心考虑，如何重新安排计划才能既使公司目标得以实现，又使客户满意。

（原载姬小利《ERP 原理、应用与实验教程》）

第五章　物料需求计划

[学习目的]

通过本章的学习，了解物料需求计划（MRP）的基本概念和特点；

熟悉物料编码、物料清单和低层码等概念的定义及用途，并熟练掌握物料需求计划的编制和计算。

第一节　物料需求计划基本概念和特点

一、基本概念

企业管理人员经常碰到如下问题：销售部门好不容易签下了销售合同，生产部门却排不下去计划；一旦生产计划能安排了，供应部门又来不及采购材料。在仓库里，生产要用到的物料经常出现短缺，而没有用的物料却又长期大量积压。物料需求计划（MRP）就是解决这个头痛的"销、产、供脱节"问题的，以实现"既不出现短缺，又不积压库存"的目标。

由第四章可知，主生产计划是针对最终产品的计划。这里的最终产品是指对于企业来说最终完成、要出厂的完成品，它要具体到产品的品种、型号。但是一个产品可能由成百上千种相关物料组成，如果把企业所有产品的相关需求件汇合起来，数量更大。一种物料可能会用在几种产品上，不同产品对同一个物料的需用量又不相同。另外，不同物料的加工周期或采购周期不同，需用日期也不同。既要使每种物料能在需用日期配套备齐，满足装配或交货期的要求，又要在不需要的时期不要过量占用库存，还要考虑合理的生产批量。靠手工管理是不可能进行如此大量数据运算的。这是企业手工管理难以解决的物料短缺和库存量过大等问题的症结所在，也是本章内容——物料需求计划（MRP）要解决的问题。

物料需求计划（Material Requirements Planning，MRP）是对 MPS 需求按照产品结构进一步展开，把主生产计划排产的产品最终分解成各自制零部件的生产计划和采购件的采购计划。物料需求计划根据对 MPS 展开编制相关需求类型的物料计划，也可以人工录入零部件的需求，而不对 MPS 展开，如临时增加的备件。MRP 最终要提出每一项加工件和采购件的建议计划，说明每一项加工件的开始日期和完成日期，说明每一项采购件的订货日期和到厂入库日期，以及说明各种物料的需求数量。

在物料需求计划的编制过程中，MPS 提供基本的数据，是 MRP 运行的驱动力量。在开始编制物料需求计划时，必须首先得到一个有效的主生产计划。如前所述，主生产计划是制订一个面向独立需求物料的投产计划，该计划包含了在设定的计划展望期内，应该投产的独立需求物料的名称、数量和时间。这里主生产计划作为物料需求计划的输入项，主要解决了"生产什么"、"生产多少"和"什么时间需要"等问题。而物料需求计划则如同一个计算器，将输入的信息（诸如主生产计划、其他独立需求、物料清单和库存信息等），按照既定的逻辑进行运算，最后输出自制件的生产计划和外购件的采购计划。

二、特点

1. 同时编制所有的零件计划和采购计划

物料需求计划（MRP）的对象是相关需求类型的物料或其他客户订单和预测的非 MPS 的独立需求物料。一个产品可能有成百上千种相关需求型的物料，各自的加工或采购周期不同，需用日期也不相同。物料需求计划就是要编排好它们的加工和采购计划，使之在需用的日期能够配套备齐，满足装配或交货的要求，而在不需用的时期内又不要过量压库。要做到这点，就必须对不同的物料，按其加工或采购周期（提前期）的长短，从需用日期起算倒排计划，确定下达任务的日期和数量，使生产和采购部门明了每种物料需求的轻重缓急，也就是优先级，从而做到有条不紊地安排加工和采购作业进度。因此我们说 MRP 首先是一种优先级计划（Priority Planning）方法。

2. 多时段计划

为了实现优先级计划，不仅要把 MRP 的计划对象分解到单个的加工件或采购件（不是部件，更不是产品台套），而且必须把 MRP 计划的时段划分得更细，只有这样才便于分辨出优先组。粗放管理的计划时段很长，比如说 3 月交货，那么 3 月 1 日交货和 3 月 31 日交货都算完成计划，这种管理深度不能体现优先级。MRP 不仅要回答"需要什么"，而且更重要的是要回答"什么时候要"。通常 MRP 的计划时段是周，甚至更短，只有这样才能详细地说明需求和供给的时间关系，因此我们说 MRP 又是一种时段计划（Time-phased Planning）方法。

3. 计划滚动和重排

需求在变化，能力也在变化。为了使计划保持现实、有效和可信，就必须使计划能时时反映客观变化，保持优先级的准确。MRP 的复核间隔很短，一般是在一周以内，甚至可能是一天。借计算机这个工具来不断修正计划是非常方便的。因此，MRP 通过不断滚动的方法来解决计划之于变化的问题。所以说 MRP 是一种不断滚动的计划方法。

第二节 物料需求计划的相关术语

一、物料编码

1. 物料编码基本概念

企业在数据准备阶段的一项非常重要的工作就是确定物料代码的编码原则和编码方法，不但要考虑当前的需求，而且要考虑今后的变化。

物料编码有时也叫物料代码，是以简短的文字、符号或数字、号码来代表物料及其品名、规格或类别，以便于计算机系统对物料进行识别和处理。物料编码是物料的唯一识别代码，类似每个公民的身份证号。ERP 系统对物料信息的处理均是以物料代码作为操作对象的，因此对物料进行编码是 ERP 系统非常重要的基础工作之一。

2. 物料编码方法

物料编码通常采用以下三种方法：

（1）阿拉伯数字法。阿拉伯数字法，是以阿拉伯数字作为物料编码的工具，采用以一个或几个阿拉伯数字代表一项物料。这种方法容易理解，只是需另外准备物料项目与数字的对照表，又要记忆对照项目。因此有关人员必须经过一段时间的训练与适应才能运用自如。以阿拉伯数字做物料编码的，较常见的有连续数字编码法和分级式数字编码法。

（2）英文字母法。英文字母法是以英文字母作为物料编码工具的物料编码法。英文字母中 I、O、Q、Z 等字母与阿拉伯数字 1、0、9、2 等容易混淆，故多废弃不用。除此之外，尚有 22 个字母可利用。例如，以 A 代表金属材料、B 代表木材、C 代表玻璃；以 AA 代表铁金属、以 AB 代表铜金属……英文字母在我国的运用已经相当普遍，是可用的物料编码方法。

（3）混合法。混合法物料编码指联合使用英文字母与阿拉伯数字进行物料编码，而多以英文字母代表物料之类别或名称，其后再用十进位或其他方式编订阿拉伯数字号码。

3. 物料编码应遵循的基本原则

（1）完整性原则。在物料编码时，所有的物料都应有物料编码，这样物料编码才能完整。如果有些物料找不到相应的物料编码，物料编码就缺乏完整性。新产品新物料的产生容易破坏物料编码的完整性。因此每当有新物料产生，即应赋予新的物料编码，并规定若新的物料没有编码，则采购部门不得从事采购。即使没物料编码的新物料采购进来了，当仓库部门或会计部门发现物料订购单缺少物料编码时，应立即请采购部门补填物料编码，否则不予入库、不予付款。这样才能确保物料编码的完整性。

（2）唯一性原则。这是物料编码的最基本原则，必须做到一物一码、一码一物。同一种物料只能找到一个物料编码，绝不允许一个物料有数个物料编码或一个物料编码有数项物料。一般地，只要物料的物理或化学性质有变化、只要物料要在仓库中存储，就必须为其指定一个编码。例如，某零件要经过冲压成型、钻孔、喷漆三道工序才能完成。如果该物料的三道工序都在同一车间完成，不更换加工单位，即冲压成型后立即进行钻孔，紧接着进行喷漆，中间没有入库、出库处理，则该物料可取一个代码；如果该物料的三道工序不在同一个车间完成，其顺序是冲压、入库、领料、钻孔、入库、领料、喷漆、入库，则在库存管理中为了区分该物料的三种状态，必须编制三种物料编码。

（3）简洁性原则。编码的目的在于追求处理简化，因此编码位数越少越好。这样可以节省阅读、抄写、输入的作业时间，增加资料处理的效率。而且，由于编码简短，在处理的过程中出错的几率也较小。

（4）顺序性原则。排序是计算机强大的功能之一。资料在打印或查询时通常会按照编码的大小顺序排列。因此在编码时对于物料编码的大小顺序在事前要规划好。

（5）避免有意义。很多人在设计编码时都希望编码反映某些意义，以方便记忆或"望文生义"。因此往往把物料（如物料的规格、尺寸）的英文单词前几个字母或缩写字母冠于编码中。这种方法在物料数量较小时可能可行，但当物料数量巨大时，反而会使其他的"顺序性"、"唯一性"、"弹性"等原则难以兼顾，结果只是徒增编码工作的困扰而已。有些公司为了编出有意义的物料编码体系，使得编码工作到一半就无法继续。编码如身份证号，是不需要任何象征意义的。

（6）分类的原则。编码如能反映分类，则在打印报表时，同类的物料才会被汇总在一起，方便比较和分析。分类的一般原则是大分类号在前，小分类号在后，依序排列。例如，在编码时，可以用第一、第二码表示大分类，第三、第四、第五码表示中分类，第六、第七码表示小分类，之后加上几个流水码。如果日后有新物料的加入，可以在分类号和流水号中预留一些空号以便日后可以插入。

（7）尽量避免英文字母和特殊符号。也就是说，最好全部使用阿拉伯数字来进行编码。一方面，可以使键入编码的作业效率大大提高；另一方面可避免数字与某些英文字母的混淆。如果一定要使用英文字母的话，则最好用在编码的前几位，且位数必须一致。一定要避免英文字母与数字混杂使用。有人为了使编码段落分明而在编码中使用"–"、"*"或"/"等符号。这些符号的使用将影响输入效率，因此最好避免使用。

二、物料主文件

物料主文件是 ERP 系统最基本的文件之一，用来标识和描述生产过程中每一种物料的属性和信息。每一种物料都有一份文档，说明该物料的各种参数、属性及有关信息，反映物料同各个管理功能之间的联系，体现信息集成。

没有物料数据，其他模块数据如产品结构、库存信息、生产成本等都不可能独立。物料主文件是建立产品结构清单、库存物料、运行采购、销售、生产管理、主生产计划、物料需求计划、成本计划模块的最基本数据。

物料主文件包含的信息是多方面、多角度的，基本上涵盖了企业物料管理活动的各个方面。一般来说，其包含的主要信息有：

（1）技术资料方面信息。例如，图号或配方（原料、成分）号，物料名称、重量、体积（对比重小或占空间大的物料需要说明）、修改版本，物料的生效日期和失效日期等。

（2）计划管理方面信息。例如，类型码、独立需求或相关需求标识、需求时界和计划时界、固定、变动和累计提前期、低层码、计划员码、工艺路线码等。

（3）库存方面信息。例如，计量单位（采购或销售与存储单位，存储单位与发料单位不同时要有相应的换算系数）、成品率、ABC码、缺省的仓库和货位、分类码、现有库存量、安全库存或最小库存量、最长存储天数、最大库存量限额、批量规则、循环盘点间隔期等。对外购件来讲，还应有采购员码、主要和次要供应商、物料在供方的代码等。

（4）销售管理方面信息。例如，销售员码、计划价格、折扣、佣金、物料在买方使用的代码等。

（5）质量管理方面信息。例如，批号、待验期、复验间隔天数、最长保存期等。

三、物料清单

1. 基本概念

物料清单是 BOM 的中文译名。BOM 即 Bill of Materials。物料清单是一个用来定义、记录与储存最终产品组成项目、成分、数量及结构的清单，它表明了产品—部件—组件—零件—原材料之间的结构关系。物料清单定义最终产品与其组成结构的从属关系，最终产品可能是成品或者是半成品，而组成结构指的是半成品或零件。产品结构如图 5-1 所示。

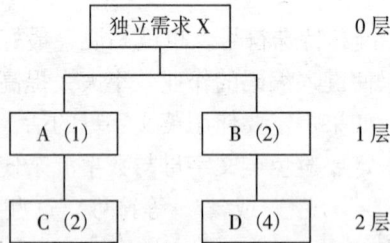

图 5-1　物料清单结构

物料清单是运行 ERP 系统的主导文件，在所有数据项中，物料清单的影响面最大，准确性要求也最高。一个 A 级 ERP 企业，其物料清单的准确度应在98%以上，最好是 100%。物料清单如果不准确，运行 MRP 的结果会完全失去意义。

物料清单通常是以阶层式的方式（Level-by-Level）来呈现，最终产品定义为阶层 0（Level 0），而组成结构定义为 Level 1，组成结构的子项则定义为 Level 2，其子项再接续的子项定义为 Level 3，以此类推，直至最底层的零件或原料。

当然，图 5-1 的图形并不是我们最终所要的物料清单。为了便于计算机识别，必须把产品结构图转换成规范的数据格式，这种用规范的数据格式来描述产品结构的文件就是物料清单。它必须说明组件（部件）中各种物料需求的数量和相互之间的组成结构关系。

表 5-1 就是一张简单的与产品 X 结构相对应的物料清单。物料清单应主要包含以下内容：①父件（Parent）和子件（Child）的物料编码及其从属关系。②产品组装时所需的子项数量（Quantity）。③与生产制造、成本和库存等其他模块的相关信息。④子件的生效和失效日期。

表 5-1　　　　　　　　　　产品 X 的物料清单示例

物料编码：10000　产品名称：X

底层码	物料编码	名称	父件编码	数量	单位	…
0	10000	X			台	…
1	10100	A	10000	1	件	…
2	10101	C	10100	2	公斤	…
3	10200	B	10000	2	个	…
4	10201	D	10200	4	件	…

2. 物料清单的作用

（1）联系与沟通各业务部门的纽带。物料清单是接收客户订单、选择装配、计算累计提前期、编制生产与采购计划、配套领料、跟踪物流、追溯任务、计算成本、投标报价等都不可少的重要文件。不难看出，上述各项业务涉及销售、计划、生产、供应、物料、成本等部门。物料清单体现了数据共享和信息集成。

（2）反查与追溯。通过物料清单可以查询任何一个物料所从属的上层父件和顶层的最终产品，即反查其使用点（Where-used）。同样，也可以查询任何一个物料的需求量，即追溯（Pegging）任务的来源，如预测或合同订单。ERP 系统提供的反查与追溯功能，只有在一个准确的物料清单的基础上才能实现。有了反查与追溯功能，物料的编码完全不必表示层次关系，可简化编码工作。

（3）网络层次结构的扩展用途。物料清单是基于一种类似网络系统的产品结构编制的，这种网络性质使它的用途可以扩展到多方面。例如，如果把物料清单的每项物料赋以成本信息，就可形成"成本 BOM"；物料清单中的子件同父件有一定的数量关系，利用这种比例关系结合模块化产品结构可形成"计划物料清单"，它有助于编制系列产品或选择装配产品的计划。

3. 物料清单的输出形式

物料清单的输出形式有多种表示方式，包括正展开（Explosion）与逆展开（Implosion）两类。正展开可细分为单层展开、缩行展开和汇总展开；逆展开可细分为单层回溯、多层回溯和汇总回溯。

（1）单层展开（Single-Level Explosion）。单层展开物料清单是所有物料清单中最基本、最简单的结构，它仅列出一个装配关系中父件与子件的关系，包括该装配件的所有组成零部件，以及各零部件的用量单位及数量。采用多个单层展开就能完整表示产品的多层结构。

（2）缩行展开（Indented Explosion）。缩行展开是由最终成品开始依序由上至下，在每一上层物料下以缩行的形式列出它们的下属物料，直到所有的子项都展开为止。同一层次的所有零部件都显示在同一列上。该种形式可以清楚地了解产品或次总成的组成结构关系。

（3）汇总展开（Summarized Explosion）。这种形式是将装配最终产品所需要的各阶层所有零件数量加总起来列出，不管其零件是母装配件还是子零件，只将各阶层的所有零件汇总数量列出，并不具有阶层的关系，所以无法从中看出装配产品的顺序。此清单适用于快速检查可利用的零件数量及审核某成品成本的改变（当其所需的任何零件成本改变时）。

（4）单阶回溯（Single-Level Implosion）。所谓回溯式清单（Pegging List）是指出某一个零件用于哪一个成品或装配件的清单，单阶回溯式清单列出某一个零件所有母装配的项目，以一层的方式列出。这种呈现的方式是由下而上的逆展开方式，透过这种方式可以很清楚地知道哪一个零件是属于哪一个成品或次总成的，当零件或产品结构有所变更时，就可以立即知道受到变更影响的父装配件。

（5）多阶回溯（Indented Implosion）。这种展开式是由子零件以逆展开方式找出它的父装配项目，依序由下而上展开，如果再遇到父装配时，再将父装配之上一层依次由下而上展开，一直展开到最终产品为止。它的展开形式如"阶层"、"锯齿状"，可以清楚地看出父装配与子零件的关系。这种形式的物料清单可以有效地反映工程设计变更对产品设计的影响。

（6）汇总回溯（Summarized Implosion）。汇总回溯的格式显示所有含有各零件的高层次物料以及每一物料所用零件的数量。这是一张扩展了的"用在哪里"的清单，它列出了所有含有零件的高层次物料。

4. 虚拟件

虚拟件表示一种并不存在的物料，图纸上与加工过程都不独立出现，属于"虚构"的装配品。虚拟件是建立物料清单经常用到的一种说明产品结构的形式。它可以出现在产品结构的任意一层。通常情况下，虚拟件的提前期为零，一般无须存储，只有虚拟件下属的子件才有出入库事务。

使用虚拟件的原因有以下几种：

（1）虚拟件作为一种过渡件方便处理设计图纸和制造工艺之间的差异。即在实际加工装配过程中有时并不一定把某些零件装成设计图上所示的组合件，或者说设计图纸或零件明细表上的组合件在实际装配过程中并不一定出现。如图 5-2 所示，产品 X 在设计图纸中存在一个由零件 A 和零件 B 装配而成的装配，但在实际加工过程中装配件 P 并不出现，而是直接由零件 A 和零件 B 装配成产品 X，此时装配件 P 就可以定义为一个虚拟件。

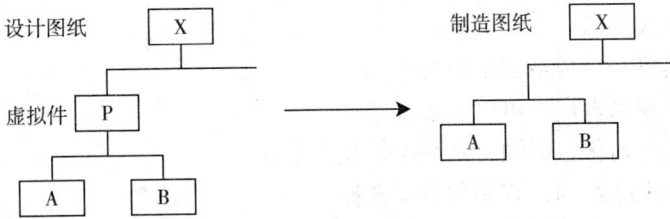

图 5-2　过渡件虚拟物料清单

（2）虚拟件作为共用件，让物料清单比较容易维护，简化物料清单的结构（但不是层次），方便成组替代。例如，在系列产品中有一组通用件（如几种电器系列产品都要用到的、规格数量相同的一组电器元件），可以用一个代表物代替。为了简化所用的代表物件，可将其作为一种虚拟件处理。特别是在多个物料清单中有大量的相同子件重复出现时，这种定义方式的优越性就更加明显。另外，如果当虚拟件的子件发生工程改变时，只影响到虚拟件这一层，不会影响此虚拟件以上的所有父项。如图 5-3 所示，产品 X 和产品 Y 的结构中均存在零件 A、B、C、D 和 E。但是，由于这些零件之间并不存在一定的装配关系以构成某个部件，此时即可定义一个虚拟件 P，假定其结构包含了零件 A、B、C、D 和 E。经过上述处理，产品 X 和产品 Y 的物料清单结构均得到了极大的简化。

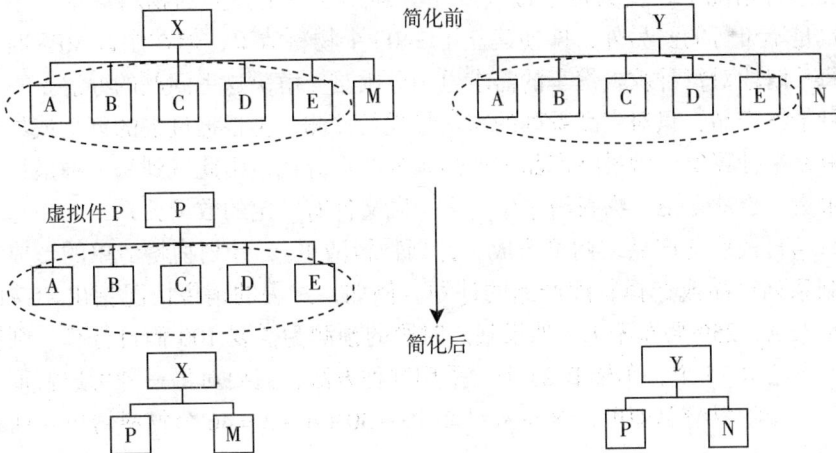

图 5-3　共用件虚拟物料清单

（3）虚拟件作为规划用料号，供预测、规划之用。按照类别，对一类物料的总用量进行预测。

5. 计划物料清单

计划物料清单是指主要用于预测由不同的产品特征件组合而成的新产品或产

79

品系列。对一种产品系列的需求量进行预测，在计划物料清单中，可以按照每种产品所占比重确定相应物料的需求数量，作为主生产计划参照的依据。这是因为在实际应用中，产品规格是多变的，零件表按产品结构特点来划分的话，可以分为以下几种类型：

（1）产品单一，规格基本没有变化。

（2）产品规格多样，可以有装配选择。

（3）产品系列化，但同一系列中性能有变化。

（4）不同产品系列，有多种装配选择。

在第 1 种类型中，可以按照最终产品总需求量进行零部件需求量的计算，但是对于其他几种类型，往往以最终产品的子件的总需求量来进行零部件需求量的推算。因为要按照最终产品来推算的话，则需要进行几百次的配件排列组合。

[例 5-1] 一个制造商能向用户提供由 10 种不同的发动机、30 种颜色、4 种车身、2 种车架组装成的汽车，这样就能组装出 $10 \times 30 \times 4 \times 2 = 2400$ 种不同式样的汽车，如图 5-4 所示。

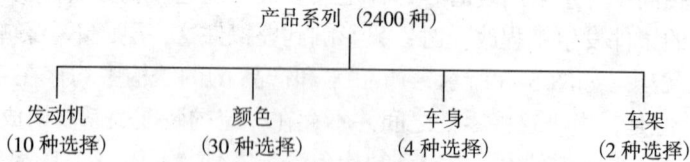

图 5-4　产品系列

在这种情况下，要为每个最终产品分别建立一个独立的物料清单是不合理的，也是不可行的。另外，即使建立了 2400 个物料清单，但在制订 MPS 时，要确定每一时段对每种款式汽车的需求也十分困难。解决这一问题的办法是不考虑每一种最终产品，只对产品系列的需求量进行预测，再根据过去的订货或估计得到的概率来计算每一种最终产品占产品系列的百分比，由此得到每一种最终产品的需求量。也就是说，物料清单中的子件同父件有一定的数量关系，利用这种比例关系结合模块化产品结构可形成"计划物料清单"，计划物料清单的形成有助于编制系列产品或选择装配产品的计划。例如，过去的销售情况指出 75% 的订货要车架 A，25% 要车架 B。如果某一时段的预测为需要 100 辆自行车，则应计划生产车架 A 75 个，车架 B 25 个。采用这种方法，只要对每一种可选特征或模块建立一个物料清单即可，这总共只要 $10 + 30 + 4 + 2 = 46$ 个物料清单，而不是2400 个。

四、低层码

企业中的产品结构往往有数层、上千个零部件之多，有的零部件会重复出现；另外，企业在生产不同产品时可能使用相同的零部件。在产品结构比较复杂的情况下，在物料需求计划展开时，如何确定各零部件的计算的先后顺序呢？MRP 的解决方法是利用低层码（Low-Level Code，LLC）来识别各个物料在物料清单中的层次和先后关系。

物料的低层码是系统分配给物料清单上的每个物料的一个从 0 至 N 的数字码。在产品结构中，最上层的低层码为 0，下一层的部件的低层码则为 1，依此类推。一个物料只能有一个低层码，当一个物料在多个产品中所处的产品结构层次不同或即使处于同一产品结构中但却处于不同产品结构层次时，则取处在最底层的低层码作为该物料的低层码。如图 5-5 中，X1、X2 的低层码为 0，A、B、C、F 和 G 的低层码为 1，D、E、H 和 K 的低层码为 2。通常情况下，低层码由计算机系统自动维护和计算。

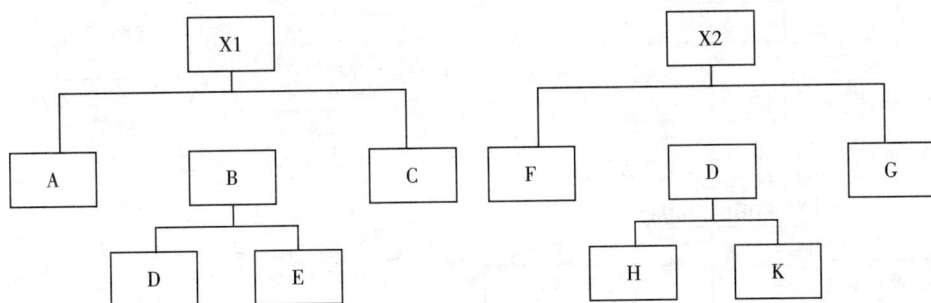

图 5-5 低层码示意图

在展开物料清单进行物料需求计算时，计算的顺序是从上而下，即从产品的 0 层次开始计算，按低层码的顺序从低层码数字小的物料向低层码数字高的顺序进行计算。这里需要说明的是，当计算到该产品的某一层次（如 1 层）的某物料时，该物料的低层码与计算层次不同，例如，图 5-5 中当展开计算到 X2 产品的 D 物料时（此时计算层次为 1，但物料 D 的低层码为 2），则只计算该物料的毛需求量，并暂时存储起来，但不进行 MRP 需求计算与原材料（或构成的组件）的库存分配，直到计算层次与该物料的低层码相同为止（如图 5-5 中展开计算到 X1 产品的 D 物料时），再将前面所有的毛需求量进行汇总，并进行库存分配以及相应的该物料的 MRP 计算。通过这样的处理逻辑，可以保证在实际加工过程中，可用的库存量能够优先分配给处于最低层（最先开始加工）的物料，这就保证了时间上最先需求的物料先得到库存分配，避免了晚需求的物料提前下达计划，并占用库存。因此，低层码是 MRP 的计算顺序。

第三节 物料需求计划的展开计算过程

一、物料需求计划的展开计算逻辑流程

物料需求计划的计算过程包含了两层逻辑循环。其中，第 1 层是物料需求计划的展开逻辑。物料需求计划的运算首先要遵循分层处理原则，按照物料清单结构层次关系，自上而下逐层展开各层的相关需求件，直至最低层，这种物料层次

展开循环本文称为 MRI，展开逻辑，如图 5-6 所示。第 2 层是物料在各时段的物料需求计划的计算逻辑，其流程见图 5-7。物料需求计划借助于先进的计算机技术和管理软件而进行的物料需求量的计算，与传统的手工方式相比，计算的时间大大缩短，计算的准确度也大幅度提高。

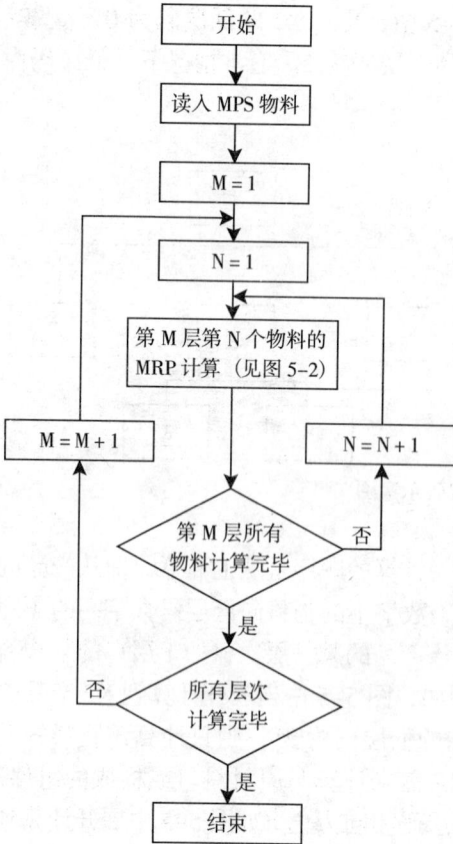

图 5-6（MRP 展开逻辑流程）：

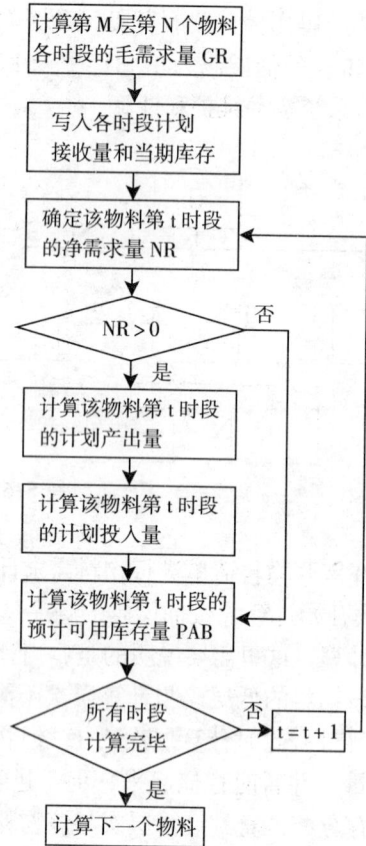

开始 → 读入 MPS 物料 → M = 1 → N = 1 → 第 M 层第 N 个物料的 MRP 计算（见图 5-2）→ 第 M 层所有物料计算完毕？（否：N = N + 1，返回；是：）→ 所有层次计算完毕？（否：M = M + 1，返回；是：）→ 结束

图 5-7（MRP 计算逻辑流程）：

计算第 M 层第 N 个物料各时段的毛需求量 GR → 写入各时段计划接收量和当期库存 → 确定该物料第 t 时段的净需求量 NR → NR > 0？（否：转至 PAB；是：）→ 计算该物料第 t 时段的计划产出量 → 计算该物料第 t 时段的计划投入量 → 计算该物料第 t 时段的预计可用库存量 PAB → 所有时段计算完毕？（否：t = t + 1，返回；是：）→ 计算下一个物料

图 5-6　MRP 展开逻辑流程　　　　**图 5-7　MRP 计算逻辑流程**

二、毛需求量的计算过程说明

通过比较物料需求计划（MRP）和主生产计划（MPS）的计算逻辑流程图，可以看出物料需求计划（MRP）的运算同主生产计划（MPS）的运算基本相同，区别仅在于物料需求计划报表编制过程中的毛需求是由主生产计划提出的，不涉及预测及合同等信息，而且不需要计算可供销售量。除上述两个计算量之外，其他变量的计算公式均相同。因此下面着重对物料需求计划中毛需求量的计算进行说明，其他见第四章相关内容。

相关需求件的毛需求量计算涉及以下两个方面：

（1）毛需求量的确定。某时段下层物料的毛需求量是根据上层物料在该时段的计划投入量和产品结构中上下层的数量关系计算得到的。即：

相关需求件的毛需求量 = 父件的计划投入量 × 物料清单中上下层的单位用量关系

（2）需求时间的确定。相关需求物料的毛需求的时间即为母件物料（即上层物料）的计划投入量的计划时间。

另外需要注意的是，在进行毛需求量的计算时，如果该物料同时还具有独立需求件的属性，则该物料的毛需求量的计算公式相应变更为：

物料的毛需求总量 = 独立需求的数量 + 相关需求的毛需求数量

第四节　物料需求计划 MRP 计算示例

1. 标准物料需求计划 MRP 的运算过程示例

[例 5-2] 现假定 MPS 物料 X 的物料清单局部视图如图 5-8 所示。

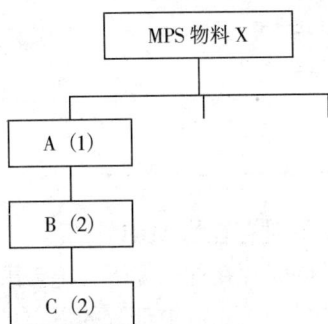

图 5-8　MPS 物料 X 局部物料清单

解：X 的物料需求计划的展开计算过程如下：

第 1 步：计算 X 的计划投入量，见表 5-2。

表 5-2　　　　　　　　　　　　　　X 的 MPS 计划

X：提前期 = 1；批量 = 1；当期库存 = 0

时段	1	2	3	4	5	6	7	8	9	10
计划产出量			10		10		10		10	
计划投入量		10		10		10		10		

第 2 步：计算相关需求件 A 的 MRP 计划，见表 5-3。

表 5-3　　　　　　　　　　　　　物料 A 的 MPS 计划

A：提前期 = 1；批量 = 1；当期库存 = 0

时段	1	2	3	4	5	6	7	8	9	10
毛需求量		10		10		10		10		
计划投入量	10		10		10		10			

第3步：计算相关需求件 B 的 MRP 计划，见表 5-4。

表 5-4　　　　　　　　　　　　　　物料 **B** 的 **MPS** 计划

B：提前期 = 1；批量 = 1；当期库存 = 0

时段	1	2	3	4	5	6	7	8	9	10
毛需求量			20		20		20		20	
计划投入量		20		20		20		20		

第4步：计算相关需求件 C 的 MRP 计划，见表 5-5。

表 5-5　　　　　　　　　　　　　　物料 **C** 的 **MPS** 计划

C：提前期 = 2；批量 = 40；当期库存 = 10

时段	1	2	3	4	5	6	7	8	9	10
毛需求量		20		20		20		20		
计划接收量	40									
预计库存量	10	30	30	10	10	30	30	10	10	10
净需求量						10				
计划产出量						40				
计划投入量				40						

2. 相关需求和独立需求同时存在的 MRP 计算

在相关需求与独立需求同时存在的情况下，毛需求量的计算则是将相关需求部分按产品结构树推算的结果和独立需求部分的需求量相加。在制造生产的实际环境中，一个物料可能完全是相关需求的物料，但有时也可能既有相关需求又有独立需求。例如，某种零件用于制造某一产品，但同时也需作为服务之用，便兼有两种性质。在这种情况下，该物料的毛需求的独立需求部分，有待预测得到，然后加到经计算而得到的相关需求之中。

[例 5-3]　如图 5-9，物料 A 既是产品 X 的组件，同时又是产品 Y 的组件。此外零件 A 作为可以独立出售的备件，其独立需求部分为第 1、2 周的需求量，即为 15。已知，X 的 MPS 计划为在第 6、8、11 时段的计划产出分别是 40、15、30 件；Y 的 MPS 计划为在第 5、7、10 时段的计划产出分别是 25、30、15 件。试计算物料 A 的毛需求。

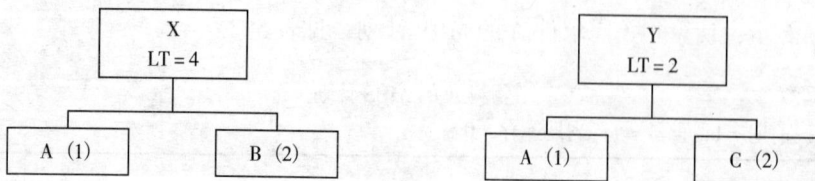

图 5-9　共用物料 A 的物料清单

解：物料 A 的毛需求量计算过程如表 5-6 所示。

表 5-6 物料 A 的毛需求计算

	计划展望期										
	1	2	3	4	5	6	7	8	9	10	11
X（LT = 4）						40		15			30
Y（LT = 2）					25		30			15	
相关需求 X→A		40		15			30				
相关需求 Y→A			25		30			15			
独立需求 A	15	15									
A 的毛需求量	15	55	25	15	30		30	15			

3. 存在低层码情况下的 MRP 计算

[例 5-4] 假定物料产品 A 的物料清单结构如图 5-10 所示，并且已知其在第 6 个计划周期时产出 200 件，各物料的计划接收量和已分配量均为零，求物料 B 的物料需求计划。

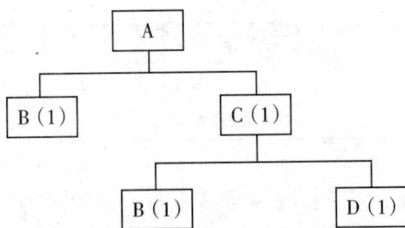

图 5-10 物料 A 的物料清单结构

解：由图 5-10 可知，由于物料 B 同时处于产品 A 的第 1 和第 2 层，因此其低层码为 2，其他物料 A、C 和 D 的低层码则是其位于物料清单中的层次码，分别为 0、1、2。如前所述，对于低层码的处理是，当物料需求计划展开计算过程中某物料的计算层次和其低层码不一致时，只计算到毛需求量为止，暂不计算其净需求量。详细计算过程见表 5-7。该表采用了竖式 MRP 报表格式。

第五节　物料需求计划 MRP 的工作方法

一、全重排法

全重排法 MRP 系统用于需求计划更新频率有限的情况下，它的信息处理效率高。采用全重排法 MRP 系统时，凡需求变动及产品结构变动等，都必须再运行一次 MRP 系统。因此，它虽然是静态处理，但却是定期静态生成需求计划。全重排法 MRP 系统在运行时，需求会全部分解一次。主生产计划中的每一个产品需求都要按产品结构表来进行分解，在分解时要查询产品结构表，并且每一种

表 5–7 物料 B 的计算过程

批量	提前期	现有量	安全库存	低层码	物料号	时段\项目	当期	1	2	3	4	5	6
1	1	0	0	0	A	毛需求量							200
						计划产出量							200
						计划投入量						200	
1	1	120	0	2	B	毛需求量							200
60	2	60	0	1	C	毛需求量							
						计划接收量							
						预计可用库存	60	60	60	60	60	40	40
						净需求量						140	
						计划产出量						180	
						计划投入量				180			
40	1	120	0	2	B	毛需求量				180			200
						计划接收量							
						预计可用库存	120	120	120	20	20	20	20
						净需求量				60			180
						计划产出量				80			200
						计划投入量			80			200	

物料都需要重新计算一遍毛需求量和净需求量，从而产生一个需求计划。这项工作也是逐层进行的，并且是采用顺序方式来进行处理的。因此每进行一次处理，就要投入很大的工作量。一般分两个阶段进行：一个阶段是计算计划交付量，另一个阶段是更新 MRP 系统的信息。在更新工作中，包含物料变动信息的输入和库存记录的登录。库存的部分信息可以每天更新一次，库存全部信息则每周更新一次。当某项库存信息发生变化时，都将会由于相关需求的关系而引起它下属各层次零部件的需求变化。对于运行环境稳定，即库存变化不大，产品设计更改不多的 MRP 系统，需求计划的更新频率不高，可以采用全重排法 MRP 系统。

在使用全重排法方法时，主生产计划中所列的每一个独立需求件的需求都要加以分解，每一个 BOM 文件都要被访问到，每一个库存状态记录都要经过重新处理，系统要输出大量的报告。MRP 生成后会对库存信息重新计算，同时覆盖原来计算的 MRP 数据，生成的是全新的 MRP 数据。此类 MRI 的生成一般是按周期进行的，如每周运行一次 MRP。

二、净改变法

净改变法 MRP 系统在制定、生成 MRP 的条件（如 MPS 的变化、提前期变化等）发生变化时，相应地更新 MRP 有关部分的记录。其一般适用于环境变化较大、需求计划更新频率较大的企业。该方法的缺点是信息处理效率较低、计算复杂、生成的时间较长。

MRP 是连续不断的计划，是一个可以无限延期、延伸的计划，因此会频繁出现诸如主生产计划表被修改、客户需求订单发生变动、紧急需求和产品设计的修改等情况。当以净改变法运行，MRP 系统只是对上述情况引起的产品结构变动部分进行局部分解。

主生产计划 MPS 在任何时候都可以更新和修改，只要在原有的时间日程上增加或减去变动的净值就可以了。当物料计划下达数已确定，该物料已达到平衡状态，假如这时库存发生变动，上述的物料平衡状态就被破坏了，就需要进行再平衡。现有库存及净需求都需要重新进行推算，此时的计划下达数也就需要修改了。此外，由于此层次发生了变化，则与其相关的各层次的物料平衡状态也将被破坏，需要进行再平衡。

MPS 的变动、高层次变化而引起的各层次的变化、低层次的外来直接变化、其他库存变动等，都会影响以上层级的平衡关系。当然，大多数情况下，即使净改变法 MRP 系统，也是在积累了一定周期的变动次数之后，再来运行系统。全重排法 MRP 系统与净改变法 MRP 系统的主要不同点是在需求计划的频率和给予的启动信号上，此外在主生产计划、需求信息、库存情况、层次结构平衡、操作方式方面都有所不同。

三、两种方式的比较

全重排法和净改变法的比较如表 5-8 所示。

表 5-8　　　　　　　　　　全重排法与净改变法的比较

全重排法	净改变法
时间触发的、周期性的	变动触发的、连续性的
所有的 MPS 项目都被展开	只有变动的 MPS 项目被展开
每个生效的（Active）物料都被利用	只有部分 BOM 被利用到
每个物料的库存和订单状态都被重新计算	仅重算与库存改变有关的产品项目
执行频率低、每周批次执行	执行频率高、每日批次或随时执行
系统自动清除信息错误	可能存在错误
产生大量输出报表	MPS 修订后，更改计划的工作量较多

本章小结

物料需求计划（MRP）是企业资源计划（ERP）原理的核心。本章首先介绍了物料需求计划（MRP）的基本概念，分析了 MRP 的相关特点，介绍了物料需求计划（MRP）中的相关概念，其中详细讲解了物料编码和物料清单（BOM），然后说明了物料需求计划（MRP）计算逻辑、编制思路和相关计算，最后举例说明了几种物料需求计划（MRP）的编制过程，帮助学生加深对物料需求计划（MRP）的工作原理和计算过程的理解和掌握。

练习与思考

一、填空题

1. 物料需求计划的英文全称和缩写分别为＿＿＿＿＿和＿＿＿＿＿。

2. 物料编码方法主要有＿＿＿＿＿、＿＿＿＿＿和＿＿＿＿＿。

3. 虚拟件的提前期为＿＿＿＿＿。

4. 在产品结构比较复杂的情况下，MRP展开时，是利用＿＿＿＿＿BOM中的层次和先后关系。

5. 相关需求件的毛需求量的确定是通过其上层物料＿＿＿＿＿和产品结构中上下层的计算得到的。

6. 物料需求计划的工作方法有＿＿＿＿＿和＿＿＿＿＿。

二、简答题

1. 简述物料需求计划的特点。

2. 简述物料编码应遵循的基本原则。

3. 简述物料清单的作用。

4. 物料清单有哪些输出形式？

5. 低层码在物料需求计划的作用是什么？

6. 全重排法和净改变法的主要不同点是什么？

三、计算题

假定产品X的物料清单结构如下图所示，其中"（ ）"内数字表示上下层的数量关系。产品X在1~6时段的计划产出量分别为：0、15、30、45、15、45，其提前期为1个时段。另外，物料B还作为独立需求件，在第1、2、4周的需求量分别为20、40、30。

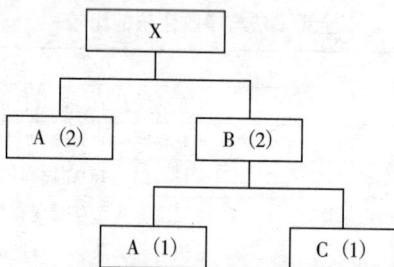

产品X的物料清单结构

物料A和B的其他信息如下表左部所示，现进行其右部物料A和物料B的MRP计算。

批量	提前期	现有量	安全库存	低层码	物料号	时段 项目	当期	1	2	3	4	5	6
25	1	80	20	1	B	毛需求量							
						计划接收量							
						预计可用库存							
						净需求量							
						计划产出量							
						计划投入量							

批量	提前期	现有量	安全库存	低层码	物料号	时段 项目	当期	1	2	3	4	5	6
20	1	180	20	2	A	毛需求量							
						计划接收量							
						预计可用库存							
						净需求量							
						计划产出量							
						计划投入量							

小链接：

格力小家电的 ERP 应用效益

格力小家电有限公司是珠海格力集团属下开发、研究、生产、销售小型家用电器的专业骨干公司，自 2000 年 2 月组建以来得到了长足发展，到目前已具相当规模，主要生产"格力"牌电风扇、电暖器、电热水器、电磁灶、电饭煲、抽油烟机、电子消毒柜七大类产品一百多种型号系列小家电产品，自产小家电产品生产能力达八百多万台。企业规模的迅速扩张、批量化生产给企业管理提出了更高的要求，为满足企业发展需要，格力小家电决定导入先进的信息化管理系统，解决因信息不畅导致的一系列管理症结。

经过认真调研和严格的选型过程，格力小家电选择了具有功能强大、性能稳定、实施方案合理等较多优势的通软阳光，帮助企业推进信息化进程。通软阳光 Tonsoft/ERP 在格力小家电实施和试运行的一年多来，格力小家电与通软阳光双方项目组的人员为之付出了大量心血。据该项目负责人介绍，从目前系统运行和企业管理情况分析，通软阳光 ERP 不仅为格力小家电解决了企业管理上存在的诸多问题，而且帮助企业提升了管理水平和经济效益，基本达到了预期效果。具体表现为以下几个方面：

（1）规范了企业管理。在 Tonsoft/ERP 系统实施的过程中，根据系统的具体要求，通软阳光对企业的物料进行了统一编码和统一命名，对供应商和经销商进行了统一的编码和分类，对仓库和外地中转仓进行了统一编码和分类。由此解决了企业长期物料不清和不明的状态，解决了对供应商和经销商的不规范管理状态，解决了仓库物料管理粗放、分类不清等状态。

（2）为企业的决策提供了依据。在 Tonsoft/ERP 系统实施和运行的过程中，由于信息共享，数据及时可靠，使企业领导对企业的状况一清二楚，为经营决策和加强管理提供了充分的依据。对库存状态的充分了解，为企业领导提供了如何降低库存的依据；对销售状态的充分了解，为企业领导提供了如何加强产品销售和市场营销的依据；对采购状态的充分了解，为企业领导提供了如何改善和加强对采购瓶颈的管理的依据；对生产状态的充分了解，使企业领导看清了如何充分利用现有产能生产出更多符合市场需要的产品。

（3）明显地提高了企业效益。在 Tonsoft/ERP 系统实施和运行过程中，企业通过库存管理系统能充分了解厂内和中转仓库存产品积压状态，之后，企业可以制订减少积压产品的生产计划和加强积压产品的销售计划，以使生产占用和库存占用的资金大大下降，同时又使企业的销售资金大大回笼。另外，根据 Tonsoft/ERP 系统计算出的物料需求数据的准确性与以往的手工管理得出的数据的准确性大不一样。总的说来，Tonsoft/ERP 系统的实施和运行既加强了采购管理，提高了采购物料的准确性，又降低了物料的库存积压状态。

（4）提高了计划的准确性和可执行性。由于充分应用了 Tonsoft/ERP 系统，建立了企业内部及供应商和经销商等各方面的基础数据，使企业的销售计划、生产计划和采购计划的准确性大大提高。Tonsoft/ERP 系统提供的主生产计划反复排程功能，使计划的可执行性得到充分反映。

（5）解决了企业财务管理存在数据不清、不明的问题。长期以来企业资金账和实物账不能保持一致，使财务数据与实际数据不清、不明和不准确。自从使用 Tonsoft/ERP 系统，通过对企业的应收账和应付账进行及时收集和处理，解决了这一问题。

第六章 能力需求计划

[学习目的]

通过本章的学习，了解能力需求计划（CRP）以及工作中心、工艺路线和生产日历等基本概念和相关术语的定义，在熟悉能力需求计划的工作原理与计算流程的基础上，重点掌握能力需求计划的编制和计算。

从第五章物料需求计划（MRP）的计算过程可以看到，经物料需求计划（MRP）生成的各种物料相应计划（采购计划和生产计划），并没有考虑企业是否有足够的能力完成它。因此如何检验这些计划的可行性以及如何调整计划和企业的能力资源，以使需求计划的计算结果能够真正被执行，就成为物料需求计划（MRP）在应用过程中必须解决的问题。而这正是本章所要讲解的内容。

第一节　能力需求计划基本概念

一、基本概念

能力需求计划（Capacity Requirement Planning，CRP）是帮助企业在分析物料需求计划后产生出一个切实可行的能力执行计划的功能模块。该模块帮助企业在现有生产能力的基础上，及早发现能力的"瓶颈"所在，提出切实可行的解决方案，从而为企业实现生产任务提供能力方面的保证。其实，能力需求计划制订的过程就是一个平衡企业各工作中心所要承担的资源负荷和实际具有的可用能力的过程，即根据各个工作中心的物料需求计划和各物料的工艺路线，对各生产工序和各工作中心所需的各种资源进行精确计算，得出人力负荷、设备负荷等资源负荷情况，然后根据工作中心各个时段的可用能力对各工作中心的能力与负荷进行平衡，以便实现企业的生产计划。

因此，能力需求计划（CRP）是在物料需求计划（MRP）下达到车间之前，用来检查车间执行生产作业计划的可行性的。即利用工作中心定义的能力，将物料需求计划（MRP）的生产需求分配到各个资源上，在检查了物料和能力可行的基础上调整生产计划，再将调整后的生产计划下达给车间，车间就此计划进行生产。

需要注意的是，能力需求计划不是一种可以自动进行能力平衡的系统，只是一种计算工具，它不会自动优化系统的计划结果。能力需求计划系统只是把所有物料的计划订单换算成相应的对各种资源的需求量（负荷），并据此向计划人员提供能力需求数据直方图和比较报表，然后还需要进行更重要的工作，即人工判断 MRP 计划可行性以及人工调整 MRP 计划订单。

二、能力需求计划与粗能力需求计划的比较

显然，在 ERP 系统中，主生产计划（MPS）和物料需求计划（MRP）都和能力需求计划（CRP）之间有内在联系，相应地，粗能力计划（RCCP）和能力需求计划（CRP）之间也存在一脉相承的关系。实际上，MRP/CRP 的运算是在 MPS/RCCP 的基础上进行的。CRP 是 RCCP 的深化。它们之间的区别见表 6-1。

表 6-1 　　　　　　　　　　　　　　CRP 和 RCCP 的区别

	粗能力计划（RCCP）	能力需求计划（CRP）
计划对象	独立需求	相关需求
主要面向	主生产计划	物料需求计划
计算参照	资源清单	工艺路线
能力对象	关键工作中心	全部工作中心
订单范围	计划、确认为主	全部
提前期计算	偏置天数	准备、加工提前期

通过比较可以看出，CRP 与 RCCP 相比，能力平衡更全面、细化、实时。因此有时会看到虽然经粗能力计划分析认为企业的现有生产能力足以完成主生产计划，但是在经过能力需求计划更细致的分析后却得出在某些时段生产能力不足的结论不一致现象。

三、无限能力计划和有限能力计划

ERP 系统的能力平衡一般分为以下两种模式：

1. 无限能力计划

无限能力计划是在做物料需求计划时不考虑生产能力的限制，而后对各个工作中心的能力、负荷进行计算，将各个工作中心负荷进行相加，得出工作中心的负荷情况，由此得到能力报告，找出超负荷和欠负荷的分布情况。当负荷大于能力时，对超负荷的工作中心进行负荷调整。无限能力计划模式主要采用的是倒排计划模式。大多数 ERP 系统中的物料需求计划（MRP）模块采用的是无限能力计划，如图 6-1 所示。

2. 有限能力计划

然而有很多企业在一定技术条件下，能力较为固定，没有多少弹性，如装配线、生产线、柔性制造单元或成组单元，或者某种昂贵的机床、某种无法替代的关键工作中心等。

于是人们提出了"有限能力计划"的计划模式。有限能力计划认为工作中心的能力是不变的，计划的安排按照优先级安排，先把能力分配给优先级别高的物料，当工作中心负荷已满时，优先级别低的物料被推迟加工，即订单被推迟。该

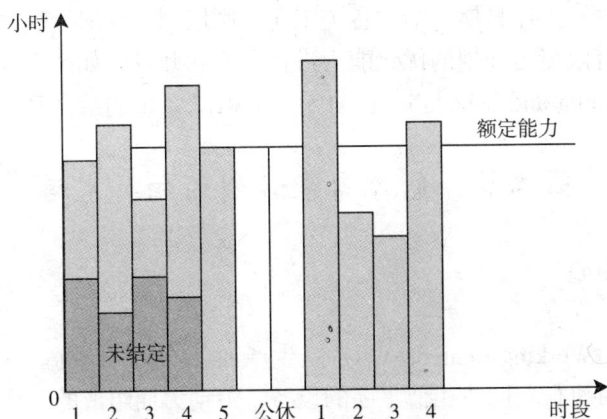

图 6-1　无限能力计划模式

方法计算出的计划可以不进行负荷与能力平衡。有限能力计划采用的是顺排计划方式。有限能力计划的交货期是计划进行顺排的结果，因此有限能力顺排计划是对能力进行约束而不是保证交货期放在优先考虑的地位。如图 6-2 所示。

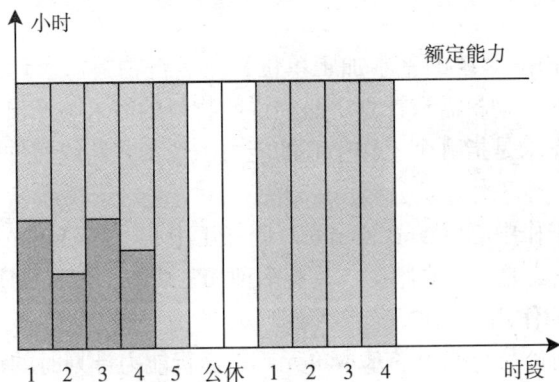

图 6-2　有限能力顺排计划

ERP 是一个以人为中心的管理系统，有限能力计划这样的功能则是完全由计算机自动编排的，计划人员较难了解真实的能力短缺情况，人的能动作用就降低了，这是有限能力计划和无限能力计划的主要区别。有限能力计划对头道工序往往是有效的，但对后续工序来说会增加复杂性，甚至可能影响交货期。因此，我们在运用时要注意它的适用范围和条件。

同时也应看到，无限能力计划模式采用的人工手工调整方式不但费时费力，而且因为在解决能力冲突上并没有提出更好的解决方法，还会造成产生的计划在实施时很可能与实际产生偏差。由于无限能力计划在这些方面的局限性，一方面，人们采用把有限能力顺排计划与无限能力倒排计划相结合使用的方法。例如，确定交货期时可从"瓶颈"工序开始考虑能力限制，这就可以用顺排计划处理；早于"瓶颈"工序日期之前的各个工序，则用倒排计划处理。另一方面，人们开始重视对有限能力计划的优化能力进行研究和开发，如高级计划和排程系统（Advanced Planning and Scheduling，APS）与 MRP 系统的结合等。

第二节　能力需求计划的相关术语

一、工作中心

1. 工作中心概念

工作中心（Working Center，WC）是生产加工单元的统称。它是基于设备和劳动力状况，由执行相同或相似工序的设备、劳动力而组成的一个生产单元。工作中心是进行生产进度安排、核算能力和计算成本的基本单位。

工作中心是各种生产能力单元的统称，也是发生加工成本的实体。工作中心把设备的数据扩大了，除设备外还可以是人员或面积等。

工作中心是由一台或几台功能相同的设备，一个或多个工作人员，一个小组或一个工段组成，甚至一个实际的车间也可作为一个工作中心。换句话说，一个车间可以由一个或多个工作中心组成，一条生产线也是由一个或多个工作中心组成的。

工作中心是 ERP 系统的基本加工单位，是进行物料需求计划与能力需求计划运算的基本资料。物料需求计划中必须说明物料的需求与产出是在哪个工作中心完成的，能力需求是指哪个工作中心的能力。在工艺路线文件中，一道工序或多道工序对应于一个工作中心。

注意不要把工作中心（Work Center）同加工中心（Machining Center）混淆起来。众所周知，后者是一种高精度、具有多种加工功能、带刀具库的数控机床。

2. 工作中心的作用

（1）作为平衡负荷与能力的基本单元，是运行能力计划时的计算对象。

（2）它是定义物料工艺路线的依据，在定义工艺路线文件前必须先确定工作中心，并定义好相关工作中心的数据。

（3）它是车间作业分配任务和编排详细作业进度的基本单元，即派工单是以工作中心为对象并说明各加工单的优先级。

（4）作为车间作业计划完成情况的数据采集点，也用作反冲的控制点。

（5）作为计算加工成本的基本单元。计算零件的加工成本是以工作中心文件记录中的单位小时费率乘以工艺路线文件记录中占用该工作中心的小时数得出的。

3. 工作中心的相关数据

工作中心数据包括三种：工作中心基本数据、工作中心能力数据及工作中心成本数据。

（1）基本数据。例如，工作中心代码、工作中心名称、工作中心说明、车间代码、人员每天班次、每班小时数、每班人数、设备数及是否为关键工作中心等。

（2）能力数据。指工作中心每日可以提供的工时、机器台数或可加工完工的产品数量。工作中心的标准能力是由历史数据分析得到的，其计算公式为：

工作中心能力 = 每日班次 × 每班工作时数 × 效率 × 利用率

效率和利用率这两个因素是为了使工作中心的可用能力更符合实际从而使计划和成本也更加符合实际。我们在设置这两个参数时，可按照它们在计算中的逻辑关系，灵活使用。当设备的自动化程度较高，可以连续全日运转，或一个人可同时操作多台设备时，往往用台时作为能力单位。反之，以工时作为能力单位。换句话说，看约束能力的是设备台数还是工人人数。

效率说明实际消耗工时或台时与标准工时或台时的差别，与工人的技术水平或者机床的使用年限有关。它可以大于、等于或小于100%。其计算公式为：

效率 = 完成的标准定额工时数/实际直接工时数

利用率同设备的完好率、工人的出勤率和任务的饱满程度有关，是一种统计平均值，通常小于100%。利用率还有期望负荷的含义，起调整能力计划的作用。利用率的计算公式为：

利用率 = 实际直接工作工时数/计划工作工时数

（3）成本数据。工作中心成本费用包括人员工资、直接能源（电、水等）、辅助材料（如机床润滑油等）、设备维修费和资产折旧费等。在核定产品的标准成本、进行产品的成本模拟及成本差异分析时都会用到工作中心的成本数据。工作中心费率的单位是元/工时，或元/台时，其计算依据是历史数据，计算方法为：

工作中心直接费率 = 工作中心每日所发生的直接费用 ÷ 工作中心工作时数

工作中心间接费率 = 分摊系数 × 车间间接费用 ÷ 工作中心工作时数

工作中心费率 = 工作中心直接费率 + 工作中心间接费率

4. 关键工作中心

关键工作中心又称为瓶颈工作中心，是决定产品或零部件生产的工作中心，它是运行 MRP 运算中进行粗能力计划的计算对象。

关键工作中心一般具有以下特点：

（1）经常加班，满负荷工作。

（2）操作技术要求高，短期内无法自由增加工人。

（3）使用专用设备，而且设备昂贵。

（4）受多种限制，如短期内不能随便增加负荷和产量（通常受场地、成本等约束）。

二、工艺路线

工艺路线主要说明物料实际加工和装配的工序顺序、每道工序使用的工作中心、各项时间定额（如准备时间、加工时间和传送时间，其中传送时间包括排队时间与等待时间）及外协工序的时间和费用。

工艺路线描述了产成品被逐步制造的过程，每个工艺路线可以包括多道工序，对于每道工序可以指定工作中心，对于工作中心要确定其使用的资源。工艺路线的示例如图 6-3 所示。

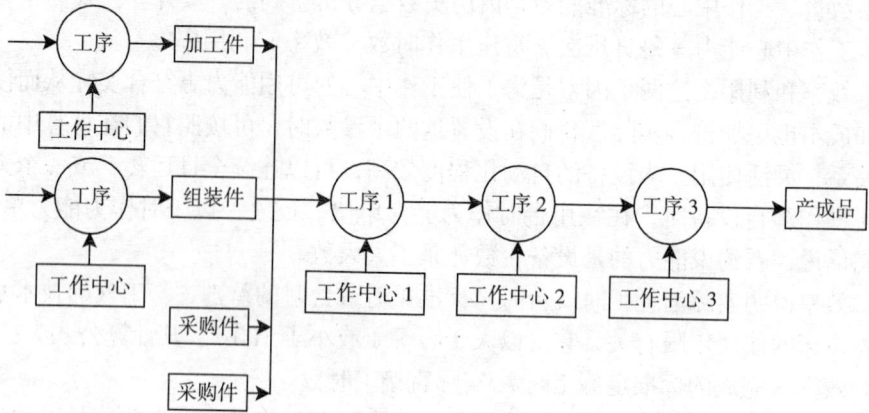

图 6-3　工艺路线

工艺路线的作用有如下几个方面：

（1）用于能力需求计划的分析计算、平衡各个工作中心的能力。工艺路线文件中说明各个工作中心消耗的工时定额，用于工作中心的计算。

（2）用于计算物料清单的有关物料的提前期。根据工艺文件的准备时间、加工时间和传送时间计算提前期。

（3）用于下达车间作用计划。根据加工顺序和各种提前期进行车间作业安排。

（4）用于加工成本的计算。根据工艺文件的工时定额及工作中心的成本费用数据计算出标准成本。

三、生产日历

生产日历，是指说明企业各部门、车间或工作中心在一年中可以工作或生产的日期。生产日历标明了休息日、节假日、设备检修日等非工作日期。ERP 在生成计划时，遇到非生产日期会自动跳过去，不安排工作（特殊的工艺时间除外）。不同的分厂、车间、工作中心因为生产任务不同、加工工艺不同而受不同的条件约束，因而可能会设置不同的生产日历。

下面以 2007 年 1 月为例说明工作日历的设定。现假定车间仅正常节假日休息，没有特殊的休息和加班需求。表 6-2 中，每个单元格的上部为日常使用的生活日历，下部则为车间使用的生产日历。可以看出，生产日历的编号过程中除去了 1 月 1 日（因为该天为元旦节日，正常情况下要放假休息），以及周六和周日，最后整个 1 月可以安排生产任务的工作日有 22 天。

表 6-2 **2007 年 1 月生产日历编制**

日	一	二	三	四	五	六
	1	2 001	3 002	4 003	5 004	6
7	8 005	9 006	10 007	11 008	12 009	13
14	15 010	16 011	17 012	18 013	19 014	20
21	22 015	23 016	24 017	25 018	26 019	27
28	29 020	30 021	31 022			

第三节　能力需求计划的工作原理

能力需求计划本质上是把 MRP 计划中的物料（数量）需求换算成能力（工时）需求。根据物料需求计划，把占用某个工作中心所有的物料对比各自的工艺路线，求出生产这些物料在各个时段要占用该工作中心的负荷小时数，再与工作中心的能力，即与可能提供的工作小时进行比较，生成能力需求报表。这个过程可用图 6-4 来表示。图中输入信息有：

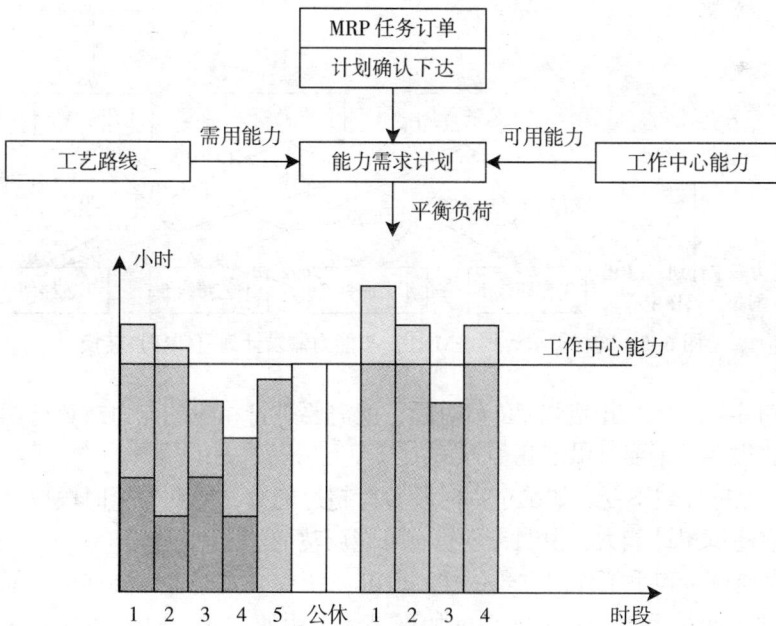

图 6-4　能力需求计划逻辑

（1）来自物料需求计划（MRP）的订单任务，说明要加工什么、数量多少、要求何时加工。

（2）来自工艺路线的工序信息，说明物料需求计划（MRP）的任务要用哪些工作中心，占用工作中心的时间是多少。

（3）来自工作中心的信息，并结合工作中心的工作日历，考虑工作中心的停工及维修等非工作日，确定各工作中心在各个时段的可用能力。

能力需求计划（CRP）系统根据上述信息，自动运算，生成工作中心能力负荷报表，说明其分时段的能力需求情况。计算中，系统要对所有加工物料的工艺路线进行搜索，把同一个工作中心各个时段的负荷汇总到一起（其中在计算负荷时，既要考虑 MRP 的计划订单，还要考虑已下达但尚未完成的订单所需的负荷小时）。它还要结合工作中心的生产日历，考虑工作中心的停工及维修等非工作日，以此来确定各个工作中心在各时段的可用能力。最后，比较各工作中心在各时段的负荷与可用能力，分析在计划时段中是否出现了能力需求超负荷情况（红色部分）。ERP 的能力计划通过报表的形式（一般是直方图）向计划人员报告，但是不进行能力负荷的自动平衡，即不对计划订单进行调整以满足能力约束，这个工作由计划人员人工完成。

总之，能力需求计划是把物料需求计划的物料需求量转换为负荷小时，把物料需求转换为能力需求，具体的转换过程如图 6-5 所示。

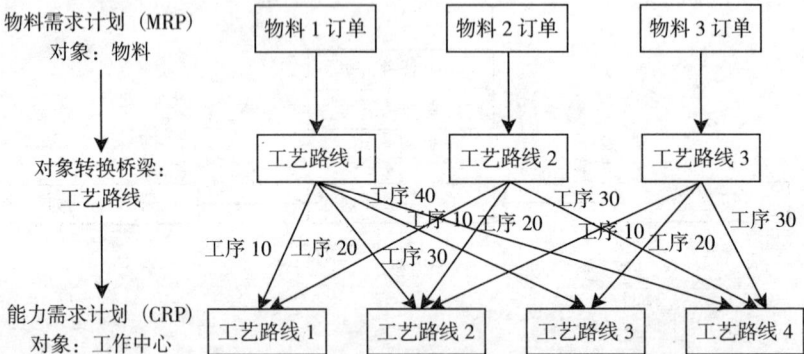

图 6-5　物料需求计划（MRP）与能力需求计划（CRP）转换

如图 6-4，如果出现了超负荷时段，就需要进行相应的能力或负荷调整。调整的方式很多，主要有以下几种方式：

（1）保持计划不变。如果个别时段负荷超过能力，但在若干时段或某范围内负荷没有超过累计能力，说明计划是有可能调整的。

（2）加班。和手工计划方式一样，ERP 系统在必要时也需要加班。但是二者有显著的不同：手工计划方式中的加班是最常用的方式，ERP 系统中加班的情况可以大大减少；手工计划的加班往往有突击性质，而 ERP 系统中的加班是可以预先计划安排的。

（3）调整 MRP 计划或调整工作中心能力。计划的调整和能力的调整其难易程度是不同的。调整能力的措施有增添设备、外协加工、增加人工、提高工作效率、更改工艺路线等。调整计划的措施有将计划提前或推迟、合并或取消、交叉作业、调整生产批量等。ERP 系统可以运用其模拟运用功能及早发现问题并采取相应措施。

第四节 能力需求计划计算流程及算例

一、能力需求计划计算流程图

能力需求计划（CRP）的计算流程如图 6-6 所示。

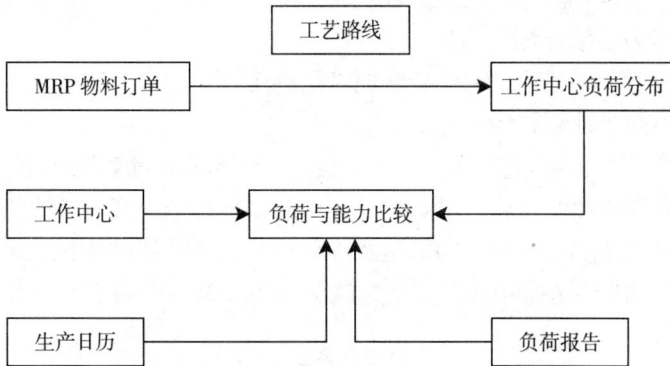

图 6-6 CRP 运算逻辑流程

具体的能力需求计划（CRP）的编制步骤有以下 5 步。

1. 收集数据

（1）任务单数据。任务单是下达生产制造指令的有关单据。内容是针对经 MRP 运算后或虽未经 MRP 运算，但需要由企业自行制造的物料而下达的加工任务书。其主要包括已下达车间订单、已释放或正在加工的订单。

（2）工作中心能力数据。指与能力有关的每天班次、每班小时数、每班设备数、效率及利用率等。

（3）工艺路线数据。指表达物料清单中制造物料的加工与传递顺序的资料。主要提供物料加工的工序、工作中心和加工时间等数据。

（4）工厂生产日历。生产日历一般将不工作的日期排除（星期天、法定节假日及其他非生产日期）。

（5）其他数据。例如，工序间隔时间，包括在该中心的排队等待时间和从该中心转移到下一工作中心的运输等待时间，是在有关工序开工的时间的基础数据。

2. 计算负荷

将所有任务单分派到有关的工作中心（不考虑有效的能力和限制），然后计算每个有关工作中心的负荷。

当不同的任务单使用同一个工作中心时，将时间段合并计算。

将每个工作中心的负荷与工作中心记录中存储的额定能力数据进行比较，得出工作中心的负荷（需求）和能力需求之间的对比以及工作中心的利用率。

3. 分析负荷情况

能力需求计划需分析出工作中心的负荷情况（负荷不足、负荷刚好或超负荷），并分析存在问题的时间和问题的程度。

4. 调整能力和负荷

能力需求计划中有两个要素：能力和负荷。在解决负荷过小或超负荷的能力问题时，应视具体情况对能力和负荷进行调整：增加或降低能力、增加或降低负荷或者两者同时调整。

5. 确认能力需求计划

在经过分析和调整后，将已确定调整措施中有关的修改数据重新输入。

二、能力需求计划算例

[例6-1] 假定某工作中心 WC01 能够加工物料 A 和物料 B 两种类型的物料，其负荷来源于两个方面：已下达及确认的物料订单、新计划的物料订单。物料 A 和 B 的工艺路线、WC01 的下达及确认订单、新计划的物料订单及 WC01 的额定能力，分别见表 6-3~6-6。现试编制工作中心 WC01 的能力需求计划。

表 6-3　　　　　　　　　　　　工艺路线

工作中心	物料	能力类别	能力数据	能力单位
WC01	物料 A	工时	10	小时
WC01	物料 B	工时	5	小时

表 6-4　　　　　　　　WC01 物料需求计划——下达及确认

	第一时段	第二时段	第三时段	第四时段	第五时段
物料 A	10		3	10	
物料 B		10	6		5

表 6-5　　　　　　　　WC01 物料需求计划——新计划

	第一时段	第二时段	第三时段	第四时段	第五时段
物料 A	5		10		
物料 B		5		10	

表 6-6　　　　　　　　　　　　WC01 额定能力

工作中心	能力类别	能力数据	能力单位
WC01	工时	100	小时/周

解：（1）计算下达及确认的 MRP 负荷。

根据表 6-3，物料 A 和物料 B 在工作中心 WC01 上的单位能力需求分别为 10 和 5 个工时，再由表 6-4 可知各物料每个时段的需求数量（已经确认），则各时段的确认负荷计算公式为：

某时段负荷（已确认）＝物料 A 的单位工时数×某时段物料 A 的已确认需求数量＋物料 B 的单位工时数×某时段物料 B 的已确认需求数量

计算结果见表 6-7。

表 6-7　　　　　　　　　　　各时段已确认负荷

	第一时段	第二时段	第三时段	第四时段	第五时段
各时段负荷（已确认）	100	50	80	100	25

（2）计算新计划的 MRP 负荷。

根据表 6-3，物料 A 和物料 B 在工作中心 WC01 上的单位能力需求分别为 10 和 5 个工时，再由表 6-5 可知各物料每个时段的需求数量（计划），则各时段的计划负荷计算公式为：

某时段负荷（计划）＝物料 A 的单位工时数×某时段物料 A 的计划需求数量＋物料 B 的单位工时数×某时段物料 B 的计划需求数量

计算结果见表 6-8。

表 6-8　　　　　　　　　　　各时段新计划负荷

	第一时段	第二时段	第三时段	第四时段	第五时段
各时段负荷（已确认）	100	50	80	100	25
各时段负荷（计划）	50	25	100	50	

（3）计算总负荷。

总负荷计算公式为：

某时段的总负荷＝某时段的负荷（已确认）＋某时段的负荷（计划）

计算结果见表 6-9。

表 6-9　　　　　　　　　　　各时段新计划负荷

	第一时段	第二时段	第三时段	第四时段	第五时段
各时段负荷（已确认）	100	50	80	100	25
各时段负荷（计划）	50	25	100	50	
总负荷	150	75	180	150	25

（4）读入工作中心额定能力（根据表 6-6）。

结果见表 6-10。

（5）计算各时段的欠/超能力及累计能力。

表 6–10 读入额定能力

	第一时段	第二时段	第三时段	第四时段	第五时段
各时段负荷（已确认）	100	50	80	100	25
各时段负荷（计划）	50	25	100	50	
总负荷	150	75	180	150	25
额定能力	100	100	100	100	100

结果见表 6–11。

表 6–11 各时段的欠/超能力及累计能力

	第一时段	第二时段	第三时段	第四时段	第五时段
各时段负荷（已确认）	100	50	80	100	25
各时段负荷（计划）	50	25	100	50	
总负荷	150	75	180	150	25
额定能力	100	100	100	100	100
欠/超能力	−50	25	−80	−50	75
累计能力	−50	−25	−105	−155	−80

表 6–11 的能力分布情况，也可以用直方图表示，如图 6–7 所示。图中的阴影部分即为超负荷时段。

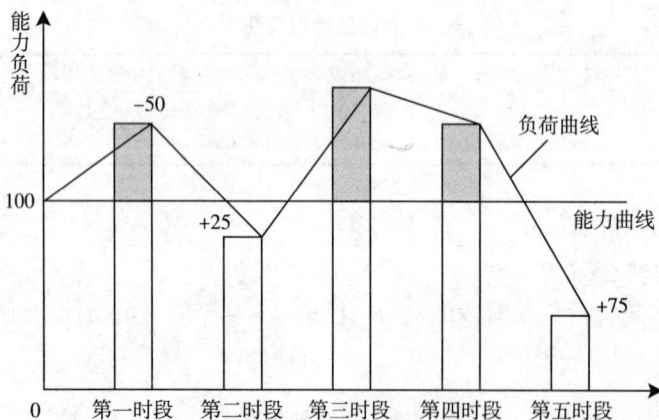

图 6–7 算例负荷分布直方图

（6）负荷与能力的平衡。发现了超负荷时段后，需要采用相应的措施进行调整和平衡。在本算例中，具体的调整措施如下：①第一时段改变能力，加班 50 工时。②第三时段部分物料提前到第二时段加工，再加班 55 工时。③第四时段物料调整负荷 50 工时，推迟在第五时段加工。④调整的结果如表 6–12 所示，也可以用直方图表示，如图 6–8 所示。

表 6-12 　　　　　　　　　　　　　调整后的各时段负荷分布

	第一时段	第二时段	第三时段	第四时段	第五时段
各时段负荷（已确认）	100	50	80	100	25
各时段负荷（计划）	50	25	100	50	
总负荷	150	75+25	180-25	150-50	25+50
额定能力	100+50	100	100+55	100	100
欠/超能力	0	0	0	0	25
累计能力	0	0	0	0	25

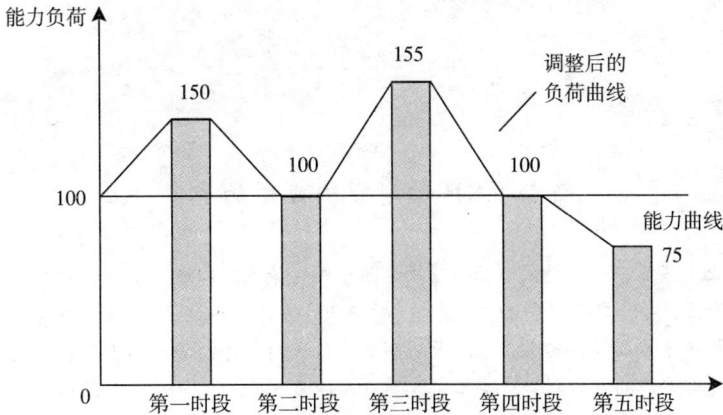

图 6-8　调整后的各时段负荷分布直方图

本章小结

　　能力需求计划（CRP）是对物料需求计划所需能力进行核算的一种计划管理方法。能力需求计划把物料需求转换为能力需求，估计可用的能力并确定应采取的措施，以便协调能力需要和可用能力之间的关系。因此，生产计划能否顺利实施、生产任务能否按计划完成、生产指标能否按既定达到，都需要在能力需求计划中进行平衡。本章首先介绍了能力需求计划的基本概念和相关术语，然后重点讲解了能力需求计划的工作原理和详细的编制计算过程。

练习与思考

一、填空题

　　1. 能力需求计划（CRP）的运算流程中的三个输入信息分别为：＿＿＿＿＿、＿＿＿＿＿和＿＿＿＿＿。

　　2. 工作中心数据包括三种：＿＿＿＿＿、工作中心能力数据及＿＿＿＿＿。

　　3. 能力需求计划（CRP）是在＿＿＿＿＿下达到车间之前，用来检查其在车间的执行可行性的一个计划。

　　4. ERP 系统的能力平衡一般分为＿＿＿＿＿和＿＿＿＿＿两种模式。

二、名词解释

1. 有限能力计划

2. 工作中心

3. 工艺路线

4. 生产日历

三、简答题

1. 简述能力需求计划（CRP）与粗能力需求计划的区别。

2. 什么是无限能力计划和有限能力计划？

3. 简述能力需求计划（CRP）的计算流程。

4. 能力需求计划的调整措施有哪些？

小链接：

雅杉 ERP 计划模块应用的困惑

ERP 系统上线了，雅杉集团（雅杉集团是集纺纱、染色、织造、整理、衬衫生产为一体的外向型集团企业，年产各类面料 6000 万米、衬衫 300 万件，年销售额 9000 万美元）计划组的成员认为工作终于可以轻松起来了，从此告别这些讨厌的工作：每天加班加点、找采购部要原材料、找制造部要产品、跑到仓库看库存、跑到车间看生产、应付销售部门的投诉。他们认为有了 ERP，生产计划可以自动完成，计划员只需完成不时查查有没有人请假、有没有机器维修、有没有大批的产品质量问题，并在 ERP 系统中改改资料、参数等简单工作，安排生产计划这种复杂繁琐的事交给 ERP 就可以了。因为这是在 ERP 选型过程中，ERP 销售顾问向他们描述的 ERP 中制作生产计划的诱人前景。想到这一切马上就要变成现实了，每一个计划组的成员都像立刻要冲出笼子的鸟儿一样兴奋。

但经过一段时间的使用，他们才发现远远不是这么回事，ERP 系统计划的功能远没有他们想象中的那么完美。整个计划工作被 ERP 搞得一团糟，有时工人忙得团团转，加班加点也满足不了客户需求，有时又无事可干，搞得窝工严重。一时工人们怨声载道，领导们横眉冷对，客户们投诉不断。为什么会出现这种状况呢？雅杉集团的计划组人员通过分析，总结出以下经验和教训：

（1）ERP 对计划员的要求高了而不是低了。原来以为 ERP 实施后，计划员的工作简单了，只要在系统中调出 ERP 计算出来的这个、那个结果就可以安排生产了，这是很好的理想。现实是，ERP 实施后对计划员的要求更高了，计划员需要不断研究 ERP 系统及 ERP 原理，不仅需要知道结果，更重要的是需要知道生成这些结果的过程，只有将这些因果关系都理顺了才能进行合理的计划安排。ERP 提供了许多计划工具，如 MPS、MRP、CRP 等，还有其他各种各样的根据企业要求定做的客户化工具，如各种分析图表等。作为计划员，只有熟练掌握并巧妙运用这些工具后，才能发挥 ERP 制作计划的强大威力。正如下象棋，你有车、有马、有炮、有卒，但如何运用这些棋子，却因人而异。ERP 整合了企业大部分生产资源，提供了令人惊叹的海量信息，但如果不会处理分析，这些信息只是垃圾一堆。

（2）不要幻想亡羊补牢。开始使用 ERP 时，由于上线期间工作量巨大，计划组存在侥幸心理，在整理及导入基础资料过程中发生了许多错误，这些错误严重影响了上线后 ERP 计划的准确性。有时一个字段可能影响到一大片数据。在工作中，这些错误逐渐被发现，且一项一项地得到了纠正，但这些错误使得企业为此付出了相当大的代价。

（3）计划员的经验还是相当重要的，它们并没有过时。ERP 只是一个工具，实施 ERP，计划员以前积累的经验在计划制作中还是占了主导地位。不过经过逐步积累，以前经验会逐渐被新的 ERP 环境下的生产计划制作经验所代替。

（4）不可能完全按照 ERP 的建议组织生产、采购。这是因为 ERP 中的 MPS 和 MRP，其需求时间纯粹按照"提前期（Lead Time）"进行运算，而实际生产中不可能只按提前期组织生产而不去考虑实际生产能力的影响。因此 ERP 确实是一个做生产计划的强大的工具，是工作的好帮手，但它还需要应用人员根据自己的经验和企业实际情况进行调整。

（原载游战清《企业信息化理论与案例》）

第七章　车间作业管理

[学习目的]

通过本章学习，掌握车间作业管理的主要内容、实现功能与业务流程；
掌握车间工作任务、加工单、工票、投料单、领料单的内容与生成方法；
了解现代企业生产管理新理论。

第一节　车间作业管理概述

车间作业管理处于 ERP 计划体系的执行层与控制层，其管理目标是按照物料需求计划（MRP）的要求，按时、按质、按量且低成本地完成加工制造任务。车间作业管理的过程主要是依据 MRP、工艺路线以及各工序的能力编排工序加工计划，下达车间生产任务单，并控制计划进度，最终完工入库。

车间作业管理对生产任务的全过程进行管理，包括任务下达、领料、加工完毕后申请检验、生产任务投入产出汇报、产成品完工入库。车间作业管理以生产任务为核心，处理各种来源的生产任务，并围绕生产任务的生命周期的各个阶段，如生产任务计划、备料、领料、分割、下达、完工、结案等，对生产任务单进行数量和时间等方面的管理，并处理相关物料投放。生产任务单的各种报表为用户提供综合信息，为管理决策提供参考。

第二节　车间作业管理业务流程

车间作业管理（Production Activity Control，PAC），处于 ERP 计划的执行层。其管理目标是按物料需求计划的要求，按时、按质、按量与低成本地完成加工制造任务。

车间作业管理是在 MRP 所产生的加工制造订单（即自制零部件生产计划）的基础上，按照交货期的先后和生产优先级选择原则以及车间的生产资源情况（如设备、人员、物料的可用性，加工能力的大小等），将零部件的生产计划以订单的形式下达给相应的车间。在车间内部，根据零部件的工艺路线等信息制订车间生产的日计划，组织日常的生产。同时，在订单的生产过程中，实时地采集车间生产的动态信息，了解生产进度，发现问题并及时解决，尽量使车间的实际生产接近于计划。

车间作业管理的反馈信息十分重要，因为 ERP 要以此信息为依据对物料需求计划、主生产计划、生产计划大纲，乃至企业经营计划做适当调整，以使各层计划更接近于实际。

车间作业管理的业务流程，如图 7-1 所示。

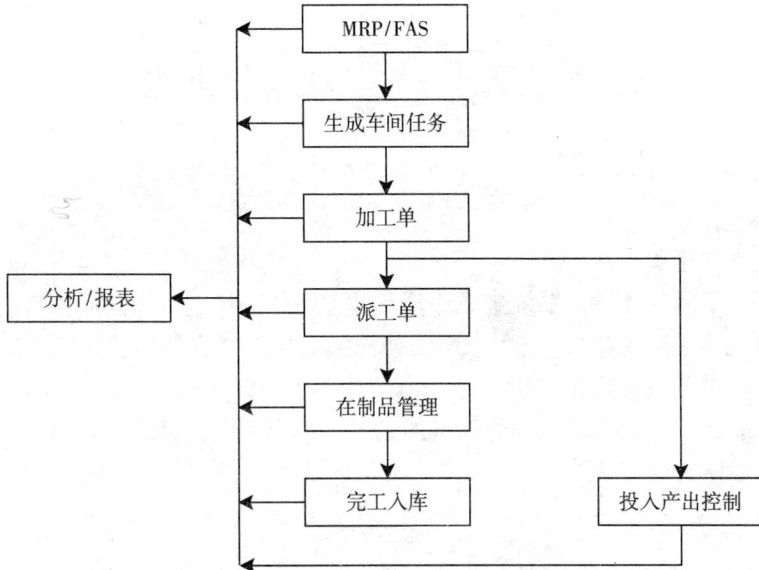

图 7-1　车间管理的业务流程

1. 建立车间任务

建立车间任务就是要把 MRP 中的物料制造任务下达给车间。一般来说，由于企业的不同车间都可以完成相同的加工任务，而且不同的车间可能会有不同的加工工艺路线，因而必须把物料需求计划明确下达给某个车间加工，当然也允许同一个物料需求计划分配给不同的车间。因此，车间任务可以由 MRP 自动生成，也可以由手工建立或进行 MRP 任务分配（建立、分割等）。有时车间还会涉及一些临时任务，如返工、翻修和改装等。车间任务的一般报表形式见表 7-1。

表 7-1　　　　　　　　　　　　车间任务报表

任务号	MRP 号	物料名称	需求量	需求日期	车间名称	任务数量	计划开工日期	计划完工日期
W21	PL288	卷筒	12	2007-03-23	一车间	12	2007-03-19	2007-03-22
W16	PL277	小车	15	2007-03-16	一车间	15	2007-03-09	2007-03-15

车间任务建立、确认后，要对任务的物料再次进行落实，也就是对车间任务进行物料分配。完成物料分配后就可以下达任务，并确保任务的执行。具体业务流程如图 7-2 所示。

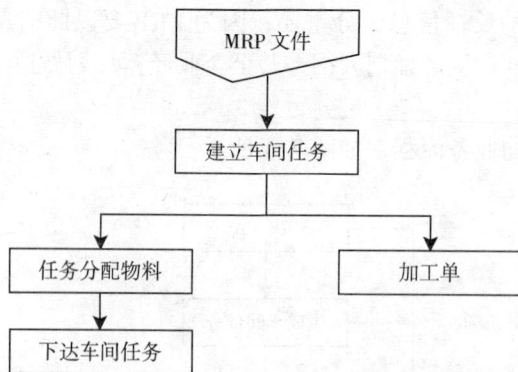

图 7-2　下达车间任务业务流程

2. 建立加工单

在建立车间任务后，系统生成该任务的工序作业计划，即面向物料的加工说明文件（或称为加工单）。它用来说明某任务（加工某物料）的加工工序、工作中心、工作进度及使用工装设备等。由于加工单是针对物料的加工计划，因此，各个物料的加工计划有时也称为物料加工单，相当于手工管理中的加工传票。加工单的一般格式见表 7-2。

表 7-2　　　　　　　　　　　　　　　　　加工单

加工单号：work010　　　　计划日期：2007-03-06　　　　计划员：王力
物料代码：BP002　　　　　物料名称：卷筒
需求数量：10　　　　　　　需求日期：2007-03-17

| 工序 | 工序名称 | 工作中心码 | 标准时间 | | | 本工序时间 | 计划进度 | | | | 状态 |
			准备	工时	台时		最早开工日期	最早完工日期	最迟开工日期	最迟完工日期	
1	装轴套	ZC008	0.04	0.4		0.44	2007-03-09	2007-03-15	2007-03-10	2007-03-16	开工
2	焊筒体	ZC007	0.04	0.8		0.84	2003-03-09	2007-03-16	2007-03-10	2007-03-17	确认

物料的加工单根据车间任务、工艺路线、工作中心文件而建立。其业务流程如图 7-3 所示。

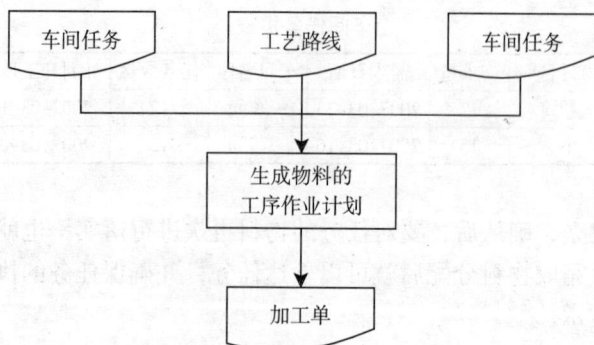

图 7-3　建立加工单业务流程

3. 建立派工单与作业排序

生成物料的加工单后，根据各个工作中心的当前正在加工任务与排队任务等生产情况，进行各个工序的作业安排，即下达派工单。派工单是面向工作中心（工序）的任务说明文件。计划员进行派工时，要充分考虑各个任务物料的优先级、工序能力（工作中心能力）、任务用料、物料的分配等情况，再进行作业排序与派工。

（1）派工单。派工单（Mispatch List）是用来说明某时段（如周、月）工作中心的加工任务与各任务优先级别的文件。它的作用是安排加工任务，使任务的执行状态为"开工"，它的形式也是多种多样的，表 7-3 所示为其中的一种形式。

（2）作业排序。如果多项物料在某一时段分派在同一个工作中心上加工，那么就需要确定这些物料的加工程序，即作业之间相对的优先顺序。实质上，这是一个核实是否有足够提前期的问题。下面介绍确定优先级的几种常用方法。

表 7-3　　　　　　　　　　　　派工单

车间代码：0090　　　车间名称：一车间
工作中心：ZC001　　　工作中心名称：车削中心　　　派工日期：2007-03-13

物料名称	任务号	工序号	工序名称	需求数量	计量单位	计划开工日期	计划完工日期	剩余/拖后时间（天）	优先级别
轴套	WB57	C001	车外圈	20	件	2007-03-15	2007-03-19	2	1
轴套	WB57	C002	车内孔	20	件	2007-03-15	2007-03-19	2	1
筒体	WB67	C003	车端面	10	件	2007-03-16	2007-03-20	3	2

1）紧迫系数（Critical Ratio，CR）。

CR =（需用日期 – 今日日期）/剩余的计划提前期

上述公式将剩余时间与需要加工的时间（计划提前期）相对比，会出现四种情况：①CR = 负值：说明已经拖期。②CR = 1：剩余时间恰好够用。③CR > 1：剩余时间有余。④CR < 1：剩余时间不够。

很明显，CR 值小者优先级高。一项物料的加工完成后，其他物料的 CR 值会有变化，要随时进行调整。

2）最小单个工序平均时差（Least Slack Per Operation，LSPO）。时差也称缓冲时间或宽裕时间。

LSPO =（加工件计划完成日期 – 今日日期 – 尚需加工时间）/剩余工序数

式中，尚需加工时间为剩余工序的提前期之和。很明显，LSPO 值越小，即剩余未完工序可分摊的平均缓冲时间越短，优先级越高。

3）最早订单完工日期（Earliest Due Date）。要求完工日期越早的订单优先级越高。使用这条规则时，对处于起始工序的订单要慎重，有必要用 LSPO 规则复核。本规则比较适用于判断加工路线近似的各种订单，或已处于接近完工工序的各种订单。

确定工序优先级的方法有很多，但必须简单明了，便于车间人员使用。

4. 投入产出控制

投入产出控制（或称为输入/输出控制，Input/Output）是衡量能力执行情况的一种方法。投入产出报告即 I/O 报告，是一个计划投入与实际投入以及计划产出与实际产出的控制报告。其主要生成某一时间段内各工作中心的计划投入工时（机时、能力标准）、计划产出工时（机时、能力标准）、其他信息（如初始队列等）等，用户可在每周初用本程序进行计算。实际输入工时（机时、能力标准）和实际输出工时（机时、能力标准）数据由车间按实际进行录入维护。图 7-4 为投入产出的物流控制模型。

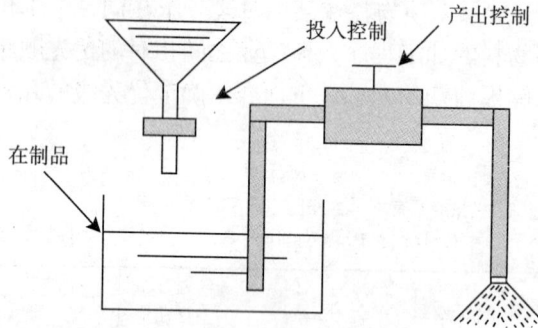

图 7-4　投入产出的物流控制模型

I/O 报告的数据一般有计划投入、实际投入、计划产出、实际产出、计划排队时间、实际排队时间和偏差等。比较计划投入与实际投入可以分析出输入到工作中心的订单流动情况。比较实际投入与实际产出可以看出工作中心是否正在加工所有到达的负荷，它可以指出工作中心的实际拖欠及排队情况。比较计划产出和实际产出可以看到工作中心执行计划的情况如何。表 7-4 是一种常见的 I/O 报表形式。

表 7-4　　　　　　　　　　　　投入产出报表

工作中心：ZC001　　　　工作中心名称：装配中心　　　生成日期：2007-02-29
能力标志：工时　　　　　能力数据：16 小时/日
投入允许偏差：10　　　　产出允许偏差：10

项目	时段				
	1	2	3	4	5
计划投入	80	80	80	80	80
实际投入	76	78	90	75	78
累计投入偏差	-4	-6	4	-1	-3
计划产出	80	80	80	80	80
实际产出	76	77	91	80	78
累计产出偏差	-4	-7	4	4	2
计划排队	12	12	12	12	12
实际排队	13	14	13	8	8

表 7–4 中有关项目说明如下：

计划投入：工作中心的计划订单与已下达订单所需的工时（机时）。

计划产出：计划要求完成的任务的工时（机时）。

实际投入：工作中心实际接收任务的工时（机时）。

实际产出：实际完成任务的工时（机时）。

累计投入偏差：等于实际投入减计划投入。

累计产出偏差：等于实际产出减计划产出。

计划排队：工作中心的任务的计划排队工时（机时）。

实际排队：工作中心的任务的实际排队工时（机时）。

在生产中，应对计划投入与实际投入、实际投入和实际产出及计划产出与实际产出作出比较，分析计划和生产中出现的问题。分析方法见表 7–5。

表 7–5　　　　　　　　　　　　投入/产出报表分析

对比结果	存在问题	对比结果	存在问题
计划投入 > 实际投入	加工件推迟到达	实际投入 < 实际产出	在制品减少
计划投入 = 实际投入	加工件按计划到达	计划产出 > 实际产出	工作中心落后计划
计划投入 < 实际投入	加工件提前到	计划产出 = 实际产出	工作中心按计划
实际投入 > 实际产出	在制品增加	计划产出 < 实际产出	工作中心超前计划
实际投入 = 实际产出	在制品维持不变		

投入/产出报表还可以用来分析物料流动和排队状况。排队时间相当于已下达订单但尚未完成的"拖欠量"，并不意味着一定是拖期。排队时间计算如下：

时段末的排队时间 = 时段初的排队时间 + 投入量 – 产出量

因此，控制投入产出量可以控制车间物流的排队时间，避免物料积压、排队时间过长。但是，当能力需求增加时，则应采取适当的措施，进行补救、调节。

第三节　准时制生产与精益生产

为了适应市场需求的变化，传统的生产管理方法大都是通过储备一定的产品，即保持一定的库存水平，来适应市场变化，而这恰恰是导致库存积压和物料浪费的主要因素。20 世纪 70 年代末期，日本制造业在石油危机的冲击下，发动了一场向浪费挑战的生产管理变革，由此发展形成了一种新的生产管理方法，并在国际上被广泛地研究和应用而得以进一步发展。

一、准时制生产

准时制生产（JIT）方式是起源于日本丰田汽车公司的一种生产管理方法。它的基本思想可用现在已广为流传的一句话来概括，即"只在需要的时候，按需要的量生产所需的产品"，这也就是准时制生产（Just in Time，JIT）一词所要表达的本来含义。这种生产方式的核心是追求一种无库存的生产系统，或使库存达到最小的生产系统。为此而开发了包括"看板"在内的一系列具体方法，并逐渐形成了一套独具特色的生产经营体系。

JIT模式，由于其独特的思想和方法，受到包括美国在内的许多西方国家的重视，并已广泛应用于制造业。据某项调查资料，JIT生产方式与其他生产方式相比，其产生的效益主要表现在以下方面：①所需人力资源减至1/2。②新产品开发周期可减至1/2或2/3。③生产过程的在制品库存可减至1/2。④成品库存可减至1/4。⑤产品质量可提高3倍。

尽管JIT生产方式显示了许多优越性，但实施起来是相当困难的，其具体要求有以下两点：①需要对企业的设备进行改组并重新布置；②需要具有多种操作技能的多面手工人。

随着JIT模式的不断发展和应用，管理学者们又提出将JIT与ERP结合，其结合获得了成功应用。企业是否可以应用ERP的JIT模块，下列条件可以作为参考：①物料清单准确率100%。②库存数据准确率100%。③工艺路线稳定。④生产能力稳定（设备良好、人员稳定）。⑤生产过程中质量稳定。⑥物料供应稳定。

1. JIT生产方式的目标

JIT生产方式的最终目标即企业的经营目的是获取最大利润。为了实现这个最终目的，"降低成本"就成为基本目标。在福特时代，降低成本主要是依靠单一品种的规模生产来实现的。但是在多品种中小批量生产的情况下，这一方法是行不通的。因此，JIT生产方式力图通过"彻底消除浪费"来达到这一目标。所谓浪费，在JIT生产方式的起源地丰田汽车公司，被定义为"只使成本增加的生产诸因素"，也就是说，不会带来任何附加价值的诸因素。这其中，最主要的有生产过剩（即库存）所引起的浪费。因此，为了排除这些浪费，就相应地产生了适时适量生产、弹性配置作业人数以及保证质量三个子目标。

2. JIT基本手段

为了达到降低成本这一基本目标，对应于基本目标的三个子目标，JIT生产方式的基本手段也可以概括为以下三个方面。

（1）适时适量生产。即"Just in Time"一词本来所要表达的含义，"在需要的时候，按需要的量生产所需的产品"。对于企业来说，各种产品的产量必须能够灵活地适应市场需求量的变化。否则的话，由于生产过剩会引起人员、设备、库存费用等一系列的浪费。而避免这些浪费的手段，就是实施适时适量生产，只在市场需要的时候生产市场需要的产品。

适时适量生产的实现主要有两种手段：生产同步化和生产均衡化。

1）生产同步化。为了实现适时适量生产，首先需要致力于生产的同步化，即工序间不设置仓库，前一工序的加工结束后，使其立即转到下一工序去，装配线与机械加工几乎平行进行。在铸造、锻造、冲压等必须成批生产的工序，则通过尽量缩短作业更换时间来尽量缩小生产批量。生产的同步化是通过"后工序领取"这样的方法来实现，即后工序只在需要的前工序领取所需的加工品，而前工序中按照被领取的数量和品种进行生产。这样，制造工序的最后一道（总装配线）成为生产的出发点，生产计划只下达给总装配线，以装配为起点，在需要的时候，向前工序领取必要的加工品，而前工序提供该加工品后，为了补充生产被领走的量，必向更前道工序领取物料，这样把各个工序都连接起来，实现同步化生产。这样的同步化生产还需通过采取相应的设备配置方法以及人员配置方法来实现，即不能采取通常的按照车、铣、刨等工业专业化的组织形式，而应按照产品加工顺序来布置设备。这样也带来人员配置上的不同做法。

2）生产均衡化。生产均衡化是实现适时适量生产的前提条件。所谓生产的均衡化，是指总装配线在向前工序领取零部件时应均衡地使用各种零部件、生产各种产品，既要平衡能力，又要平衡物流。为此在制订生产计划时就必须加以考虑，然后将其体现于产品生产顺序计划之中。在制造阶段，均衡化通过专用设备通用化和制定标准作业来实现。所谓专用设备通用化，是指通过在专用设备上增加一些工夹具的方法使之能够加工多种不同的产品。标准作业是指将作业节拍内一个作业人员所应担当的一系列作业内容标准化。

（2）弹性配置作业人数。在劳动力成本越来越高的今天，降低劳动力成本是降低总成本的一个重要方面。达到这一目的的方法是"少人化"。所谓少人化，是指根据生产量的变动，弹性地增减各生产线的作业人数，以及尽量用较少的人力完成较多的生产。这里的关键在于能否将生产量减少了的生产线上的作业人员数减下来。这种"少人化"技术一反历来的生产系统中的"定员制"，是一种全新人员配置方法。实现这种"少人化"的具体方法是实施独特的设备布置，以便需求减少时，能够将作业所减少的工时集中起来，以整顿削减人员。但这从作业人员的角度来看，意味着标准作业中的作业内容、范围、作业组合以及作业顺序等的一系列变更。因此为了适应这种变更，作业人员必须是具有多种技能的"多面手"。

（3）质量保证。历来认为，质量与成本之间是一种负相关关系，即要提高质量，就得花人力、物力加以保证。但在 JIT 生产方式中，却一反这一常识，通过将质量管理贯穿于每一工序中来达到提高质量与降低成本的一致性，具体方法是"自动化"。这里所讲的自动化是融入生产组织中的两种机制：①使设备或生产线能够自动检测不良产品，一旦发现异常或不良产品可以自动停止设备运行的机制。为此要在设备上开发、安装各种自动停止装置和加工状态检测装置。②生产第一线的设备操作工人发现产品或设备的问题时，有权自行停止生产的管理机制。依靠这样的机制，不良产品一出现马上就会被发现，防止了不良产品的重复出现或累积出现，从而避免了由此可能造成的大量浪费。而且，由于一旦发生异常，生产线或设备就立即停止运行，因此比较容易找到发生异常的原因，从而能够采取有针对性的措施以防止类似异常情况的再发生、杜绝类似不良产品的再产生。值得一提的是，通常的质量管理方法是在最后一道工序对产品进行检验，尽量不让生产线或加工中途停止。但在 JIT 生产方式中却认为这恰恰是使不良产品大量或重复出现的"元凶"。因为发现问题后不立即停止生产的话，问题得不到暴露，以后难免还会出现类似的问题，同时还会出现"缺陷"的叠加现象，增加最后检验的难度。而一旦发现问题就会使其停止，并立即对其进行分析、改善，久而久之，生产中存在的问题就会越来越少，企业的生产素质就会逐渐增强。

3. JIT 管理工具

在实现适时适量生产中具有极为重要意义的是作为管理工具的看板。看板中记载着生产量、时间、方法、顺序以及运送量、运送时间、运送目的地、放置场所、搬运工具等信息。看板就相当于工序之间、部门之间以及物流之间的联络神经。JIT 生产方式的目标是要最终实现无储存生产系统，而看板提供了一个朝着这个方向迈进的工具。看板的主要作用如下：

（1）传递生产和运送的指令。在 JIT 生产方式中，生产的月度计划是集中制订的，同时传达到各个工厂以及协作企业。而与此相应的日生产指令只下达到最后一道工序或总装配线，对其他工序的生产指令通过看板来实现。即后工序"在需要的时候"用看板向前工序去领取"所需的量"时，同时就等于向前工序发出了生产指令。从装配工序逐次向前工序追溯。"后工序领取"以及"适时适量生产"就是这样通过看板来实现的。

（2）防止过量生产和过量运送。看板必须按照既定的运用规则来使用。其中一条规则是："没有看板不能生产，也不能运送。"根据这一规则，看板数量减少，则生产量也相应减少。由于看板所表示的只是必要的量，因此通过看板的运用能够做到自动防止过量生产以及适量运送。

（3）进行"目视管理"的工具。看板的另一条运用规则是："看板必须在实物上存放"，"前工序按照看板取下的顺序进行生产"。根据这一规则，作业现场的管理人员对生产的优先顺序能够一目了然，易于管理。并且只要一看看板，就可知道后工序的作业进展情况、库存情况，等等。

（4）便于企业制定改善措施。看板除了以上的生产管理作用外，还有一大作用，即改善。通过看板，可以发现生产中存在的问题并使其暴露，从而便于企业立即采取改善措施。由于生产是不可能 100%地完全按照计划进行的，月生产量的不均衡以及日生产计划的修改都可通过看板来进行微调。在一般情况下，如果在制品库存较高，即使设备出现故障、不良品数目增加也不会影响到后道工序的生产，所以容易把这些问题掩盖起来。而且即使有人员过剩，也不易察觉。根据看板的运用规则之一"不能把不良品送往后工序"，后工序所需得不到满足，就会造成全线停工，由此可立即使问题暴露，从而使企业立即采取改善措施来解决问题。这样通过改善措施不仅使问题得到解决，也使生产线的"体质"不断增强，提高了生产率。

看板方式作为一种进行生产管理的方式，在生产管理史上是非常独特的，看板方式也可以说是 JIT 生产方式最显著的特点。但决不能把 JIT 生产方式与看板方式等同起来。JIT 生产方式说到底是一种生产管理技术，而看板只不过是一种管理手段。看板只有在工序一体化、生产均衡化、生产同步化的前提下，才有可能运用。如果错误地认为 JIT 生产方式就是看板方式，不对现有的生产管理方法作任何变动就单纯地引进看板方式的话，是不会起到任何作用的。所以，在引进 JIT 生产方式以及看板方式时，最重要的是对现存的生产系统进行全面改组。

JIT 追求尽善尽美。例如，在废品方面，追求零废品率；在库存方面，追求零库存。可以这样说，JIT 的目标是一种理想的境界。

二、精益生产

精益生产也是一种生产管理技术，是目前世界上最佳的生产组织技术之一。

1. 精益生产的概念

精益生产（Lean Production，LP），又称精良生产，其中"精"表示精良、精确、精美；"益"表示利益、效益等。精益生产就是及时制造，消灭故障，消除一切浪费，向零缺陷、零库存进军。它是美国麻省理工学院在一项名为"国际汽车计划"的研究项目中提出来的，是他们在做了大量的调查和对比后，在 JIT 生产方式基础上发展起来的一种适用于现代制造业的一种生产组织管理方式。精益生产综合了大量生产与单件生产方式的优点，力求在大量生产中实现多品种和高质量产品的低成本生产。

2. 精益生产的特点

（1）拉动式准时化生产。它以最终用户的需求为生产起点，强调物流平衡，追求零库存，要求上一道工序加工完的零件立即进入下一道工序。生产中的节拍可由人工干预、控制，但重在保证生产中的物流平衡（对于每一道工序来说，即为保证对后道工序供应的准时化）。由于采用拉动式生产，生产中的计划与调度实质上是由各个生产单元自己完成，在形式上不采用集中计划，但操作过程中生产单元之间的协调则极为必要。

（2）全面质量管理。它强调质量是生产出来而非检验出来的，由生产中的质量管理来保障最终质量。生产过程中对质量的检验与控制在每一道工序都进行。重在培养每位员工的质量意识，在每一道工序进行时注意质量的检测与控制，保证及时发现质量问题。

如果在生产过程中发现质量问题，根据情况，可以立即停止生产，直至解决问题，从而保证不出现对不合格品的无效加工。对于出现的质量问题，一般是组织相关的技术与生产人员作为一个小组，一起协作，尽快解决。

（3）团队工作法。它是指每位员工在工作中不仅是执行上级的命令，更重要的是积极地参与，起到决策与辅助决策的作用。组织团队的原则并不完全按行政组织来划分，而主要根据业务的关系来划分。团队成员强调一专多能，要求能够比较熟悉团队内其他工作人员的工作，保证工作协调顺利地进行。团队人员工作业绩的评定受团队内部评价的影响。团队工作的基本氛围是信任，以一种长期的监督控制为主，避免对每一步工作的稽核，提高工作效率。团队的组织是变动的，针对不同的事物，建立不同的团队，同一个人可能属于不同的团队。

（4）并行工程。它是指在产品的设计开发期间，将概念设计、结构设计、工艺设计、最终需求等结合起来，保证以最快的速度按要求的质量完成。各项工作由与此相关的项目小组完成。进程中小组成员各自安排自身的工作，但可以定期或随时反馈信息并对出现的问题协调解决。依据适当的信息系统工具，反馈与协调整个项目的进行。利用现代计算机集成制造技术，在产品的研制与开发期间，辅助项目进程的并行化。

3. 精益生产管理思想核心

精益生产的基本思想是：如何实现"只在需要的时候，投入需要的量，生产所需的产品，准时提交给客户"和企业效益最大化。

精益生产既是一种以最大限度地减少企业生产所占用的资源、降低企业管理和运营成本、迅速响应及占领市场为主要目标的生产方式，同时，它又是一种理念、一种企业文化。精益生产是追求完美、卓越的、精益求精的生产体系，同时，它也是支持个人及整个企业的精神力量。

精益生产管理思想最终目标必然是企业利润的最大化。但管理中的具体目标，则是通过消灭生产中的一切浪费来实现成本的最低化。

拉动式准时化生产则是精益生产在计划系统方面的独创，并具有良好的效果。其根本在于，既能使生产线具有良好的柔性，符合现代生产中多品种、小批量的要求，又能充分挖掘生产中降低成本的潜力。

精益生产正是通过准时化生产、"少人化"、全面质量管理、并行工程等一系列方法来消除一切浪费，实现利润最大化。我们可以发现，精益生产最具有特色的方法是在组织生产中对消灭物流浪费的无限追求，即对物流环境的需求和内部的分权决策的无限追求。进一步分析精益生产可以发现，拉动式准时化生产及"少人化"之所以能够实现，全面质量管理与并行工程之所以能够发挥比大批量生产更大的作用，核心在于充分协作的团队式工作方式。此外，企业外部的密切合作环境也是精益生产实现的必要且独特的条件。

综上所述，基于内部的团队式工作方式，在外部企业密切合作的环境下，无限追求物流的平衡是精益生产的真正核心所在。

4. 实施精益生产的关键

国内制造型企业要想很好地推行精益生产管理，有四个关键因素：

（1）目标明确。既要对最终达成的目标明确，也要对中间的过程目标明确，所以要明确制定各种标准，包括效率改进标准、作业标准、状态标准、考核标准等。

（2）改变观念。只有每个员工改变原有看待问题的观念，开展工作的方法才能落到实处。

（3）人员到位。即要保证"谁能做事谁来做"。

（4）衔接得当。对于各部分内容要合理地衔接，避免造成由于基础不牢导致下一步工作难以开展的情况，但同时也要避免浪费过多的时间而使结果最终不了了之。

本章小结

车间作业管理是生产制造型企业的核心业务，该业务管理的好坏对企业的生存和发展具有关键性意义，同时它与其他业务管理模块之间有着紧密的联系。本章介绍了车间作业管理的内容，业务流程的一般原理。重点分析了车间管理系统的主要任务、业务流程和一些投产分析处理知识。最后简单介绍了目前非常流行的两种车间生产管理模式准时制生产及精益生产。

练习与思考

一、填空题

1. 生产完工记录可分为_____和_____记录。

2. JIT 生产方式的三个子目标是_____、_____和_____。

3. 适时适量生产实现的主要手段有_____和_____。

二、简答题

1. 车间作业管理包含哪些工作内容？

2. 什么是加工单和派工单？两者有何不同？

3. 作业排序的目的和依据是什么？列出常用的作业排序方法。

4. 简述实现准时制生产（JIT）的基本手段。

5. 请绘制车间作业管理的业务流程。

6. 简述在看板管理中看板的作用。

7. 简述精益生产的特点。

小链接：

运用 ERP 管理的成功与失败

广州市某知名面粉厂的原料库存管理的失败

该厂一贯非常重视原料采购管理，早年已引入了 ERP 管理，每个月都召开销—产—购联席会议，制订销售、生产和原料采购计划。采购部门则"照单抓药"，努力满足生产部门的需要，并把库存控制在两个月的生产用量之下，明显地降低了原料占用成本。

但是，从 2000 年下半年开始，国内外的小麦价格大幅度上涨，一年内涨幅接近 30%，而由于市场竞争激烈，面粉产品的价格不能够同步提高，为了维持经营和市场的占有率，该厂不得不一边买较高价的原料，另一边生产销售相对低价的产品，产销越多，亏损也越厉害，结果当年严重亏损。

117

佛山市白燕粮油实业公司的原料库存管理的成功

同是粮食行业的"白燕"面粉厂，也非常重视原料的采购库存管理，但他们没有生硬地按照 ERP 的原理去做。他们也有类似的月度联席会议，讨论销—产—购计划，但会议最重要的内容是分析小麦原料价格走势，并根据分析结论做出采购决策（请注意：白燕公司不是根据生产计划来做采购计划）。当判断原料要涨价，他们就会加大采购量，增加库存；相反，就逐渐减少库存。

该公司有 3 万吨的原料仓库容量，满仓可以满足 6 个月的生产用量，在 1994 年、2000 年等几个小麦大涨价的年份，白燕都是超满仓库存，仓库不够用，就想办法在仓库之间和车间过道设临时的"帐篷仓"，有时候还让几十艘运粮船常在码头附近排队等候卸货，无形中充当了临时仓库。

正是通过这种"低价吸纳，待价而沽"的原料管理绝招，白燕公司在过去的十多年里，不但能够平安顶住原料价格波动所带来的冲击，而且从中获得了丰厚的价差利润。

这是白燕基于经营战略的 ERP 管理的胜利，这肯定是单纯实施 ERP 管理所不能够做到的。

（原载游战清《企业信息化理论与案例》）

第八章 企业财务分析

[**学习目的**]

通过本章学习，了解企业财务分析的基本概念；

了解财务分析的基本方法；

理解偿债能力、营运能力、盈利能力和现金流量分析等财务指标分析方法；

掌握杜邦财务综合分析方法。

第一节 基本概念

一、财务分析的概念及作用

财务分析又称财务报表分析，财务报表是企业财务状况和经营成果的信息载体，但财务报表所列示的各类项目的金额，如果孤立地看，并无多大意义，必须与其他数据相比较，才能成为有用的信息。这种参照一定标准将财务报表的各项数据与有关数据进行比较、评价就是企业财务分析。具体地说，财务分析就是以财务报表和其他资料为依据和起点，采用专门方法，系统分析和评价企业的财务状况、经营成果和现金流量状况的过程。其目的是评价过去的经营业绩，衡量现在的财务状况，预测未来的发展趋势。

财务分析既是财务预测的前提，也是过去经营活动的总结，具有承上启下的作用。

1. 财务分析是评价财务状况及经营业绩的重要依据

通过财务分析，可以了解企业偿债能力、营运能力、盈利能力和现金流量状况，合理评价经营者的经营业绩，以奖优罚劣，促进管理水平的提高。

2. 财务分析是实现理财目标的重要手段

企业理财的根本目标是实现企业价值最大化。通过财务分析，不断挖掘潜力，从各方面揭露矛盾，找出差距，充分认识未被利用的人力、物力资源，寻找利用不当的原因，促进企业经营活动按照企业价值最大化目标运行。

3. 财务分析是实施正确投资决策的重要步骤

投资者通过财务分析，可了解企业获利能力、偿债能力，从而进一步预测投资后的收益水平和风险程度，以做出正确的投资决策。

二、财务分析的内容

财务分析的内容主要包括以下四个方面：

1. 偿债能力分析

偿债能力是指企业如期偿付债务的能力，它包括短期偿债能力和长期偿债能力。由于短期债务是企业日常经营活动中弥补营运资金不足的一个重要来源，通过分析有助于判断企业短期资金的营运能力以及营运资金的周转状况。通过对长期偿债能力的分析，不仅可以判断企业的经营状况，还可以促使企业提高融通资金的能力，因为长期负债是企业资本化资金的重要组成部分，也是企业的重要融资途径。而从债权人的角度看，通过偿债能力分析，有助于了解其贷款的安全性，以保其债务本息能够及时、足额地得以偿还。

2. 营运能力分析

营运能力分析主要是指从企业所运用的资产进行全面分析。分析企业各项资产的使用效果、资金周转的快慢以及挖掘资金的潜力，提高资金的使用率。

3. 盈利能力分析

盈利能力分析主要通过将资产、负债、所有者权益与经营成果相结合来分析企业的各项报酬率指标，从而从不同角度判断企业的获利能力。

4. 现金流量分析

现金流量分析主要通过现金流量的结构分析、流动性分析、获取现金能力分析、财务弹性分析、收益质量分析五个方面来分析评价企业资金的来龙去脉、融投资能力和财务弹性。

以上四个方面的财务分析指标中，偿债能力是财务目标实现的稳健保证，营运能力与现金流量是财务目标实现的物质基础，盈利能力是三者共同作用的结果，同时也对三者的增强起着推动作用，四者相辅相成，共同构成企业财务分析的基本内容。

第二节　财务分析的方法

财务分析方法多种多样，但常用的有以下三种方法：比率分析法、因素分析法和趋势分析法。

一、比率分析法

比率分析法是把两个相互联系的项目加以对比，计算出比率，以确定经济活动变动情况的分析方法。比率指标主要有以下三类：

1. 效率比率

效率比率是指反映经济活动中投入与产出、所费与所得的比率。利用效率比率可以考察经营成果，评价经济效益的指标，如成本利润率、销售利润率及资本利润率等指标。

2. 结构比率

结构比率又称构成比率，是某项经济指标的某个组成部分与总体的比率，反映部分与总体的关系。其计算公式为：

结构比率 = 某个组成部分/总体数额

利用结构比率可以考察总体中某部分形成与安排的合理性，以协调各项财务活动。

3. 相关比率

相关比率是将两个不同但又有一定关联的项目加以对比得出的比率，以反映经济活动的各种相互关系。实际上财务分析的许多指标都是这种相关比率，如流动比率、资金周转率等。

比率分析法的优点是计算简便，计算结果容易判断分析，而且可以使某些指标在不同规模企业间进行比较。但要注意以下几点：

（1）对比项目的相关性。计算比率的分子和分母必须具有相关性，否则就不具有可比性。构成比率指标必须是部分与总体的关系；效率比率指标要具有某种投入产出关系；相关比率指标分子、分母也要有某种内在联系，否则比较就毫无意义。

（2）对比口径的一致性。计算比率的子项和母项在计算时间、范围等方面要保持口径一致。

（3）衡量标准的科学性。要选择科学合理的参照标准与之对比，以便对财务状况做出恰当评价。

二、因素分析法

一个经济指标往往是由多种因素构成的。它们各自对某一个经济指标都有不同程度的影响。只有将这一综合性的指标分解成各个构成因素，才能从数量上把握每一个因素的影响程度，给工作指明方向，这种通过逐步分解来确定几个相互联系的因素对某一综合性指标的影响程度的分析方法叫因素分析法或连环替代法。

例如，某项财务指标 P 是由 A、B、C 三大因素的乘积构成，其实际指标与标准指标以及有关因素关系由下式构成：

实际指标：$P_a = A_a \times B_a \times C_a$

计划指标：$P_s = A_s \times B_s \times C_s$

实际与计划的总差异为 $P_a - P_s$，这一总差异同时受到 A、B、C 三个因素的影响。它们各自的变动对指标总差异的影响程度可分别由下式计算求得：

A 因素变动影响：$(A_a - A_s) \times B_s \times C_s$

B 因素变动影响：$A_a \times (B_a - B_s) \times C_s$

C 因素变动影响：$A_a \times B_a \times (C_a - C_s)$

将以上三因素的影响数相加应该等于总差异 $P_a - P_s$。

[例 8-1] 某企业甲产品的材料成本见表 8-1，运用因素分析法分析各因素变动对材料成本的影响程度。

根据以上资料分析如下：

材料成本 = 产量 × 单位产品材料消耗量 × 材料单价

表 8-1　　　　　　　　　　　　　　　材料成本资料表

项　目	计量单位	计划数	实际数
产品产量	件	160	180
单位产品材料消耗量	千克/件	14	12
材料单价	元/千克	8	10
材料总成本	元	17920	21600

材料成本总差异 = 21600 – 17920 = 3680（元）

产量变动对材料成本的影响值：

（180 – 160）× 14 × 8 = 2240（元）

单位产品材料消耗量变动对材料成本的影响值：

180 ×（12 – 14）× 8 = –2880（元）

材料单价变动对材料成本的影响值：

180 × 12 ×（10 – 8）= 4320（元）

将以上三因素的影响值相加：

2240 +（–2880）+ 4320 = 3680（元）

因素分析法既可以全面分析各因素对某一经济指标的影响，又可以单独分析某个因素对某一经济指标的影响，在财务分析中颇为广泛，但应用因素分析法须注意以下几个问题：

（1）因素分解的关联性。即构成经济指标的各因素确实是形成该项指标差异的内在构成原因，它们之间存在着客观的因果关系。

（2）因素替代的顺序性。替代因素时，必须按照各因素的依存关系，排列成一定顺序依次替代，不可随意加以颠倒，否则各个因素的影响值就会得出不同的计算结果。在实际工作中，往往是先替代数量因素，后替代质量因素；先替代实物量、劳动量因素，后替代价值量因素；先替代原始的、主要的因素，后替代派生的、次要的因素；在有除号的关系式中，先替代分子，后替代分母。

（3）顺序替代的连环性。计算每个因素变动的影响数值时，都是在前一次计算的基础上进行的，并采用连环比较的方法确定因素变化影响结果。只有保持这种连环性，才能使各因素影响之和等于分析指标变动的总差异。

（4）计算结果的假定性。由于因素分析法计算各个因素变动的影响值会因替代计算顺序的不同而有差别，因而，计算结果具有一定顺序上的假定性和近似性。

三、趋势分析法

趋势分析法是将两期或连续数期财务报告中相同的指标进行对比，确定其增减变动的方向、数额和幅度，以说明企业财务状况及经营成果变动趋势的一种方法。趋势分析法主要有以下三种比较方式：

1. 重要财务指标的比较

这种方法是将不同时期财务报告中相同的重要指标或比率进行比较，直接观察其增减变动幅度及发展趋势。它又分两种比率：

（1）定基动态比率。它是将分析期数额与某一固定基期数额对比计算的比率。其计算公式为：

定基动态比率 = 分析期指标/固定基期指标

（2）环比动态比率。它是将每一分析期数额与前一期同一指标进行对比计算得出的动态比率。其计算公式为：

环比动态比率 = 分析期指标/分析前期指标

2. 会计报表的比较

这种方法是将连续数期的会计报表有关数字并行排列，比较相同指标的增减变动金额及幅度，以此来说明企业财务状况和经营成果的发展变化。一般可以通过编制比较资产负债表、比较损益表及比较现金流量表来进行，计算出各有关项目增减变动的金额及变动百分比。

3. 会计报表项目构成的比较

会计报表项目构成比较是以会计报表中某个总体指标作为100%，再计算出报表各构成项目占该总体指标的百分比，依次来比较各个项目百分比的增减变动，以及判断有关财务活动的变化趋势。这种方法既可用于同一企业不同时期财务状况的纵向比较，又可用于不同企业间的横向比较，并且还可以消除不同时期（不同企业）间业务规模差异的影响，有助于正确分析企业财务状况及发展趋势。

但采用趋势分析法时，应注意以下几个问题：

（1）用于对比的各项指标的计算口径要一致。

（2）剔除偶然性因素的影响，使分析数据能反映正常的经营及财务状况。

（3）对有显著变动的指标要作重点分析。

第三节 财务指标分析

财务指标分析的内容包括偿债能力分析、营运能力分析、盈利能力分析和现金流量分析四个方面，以下将分别加以介绍。

一、偿债能力分析

企业偿债能力是反映企业财务状况和经营能力的重要标志。企业偿债能力低不仅说明企业资金紧张，难以支付日常经营支出，而且说明企业资金周转不灵，难以偿还到期债务，甚至面临破产危险。企业偿债能力分析包括短期偿债能力分析和长期偿债能力分析。

1. 短期偿债能力分析

企业短期债务一般要用流动资产来偿付，短期偿债能力是指企业流动资产对流动负债及时足额偿还的保证程度，是衡量流动资产变现能力的重要标志。企业短期偿债能力的衡量指标主要有流动比率、速动比率和现金比率。

（1）流动比率。流动比率是企业流动资产与流动负债之比。其计算公式为：

流动比率=流动资产/流动负债

一般认为，生产企业合理的最低流动比率是2。这是因为流动资产中变现能力最差的存货金额约占流动资产总额的一半，剩下的流动性较大的流动资产至少要等于流动负债，企业短期偿债能力才会有保证。人们长期以来的这种认识因其未能从理论上得到证明，还不能成为一个统一标准。

运用流动比率进行分析时，要注意以下几个问题：

第一，流动比率高，一般认为偿债保证程度较强，但并不一定有足够的现金或银行存款偿债，因为流动资产除了货币资金以外，还有存货、应收账款、待摊费用等项目，有可能出现虽然流动比率高，但真正用来偿债的现金和存款却严重短缺的现象，所以分析流动比率时，还需进一步分析流动资产的构成项目。

第二，计算出来的流动比率，只有和同行业平均流动比率、本企业历史流动比率进行比较，才能知道这个比率是高还是低。这种比较通常并不能说明流动比率为什么这么高或低，要找出过高或过低的原因，还必须分析流动资产和流动负债所包括的内容以及经营上的因素。一般情况下，营业周期、流动资产中的应收账款和存货的周转速度是影响流动比率的主要因素。

[例8-2] B公司的资产负债表、利润表如表8-2、表8-3所示，请分析其流动比率。为便于说明，本章各项财务比率的计算，将以B公司为例。

表8-2　　　　　　　　　　　　　　资产负债表

编制单位：B公司　　　　　　　2009年12月31日　　　　　　　单位：万元

资　产	年初数	年末数	负债及所有者权益	年初数	年末数
流动资产：			流动负债：		
货币资金	125	250	短期借款	225	300
短期投资	60	30	应付票据	20	25
应收票据	55	40	应付账款	545	500
应收账款	995	1990	预收账款	20	50
预付账款	20	60	其他应付款	60	35
其他应收款	110	110	应付工资	5	10
存货	1630	595	应付福利费	80	60
待摊费用	55	200	未交税金	20	25
一年内到期的长期债权	0	225	未付利润	50	140
投资			其他未交款	5	35
流动资产合计	3050	3500	预收费用	25	45
			待扣税金	20	10
长期投资	225	150	一年内到期的长期负债	0	250
固定资产：			其他流动负债	25	15
固定资产原价	8085	10000	流动负债合计	1100	1500

资　产	年初数	年末数	负债及所有者权益	年初数	年末数
减：累计折旧	3310	3810	长期负债：		
固定资产净值	4775	6190	长期借款	1225	2250
固定资产清理	60	0	应付债券	1300	1200
在建工程	175	90	其他长期负债	375	350
固定资产合计	5010	6280	长期负债合计	2900	3800
无形及递延资产：			所有者权益：		
无形资产	40	30	实收资本	3000	3000
递延资产	75	25	资本公积	50	80
其他长期资产	0	15	盈余公积	200	370
			未分配利润	1150	1250
			所有者权益合计	4400	4700
资产总计	8400	10000	负债及所有者权益总计	8400	10000

表 8-3 　　　　　　　　　　　利润表

编制单位：B 公司 　　　　　　　2009 年度　　　　　　　　　　单位：万元

项　目	上年实际	本年累计
一、主营业务收入	14250	15000
减：主营业务成本	12515	13220
主营业务税金及附加	140	140
二、主营业务利润	1595	1640
加：其他业务利润	180	100
减：营业费用	100	110
管理费用	200	230
财务费用	480	550
三、营业利润	995	850
加：投资收益	120	200
营业外收入	85	50
减：营业外支出	25	100
四、利润总额	1175	1000
减：所得税	375	320
净利润	800	680

　　根据表 8-2 的资料，B 公司 2009 年年初与年末的流动资产分别为 3050 万元、3500 万元，流动负债分别为 1100 万元、1500 万元，则该公司流动比率为：

年初流动比率 = 3050 ÷ 1100 = 2.773

年末流动比率 = 3500 ÷ 1500 = 2.333

　　B 公司年初年末流动比率均大于 2，说明该企业具有较强的短期偿债能力。流动比率虽然可以用来评价流动资产总体的变现能力，但流动资产中包含存货这类变现能力较差的资产，如能将其剔除，其所反映的短期偿债能力更加令人可信，这个指标就是速动比率。

（2）速动比率。速动比率是企业速动资产与流动负债之比，速动资产是指流动资产减去变现能力较差且不稳定的存货、待摊费用等后的余额。由于剔除了存货等变现能力较差的资产，速动比率比流动比率能更准确、可靠地评价企业资产的流动性及偿还短期债务的能力。其计算公式为：

$$速动比率 = \frac{速动资产}{流动负债}$$

一般认为速动比率为 1 较合适，速动比率过低，说明企业面临偿债风险；但速动比率过高，会因占用现金及应收账款过多而增加企业的机会成本。

根据表 9-2 的资料，B 公司 2009 年的年初速动资产为 1365 万元（125 + 60 + 55 + 995 + 20 + 110），年末速动资产为 2480 万元（250 + 30 + 40 + 1990 + 110 + 60）。B 公司的速动比率为：

年初速动比率 = 1365 ÷ 1100 = 1.24

年末速动比率 = 2480 ÷ 1500 = 1.65

B 公司 2009 年年初年末的速动比率都比一般公认标准高，一般认为其短期偿债能力较强，但进一步分析可以发现，在 B 公司的速动资产中应收账款比重很高（分别占 73% 和 80%），而应收账款不一定能按时收回，所以我们还必须计算分析第三个重要比率——现金比率。

（3）现金比率。现金比率是指企业现金类资产与流动负债的比率。现金类资产包括企业所拥有的货币资金和持有的有价证券（即资产负债表中的短期投资）。它是速动资产扣除应收账款后的余额。速动资产扣除应收账款后计算出来的金额，能最好地反映企业直接偿付流动负债的能力。一般认为现金比率在 20% 以上为好。但这一比率过高，就意味着企业流动负债未能得到合理运用，而现金类资产获利能力低，这类资产金额太高会导致企业机会成本增加。现金比率计算公式为：

$$现金比率 = \frac{现金 + 有价证券}{流动负债}$$

根据表 8-2 的资料，B 公司的现金比率为：

年初现金比率 = （125 + 60）÷ 1100 = 0.168

年末现金比率 = （250 + 30）÷ 1500 = 0.186

B 公司虽然流动比率和速动比率都较高，而现金比率偏低，说明该公司短期偿债能力还是有一定风险，应缩短收账期，加大应收账款催账力度，以加速应收账款资金的周转。

2. 长期偿债能力分析

长期偿债能力是指企业偿还长期负债的能力。其分析指标主要有三项：资产负债率、产权比率和利息保障倍数。

（1）资产负债率。资产负债率是企业负债总额与资产总额之比。其计算公式为：

$$资产负债率 = \frac{负债总额}{资产总额} \times 100\%$$

资产负债率反映债权人所提供的资金占全部资金的比重，以及企业资产对债权人权益的保障程度。这一比率越低（50%以下），表明企业的偿债能力越强。

事实上，对这一比率的分析，还要看站在谁的立场上。从债权人的立场看，债务比率越低越好，企业偿债有保证，贷款不会有太大风险；从股东的立场看，在全部资本利润率高于借款利息率时，负债比率越大越好，因为股东所得到的利润就会加大；从财务管理的角度看，在进行借入资本决策时，企业应当审时度势，全面考虑，充分估计预期的利润和增加的风险，权衡利害得失，作出正确的分析和决策。

根据表 8-2 的资料，B 公司的资产负债率为：

年初资产负债率 =（1100 + 2900）÷ 8400 × 100% = 47.62%

年末资产负债率 =（1500 + 3800）÷ 10000 × 100% = 53%

B 公司年初资产负债率为 47.62%，低于 50%，而年末资产负债率为 53%，虽然偏高，但在合理的范围内，说明 B 公司有一定的偿债能力和负债经营能力。

但是，并非企业所有的资产都可以作为偿债的物质保证。待摊费用、递延资产等不仅在清算状态下难以作为偿债的保证，即便在持续经营期间，上述资产的摊销价值也需要依靠存货等资产的价值才能得以补偿和收回，其本身并无直接的变现能力，相反，还会削弱其他资产的变现能力。无形资产能否用于偿债，也存在极大的不确定性。有形资产负债率相对于资产负债率而言更稳健。

$$有形资产负债率 = \frac{负债总额}{有形资产总额} \times 100\%$$

式中：

有形资产总额 = 资产总额 –（无形资产及递延资产 + 待摊费用）

根据表 8-2 的资料，B 公司的有形资产负债率为：

年初有形资产负债率 =（1100 + 2900）÷ [8400 –（40 + 75 + 55）] × 100%
= 48.6%

年末有形资产负债率 =（1500 + 3800）÷ [10000 –（30 + 25 + 200）] × 100%
= 54.4%

相对于资产负债率来说，有形资产负债率指标将企业偿债安全性的分析建立在更加切实可靠的物质保障基础之上。

（2）产权比率。产权比率又称资本负债率，是负债总额与所有者权益之比，它是企业财务结构稳健与否的重要标志。其计算公式为：

$$产权比率 = \frac{负债总额}{所有者权益} \times 100\%$$

产权比率不仅反映了由债权人提供的资本与所有者提供的资本的相对关系，而且反映了企业自有资金偿还全部债务的能力，因此它又是衡量企业负债经营是否安全有利的重要指标。一般来说，这一比率越低，表明企业长期偿债能力越强，债权人权益保障程度越高，承担的风险越小。一般认为这一比率在 1：1，即 100% 以下时，企业应该是有偿债能力的，但还应该结合企业的具体情况加以分析。当企业的资产收益率大于负债成本率时，负债经营有利于提高资金收益率，获得额外的利润，这时的产权比率可适当高些。产权比率高，是高风险、高报酬的财务结构；产权比率低，是低风险、低报酬的财务结构。

根据表 8-2 的资料，B 公司的产权比率为：

年初产权比率 = (1100 + 2900) ÷ 4400 × 100% = 90.91%

年末产权比率 = (1500 + 3800) ÷ 4700 × 100% = 112.77%

由计算可知，B 公司年初的产权比率不是很高，而年末的产权比率偏高，表明年末该公司举债经营程度偏高，财务结构不是很稳定。

产权比率与资产负债率对评价偿债能力的作用基本一致，只是资产负债率侧重于分析债务偿付安全性的物质保障程度，产权比率则侧重于揭示财务结构的稳健程度以及自有资金对偿债风险的承受能力。

与设置有形资产负债率指标的原因相同，对产权比率也可适当调整成为有形净值负债率，其计算公式为：

$$有形净值负债率 = \frac{负债总额}{有形净值总额} \times 100\%$$

式中：

有形净值总额 = 有形资产总额 − 负债总额

根据表 8-2 的资料，B 公司有形净值负债率为：

年初有形净值负债率 = 4000 ÷ (8230 − 4000) × 100% = 94.56%

年末有形净值负债率 = 5300 ÷ (9745 − 5300) × 100% = 119.24%

有形净值负债率指标实质上是产权比率指标的延伸，能更为谨慎、保守地反映企业清算时所有者权益对债权人权益的保障程度。

（3）利息保障倍数。利息保障倍数是指企业息税前利润与利息费用之比，又称已获利息倍数，用以衡量偿付借款利息的能力。其计算公式为：

$$利息保障倍数 = \frac{息税前利润}{利息费用}$$

式中，息税前利润为利润表中未扣除利息费用和所得税前的利润，利息费用为本期发生的全部应付利息，不仅包括财务费用中的利息费用，还应包括计入固定资产成本的资本化利息。资本化利息虽然不在利润表中扣除，但仍然是要偿还的。利息保障倍数的重点是衡量企业支付利息的能力，没有足够大的息税前利润，利息的支付就会发生困难。

利息保障倍数不仅反映了企业获利能力的大小，而且反映了获利能力对偿还到期债务的保证程度，它既是企业举债经营的前提依据，也是衡量企业长期偿债能力大小的重要标志。要维持正常偿债能力，利息保障倍数至少应大于 1，且比值越高，企业长期偿债能力越强。如果利息保障倍数过低，企业将面临亏损、偿债的安全性与稳定性下降的风险。

根据表 8-3 的资料，假定表中财务费用全部为利息费用，资本化利息为 0，则 B 公司利息保障倍数为：

上年利息保障倍数 = $(1175 + 480) \div 480 = 3.45$

本年利息保障倍数 = $(1000 + 550) \div 550 = 2.82$

从以上计算结果看，B 公司这两年的利息保障倍数虽不太高，但大于 1，说明有一定的偿债能力，但还需要与其他企业特别是本行业平均水平进行比较来分析评价。从稳健角度看，还要与本企业连续几年的该项指标进行比较来分析评价。

二、营运能力分析

企业的经营活动离不开各项资产的运用，对企业营运能力的分析，实质上就是对各项资产的周转使用情况进行分析。一般而言，资金周转速度越快，说明企业的资金管理水平越高，资金利用效率越高。企业营运能力分析主要包括流动资产周转情况分析、固定资产周转率和总资产周转率三个方面。

1. 流动资产周转情况分析

反映流动资产周转情况的指标主要有应收账款周转率、存货周转率和流动资产周转率。

（1）应收账款周转率。应收账款在流动资产中有着举足轻重的地位，及时收回应收账款，不仅能增强企业的短期偿债能力，也反映出企业管理应收账款的效率。

应收账款周转率（次数）是指一定时期内应收账款平均收回的次数，是一定时期内商品或产品销售收入净额与应收账款平均余额的比值。其计算公式为：

$$应收账款周转次数 = \frac{销售收入净额}{应收账款平均余额}$$

其中：

销售收入净额 = 销售收入 - 销售折扣与折让

$$应收账款平均余额 = \frac{期初应收账款 + 期末应收账款}{2}$$

应收账款周转天数 = 计算期天数/应收账款周转次数

$$= 计算期天数 \times \frac{应收账款平均余额}{销售收入净额}$$

公式中的应收账款包括会计报表中"应收账款"和"应收票据"等全部赊销账款在内，且其金额应为扣除坏账后的金额。

应收账款周转率反映了企业应收账款周转速度的快慢及企业对应收账款管理效率的高低。在一定时期内应收账款周转次数越多、周转天数越少表明：①企业收账迅速，信用销售管理严格。②应收账款流动性强，从而增强企业短期偿债能力。③可以减少收账费用和坏账损失，相对增加企业流动资产的投资收益。④通过比较应收账款周转天数及企业信用期限，可评价客户的信用程度，调整企业信用政策。

根据表 8-2、表 8-3 的资料，B 公司 2009 年度销售收入净额 15000 万元，2009 年年末应收账款、应收票据净额为 2030（1990+40）万元，年初数为 1050（995+55）万元，则 2009 年该公司应收账款周转率指标计算如下：

应收账款周转次数 = 15000 ÷ [（2030 + 1050）÷ 2] = 9.74（次）

应收账款周转天数 = 360 ÷ 9.74 = 37（天）

在评价应收账款周转率指标时，应将计算出的指标与该企业前期、行业平均水平或其他类似企业相比较来判断该指标的高低。

（2）存货周转率。在流动资产中，存货所占比重较大，存货的流动性将直接影响企业的流动比率。因此，必须特别重视对存货的分析。存货流动性的分析一般通过存货周转率来进行。

存货周转率（次数）是指一定时期内企业销售成本与存货平均资金占用额的比率，是衡量和评价企业购入存货、投入生产、销售收回等各环节管理效率的综合性指标。其计算公式为：

$$存货周转次数 = \frac{销货成本}{存货平均余额}$$

$$存货平均余额 = \frac{期初存货 + 期末存货}{2}$$

$$存货周转天数 = \frac{计算期天数}{存货周转次数}$$

$$= 计算期天数 \times \frac{存货平均余额}{销货成本}$$

根据表 8-2、表 8-3 的资料，B 公司 2009 年度销售成本为 13220 万元，期初存货 1630 万元，期末存货 595 万元，该公司存货周转率指标为：

存货周转次数 = 13220 ÷ [（1630 + 595）÷ 2] = 11.88（次）

存货周转天数 = 360 ÷ 11.88 = 30（天）

一般来讲，存货周转速度越快，存货占用水平越低，流动性越强，存货转化为现金或应收账款的速度就越快，这样会增强企业的短期偿债能力及获利能力。通过存货周转速度分析，有利于找出存货管理中存在的问题，尽可能降低资金占用水平。

（3）流动资产周转率。流动资产周转率是反映企业流动资产周转速度的指标。流动资产周转率（次数）是指一定时期销售收入净额与企业流动资产平均占用额之间的比率。其计算公式为：

$$流动资产周转次数 = \frac{销售收入净额}{流动资产平均余额}$$

$$流动资产周转天数 = \frac{计算期天数}{流动资产周转次数}$$

$$= 计算期天数 \times \frac{流动资产平均余额}{销售收入净额}$$

式中：

$$流动资产平均余额 = \frac{期初流动资产 + 期末流动资产}{2}$$

在一定时期内，流动资产周转次数越多，表明以相同的流动资产完成的周转额越多，流动资产利用效果越好。流动资产周转天数越少，表明流动资产在经历生产销售各阶段所占用的时间越短，可相对节约流动资产，增强企业盈利能力。

根据表8-2、表8-3的资料，B公司2009年销售收入净额15000万元，2009年流动资产期初数为3050万元，期末数为3500万元，则该公司流动资产周转指标计算如下：

流动资产周转次数 = 15000 ÷ [（3050 + 3500）÷ 2] = 4.58（次）

流动资产周转天数 = 360 ÷ 4.58 = 78.6（天）

2. 固定资产周转率

固定资产周转率是指企业年销售收入净额与固定资产平均净额的比率。它是反映企业固定资产周转情况，从而衡量固定资产利用效率的一项指标。其计算公式为：

$$固定资产周转率 = \frac{销售收入净额}{固定资产平均净值}$$

式中：

$$固定资产平均净值 = \frac{期初固定资产净值 + 期末固定资产净值}{2}$$

如果固定资产周转率高，就说明企业固定资产投资得当，结构合理，利用效率高；反之，如果固定资产周转率不高，则表明固定资产利用效率不高，提供的生产成果不多，企业的营运能力不强。

根据表8-2、表8-3的资料，B公司2008、2009年的销售收入净额分别为14250万元、15000万元，2009年年初固定资产净值为4775万元，2009年年末为6190万元。假设2008年年初固定资产净值为4000万元，则固定资产周转率计算如下：

2008年固定资产周转率 = 14250 ÷ [（4000 + 4775）÷ 2] = 3.25（次）

2009年固定资产周转率 = 15000 ÷ [（4775 + 6190）÷ 2] = 2.74（次）

通过以上计算可知，2008年固定资产周转率为3.25次，2009年固定资产周转率为2.74次，说明2009年度周转速度比上年要慢，其主要原因在于固定资产净值增加幅度大于销售收入净额增长幅度，说明企业营运能力有所减弱，这种减弱幅度是否合理，还要视其与公司目标及同行业水平的比较而定。

3. 总资产周转率

总资产周转率是指企业销售收入净额与企业资产平均总额的比率。计算公式为：

$$总资产周转率 = \frac{销售收入净额}{资产平均总额}$$

如果企业各期资产总额比较稳定，波动不大，则：

$$资产平均总额 = \frac{期初资产总额 + 期末资产总额}{2}$$

如果资产总额的波动性较大，企业应采用更详细的资料进行计算，如按照各月份的资产总额计算，则：

$$月平均资产总额 = \frac{月初资产总额 + 月末资产总额}{2}$$

$$季平均资产总额 = \frac{1/2\ 季初 + 第一月末 + 第二月末 + 1/2\ 季末}{3}$$

$$年平均资产总额 = \frac{1/2\ 年初 + 第一季末 + 第二季末 + 第三季末 + 1/2\ 年末}{4}$$

计算总资产周转率时分子分母在时间上应保持一致。

总资产周转率用来衡量企业全部资产的使用效率，如果该比率较低，说明企业全部资产营运效率较低，这时，企业可采用薄利多销或处理多余资产等方法加速资产周转，提高运营效率；如果该比率较高，说明资产周转快、销售能力强、资产运营效率高。

根据表 8-2、表 8-3 的资料，2008 年 B 公司销售收入净额为 14250 万元，2009 年为 15000 万元，2009 年年初资产总额为 8400 万元，2009 年年末为 10000 万元。假设 2008 年年初资产总额为 7500 万元，则该公司 2008、2009 年总资产周转率计算如下：

2008 年总资产周转率 = 14250 ÷ [(7500 + 8400) ÷ 2] = 1.79（次）

2009 年总资产周转率 = 15000 ÷ [(8400 + 10000) ÷ 2] = 1.63（次）

从以上计算可知，B 公司 2009 年总资产周转率比 2008 年减慢，这与前面计算分析固定资产周转速度减慢结论一致，该公司应扩大销售额，处理闲置资产，以提高资产使用效率。

三、盈利能力分析

不论是投资人、债权人还是经理人员，都会非常重视和关心企业的盈利能力。盈利能力就是指企业获取利润、资金不断增值的能力。反映企业盈利能力的指标主要有销售毛利率、销售净利率、成本利润率、总资产报酬率、净资产收益率和资本保值增值率。

1. 销售毛利率

销售毛利率是指销售毛利与销售收入之比，其计算公式为：

$$销售毛利率 = \frac{销售毛利}{销售收入} \times 100\%$$

式中：

销售毛利 = 主营业务收入（销售收入）- 主营业务成本（销售成本）

根据表 8-3 的资料，可计算 B 公司销售毛利率如下：

2008 年销售毛利率 =（14250 − 12515）÷ 14250 × 100% = 12.18%

2009 年销售毛利率 =（15000 − 13220）÷ 15000 × 100% = 11.87%

2. 销售净利率

销售净利率是指净利润与销售收入之比，其计算公式为：

$$销售净利率 = \frac{净利润}{销售收入} \times 100\%$$

根据表 8-3 的资料，可计算 B 公司销售净利率如下：

2008 年销售净利率 = 800 ÷ 14250 × 100% = 5.61%

2009 年销售净利率 = 680 ÷ 15000 × 100% = 4.53%

从上述计算分析可以看出，2009 年各项销售利润率指标均比 2008 年有所下降，它说明企业盈利能力有所下降，企业应查明原因，采取相应措施，提高盈利水平。

3. 成本利润率

成本利润率是反映盈利能力的另一个重要指标，是利润与成本之比。成本有多种形式，但这里成本主要指经营成本，其计算公式为：

$$经营成本利润率 = \frac{主营业务利润}{经营成本} \times 100\%$$

式中：

经营成本=主营业务成本+主营业务税金及附加

根据表 8-3 的资料，可计算 B 公司成本利润率如下：

2008 年经营成本利润率 = 1595 ÷（12515 + 140）× 100% = 12.60%

2009 年经营成本利润率 = 1640 ÷（13220 + 140）× 100% = 12.28%

从以上计算可知，B 公司 2009 年成本利润率指标比 2008 年也有所下降，这进一步验证了前面销售利润率指标所得出的结论，说明其盈利能力下降。公司应进一步分析利润下降、成本上升的因素，采取有效措施，降低成本，提高盈利能力。

4. 总资产报酬率

总资产报酬率是指企业息税前利润与企业资产平均总额的比率。由于资产总额等于债权人权益和所有者权益的总额，所以该比率既可以衡量企业资产综合利用的效果，又可以反映企业利用债权人及所有者的资本的盈利能力和增值能力。其计算公式为：

$$总资产报酬率 = \frac{息税前利润}{资产平均总额} = \frac{净利润 + 所得税 + 利息费用}{(期初资产 + 期末资产)/2} \times 100\%$$

总资产报酬率指标越高，表明资产利用效率越高，说明企业在增加收入、节约资金使用等方面取得了良好的效果；该指标越低，说明企业资产利用效率低，应分析差异原因，提高销售利润率，加速资金周转，提高企业经营管理水平。

根据表 8-2、表 8-3 的资料，B 公司 2008 年净利润为 800 万元，所得税 375 万元，财务费用 480 万元，年末资产总额 8400 万元；2009 年净利润 680 万元，所得税 320 万元，财务费用 550 万元，年末资产总额 10000 万元。假设 2008 年初资产总额 7500 万元，则 B 公司总资产报酬率计算如下：

$$2008 年总资产报酬率 = （800 + 375 + 480）÷ [（7500 + 8400）÷ 2] × 100\%$$
$$= 20.82\%$$

$$2009 年总资产报酬率 = （680 + 320 + 550）÷ [（8400 + 10000）÷ 2] × 100\%$$
$$= 16.85\%$$

由计算结果可知，B 公司 2009 年总资产报酬率要大大低于 2008 年，公司需要对资产的使用情况、增产节约情况，结合成本效益指标一起分析，以改进管理，提高资产利用效率和企业经营管理水平，增强盈利能力。

5. 净资产收益率

净资产收益率又叫自有资金利润率或权益报酬率，是净利润与平均所有者权益的比值，它反映企业自有资金的投资收益水平。其计算公式为：

$$净资产收益率 = \frac{净利润}{平均所有者权益} × 100\%$$

该指标是企业盈利能力指标的核心，也是杜邦财务指标体系的核心，更是投资者关注的重点。

根据表 8-2、表 8-3 的资料，B 公司 2008 年净利润为 800 万元，年末所有者权益为 4400 万元；2009 年净利润为 680 万元，年末所有者权益为 4700 万元。假设 2008 年初所有者权益为 4000 万元，则 B 公司净资产收益率为：

$$2008 年净资产收益率 = 800 ÷ [（4000 + 4400）÷ 2] × 100\% = 19.05\%$$
$$2009 年净资产收益率 = 680 ÷ [（4400 + 4700）÷ 2] × 100\% = 14.95\%$$

由于该公司所有者权益的增长快于净利润的增长，2009 年净资产收益率比 2008 年低了 4 个多百分点，盈利能力明显降低。

6. 资本保值增值率

资本保值增值率是指所有者权益的期末总额与期初总额之比。其计算公式为：

$$资本保值增值率 = \frac{期末所有者权益}{期初所有者权益} × 100\%$$

如果企业盈利能力提高，利润增加，必然会使期末所有者权益大于期初所有者权益，所以该指标也是衡量企业盈利能力的重要指标。当然，这一指标的高低，除了受企业经营成果的影响外，还受企业利润分配政策的影响。

根据前面净资产收益率的有关资料，B 公司资本保值增值率计算如下：

$$2008 年资本保值增值率 = 4400 ÷ 4000 × 100\% = 110\%$$
$$2009 年资本保值增值率 = 4700 ÷ 4400 × 100\% = 107\%$$

可见该公司 2009 年资本保值增值率比 2008 年有所降低。

四、现金流量分析

现金流量分析一般包括现金流量的结构分析、流动性分析、获取现金能力分析、财务弹性分析及收益质量分析。这里将主要介绍获取现金能力分析及收益质量分析。

1. 获取现金能力分析

获取现金的能力，可通过经营活动现金流量净额与投入资源之比来反映。投入资源可以是销售收入、资产总额、营运资金净额、净资产或普通股股数等。

（1）销售现金比率。销售现金比率是指企业经营活动现金流量净额与企业销售额的比值。其计算公式为：

$$销售现金比率 = \frac{经营活动现金流量净额}{销售收入}$$

如果 C 公司销售收入（含增值税）为 15000 万元，经营活动现金流量净额为 5716.5 万元，则：

$$销售现金比率 = 5716.5 \div 15000 = 0.38$$

该比率反映单位销售收入得到的现金流量净额，其数值越大越好。

（2）每股营业现金净流量。每股营业现金净流量是通过企业经营活动现金流量净额与普通股股数之比来反映的。其计算公式为：

$$每股营业现金净流量 = \frac{经营活动现金流量净额}{普通股股数}$$

假设 C 公司有普通股 40000 万股，则：

$$每股营业现金净流量 = 5716.5 \div 40000 = 0.14（元/股）$$

该指标反映企业最大的分派股利能力，超过此限度，可能就要借款分红。

（3）全部资产现金回收率。全部资产现金回收率是通过企业经营活动现金流量净额与企业资产总额之比来反映的，它说明企业全部资产产生现金的能力。其计算公式为：

$$全部资产现金回收率 = \frac{经营活动现金流量净额}{企业资产总额} \times 100\%$$

假设 A 公司全部资产总额为 85000 万元，则：

$$全部资产现金回收率 = 5716.5 \div 85000 \times 100\% = 6.73\%$$

如果同行业平均全部资产现金回收率为 7%，就说明 C 公司资产产生现金的能力较弱。

2. 收益质量分析

收益质量是指会计收益与公司业绩之间的相关性。如果会计收益能如实反映公司业绩，则其收益质量高；反之，则收益质量不高。收益质量分析，主要包括净收益营运指数分析与现金营运指数分析。

（1）净收益营运指数

净收益营运指数是指经营净收益与净利润之比，其计算公式为：

$$净收益营运指数 = \frac{经营净收益}{净利润}$$

式中：

经营净收益 = 净利润 - 非经营净收益

假设 C 公司有关收益质量的现金流量补充资料如表 8-4 所示。

表 8-4 **C 公司现金流量补充资料**

单位：万元

将净利润调整为经营现金流量	金额	说　　明
净利润	3568.5	
加：计提的资产减值准备	13.5	
固定资产折旧	1500	
无形资产摊销	900	非付现费用共 3913.5 万元，少提取这类费用，可增加会计收益却不会增加现金流入，会使收益质量下降
长期待摊费用摊销	0	
待摊费用减少（减增加）	1500	
处置固定资产损失（减收益）	−750	
固定资产报废损失	295.5	
财务费用	322.5	非经营净收益 604.5 万元，不代表正常的收益能力
投资损失（减收益）	−472.5	
递延税款贷项（减借项）	0	
存货减少（减增加）	79.5	经营资产净增加 655.5 万元，如果收益不变而现金减少，则收益质量下降（收入未收到现金），应查明应收项目增加的原因
经营性应收项目减少（减增加）	−735	
经营性应付项目增加（减减少）	−790.5	无息负债减少 505.5 万元，收益不变而现金减少，收益质量下降
其他	285	
经营活动现金流量净额	5716.5	

根据表 8-4 的资料，C 公司净收益营运指数计算如下：

C 公司经营活动净收益 = 3568.5 − 604.5 = 2964（万元）

净收益营运指数 = 2964 ÷ 3568.5 = 0.83

净收益营运指数越小，非经营收益所占比重越大，收益质量越差，因为非经营收益不反映公司的核心能力及正常的收益能力，可持续性较低。

(2) 现金营运指数。现金营运指数反映企业经营活动现金流量净额与企业经营所得现金的比值，其计算公式为：

$$现金营运指数 = \frac{经营活动现金流量净额}{经营所得现金}$$

式中，经营所得现金为经营净收益与非付现费用之和。

根据表 8-4 的资料，C 公司现金营运指数计算如下：

经营所得现金 = 经营活动净收益 + 非付现费用 = 2964 + 3913.5 = 6877.5（万元）

现金营运指数 = 5716.5 ÷ 6877.5 = 0.83

C 公司每 1 元的经营活动收益，只收回约 0.83 元。现金营运指数小于 1，说明收益质量不够好，主要表现在以下两方面。首先现金营运指数小于 1，说明一部分收益尚没有取得现金，停留在实物或债权形态，而实物或债权资产的风险大于现金，应收账款不一定能足额变现，存货也有贬值的风险，所以未收现的收益质量低于已收现的收益。其次，现金营运指数小于 1，说明营运资金增加了，反映企业为取得同样的收益占用了更多的营运资金，取得收益的代价增加了，代表着较差的业绩。

第四节　财务综合分析

一、财务综合分析概述

1. 财务综合分析的概念

在第二节中，我们已经介绍了企业偿债能力、营运能力和盈利能力以及现金流量等各种财务分析指标，但单独分析任何一项财务指标，就跟盲人摸象一样，都难以全面评价企业的经营与财务状况。要做全面的分析，就必须采取适当的方法对企业财务进行综合分析与评价。所谓财务综合分析就是将企业营运能力、偿债能力和盈利能力等方面的分析纳入到一个有机的分析系统之中，全面地对企业财务状况、经营状况进行解剖和分析，从而对企业经济效益做出较为准确的评价与判断。

2. 财务综合分析的特点

一个健全有效的财务综合指标体系必须具有以下特点：

（1）评价指标要全面。设置的评价指标要尽可能涵盖偿债能力、营运能力和盈利能力等各方面的考核要求。

（2）主辅指标功能要匹配。在分析中要做到：①要明确企业分析指标的主辅地位。②要能从不同侧面、不同层次反映企业财务状况，揭示企业经营业绩。

（3）满足各方面经济需求。设置的指标评价体系既要能满足企业内部管理者决策的需要，也要能满足外部投资者和政府管理机构决策及实施宏观调控的要求。

二、财务综合分析的方法

财务综合分析的方法主要有两种：杜邦财务分析体系法和沃尔比重评分法。

1. 杜邦财务分析体系法

杜邦财务分析体系法由美国杜邦公司的经理创立并首先在杜邦公司成功运用，称之为杜邦系统（The Du Pont System），它是利用财务指标间的内在联系，对企业综合经营理财能力及经济效益进行系统的分析评价的方法。

根据表 8-2、表 8-3 的资料，可做出 B 公司杜邦财务分析的基本结构图，如图 8-1 所示。

在杜邦分析图中，净资产收益率反映所有者投入资本的获利能力，反映企业筹资、投资、资产运营等活动的效率，它是一个综合性最强、最具代表性的一个指标，是杜邦系统的核心，该指标的高低取决于总资产净利率与权益乘数。

总资产净利率是净利润与总资产平均余额之比，它等于销售净利率与总资产周转率之积。

权益乘数是平均资产与平均权益之比，等于 1-资产负债率的倒数，用公式表示：

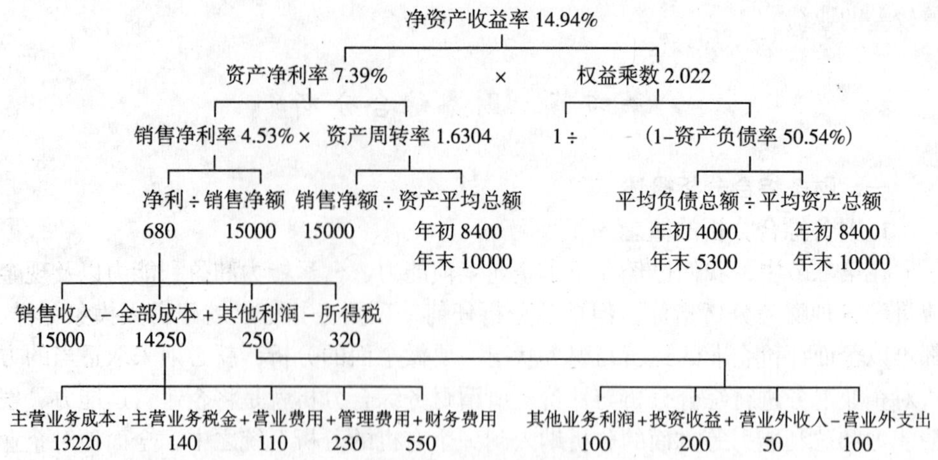

净资产收益率 14.94%

资产净利率 7.39%　×　权益乘数 2.022

销售净利率 4.53% × 资产周转率 1.6304　　　1 ÷　（1-资产负债率 50.54%）

净利÷销售净额　销售净额÷资产平均总额　　平均负债总额÷平均资产总额
680　　15000　　15000　　　年初 8400　　　年初 4000　　年初 8400
　　　　　　　　　　　　　　年末 10000　　　年末 5300　　年末 10000

销售收入 - 全部成本 + 其他利润 - 所得税
15000　　14250　　　250　　　320

主营业务成本+主营业务税金+营业费用+管理费用+财务费用　其他业务利润+投资收益+营业外收入-营业外支出
13220　　　140　　　　110　　　230　　　550　　　100　　　200　　　50　　　100

图 8-1　杜邦财务分析

$$权益乘数 = \frac{1}{1-资产负债率}$$

式中，资产负债率是指全年平均资产负债率，它是企业全年平均负债总额与全年平均资产总额之比。

权益乘数主要受资产负债率的影响。负债比率大，权益乘数就高，说明企业负债程度较高，给企业带来了较多的杠杆利益，同时也给企业带来了较大的风险。企业既要充分有效地利用全部资产，提高资产利用效率，又要妥善安排资金结构。

销售净利率是净利润与销售收入之比，它是反映企业盈利能力的重要指标。提高这一比率的途径有扩大销售收入和降低成本费用等。

资产周转率是销售收入与资产平均总额之比，是反映企业运用资产以产生销售收入能力的指标。对资产周转率的分析，除了对资产构成部分从总占有量上是否合理进行分析外，还可通过流动资产周转率、存货周转率、应收账款周转率等有关资产使用效率的分析，以判明影响资产周转的主要问题所在。

杜邦财务指标体系的作用在于解释指标变动的原因和变动趋势。

假设 B 公司第二年净资产收益率下降了，有关数据如下：

净资产收益率 = 资产净利率 × 权益乘数
第一年　　14.94%　　=　　7.39%　　×　　2.02
第二年　　12.12%　　=　　6%　　×　　2.02

通过分解可以看出，净资产收益率的下降不在于资本结构（权益乘数没变），而是资产利用或成本控制发生了问题，造成了净资产收益率的下降。

这种分解可以在任何层次上进行，如可以对资产净利率进一步分解：

资产净利率 = 销售净利率 × 资产周转率
第一年　　7.39%　　=　　4.53%　　×　　1.6304
第二年　　6%　　=　　3%　　×　　2

通过分解可以看出，资产使用效率提高了，但由此带来的收益不足以抵补销售利润率下降造成的损失。而销售净利率下降的原因可能是由于售价太低、成本太高或费用过大，需进一步通过分解指标来揭示。

可见，杜邦体系就是通过自上而下的分析、指标的层层分解来揭示出企业各项指标间的结构关系，查明各主要指标的影响因素，为决策者优化经营理财状况，提高企业经营效率提供思路。

2. 沃尔比重评分法

亚历山大·沃尔在 20 世纪初出版的《信用晴雨表研究》和《财务报表比率分析》中提出了信用能力指数的概念，他选择了 7 个财务比率即流动比率、产权比率、固定资产比率、存货周转率、应收账款周转率、固定资产周转率和自有资金周转率，分别给定各指标的比重，然后确定标准比率（以行业平均数为基础），将实际比率与标准比率相比，得出相对比率，将此相对比率与各指标比重相乘，得出总评分，这就是沃尔比重评分法。

沃尔比重评分法有两个缺陷：一是选择这 7 个比率及给定的比重缺乏说服力；二是如果某一个指标严重异常时，会对总评分产生不合逻辑的重大影响。

本章小结

财务分析就是以财务报表和其他资料为依据和起点，采用专门方法，系统分析和评价企业的财务状况、经营成果和现金流量状况的过程。财务分析方法常用的有三种：比率分析法、因素分析法和趋势分析法。财务分析的内容主要包括以下四个方面：偿债能力分析、营运能力分析、盈利能力分析和现金流量分析。财务综合分析的方法主要有两种：杜邦财务分析体系法和沃尔比重评分法。

练习与思考

一、填空题

1. 财务分析的内容主要包括_____、_____、_____和_____四个方面。

2. 财务分析方法多种多样，但常用的有以下三种方法_____、_____和_____。

3. 财务综合分析的方法主要有_____和_____。

二、名词解释

1. 财务分析

2. 财务综合分析

3. 杜邦财务分析体系法

三、简答题

1. 财务分析的作用是什么？

2. 财务分析包括哪些内容？

3. 比率分析法包括哪些指标？

4. 应用因素分析法须注意的问题有哪些？

5. 简述趋势分析法的三种主要比较方式。

6. 简述杜邦财务分析体系法的主要指标构成。

四、计算题

已知某公司资产负债表如下：

某公司资产负债表

2009 年 12 月 31 日　　　　　　　　　　　　　　　单位：万元

资产	年初	年末	负债及所有者权益	年初	年末
流动资产			流动负债合计	210	300
货币资金	100	90	长期负债合计	490	400
应收账款净额	120	180	负债合计	700	700
存货	184	288			
待摊费用	46	72			
流动资产合计	450	630	所有者权益合计	700	700
固定资产净值	950	770			
总计	1400	1400	总计	1400	1400

该公司 2008 年度销售利润率 16%，总资产周转率 0.5 次，权益乘数为 2.5，净资产收益率为 20%，2009 年度销售收入为 700 万元，净利润为 126 万元。

要求根据以上资料：

（1）计算 2009 年流动比率、速动比率、资产负债率；

（2）计算 2009 年总资产周转率、销售净利率和净资产收益率；

（3）分析销售净利率、总资产周转率和权益乘数变动对净资产收益率的影响。

小链接：

ERP 与联想集团

联想集团在实施 ERP 之前，每一笔业务都要用计算机开出销售小票，晚上再把明细和金额录入到财务部门的计算机，财务以此计入当天收入。由于采集数据的时点不同，财务、商务、库存的数据往往对不上。这时财务人员就不得不把原始凭证（销售小票）翻出来核对。联想回忆说：1998 年做 1999 年预算时，集团财务部门得出的数据根本经不起集团企划办的推敲。那时集团一百多人负责财务结算，需要 8 天时间才能完成工作，上个月的经营情况到一个月以后才能得到统计数据，管理层无法及时做出决策。

联想集团实施 ERP 后，联想为客户的平均交货时间从 11 天缩短到 5.7 天，应收账周转天数从 23 天降到 15 天，订单人均日处理量从 13 件增加到 314 件，集团结账天数从 30 天降到 6 天，平均打款时间由 11.7 天缩短到 10.4 天，结账天数由 20 天降到 1 天，加班人次由 70 人消减到 7 人，财务报表从 30 天缩至 12 天。财务不但能了解销售、采购、库存、生产的全部过程，而且伴随着每一个作业，财务都有相应的反映，同时都能监控。正是这种信息的通畅、透明，才保证了成本的准确，使实时核算成为可能，杜绝了"客观造假"的隐患。财务信息化流程不仅大大简化了原来的流程，极大地提高了效率，而且由于采购和财务之"墙"被推倒，建立起了采购和财务之间相互制约和监督的机制。信息化财务可以延伸到资金的管理，实施 ERP 后，企业的财务能准确、实时地知道每个客户当前的账目情况、历史信誉记录，系统能自动实行能否发货的资金审核，减少了人为控制的难度和随意性，而且客户可以通过电子商务系统了解自己的账务情况，并根据联想的信誉政策选择最适合自己的还款方式，大大提高了客户的满意度。

（原载姬小利《ERP 原理、应用与实验教程》）

应 用 篇

第九章 用友ERP财务管理系统

[学习目标]

通过本章学习，了解用友ERP生产管理系统的基本构成；
掌握生产订单、物料订单和需求规则模块的基本操作方法。

企业实际管理工作中，一般采用的ERP管理系统模块主要包括三部分内容：财务管理系统、生产管理系统和供应链管理系统。三大系统本身具有很好的集成性，互相之间有相应的接口。本章将主要介绍用友ERP财务管理系统，用友ERP-U8财务系统主要包括以下内容：总账管理系统、固定资产管理系统、应收款与应付款管理系统、UFO报表系统。

第一节 用友ERP财务管理系统概述

对一个企业而言，清晰分明的财务管理是极其重要的。所以，在ERP整个方案中它是不可或缺的一部分。例如，它可将由生产活动、采购活动输入的信息自动计入财务模块生成总账、会计报表，取消了输入凭证繁琐的过程，几乎完全替代以往传统的手工操作。

总账是用友ERP财务处理的核心系统，可以处理企业财务核算中的凭证管理、账簿处理、个人往来款管理、部门管理、项目核算和出纳管理。它是整个会计核算的核心，应收账、应付账、固定资产核算等各模块都以其为中心来互相传递信息。

应收账款管理是指对企业由于商品赊欠等而产生的正常客户欠款进行的管理。它包括发票管理、客户管理、付款管理、账龄分析等功能。它和客户订单、发票处理业务相联系，同时将各项事件自动生成记账凭证，导入总账。

应付账款管理是指对企业由于采购原材料等而产生的应付款进行的管理，它主要包括发票管理、供应商管理、支票管理、账龄分析等。它和采购模块、库存模块完全集成以替代过去繁琐的手工操作。

固定资产核算即完成对固定资产的增减变动以及折旧等有关的核算工作。它能够帮助管理者对目前固定资产的现状有所了解，并能通过该模块提供的各种方法来管理资产，以及进行相应的会计处理。它的具体功能有：进行固定资产日常业务管理的处理、生成固定资产卡片和明细账、计提折旧、编制报表，以及自动编制转账凭证，并转入总账。它和应付账、成本、总账模块集成。

UFO 报表系统是一个开放式的报表编制系统，核算单位可以通过 UFO 报表中已经编制好的报表模板快速生成资产负债表、损益表等。

第二节　系统管理

一、注册

打开"开始"菜单，选择"所有程序/用友 ERP-U8/系统服务/系统管理"命令，弹出"系统管理"窗口，如图 9-1 所示。

在"系统管理"窗口中，单击"系统"菜单，选择"注册"选项，系统会弹出"注册 [系统管理]"窗口，如图 9-2 所示。

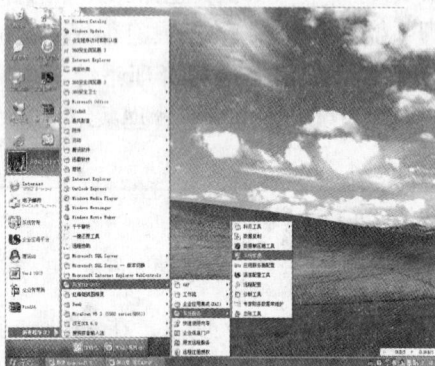

图 9-1　系统管理窗口

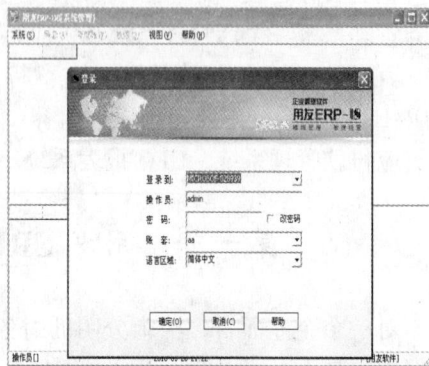

图 9-2　"注册 [系统管理]"窗口

此时可以根据需要选择不同的注册方式，以系统管理员（admin）身份或账套主管（在已经存在账套的情况下）身份进行注册。系统管理员与账套主管的功能有所区别，如表 9-1 所示。

表 9-1　　　　　　　　系统管理员与账套主管的功能比较

	系统管理员（admin）	账套管理
系统	（1）设置 SQL server 口令 （2）设置备份计划（可进行年度账或账套备份） （3）升级 SQL server 数据库 （4）注销功能	（1）注销功能 （2）设置年度账备份计划
账套	建立、引入和输出账套，但无法修改账套信息	修改所管的账套信息
年度账	无	可清空、引入、输出年度账
操作员与其权限	设置账套主管、增加和注销角色和操作员，修改角色或操作员权限	改变角色或操作员权限

二、角色和用户（操作员）

[例 9-1] 增加一个角色：编号为 yskj，角色名称为应收款会计。

146

（1）在"系统管理"窗口中单击"系统"菜单下的"注册"项，弹出系统管理注册窗口，在操作员处输入 admin，密码为空；在账套处，单击下拉箭头，选择［default］，如图 9-3 所示，单击"确定"按钮注册进入系统管理。

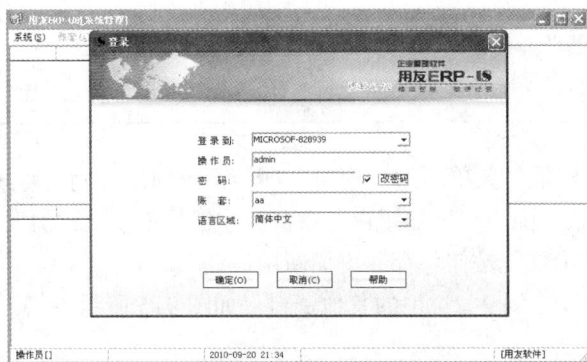

图 9-3 "系统管理注册"窗口

（2）在系统弹出的窗口中单击"权限"菜单下的"角色"项，系统弹出"角色管理"窗口，单击"增加"按钮，系统弹出"增加角色"窗口，在角色编号中输入"yskj"，在角色名称中输入"应收款会计"，单击"增加"按钮保存设置并新增角色，如图 9-4 所示。

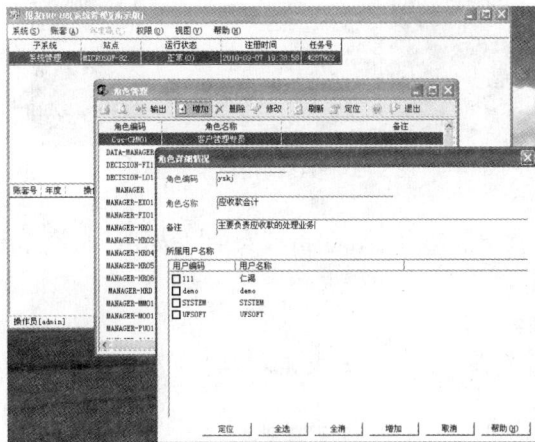

图 9-4 应收款会计角色录入

（3）在"所属用户名称"选项中，系统列出了当前系统存在的用户名称，可勾选属于该角色的用户，为此用户赋予该角色权限。

（4）单击"增加"按钮保存新增的角色设置，此时会重新弹出"增加角色"窗口可以再增加角色。单击"退出"按钮，退出新增角色窗口。

［例 9-2］增加用户，如表 9-2 所示。

表 9-2 增加用户名

编　号	说　明	姓　名
111	总经理	仁渴
112	财务主管	何平
113	财务会计	龚冰冰
114	出纳	龚解园
115	仓库文员	何玉琪
116	计划文员	何国俊

（1）单击"权限"菜单下的"用户"项，系统弹出"用户管理"窗口，单击"增加"按钮，系统弹出"增加用户"窗口，在编号中输入"01"，在姓名中输入"仁渴"，单击"增加"按钮保存并增加新用户。

（2）接着录入［例9-2］中的其他资料，如图9-5所示。

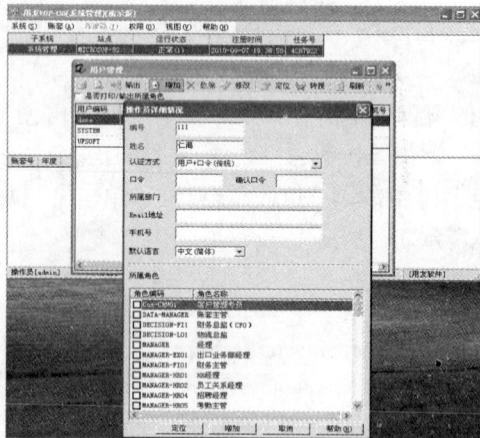

图 9-5　最终的用户录入结果

（3）在"用户管理"窗口中，单击"安全"按钮，系统弹出"安全策略"设置窗口。

三、建立新账套

［例9-3］建立新账套，基本要求如表9-3所示。

表 9-3　　　　　　　　　　　　　　　新账套基本信息

账套名称	深圳市和氏电子有限公司
账套号	001
账套类型	工业
账套启用时间	2006 年 1 月 1 日
账套存储路径	系统默认路径
账套主管	何平
本位币	人民币
行业性质	新会计科目

148

[**例 9-4**] 建立的新账套，登录方式如表 9-4 所示。

表 9-4 新账套登录方式

		备　　注
操作员	112	这是账套主管"何平"的编号
密码	无	可勾选"改密码"项进行密码修改
账套	[001] 深圳市和氏电子有限公司	
会计年度	2006	
操作日期	2006-1-1	日期之间以横线隔开

（1）在"系统管理"窗口中，以系统管理员 admin 身份注册，然后单击"账套"菜单下的"建立"选项，系统弹出"创建账套"窗口，如图 9-6 所示。

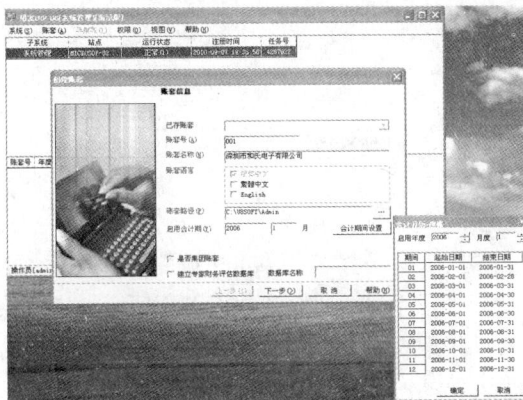

图 9-6　创建账套窗口

（2）单击"下一步"按钮，结果如图 9-7 所示。输入单位信息，单位信息用于记录本次新建账套的单位基本信息，在此输入"深圳市和氏电子有限公司"，单位简称处输入"和氏电子"。

（3）单击"下一步"按钮，弹出核算业务设置接口，如图 9-8 所示。

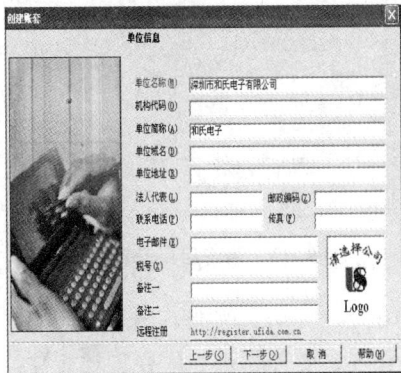

图 9-7　单位信息录入窗口

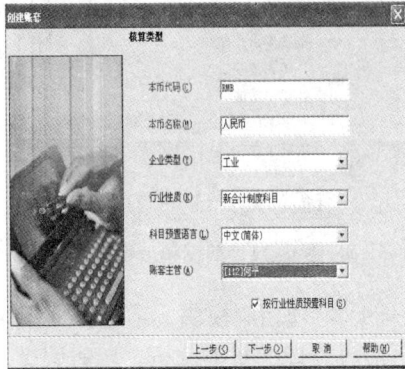

图 9-8　核算业务窗口

（4）单击"下一步"按钮弹出"基础信息"设置窗口，如图9-9所示。

（5）单击"完成"按钮，系统提示"是否可以建账了?"，单击"是"按钮开始建账。建账完成后，系统弹出"编码方案"窗口，如图9-10所示，这是系统预设置的编码方案。按要求进行修改，单击"确认"按钮即可。编码方案一旦设置使用就不能更改；若要更改，必须先将相应的档案资料删除。

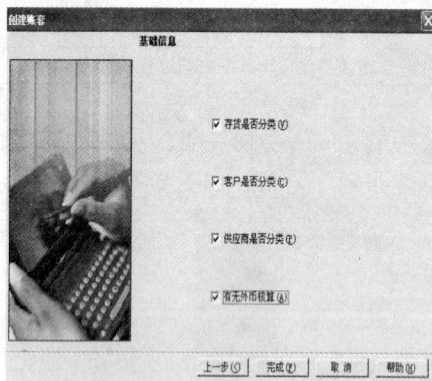

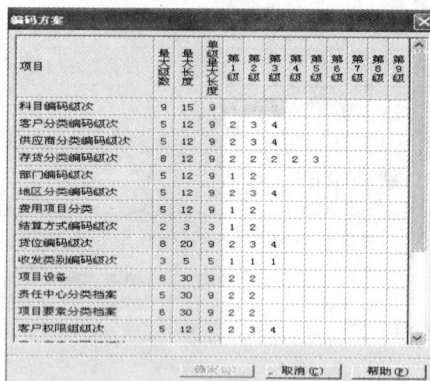

图9-9　基础信息窗口　　　　　图9-10　分类编码方案窗口

（6）在此使用系统默认编码方案，单击"确定"按钮，系统弹出"资料精度定义"窗口，资料精度表示系统处理资料的小数位数，超过该精度的资料，系统会以四舍五入的方式进行取舍，如图9-11所示。

（7）使用系统默认设置，单击"确定"按钮，账套建立完毕。此时系统提示是否启用模块，启用时系统记录启用日期和启用人。

（8）单击"是"按钮直接进入"系统启用"设置接口，如图9-12所示。

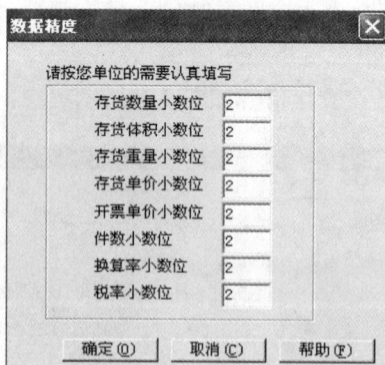

图9-11　数据精度窗口　　　　　图9-12　系统启用设置窗口

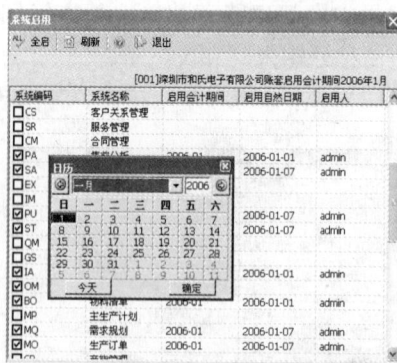

（9）勾选相应模块，系统会提示录入启用会计日期。勾选启用总账、应付账款、应收管理、售前分析、销售管理、采购管理、委外管理、库存管理、存货核算、物料规划、生产订单模块，启用日期设为2006年1月1日。

下面进行登录操作：

（1）单击"程序/用友 ERP-U8/企业应用平台"进行登录，如图 9-13 所示（为了使用方便，最好将"企业应用平台"以快捷方式放到桌面上）。

（2）在操作员框中输入"112"，选择 001 账套，语言区域选择"简体中文"，操作日期处输入"2006-01-01"，单击"确定"按钮，系统打开"用友 ERP-U8门户"窗口，如图 9-14 所示。在此所做的任何操作都是以用户 112 号何平对001 账套进行的。

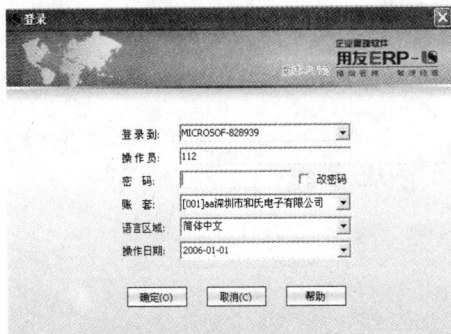

图 9-13 用友 U8 登录窗口

图 9-14 用友 ERP-U8 门户窗口

四、角色与用户权限设置

[例 9-5] 为操作员赋予权限。

【111】仁渴，赋予【001】账套 2006 年度账套主管权限。

【113】龚冰冰，赋予【001】账套 2006 年度财务会计权限。

【114】龚解园，赋予【001】账套 2006 年度出纳权限。

【115】何玉琪，赋予【001】账套 2006 年仓库管理操作权限。

【116】何国俊，赋予【001】账套 2006 年需求规划、物料清单、委外管理、生产订单管理、采购管理操作权限。

（1）打开"系统管理"，以 admin 身份注册，单击"权限"菜单，系统弹出"操作员权限"窗口，在此可以查询到角色和用户针对不同账套、不同年度所拥有的权限，如图 9-15 所示。

（2）单击选中的操作员"111"，选择 001 账套，选择 2006，然后勾选"账套主管"项，则编号为"111"的操作员设置成为了 001 账套 2006 年账套管理。

（3）选择操作员 114，单击"修改"按钮，系统弹出"增加和调整权限"窗口，勾选出纳和出纳签字等相应权限，单击"确定"按钮完成修改，如图 9-16所示。

（4）分别选择操作员 113 和 114，单击"修改"按钮，分别为其设置权限。

（5）权限设置完毕，单击"确定"按钮，可以在"操作员权限"窗口中看到该操作员对制定年限的账套拥有的权限。

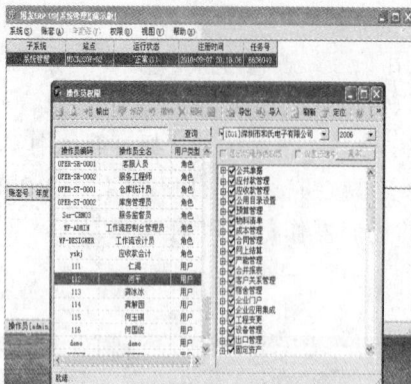

图 9-15　操作员权限窗口

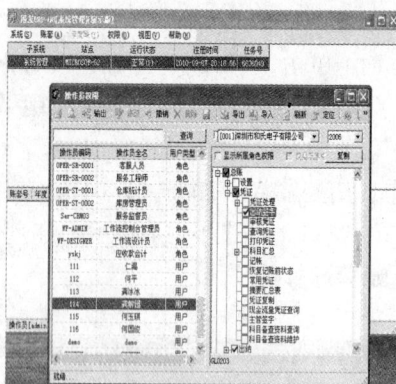

图 9-16　增加和调整权限窗口

第三节　总账管理系统

一、总账管理系统初始设置

1. 期初余额

无论往来核算在总账还是在应收应付系统，有往来核算的科目都要按明细录入数据。年初录入科目期初余额，用于核对期初余额，并进行试算平衡。如果企业是第一次使用财务处理系统，必须使用录入期初余额功能输入科目余额。如果系统中已有上年的数据，在使用"结转上年余额"后，上年各账户余额将自动结转到本年。录入期初余额的操作步骤为：

（1）在总账系统窗口中，单击"期初余额"按钮，进入"期初余额"窗口，双击需要输入数据的"期初余额"栏，输入数据即可，如图 9-17 所示。

图 9-17　期初余额窗口

（2）录完所有余额后，单击"试算"按钮，可查看期初余额试算平衡表，检查余额是否平衡，也可单击"对账"按钮，检查总账、明细账、辅助账的期初余额是否一致。

（3）完成后，单击"退出"按钮，返回"总账系统"窗口。

2. 自定义项

在系统中，为各类原始数据和常用基础信息设置了自定义项和自由项，这样可以方便设置一些特殊值。现有16个自定义项，包括10个文本型、4个数据型和2个日期型。其操作步骤为：

（1）单击"自定义"按钮，进入自定义项设置界面，系统设置的自定义项分为单据头、单据体、存货、客户、供应商。

（2）设置自定义项项目内容。选择要定义的自定义项，单击"定义"按钮，显示自定义项设置界面，按栏目说明输入相关内容，单击"保存"按钮保存定义内容。这里设计的项目将在单据录入时要求输入自定义项内容，在录入存货、供应商档案时要求输入自定义项信息。

（3）设置项值。双击已定义的自定义项/自由项，单击"档案"按钮，显示自定义项/自由项值设置界面，可录入多个项值。单击"保存"按钮，退回自定义项/自由项界面。

3. 科目备查资料

科目备查资料是指在输入凭证时登记的某些科目的辅助信息，如担保、投资或者项目开支等情况，以供备查之用。科目备查资料包括备查项目档案设置和备查科目设置。

（1）备查项目档案设置。其操作步骤如下：

1）执行"设置"/"科目备查资料"/"备查项目档案"命令，进入"自定义表结构"界面，左边是备查表的属性信息，右边是对应表结构的字段信息。单击"增加"按钮。输入表编码、表名称、表属性等信息。输入完成，单击"保存"按钮，可增加一个表结构信息。单击"修改"、"删除"按钮可以修改、删除表结构信息。

2）右边显示该表的字段信息，单击"增行"按钮，可增加一条字段信息。输入字段名称，选择字段类型，如果选择数值型，还要选择保留小数位数。单击"改行"、"删行"按钮可以修改、删除字段信息。

（2）备查科目设置。备查科目设置用于定义那些需要设置备查资料的科目，其操作步骤如下：

1）选择要设置备查信息的科目的名称，选择"待选项目"至"已选项目"，单击"确定"按钮保存设置。在用选中的科目填制凭证时，单击"备查"按钮，输入备查资料。

2）在填制凭证时输入每笔经济业务的备查资料后，在账表管理中的科目备查资料中可查询备查资料列表。输入备查资料，可在"账表"菜单下的"科目备查资料"中显示结果。

4. 选项

系统在建立新的账套后由于具体情况需要或业务变更，发生一些账套信息与核算内容不符的情况，可以通过此功能进行账簿选项的调整和查看。"选项"功能有四个选项卡：凭证、账簿、会计日历、其他。选择相应的选项卡可以进行账套参数的修改。"选项"界面如图9-18所示。可以对"凭证"、"账簿"、"会计日历"和"其他"进行修改，完毕后单击"确定"按钮即可。

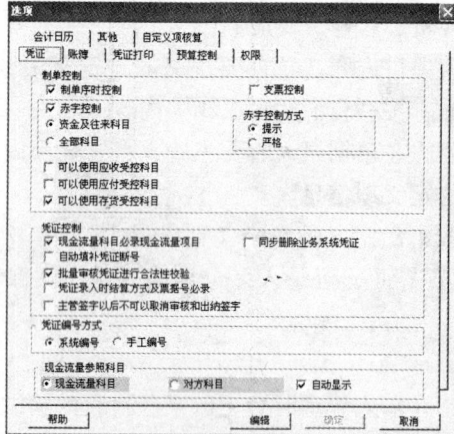

图9-18　选项设置窗口

5. 总账套打工具

总账套打工具用于设置打印凭证、账套时的套打格式。套打是指用友公司为账务专门印制的各种凭证、账簿的标准表格线，选择套打打印时，系统只将凭证、账簿的数据内容打印到相应的套打纸上，而不打印各种表格线。此系统提供了很多套打的项目功能，用户可以根据需要对其进行选择。在总账系统窗口执行"设置"/"总账套打工具"命令，进入如图9-19所示的界面。

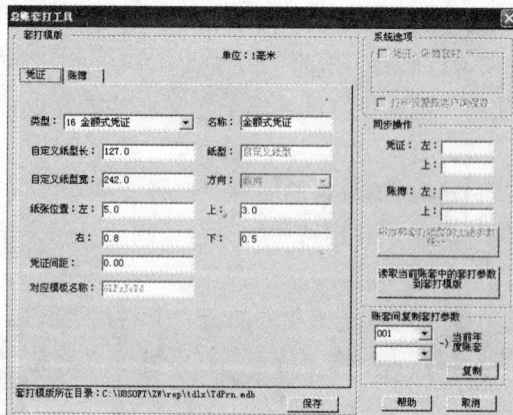

图9-19　总账套打工具窗口

根据需要进行选择，完毕后单击"确定"按钮。

注意：套打工具是独立执行的文件，在不启动总账的情况下可以调整。除支持 U850 版本外，还可以支持 U821 及 U820 版本，只要将 TdTool.exe 放在 ZW.exe 所在的目录下即可。

二、凭证

记账凭证是系统处理的起点，也是数据查询的最主要的一个来源。日常业务处理首先从填制凭证开始，且电算化会计系统的信息形成都依赖于记账凭证，因此，正确填制并输入记账凭证是总账系统日常业务的重要工作。记账凭证的内容一般包括两部分：凭证头和凭证体。凭证头部分包括凭证类别、凭证编号、凭证日期和附件张数；凭证体包括摘要、科目名称和金额等内容。

1. 填制凭证

（1）填制一般凭证。

1）执行"凭证"/"填制凭证"命令，系统显示"填制凭证"窗口，单击"增加"按钮，如图 9-20 所示。

2）选择输入凭证类别字。双击选择需要的凭证类别（应在基础设置或总账的系统设置里先设置凭证类别）。本案例选择"收款凭证"，类别字显示"收"字。

3）选择制单日期。单击"制单日期"后的日期按钮，可选择需要的凭证日期。如果选择了制单序时控制，日期应该满足控制要求，即制单日期能在上张凭证日期前。制单日期不能在启用日期之前，也不能滞后于系统日期。

4）输入摘要。可直接手工输入，也可单击参照按钮，调出常用摘要，选择需要的摘要内容，单击"选入"按钮输入，如图 9-21 所示。如果下一分录的摘要与之相同，可按回车键，自动将摘要复制到下一分录的"摘要"栏中，摘要内容可修改。

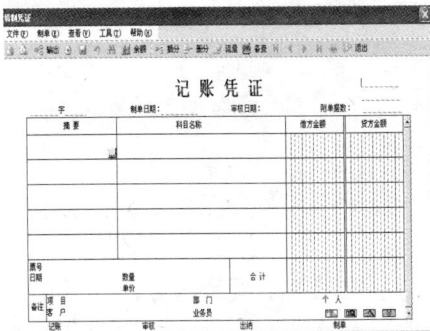

图 9-20 "填制凭证"界面

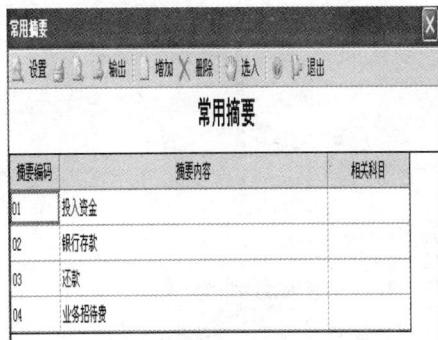

图 9-21 "常用摘要"输入界面

5）会计科目输入。在科目名称栏中，输入科目名称"库存现金"或编码 1001，也可利用参照按钮，调出"科目参照"界面进行输入，如图 9-22 所示。

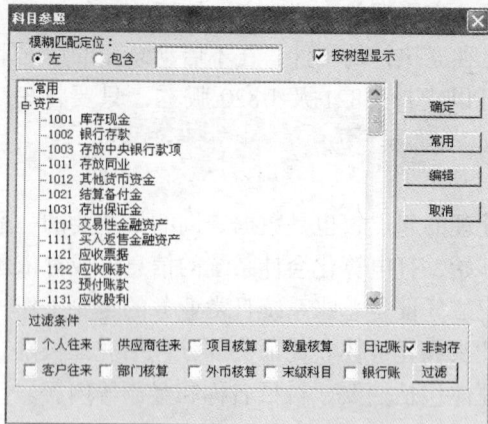

图 9-22 科目参照输入窗口

6) 在"借方余额"或"贷方余额"栏中输入金额。借贷双方不能同时为零，红字用红色显示，输入时先输入负号，再输入数字，则数字显示为红色。如果金额的方向输入错误，可按空格键进行调整。

7) 录入完最后一个分录时，可按"="键，系统会按照借贷平衡的原理，计算并显示最后一个科目的金额。

8) 完毕后单击"保存"按钮，凭证填制完成，如图 9-23 所示。

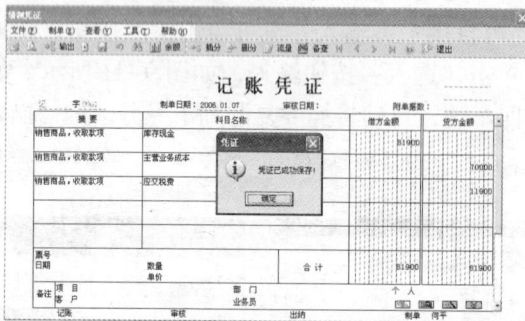

图 9-23 保存凭证界面

如果在"选项"中设置了"制单权限控制到科目"选项，那么在制单时不能使用无权限的科目进行制单。

注意：在系统编号时，凭证一旦保存，其凭证类别、凭证编号，将不能再修改；在手工编号时，凭证一旦保存，其凭证类别不能再修改，凭证编号可以修改。

（2）填制辅助核算的凭证辅助核算是指个人往来、客户往来、供应商往来、项目核算及部门核算等，在填制凭证时需要调出各种辅助核算录入界面，进行辅助核算的录入。若跳过辅助核算信息，系统仍可运行，不显示出错信息，则可能导致辅助核算对账不符，因此应输入辅助核算的内容。

[例 9-6] 某公司销售费用进行了部门核算，现用银行存款支付销售环节运

156

杂费 52000.00 元，其中销售一部 36000.00 元，销售二部 16000.00。操作步骤为：

1) 执行"凭证"/"填制凭证"命令，系统弹出"填制凭证"对话框，单击"增加"按钮，系统显示增加凭证界面。

2) 输入凭证类别字（此凭证"付"字）、制单日期、摘要内容（与填制普通凭证相同）。

3) 输入"销售费用"或科目代码 5501，如有明细科目，则输入明细科目名称或编码，本例输入"550106 销售费用——运杂费"，按回车键，系统会自动显示部门录入界面（要求在会计科目设置时，应将销售费用设置为部门核算，且先录入部门档案信息）。单击参照按钮，选择"销售一部"，双击返回凭证录入界面，"销售一部"则显示在凭证备注栏的"部门"项下。

4) 输入金额，按回车键到下行，系统自动复制摘要内容，同样的操作可录入"销售二部"运杂费。

5) 输入"100202 银行存款—工行存款"的科目，按回车键，系统要求输入结算方式，在"结算方式"里输入或参照输入 102 表示转账支票结算方式，输入相应支票号码及发生日期。

6) 单击"确认"按钮，结算方式及票号就显示在凭证的票号和日期处。

7) 单击"保存"按钮，保存凭证。

在录入客户往来或供应商往来辅助明细时，对于同一个往来单位来说，名称要前后一致，不能有时用"红星公司"，有时用"红星集团公司"，如果名称前后不一致，系统会将其当成两个单位。项目核算的科目必须先在项目定义中设置相应的项目大类，不能输入项目分类。

（3）填制外币核算的凭证。在填制外币核算的凭证前，应进行外币设置，选择采用固定汇率还是浮动汇率，并录入当期或当日的记账汇率，将会计科目修改为外币核算。

（4）填制数量核算凭证。企业的存货常常需要进行数量核算，在填制凭证前应将需要进行数量核算的存货类科目修改为数量核算。

[例 9-7] 某公司从成都钢铁厂购买甲材料 5000kg，单价 50 元，款项未付，应付账款为供应商往来核算。操作步骤为：

1) 执行"凭证"/"填制凭证"命令，系统弹出"填制凭证"窗口，单击"增加"按钮，系统显示增加凭证界面。

2) 输入凭证类别字（此凭证选"转"字）、制单日期、摘要内容（与填制普通凭证相同）。

3) 在"科目名称"栏输入"121101"或"原材料/甲材料"，按回车键，系统显示数量录入对话框，录入数量 5000kg 和单价 50 元。系统会自动计算金额并显示在凭证的金额栏中。

4) 按回车键复制摘要，在"科目名称"栏输入"2121"或"应付账款"，系统显示供应商录入界面。

2. 修改凭证

在填制凭证的过程中尽管采取了多种方法控制错误，但仍然可能会发生误操作。如果凭证尚未保存，将光标移动到需要修改处直接修改。如果凭证已经保存尚未记账，则可以在填制凭证窗口中，通过单击"首张"、"下张"、"末张"或通过查询等方式调出要修改的凭证进行修改。如果要修改辅助项，可将光标移动到该辅助项处，待光标变成笔头形，双击调出辅助项录入对话框，即可对辅助项的内容进行修改。如果要在前行插入一条分录，单击"插分"按钮或Ctrl+I键；若要删除某行，将光标移动到该行，单击"删除"按钮或Ctrl+D键。修改完成后单击"保存"按钮，保存最近一次修改，单击"放弃"按钮放弃修改。

3. 删除凭证

（1）在"填制凭证"窗口中，通常选择"首张"、"上张"、"末张"或通过查询等方式调出需要作废的凭证。

（2）执行"制单"/"作废/恢复"命令，如图9-24所示。

（3）再执行"作废/恢复"命令，可取消作废标记，将该凭证恢复为有效凭证。

（4）如要彻底删除已作废的凭证，则选择"制单"/"整理凭证"命令，如图9-25所示。

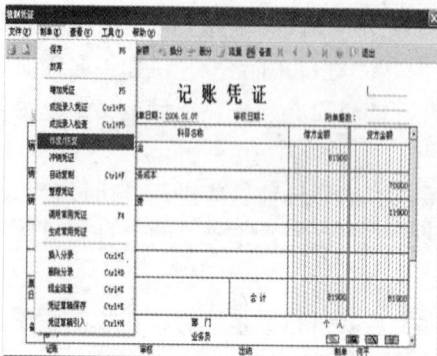

图9-24　作废凭证窗口

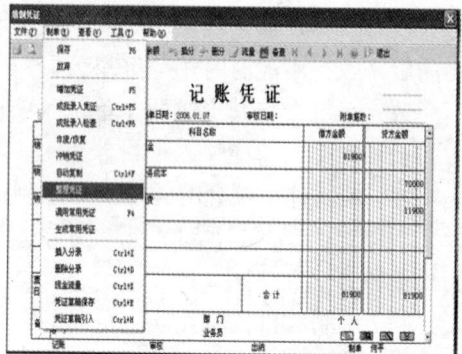

图9-25　整理凭证界面

4. 冲销凭证

如果记账以后发现凭证错误，不允许直接修改，应该留下修改痕迹，可采用"红字更正法"或"补充更正法"予以更正。红字更正法也叫"红字冲减法"，即用红字金额编制一张与错误凭证相同的记账凭证，记账后即冲销原凭证，再编制一张蓝字的正确凭证予以记账。

（1）在"填制凭证"窗口，单击"冲销凭证"按钮，系统会提示输入记账凭证的期间、凭证类别及凭证号，输入后单击"确定"按钮，如图9-26所示。

（2）系统会生成一张红字冲销凭证，与其他凭证一样审核签字后可记账。

5. 出纳签字

出纳凭证由于涉及企业现金的收入与支出，应加强对出纳凭证的管理。出纳

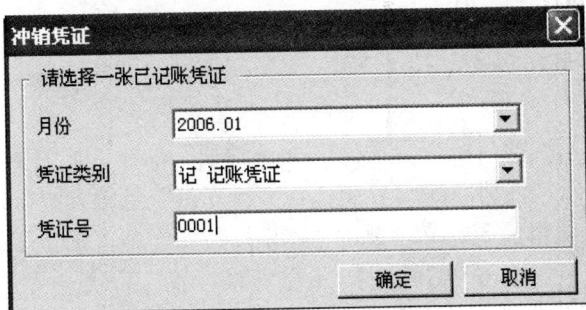

图 9-26 "冲销凭证"界面

人员通过出纳签字功能对制单员填制的带有现金、银行存款科目的凭证进行检查核对，主要核对出纳凭证的出纳科目的金额是否正确，审查认为错误或者有异议的凭证，应交给填制人员修改后再核对。

出纳签字先要进行凭证查询，单击"出纳签字"。根据查询条件查询需要的凭证，然后在查出的凭证中签字，其操作为：双击某张凭证，则屏幕显示此张凭证，单击"签字"按钮，凭证下方出纳处显示当前操作员的姓名，表示该张凭证出纳员已经签字。若想对已签字的凭证取消签字，单击"取消"按钮即可。

凭证在合并状态时可以进行出纳签字，但不能填补结算方式和票号。已签字的凭证，不能被修改、删除，只有取消签字后才可以。只能是出纳人员自己取消签字。如果是没有授权的凭证，则此页不能签字。

6. 主管签字

在许多企业中为加强对会计人员制单的管理，采用经主管会计签字后生效的管理模式。因此系统提供"主管签字"的核算方式，即其他会计人员制作的凭证必须经主管签字才能记账。其使用前提是：在基础设置中选择"凭证必须经主管签字"。其操作方式类似出纳签字。主管签字以红色印章显示在凭证右上方，如图 9-27 所示。

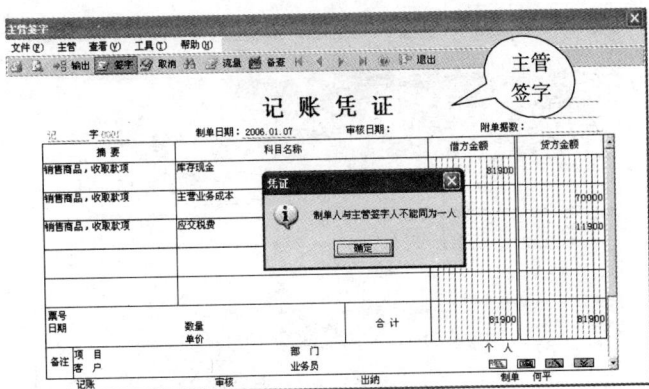

图 9-27 主管签字窗口

7. 审核凭证

由于审核人员和制单人不能是同一人,所以必须更换操作员。审核凭证的步骤如下:

(1)在总账系统窗口执行"系统"/"重新注册"命令,如图9-28所示。

(2)系统显示"注册总账"界面,在"操作员"里输入有审核权的操作员编号或姓名,其他项目输入完毕后单击"确定"按钮,即可重新注册总账。

(3)执行"系统菜单"/"凭证"/"审核凭证"命令,弹出"审核凭证"对话框,选择凭证所在期间,单击"确定"按钮,在"审核"处签上审核人的名字,表示凭证已经审核,如图9-29所示。

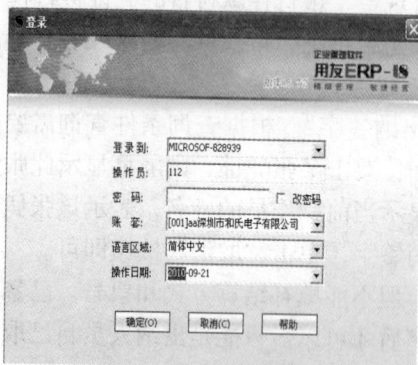

图 9-28 重新注册窗口

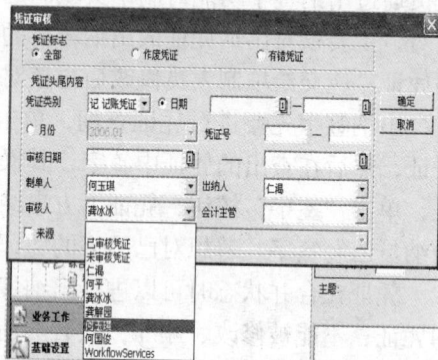

图 9-29 审核凭证窗口

8. 查询凭证和打印凭证

企业可以查询已记账及未记账凭证,然后进行打印。

其操作为:执行"凭证"/"查询凭证"命令,根据需要查询出凭证。然后执行"凭证"/"打印凭证"命令,弹出如图9-30所示的对话框,可以对凭证进行预览、打印设置、打印和输出。

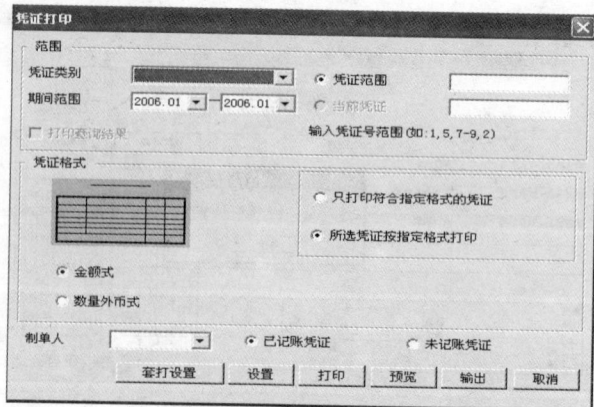

图 9-30 凭证打印对话框

9. 科目汇总和摘要汇总

科目汇总功能是根据输入的汇总条件，有条件地对记账凭证进行汇总并生成一张科目汇总表。

其操作为：执行"凭证"/"科目汇总"命令，出现如图 9-31 所示的对话框，输入汇总条件后，单击"汇总"按钮，显示如图 9-32 所示的科目汇总表。

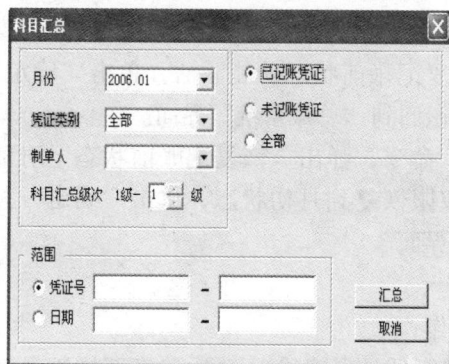

图 9-31 科目汇总对话框

图 9-32 科目汇总表

10. 记账

记账凭证经审核签字后，即可用来登记总账和明细账、日记账、部门账、往来账、项目账和备查账等。

（1）记账。本系统记账采用向导方式，使记账过程更加明确。其操作为：

1）列示各期间的未记账凭证清单和其中的空号与已审核凭证编号，若编号不连续，则用逗号分隔，若显示宽度不够，可用鼠标拖动表头调整列宽查看。如图 9-33 所示的选择记账范围，可输入连续编号范围，如 1～4 表示 1 号到 4 号凭证；也可输入不连续编号，如"5，6，9"，表示第 5 号、6 号、9 号凭证为此次要记账的凭证。完成后，单击"下一步"按钮。

2）显示记账报告，如图 9-34 所示，如果此次要记账的凭证中有些凭证没有审核或未经出纳签字，属于不能记账的凭证，可根据提示修改后再记账。

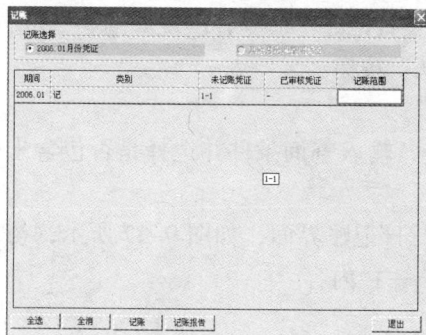

图 9-33 选择记账凭证范围

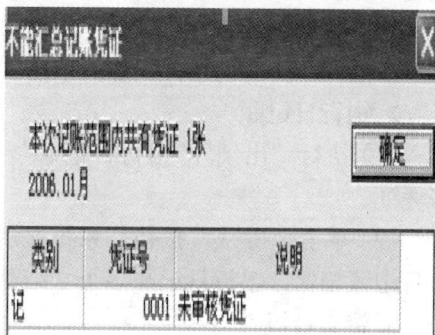

图 9-34 提示信息

3）当以上工作都确认无误后，单击"下一步"按钮，再单击"记账"按钮，系统开始登录有关的总账和明细账，包括正式总账、明细账；数量总账与明细账；外币总账与明细账；项目总账与明细账，部门总账与明细账；个人往来账与明细账，银行往来账等有关账簿。完成后单击"确定"按钮。

（2）取消记账。由于记账过程中突然断电或其他原因，导致记账错误，可调用取消记账功能，恢复记账前的状态。操作为：

1）在"总账系统"界面，执行"期末"/"对账"命令，系统弹出"对账"窗口，按 Ctrl＋H 组合键，将系统隐藏的恢复记账前状态功能激活，单击"确定"按钮回到"对账"窗口，单击"退出"按钮回到"总账系统"界面。

2）执行"凭证"/"恢复记账前状态"命令，弹出"恢复记账前状态"对话框。选择恢复方式，只有账套主管才有权限恢复到月初状态，单击"确定"按钮，则恢复记账完毕，回到"总账系统"界面。

11. 常用凭证

系统提供了常用凭证和常用摘要的操作：

（1）在"总账系统"界面，执行"填制凭证"命令，然后单击"增加"按钮，显示"填制凭证"界面。

（2）填制支取现金的凭证。

（3）执行"制单"/"生成常用凭证"命令，如图 9-35 所示。

（4）输入以后要调用的常用凭证的代码及说明，单击"确定"按钮，即可完成常用凭证的设置。

（5）单击"退出"按钮，回到"总账系统"界面。

三、出纳

出纳管理是总账系统为出纳人员提供的一套管理工具。它包括现金日记账、银行日记账的查询、输出、支票登记簿的管理以及银行对账功能等，并对长期未达款项提供审计报告。

1. 现金日记账

要查询现金日记账，现金科目必须在"会计科目"功能下的"指定科目"中预先设定。可在"我的账簿"中选择已保存的查询条件，或设置新的查询条件进行查询。其操作步骤为：执行"出纳"/"现金日记账"命令，出现如图 9-36 所示的对话框，选择查询条件，然后单击"确认"按钮。

2. 银行日记账

（1）执行"出纳"/"银行日记账"命令，输入查询条件并选择是否包含未记账凭证。

（2）单击"确认"按钮，系统显示银行日记账界面，如图 9-37 所示，与现金日记账相比，银行日记账多了"结算号"一栏内容。

3. 资金日报

此功能用于查询输出现金、银行存款科目某日的发生额及余额情况。

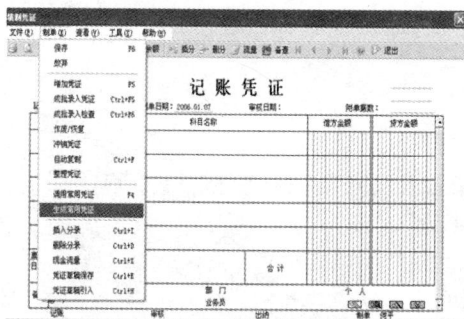

图9-35 常用凭证设置界面

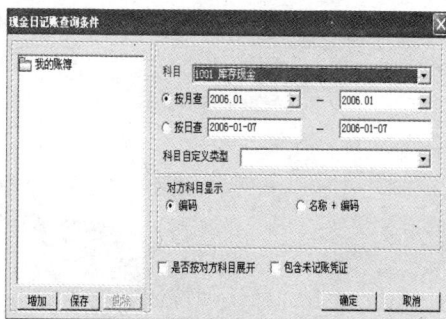

图9-36 现金日记账查询条件对话框

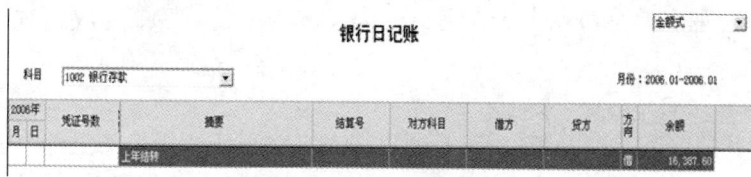

图9-37 银行日记账界面

其操作步骤为：执行"出纳"/"资金日报"命令，弹出"资金日报表查询条件"窗口，设置条件后单击"确认"按钮，出现如图9-38所示的"资金日报表"窗口。

图9-38 资金日报表窗口

4. 账簿打印

操作为：执行"出纳"/"账簿打印"/"现金日记账"或"银行日记账"命令，弹出"现金日记账打印"或"银行日记账打印"对话框，选择条件后，单击"打印"即可。

5. 支票登记簿

输入支票登记簿的操作步骤如下：

（1）执行"出纳"/"支票登记簿"命令，出现"银行科目"选择框，选择指定的科目。

（2）单击"确认"，弹出"支票登记"窗口，单击"增加"按钮，输入支票信息，出现如图9-39所示的窗口，完毕后单击"保存"按钮。

6. 银行对账

（1）银行对账执行"出纳"/"银行对账"命令，在"银行科目选择"窗口中选择科目和日期。

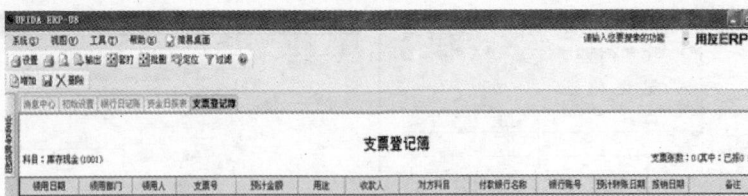

图 9-39 支票登记窗口

（2）单击"确认"按钮，银行对账完成。

同时，系统提供了长期未达账审计报告功能，用户可以根据需要进行管理。

四、期末处理

期末处理主要是对期末账表进行查询、转账定义、转账生成、对账和结账操作。

1. 账表查询

（1）我的账表。"我的账表"是通过账夹来对系统所提供的全部报表进行管理，初次进入本功能，只有自定义账夹。自定义账夹内存放系统预设的"辅助明细表"和"科目备查账"，并自定义用户所需要的查询表。

（2）科目账查询。科目账查询包含了总账、余额表、明细账、序时账、多栏账、日记账、日报表、综合多栏账。企业可以方便地对它们进行修改、删除等功能操作。

1）总账查询。

a. 在"总账系统"界面，执行"账表"/"科目账"/"总账"命令，系统显示"总账查询条件"对话框，如图 9-40 所示。在"科目"栏输入 1002 或单击参照按钮输入科目编码或名称。若科目为空，则为所有科目。在"级次"栏里输入相应查询级次，若选中"末级科目"复选框，则会显示最末级科目的总括情况。选中"包含未记账凭证"复选框，就可以查询到包含所有凭证的发生额和余额。

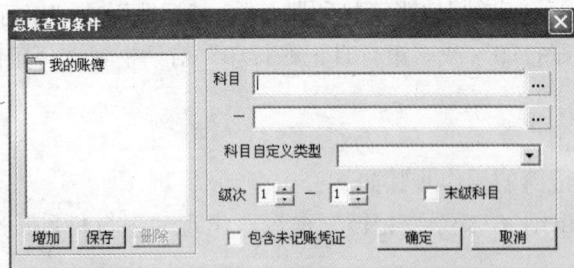

图 9-40 "总账查询条件"对话框

b. 单击界面左边的"保存"按钮，可将查询条件保存在"我的账簿"里，供以后查询调用。也可以不保存查询条件，以后每次重新设置查询条件。

c. 单击"确认"按钮，系统显示总账账页界面，如图 9-41 所示。

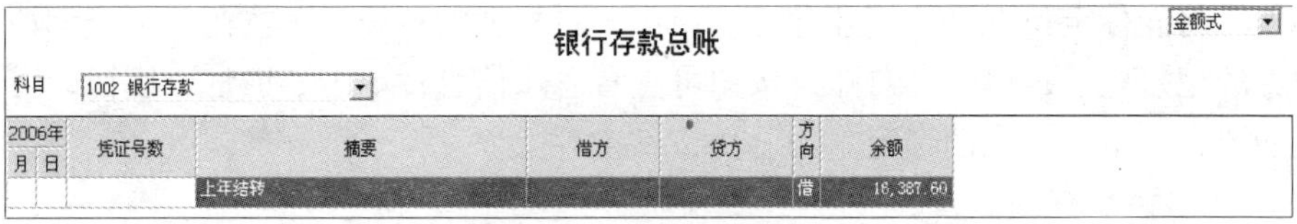

2006年 月	日	凭证号数	摘要	借方	贷方	方向	余额
			上年结转			借	16,387.60

图 9-41　总账界面

d. 在总账账页中，单击工具栏上的“明细”按钮，可显示该科目当前月份的明细账，但现金和银行存款的明细账需要到日记账中查询；单击“科目”栏的下拉列表框，可查询该科目以后其他科目的总账；单击界面右上方的“金额式”下拉列表框，可查看其他账页格式。

e. 查询完毕，单击“退出”按钮，返回“总账系统”界面。

2）余额查询。

a. 在“总账系统”界面，执行“账表”/“余额表”命令，系统显示“发生余额及余额查询条件”输入界面。在“月份”栏里选择查询起止月份；在“科目”栏里输入或者参照输入查询科目，“科目”栏为空则表示查询所有科目；在“级次”栏里输入相应级次；并勾选科目类型及外币名称等内容。

b. 单击“确认”按钮，系统显示“发生额及余额表”界面，如图 9-42 所示。

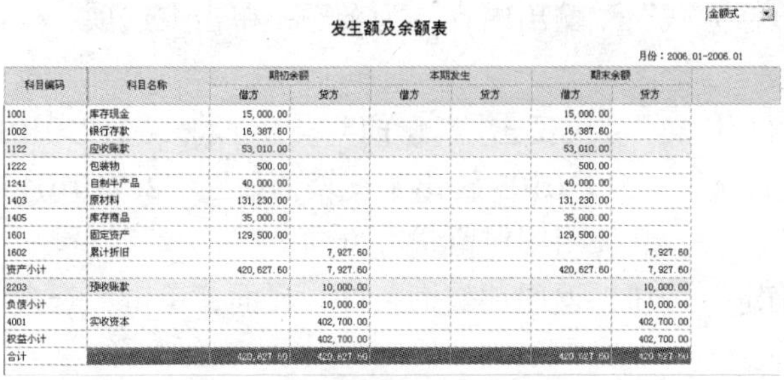

科目编码	科目名称	期初余额		本期发生		期末余额	
		借方	贷方	借方	贷方	借方	贷方
1001	库存现金	15,000.00				15,000.00	
1002	银行存款	16,387.60				16,387.60	
1122	应收账款	53,010.00				53,010.00	
1222	包装物	500.00				500.00	
1241	自制半产品	40,000.00				40,000.00	
1403	原材料	131,230.00				131,230.00	
1405	库存商品	35,000.00				35,000.00	
1601	固定资产	129,500.00				129,500.00	
1602	累计折旧		7,927.60				7,927.60
资产小计		420,627.60	7,927.60			420,627.60	7,927.60
2203	预收账款		10,000.00				10,000.00
负债小计			10,000.00				10,000.00
4001	实收资本		402,700.00				402,700.00
权益小计			402,700.00				402,700.00
合计		420,627.60	420,627.60			420,627.60	420,627.60

图 9-42　发生额及余额表窗口

c. 查询完毕，单击“退出”按钮，返回“总账系统”界面。

3）明细账查询。

a. 在“总账系统”界面，执行“账表”/“科目账”/“明细账”命令，系统显示“明细账查询条件”对话框，在“科目”栏中输入 1501 或“固定资产”，其他各栏目的输入与总账查询和余额表查询类似。

b. 单击“确认”按钮，系统显示明细账账页界面，如图 9-43 所示。

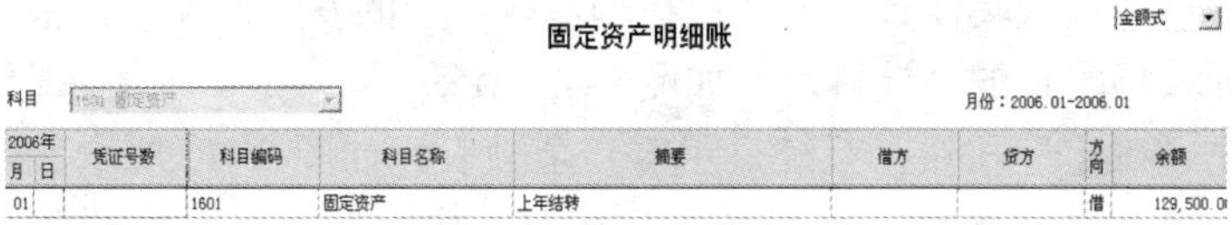

2006年 月	日	凭证号数	科目编码	科目名称	摘要	借方	贷方	方向	余额
01			1601	固定资产	上年结转			借	129,500.0

图 9-43　明细账账页界面

c. 将光标定位在某一笔业务上，单击工具栏上的"凭证"按钮，可查询该笔业务的记账凭证；单击"总账"按钮可查看总账信息；单击"锁定"按钮，可锁定摘要，再单击即取消锁定。

4）多栏账查询。

a. 在"总账系统"界面，执行"账表"/"科目账"命令，系统显示"多栏账"界面，如图9-44所示。

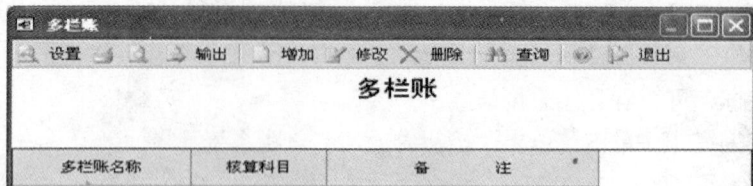

图9-44　多栏账窗口

b. 单击"增加"按钮，系统显示"多栏账定义"界面。

c. 在"核算科目"栏的下拉列表框中选择"应交增值税"科目。

d. 单击"自动编制"按钮，系统根据会计科目初始化时录入的下级明细自动编制多栏账分析栏目。

e. 选择"分析方式"、"输出内容"为金额，单击"选项"按钮，选择"分析栏目前置"项。

f. 在"栏目定义"中双击"方向"栏，将"21710101 进项税额"、"21710102 已交税金"、"21710103 转出未交增值税"、"21710104 减免税款"的方向由贷方调整为借方，其他明细保留贷方方向。

g. 单击"确定"按钮，返回"查询条件"界面，单击"查询"按钮，输入多栏账的查询条件。

h. 单击"确定"按钮，显示"增值税多栏账"界面。

i. 单击"退出"按钮，返回"总账系统"界面。

（3）辅助查询。

1）客户往来辅助查询。

a. 在"总账系统"界面，执行"账表"/"客户往来辅助"/"客户往来余额"/"客户余额表"命令，系统显示"客户余额表"查询条件输入界面。

b. 在"客户"里输入要查询的客户编码或名称，本例查询"成都华西厂"，在"月份"里输入查询起止月份，选择是否包含未记账凭证等，单击"科目范围"按钮，可以选择具体查询该客户在哪些科目中的发生情况，如果不选，则默认为所有涉及该客户的会计科目，如图9-45所示。

c. 单击"确定"按钮，系统显示客户余额表，如图9-46所示。余额表中列出了涉及该客户的两个会计科目的发生情况。单击工具栏上的"明细"按钮可以联查明细账；从"客户"下拉列表框中可以选择其他客户，查询其他客户的

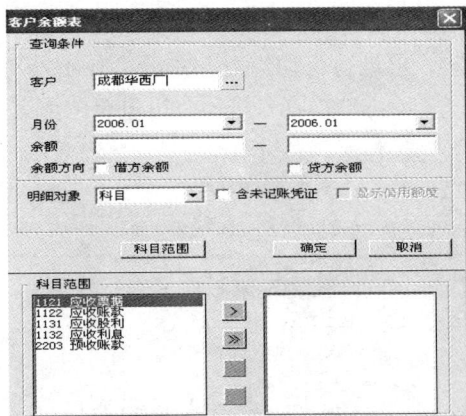

图 9–45　客户余额表查询窗口

图 9–46　"客户余额表"界面

余额表。

　　d. 单击"退出"按钮，返回"总账系统"界面。

　　2）供应商往来查询。

　　a. 在"总账系统"界面，执行"账表"/"供应商往来辅助账"/"供应商往来两清"命令，系统显示"供应商往来两清"查询条件输入界面。

　　b. 在"科目"里输入需要查询的供应商核算科目，本例查询"应付账款"；在"供应商"里选择输入要查询的供应商编码或名称，本例输入"苏州新元电子厂"；选择截止月份；根据具体情况进行其他选项的选择，如图 9–47 所示。

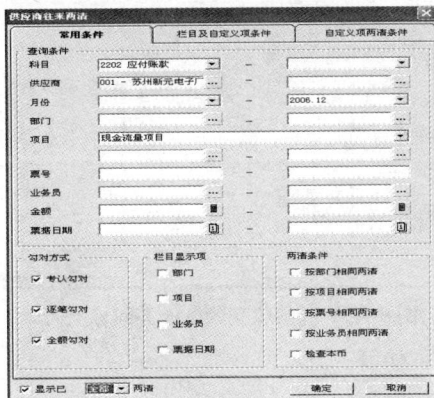

图 9–47　供应商往来两清查询条件窗口

c. 单击"确定"按钮，系统显示"供应商往来两清"的界面，如图 9–48 所示。单击"自动"按钮，可进行自动勾对；系统会显示勾对结果；单击"取消"按钮，可取消两清操作；单击"检查"按钮，可进行两清平衡检查。

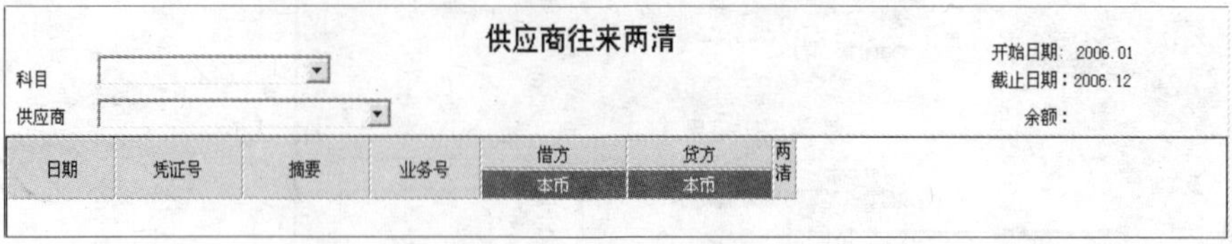

供应商往来两清

科目　　[　　　　　　　　▼]　　　　　　　　　开始日期：2006.01
供应商　[　　　　　　　　▼]　　　　　　　　　截止日期：2006.12
　　　　　　　　　　　　　　　　　　　　　　　余额：

日期	凭证号	摘要	业务号	借方 本币	贷方 本币	两清

图 9–48　供应商往来两清窗口

d. 单击"退出"按钮，返回到"总账系统"界面。

3）个人往来辅助查询。

a. 在"总账系统"界面，执行"账表"/"个人往来账"/"个人往来催款单"命令，系统显示"个人往来催款单条件"输入界面。在"科目"里输入要查询的科目名称；在"部门"里输入需要查询的个人所在部门；在"姓名"里输入查询的个人姓名；在"截止日期"里选择截止日期；选择是否"包含已两清部分"和是否"包含未记账凭证"。

b. 单击"确定"按钮，系统显示"个人往来催款单"界面。

c. 单击"查询"按钮，可查询催款单条件；单击"锁定"，可锁定或取消锁定摘要栏。

d. 单击"退出"按钮，返回到"总账系统"界面。

4）部门辅助账查询。

a. 在"总账系统"界面，执行"账表"/"部门收支分析"命令，系统显示部门收支分析条件输入界面，如图 9–49 所示，在"科目"里会显示所有设置为部门核算的会计科目，将要分析收支的科目选到右面的框中。

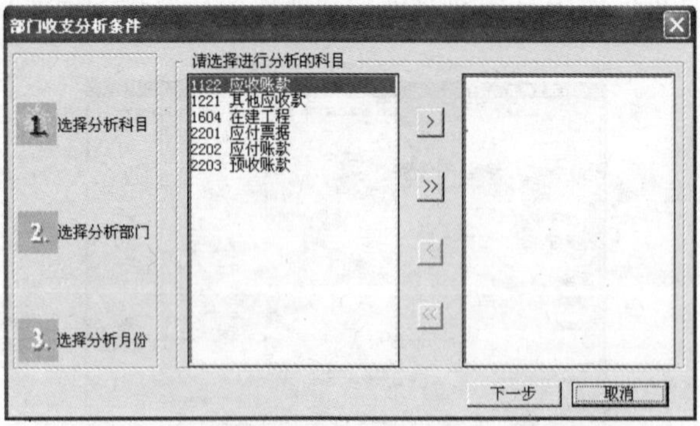

图 9–49　部门收支分析条件向导一窗口

b. 单击"下一步"，进入"部门收支分析条件"向导二窗口，选择要分析收支的部门，如图 9–50 所示。本例选择"销售一部"和"销售二部"。

168

c. 单击"下一步"按钮，进入"部门收支分析条件"向导三窗口，选择输入起止月份，如图9-51所示。

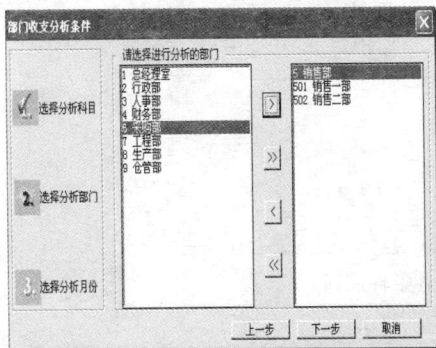

图 9-50　部门收支分析条件向导二窗口　　　图 9-51　部门收支分析条件向导三窗口

d. 单击"完成"按钮，系统显示部门收支分析表，如图9-52所示。

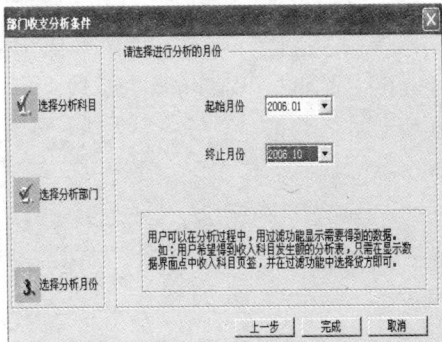

图 9-52　部门收支分析窗口

5）项目辅助账查询。

a. 在"总账系统"界面，执行"账表"/"项目辅助账"/"项目统计分析"命令，系统显示"项目统计条件"界面，在"项目大类"下拉列表框中选择"产品核算"，如图9-53所示。

b. 单击"下一步"按钮，选择统计科目，本例选择所有设置为项目核算的科目。单击"下一步"按钮，选择统计月份，本例起始月份和终止月份都选择"2007.10"。单击"完成"按钮，系统显示"项目统计表"界面。

c. 单击"过滤"按钮，可以只选择查询期初余额、借方、贷方和期末余额中的一种。

d. 单击"退出"按钮，返回到"系统总账"界面。

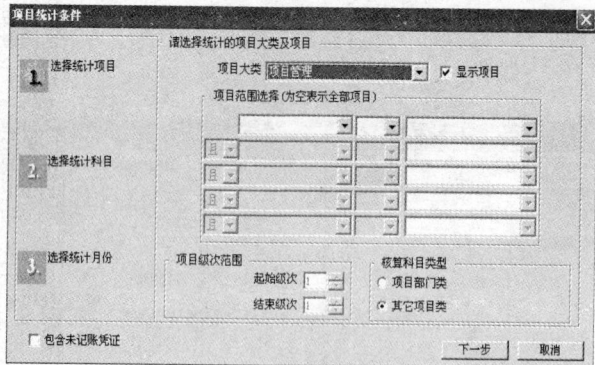

图 9-53　项目统计条件窗口

（4）现金流量表和账簿打印。系统提供现金流量统计表和明细账的查询功能。现金流量项目需指定是流入项目还是流出项目。同时，系统还提供了账表打印功能，企业可以根据前述科目和辅助账进行打印。

其操作方法是：执行"账表"/"账簿打印"命令，选择要打印的账表，进入就可以打印。

2. 转账

（1）转账定义。

1）自定义结转设置。自定义转账功能可以完成的转账业务主要有：费用分配、费用分摊、税金计算、提取各项费用、部门核算、项目核算、个人核算、客户核算和供应商核算的结转。如果客户和供应商使用本公司的应收、应付系统管理，那么在总账系统中，不能按客户、供应商辅助项进行结转，只能按科目总数进行结转。

设置转账凭证时，先设置转账凭证证头，即转账序号、转账说明及凭证类别，转账序号即以后生成凭证时调用的代号，不是凭证号，转账说明即凭证摘要，转账类别为转账凭证。

[例 9-8] 某营业税纳税人计提营业税，税率 5%。操作如下：

a. 执行"期末"/"转账定义"/"自定义结转"命令，显示"自定义转账设置"窗口，单击"增加"按钮，弹出"转账目录"对话框，输入凭证证头的相关内容，如图 9-54 所示。

b. 单击"确定"按钮，回到"自定义转账设置"窗口。

c. 摘要即转账说明会自动输入，在"科目编码"栏输入借方科目编码 5402，在"方向"栏选"借"，在"金额公式"栏输入"FS（5501，月，贷，）* 0.05"或按引导方式输入金额公式。

公式设置常用函数如表 9-5 所示。

d. 单击工具栏的"增行"按钮，摘要即转账说明会自动输入，在"科目编码"栏输入贷方科目编码 217103，在"方向"栏选"贷"，在"金额公式"栏输

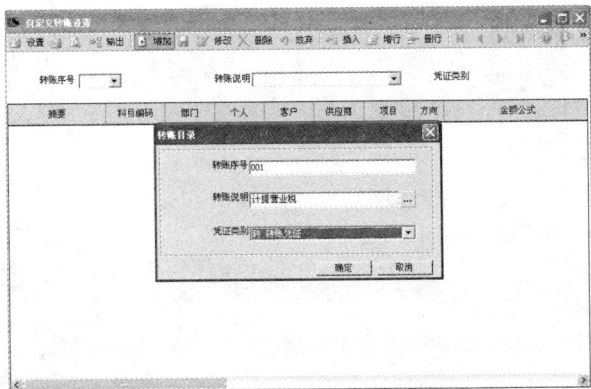

图9-54 自定义转账凭证证头设置界面

表9-5 公式设置常用函数表

公式名称	函数名
期初余额	QC（ ）
期末余额	QM（ ）
借方发生额	FS（ ）
贷方发生额	FS（ ）
取对方科目计算结果	JG（ ）
借贷平衡差额	CE（ ）

入JG（ ）或CE（ ）。

e. 单击工具栏上的"保存"按钮保存设置。

2）期间损益结转设置。按照会计处理的规定，每个会计末期，各损益类科目都应结转到本年利润，以便及时反映企业利润的盈亏情况。期间损益结转就完成这项工作，主要是营业收入、营业成本、管理费用、销售费用、财务费用等损益科目的结转。期间损益结转设置的操作步骤如下：

a. 在总账系统界面，执行"期末"/"转账定义"/"期间损益结转设置"对话框，在"凭证类别"下拉列表框中选择"转账凭证"，在"本年利润科目"框中输入3131。

b. 单击"确定"按钮完成设置，返回"总账系统"界面。

（2）转账生成。转账生成就是生成机制凭证。在转账设置完成后，以后每个会计期间只需要执行转账生成功能，就可由计算机自动生成转账凭证。

由于生成的转账凭证数据来源于记账数据，所以在执行转账生成之前，应该将所有未记账凭证全部记账，否则生成的转账凭证数据有误。特别是生成一组有明显前后顺序的凭证，应按照先后顺序依次进行转账生成、审核和记账。例如，年终未分配利润核算，应先进行期间损益结转生成，审核记账后再进行计提所得税转账生成，审核记账后再生成结转所得税到本年利润的凭证，审核记账，最后才结转生成净利润分配——未分配利润的凭证。

1）自定义转账生成。

a. 在"总账系统"界面，执行"期末"/"转账生成"命令，弹出"转账生成"对话框，选中"自定义结转"单选按钮，系统会在窗口中显示已经设置的自定义转账凭证编号、转账说明、凭证类别和是否结转。

b. 在"结转月份"下拉列表框中选取结转月份。

c. 选择需要生成的凭证，双击其"是否结转"栏，打上标号"Y"，如果全部结转则单击"全选"按钮，或单击"全消"按钮取消标记"Y"，如图 9-55 所示。

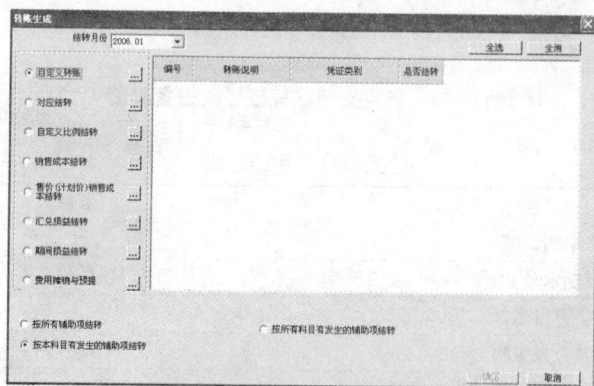

图 9-55 自定义转账生成窗口

d. 单击"确定"按钮即可生成转账凭证。

e. 单击"保存"按钮，如果生成的转账凭证无误，系统会将其追加到当期未记账凭证中，在凭证左上角显示红色的"已生成"字样，并自动分配一个连续的凭证号。

f. 单击"退出"按钮，返回"总账系统"界面。

注意：生成凭证的制单日期应与生成所依赖的记账凭证老会计期间相同，一张转账凭证每月只生成一次。转账生成的凭证需审核后才能记账。

2）期间损益结转生成。

a. 在"总账系统"界面，执行"期末"/"转账生成"命令，弹出"转账生成"对话框，选择"期间损益结转"单选按钮，系统显示"期间损益结转"界面，单击"结转月份"下拉列表框。选取"期间"，单击"类型"下拉列表框，选取"收入"或者"支出"类。

b. 选择需要结转的科目，双击"是否结转"栏，打上标记"Y"。若要全部结转，则单击"全选"按钮，或者单击"全消"按钮取消标记"Y"。

c. 单击"确定"按钮，即可生成收入类或支出类损益结转凭证，本例选"支出"。

d. 单击"保存"按钮，如果生成的转账凭证无误，系统会将其追加到当期未记账凭证中，在凭证左上角显示红色的"已生成"字样，并自动分配一个连续的凭证号。

e. 单击"退出"按钮，返回"总账系统"界面。

3. 对账

一般来说，只要记账凭证录入正确，计算机自动记账后各种账簿都应是正确的、平衡的，但由于非法操作、计算机病毒或其他原因，有时可能会造成某些数据被破坏，因而引起账账不符，为了保证账证相符，用户可以使用本功能进行对账，至少一个月一次，一般可以在月末结账前进行。

其操作步骤为：执行"期末"/"对账"命令，显示待对账窗口。选择要对账的会计期间和对账内容，选择总账与哪些辅助账进行核对，然后单击"对账"按钮，系统开始自动对账。在对账过程中，单击"对账"按钮可停止对账。若对账结果为账账相符，则对账月份的对账结果处显示"正确"；若对账结果为账账不符，则对账月份的对账结果处显示"错误"，单击"错误"按钮可查看引起账账不符的原因。单击"试算"按钮，可以对各科目类别余额进行试算平衡，显示试算平衡表，如图 9-56 所示。

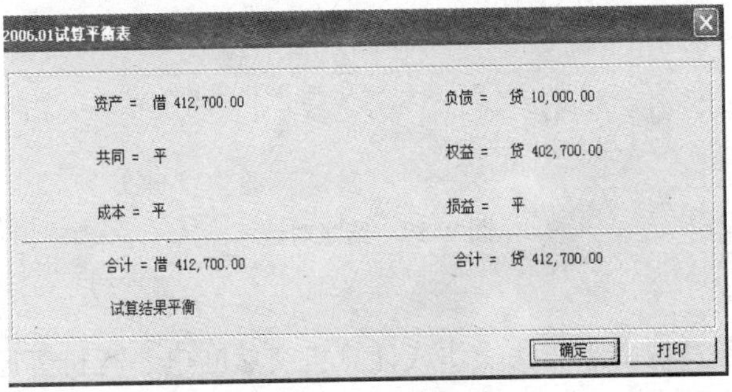

图 9-56 试算平衡表

4. 结账

在手工会计处理中，都有结账的过程，在计算机会计处理中也应有这一过程，以符合会计制度的要求，结账后才能进行以后期间的记账等工作，因此系统提供了"结账"功能。结账只能由有结账权限的操作员完成，其操作步骤为：

（1）执行"期末"/"结账"命令，系统显示结账向导——结账月份对话框，如图 9-57 所示。

（2）选择结账月份，单击"下一步"按钮，系统显示结账向导二——核对账簿对话框。

（3）单击"对账"按钮，系统对要结账月份进行账账核对，在对账过程中单击"停止"按钮终止对账。

（4）对账完成后，单击"下一步"按钮，系统显示结账向导三——结账月度工作报告，如图 9-58 所示。若需要打印，则单击"打印月度工作报告"按钮。

（5）查看工作报告后，单击"下一步"按钮，系统显示结转完成。单击"结

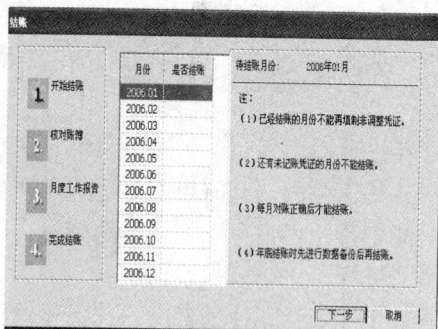

图 9-57 结账向导一——结账月份对话框

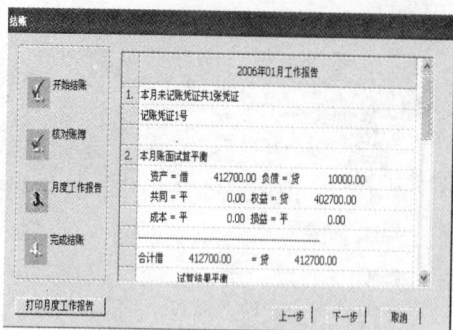

图 9-58 结账向导三——结账月度工作报告对话框

账"按钮，若符合结账要求，系统将进行结账，否则不予结账，如图 9-59 所示。

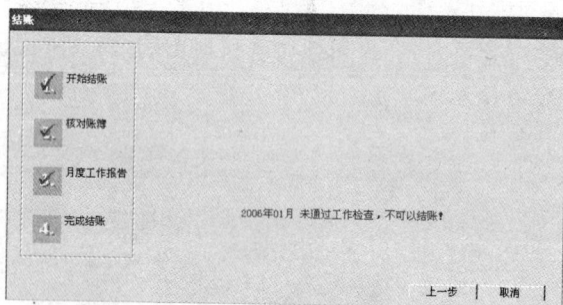

图 9-59 结账对话框

5. 反结账

结账后，若发现由于非法操作或计算机突然断电、死机等原因数据遭到破坏，可使用反结账功能，但只有账簿主管有权反结账。其操作步骤为：

（1）在总账界面，执行"期末"/"结账"命令，显示结账界面。

（2）选择需要取消结账的月份，按 Ctrl+Shift+F6 组合键，输入主管口令。

（3）单击"确定"按钮，即可取消结账。

注意：上月未结账，本月不能记账，但可填制凭证。

第四节 固定资产管理

固定资产管理系统主要完成以下几个方面的工作：设置账套参数、系统基础设置、系统的日常处理和系统的月末处理。

一、设置账套参数

固定资产管理系统的账套参数设置即系统初始化设置，是建立一个适合用户固定资产管理具体情况的子账套。其操作步骤如下：

（1）执行"开始"/"程序"/"用友 ERP-U8"/"财务会计"/"固定资产"命令，系统显示"注册【固定资产】"对话框，由账套主管注册或由有固定资产管理系统初始设置权限的操作员注册。

（2）单击"确定"按钮，进入固定资产管理系统。第一次进入该系统，系统显示是否初始化对话框。

（3）单击"是"按钮，弹出"固定资产初始化设置"对话框，如图 11–60 所示。

（4）单击"下一步"按钮进入"启用月份"界面，如图 9–61 所示。此处的启用月份为灰色，不能修改，因此在"企业门户"/"基础信息"/"基本信息"/"系统启用"中已经设置了启用月份。

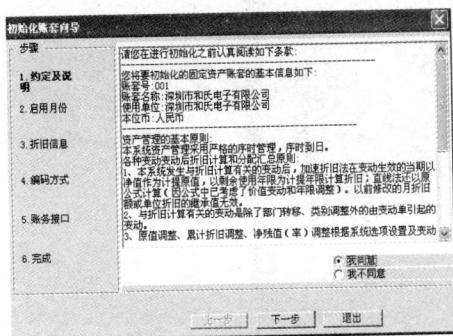

图 9–60　固定资产初始化设置对话框

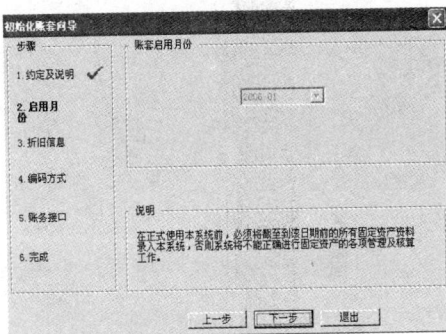

图 9–61　"启用月份"界面

（5）单击"下一步"按钮，进入"折旧信息"界面，如图 9–62 所示。可以单击"主要折旧方法"后的下拉按钮选择折旧方法，单击"折旧汇总分配周期"后的下拉按钮选择周期，也可以采用默认值。

（6）单击"下一步"按钮进入"编码方式"界面，如图 9–63 所示。设置资产类别编码方式，类别编码最长可为 4 级 10 位，系统推荐类别编码使用国家规定的 4 级 6 位（2112）方式。固定资产编码方式可采用手工输入，也可采用自动编码方式。当选择自动编码方式时，系统提供常用的 4 种编码方式供选择。

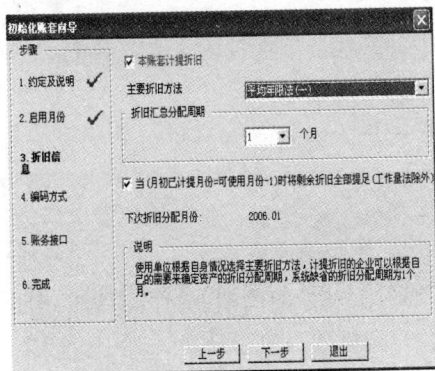

图 9–62　"折旧信息"界面

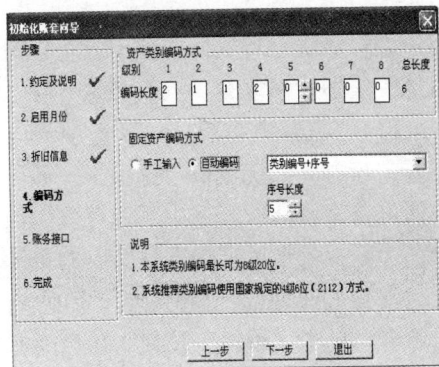

图 9–63　编码方式窗口

（7）单击"下一步"按钮进入"财务接口"界面，主要完成与财务系统对账工作，如图9-64所示。选中"与财务系统进行对账"复选框，并分别设置固定资产和累计折旧对账科目，即可实现与财务系统对账和进行固定资产核算业务的自动转账工作；选中"在对账不平情况下允许固定资产月末结账"复选框，即可在对账不平衡的情况下进行月末结账。

（8）单击"下一步"按钮，系统要求确认以上参数设置是否正确，如图9-65所示。如果有误，可单击"上一步"按钮一步步返回修改，无误后单击"完成"按钮，账套参数设置完毕，进入"固定资产管理系统"窗口。

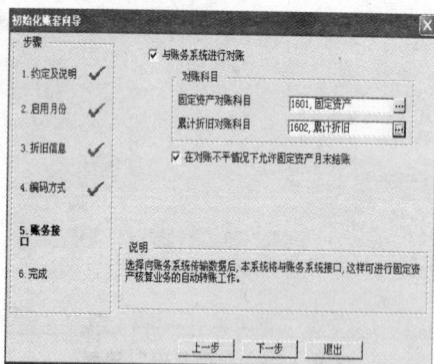

图9-64 "财务接口"界面

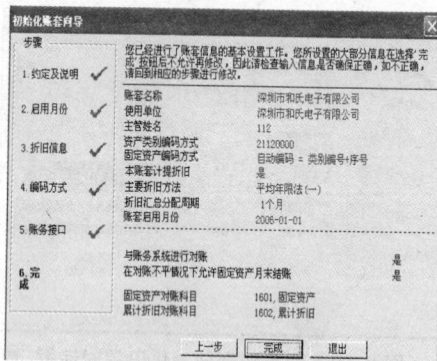

图9-65 "完成"界面

二、系统基础设置

固定资产账套参数成功设置即进入固定资产管理系统，需要对系统进行基础设置，包括选项设置、部门档案设置、部门对应折旧科目设置、资产类别设置、增减方式、使用状况和折旧方法设置等工作。

1. 选项设置

选项设置的内容多数是建立固定资产子账套时的参数，可在此进行确认或修改。执行"系统参数"/"设置"/"选项"命令，显示"选项"对话框，如图9-66所示。

该对话框中有5个选项卡，可以对其中的一些选项卡进行修改，其中"基本信息"是不能修改的。

（1）"与财务系统接口"选项卡。主要设置与财务系统对账及制单等信息。打开"与财务系统接口"选项卡，如图9-67所示。背景是灰色的，单击"编辑"按钮可将其激活。若选中"业务发生后立即制单"复选框，则在业务发生后就制单，否则在月末凭证处理时统一制单。

（2）"折旧信息"选项卡。主要选择折旧方法及折旧周期。打开"折旧信息"选项卡，单击"编辑"按钮，可以对其中的复选框项目进行选择，其中折旧方法可以选择系统提供的方法中的一种，如图9-68所示。可以在下拉列表框中选择折旧汇总分配周期，系统有1、2、3、4、5、12共7种可供选择。

176

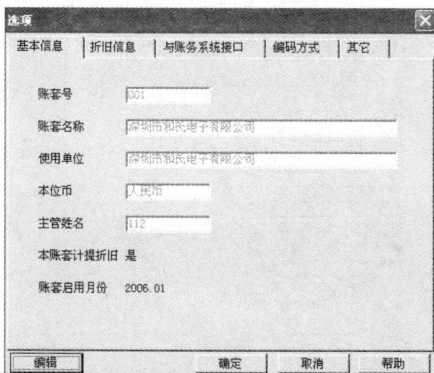

图 9-66 "选项"对话框

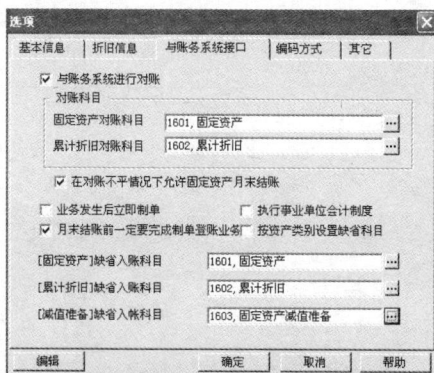

图 9-67 "与财务系统接口"选项卡

（3）"其它"选项卡。主要进行固定资产及类别编码方式的选择和修改。打开"其它"选项卡，如图 9-69 所示。单击"编辑"按钮，可以对其中的复选框项目进行选择。"已发生资产减少卡片可删除时限"默认值为 5 年，可以对其余项目进行修改。

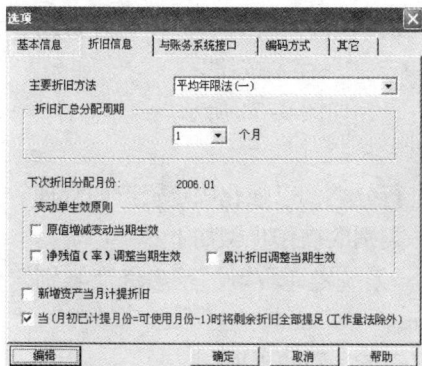

图 9-68 "折旧信息"选项卡

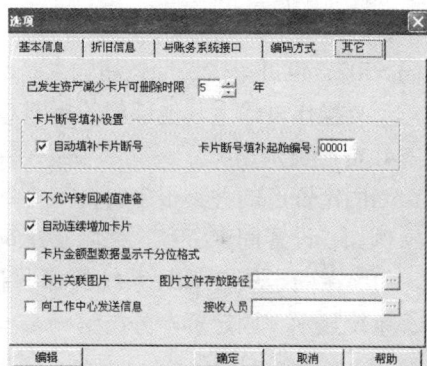

图 9-69 "其它"选项卡

选择完毕，单击"确定"按钮，选项设置完成，返回系统主界面。

2. 部门档案设置

部门档案已经在"企业门户"中的"基础档案"中设置好了，在此可以根据实际需要对部门进行增加、修改、删除操作。

例如，对部门档案进行修改，录入各部门的负责人。执行"系统菜单"/"设置"/"部门档案"/"部门分类"/"公司总部"/"修改"命令，录入公司总部的负责人，如图 9-70 所示。

修改完毕，单击"保存"按钮，档案修改完成。

3. 部门对应折旧科目设置

对应折旧科目就是以后在计提折旧时，折旧费用计入成本费用的科目名称。按照会计规定，折旧费用应按照使用部门分别计入不同的成本费用科目中，如生

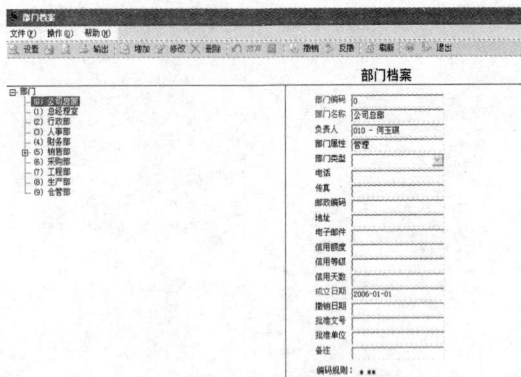

图 9-70 部门档案修改窗口

产部门的折旧记入"制造费用"，工程项目耗用固定资产发生的折旧费应记入在建工程成本中等。设置对应折旧科目即给每个部门输入相应的成本科目。

例如，给公司总部设置折旧对应科目为"管理费用"的操作步骤如下：

（1）在固定资产系统界面，执行"系统菜单"/"设置"/"部门对应折旧科目"命令，系统显示部门及折旧科目录入界面。

（2）选中"公司总部"，单击"修改"按钮，输入科目名称"管理费用"或编码 5502，也可单击参照按钮输入，然后单击"保存"按钮。

反复操作可输入其他部门的折旧对应科目，如图 9-71 所示。

4. 资产类别

当固定资产的种类很多时，需要将其进行分类，以强化固定资产的管理。

例如，设置固定资产"房屋及建筑物"类别的操作步骤如下：

（1）在固定资产管理系统界面，执行"系统菜单"/"设置"/"资产类别"命令，系统显示"固定资产分类编码表"界面。

（2）单击"增加"按钮，显示增加固定资产类别的界面。

（3）在"类别名称"中输入"房屋及建筑物"，在"使用年限"中输入 50，在"净残值率"输入 4，在"计算单位"中输入"平方米"，单击"保存"按钮，如图 9-72 所示。

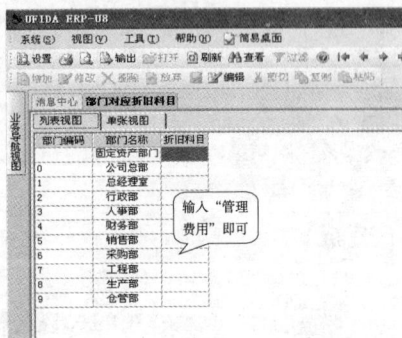

图 9-71 部门对应折旧科目设置界面

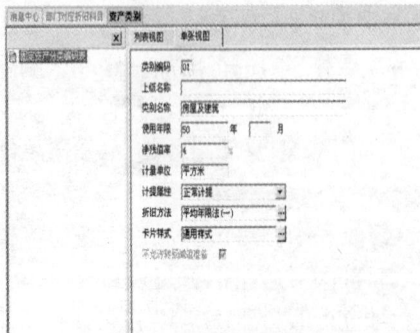

图 9-72 类别编码设置界面

反复操作可输入其他类别，如图9-73所示。

图9-73 类别编码表界面

5. 增减方式

增减方式包括增加和减少两种类型，系统设置了6种增加方式和7种减少方式。增加方式包括直接购入、投资者投入、捐赠、盘盈、在建工程转入和融资租入；减少方式包括出售、盘亏、投资转出、捐赠转出。还可以为各种增减方式设置对应入账科目。如为"投资者投入"增加方式设置"实收资本（或股本）"科目，操作步骤如下：

（1）在固定资产管理系统界面，执行"系统菜单"/"设置"/"增减方式"命令，系统显示"增减方式"界面。

（2）选择"投资者投入"方式，单击"修改"按钮，在"对应入账科目"栏里输入"实收资本（或股本）"或编码3101，单击"保存"按钮，保存设置。反复操作可输入其他各种增减方式的对应入账科目，如图9-74所示。

（3）单击"退出"按钮，返回固定资产管理系统主界面。

6. 使用状况

使用状况设置主要明确固定资产是使用中的、未使用的、还是不使用的固定资产，从而为准确计提折旧提供依据，有利于掌握固定资产的使用情况，提高资产的利用效率。

在固定资产管理系统界面，执行"系统"/"设置"/"使用状况"菜单命令，系统显示"使用状况"界面，如图9-75所示。可根据需要增加、修改和删除使用状况。

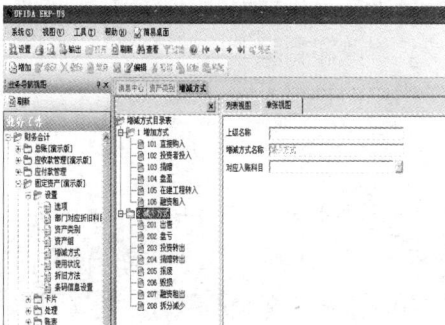

图9-74 增减方式的对应入账科目窗口

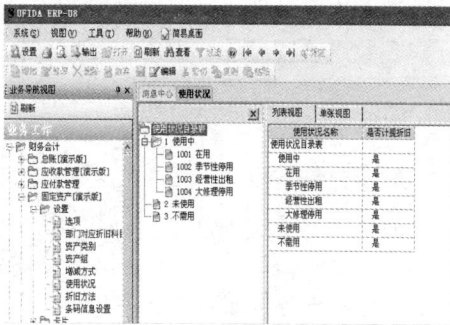

图9-75 使用状况窗口

注意：①使用状况一经使用，则不能被删除。②修改"是否计提折旧"，对折旧计算的影响从当期开始，不调整以前的折旧计算。

7. 折旧方法设置

固定资产管理系统要自动计算折旧，还需要进行折旧方法的设置。系统提供了6种折旧方法，并列出了折旧公式以及月折旧额的公式。

在固定资产管理系统界面，执行"系统"/"设置"/"折旧方法"菜单命令，系统显示"折旧方法"设置界面，如图9-76所示。

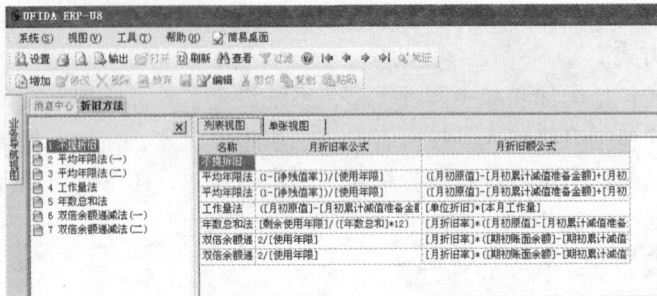

图9-76 折旧方法设置窗口

如果这几种方法不能满足需要，可以单击"增加"按钮，自定义设置合适的折旧方法。

注意：对系统提供的折旧方法可以选用，但不能修改。

三、卡片设置

对固定资产进行明细核算和管理需要利用一张张卡片，因此本系统需要对卡片项目、样式进行设置，然后将固定资产的原始数据录入到卡片中。

1. 卡片项目处理

为了更好地管理固定资产，用户可以根据需要设置卡片项目。卡片项目是固定资产卡片上显示的用来记录资产资料的栏目，如原值、资产名称、使用年限、折旧方法等，是卡片最基本的项目。固定资产管理系统提供了一些常用卡片必需的项目，称为系统项目，如果这些项目不能满足用户对固定资产管理的需要，可以通过卡片项目设置来增加需要的项目，新增加的项目称为自定义项目，这两部分构成卡片项目目录。用户还可以根据需要，修改和删除卡片项目。

系统项目可以修改，但不能删除，已经确定的自定义项目可以修改，使用中的自定义项目不能删除。

2. 卡片样式设置

卡片样式是指卡片的显示格式，包括格式（表格线、对齐形式、字体大小、字型等）、所包含的项目和项目的位置等。系统提供了通用卡片样式，但不同的用户使用的卡片样式可能不同，即使是同一用户，由于对不同的资产管理的内容和侧重点可能不同，也会使用不同的卡片，故该系统提供了卡片样式自定义功能。

在固定资产管理系统界面，执行"系统菜单"/"卡片"/"卡片样式"命令，系统显示"卡片样式管理"界面，如图9-77所示。

3. 录入原始卡片

在使用固定资产系统进行核算前，必须将原始卡片资料录入系统，以保持历史资料的连续性。在卡片项目及卡片样式设置完成后，即可录入原始卡片。

原始卡片是指固定资产系统启用前手工管理情况下的固定资产原始数据。原始卡片的录入不必在第一个期间结账前，任何时候都可以录入原始卡片。

例如，公司总部办公楼是2005年6月28日开始使用，录入系统时间是2007年9月11日，则该卡片是原始卡片，该卡片应通过"录入原始卡片"功能录入系统。其操作过程如下：

（1）在固定资产管理系统界面，执行"系统"/"卡片"/"录入原始卡片"菜单命令，系统显示"资产类别参照"对话框，如图9-78所示。

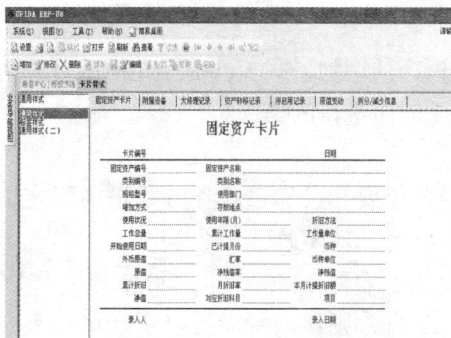

图9-77　卡片样式管理窗口　　　　　图9-78　资产类别参照对话框

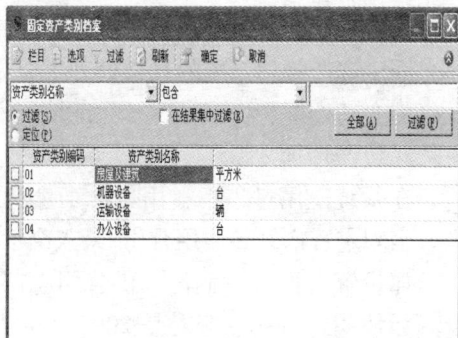

（2）选择"01 房屋及建筑物"，单击"确认"按钮，显示"固定资产卡片"录入界面，如图9-79所示。"固定资产编码"按照账套参数或选项设置中的编码方式自动显示，本例采用"类别+序号"的方式，序号采用5位编码。"类别名称"显示选定的"房屋及建筑物"，"使用年限"按类别设置输入的年限显示，本例是50年，"折旧方法"采用选定的"平均年限法（一）"。

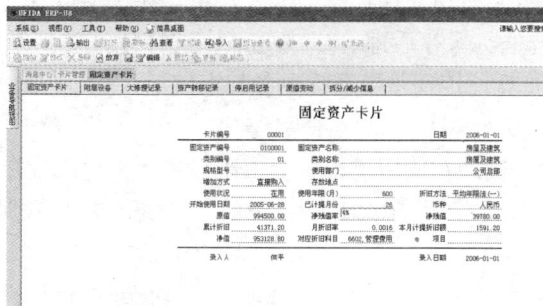

图9-79　固定资产卡片录入窗口

（3）在"增加方式"里输入"直接购入"，在"使用状况"里输入"在用"，在"开始使用日期"里输入"2005-06-28"，在"部门名称"里输入"公司总部"等卡片项目。也可以单击各按钮参照输入内容。系统在"对应折旧科目"里自动显示设定的"5502，管理费用"。

（4）在"原值"里输入金额后，系统会自动按使用年限、开始使用日期、折旧方法、净残值率计算月折旧率和计提月折旧额，用户根据月折旧额和已计提月份计算累计折旧并录入到"累计折旧"中。"录入人"为当前操作员姓名，"录入日期"为当前操作日期。

（5）录入完毕，单击"保存"按钮，保存卡片并自动显示第二张卡片的录入界面。

注意：①开始使用日期，必须采用"年-月-日"的格式录入。②当开始使用月份小于录入月份时，在"原始卡片"里录入；当开始使用月份等于录入月份，只能通过"资产增加"功能录入。

四、系统的日常处理

固定资产管理系统的日常处理主要是资产的增加、减少，资产在使用过程中发生的变动处理、折旧处理及凭证填制发生时所进行的操作。

1. 资产增加

在系统使用过程中，用户由于生产经营需要，会通过各种方式增加固定资产。当固定资产开始使用月份=录入会计月份时，就要通过"资产增加"录入。

如投资者投入一辆汽车供公司总部使用，金额 165000 元，2007 年 9 月 20 日开始使用，录入系统时是 2007 年 9 月 27 日，则该卡片需通过资产增加来录入。操作步骤为：

（1）在固定资产管理系统界面，执行"系统菜单"/"卡片"/"资产增加"命令，显示"固定资产卡片"录入界面。

（2）选择要录入卡片所属的"运输设备"类别，以确定卡片样式及固定资产编号。确定后显示单张卡片录入界面，按原始卡片相同的操作录入各项目即可。

（3）在"固定资产卡片"选项中录入信息后，单击其他选项卡，可输入其他信息。其他选项卡上的信息只供参考，不参与计算。

（4）单击"保存"按钮，保存新增卡片。由于在选项设置选中了"业务发生后立即制单"复选框，保存后即会生成凭证，选择凭证类别及制单日期后单击"保存"按钮，可将凭证传到总账系统中参与审核记账。

2. 资产减少管理

（1）资产减少。资产在使用过程中会由于毁损、出售、投资转出、融资租出等原因退出企业，该部分操作称为"资产减少"。资产减少必须在本月计提折旧后才能操作。

例如，将 2005 年 8 月投入使用的 0004 号卡片记录的计算机报废，清理收入 2000 元，清理原因为速度太慢，不能满足需要。操作步骤为：①在固定资产管理系统界面，执行"系统菜单"/"卡片"/"资产减少"命令，系统弹出"资产减少"界面。选择要减少的资产卡片编号 0004 号，或输入资产编号，单击"增加"按钮，将资产添加到资产减少表中。②在表中输入资产减少的信息：在"减少日期"中输入 2007 年 9 月 25 日，在"减少方"中输入"报废"，在"清理收入"中输入 2000，在"清理原因"中输入"不能满足需要"。③单击"确定"按钮，即完成该资产的减少。

（2）撤销资产减少。撤销资产减少是系统提供的一个纠错功能，当月减少的资产可以通过本功能恢复使用。通过资产减少的资产只有在减少的当月可以撤销。如果资产减少操作已制定凭证，必须删除凭证后才能撤销。撤销资产减少的操作步骤：①执行"卡片"/"卡片管理"命令，显示"卡片管理"界面，从下拉列表中选择"已减少资产"。②选中要撤销减少的资产，单击"卡片"/"撤销减少"，系统提示是否撤销，单击"是"按钮即可恢复减少的资产。

3. 资产变动

固定资产的变动管理系统提供了原值增加、原值减少、部门转移、使用状况变动、折旧方法调整、累计折旧调整、使用年限改变、工作总量调整、净残值（率）调整、资产所属类别的调整、计提减值准备、转回减值准备等。

例如，发现 0002 号卡片所记录固定资产原值多记 15000 元，可通过资产变动的"原值减少"功能减少多记金额，操作步骤为：

（1）执行"卡片"/"原值减少"命令，显示"固定资产变动单——原值减少"界面。

（2）输入卡片编号 0002 或资产编号及相关项目。

（3）输入减少金额 15000。

（4）输入变动原因。

（5）单击"保存"按钮，即完成该变动单操作。卡片上相应的项目（原值、净残值、净残值率）根据变动单而改变。

注意：①当月原始录入或新增资产不允许进行资产变动操作，可通过卡片管理的修改功能进行更改。②变动单不能修改，只有当月可删除重做，所以请仔细检查后再保存。

固定资产的其他变动管理类似以上操作。

4. 计提折旧

计提折旧的操作步骤为：

（1）执行"处理"/"计提折旧"命令，系统会显示是否查看折旧清单对话框，选择后显示是否继续等界面，单击"是"按钮，系统将自动计提各个资产当期的折旧额，并将当期的折旧额自动累加到累计折旧项目，弹出"折旧清单"窗口，如图 9-80 所示。

（2）单击"退出"按钮，系统会显示"折旧分配表"，或执行"处理"/"折旧分配表"命令也可调出该界面。

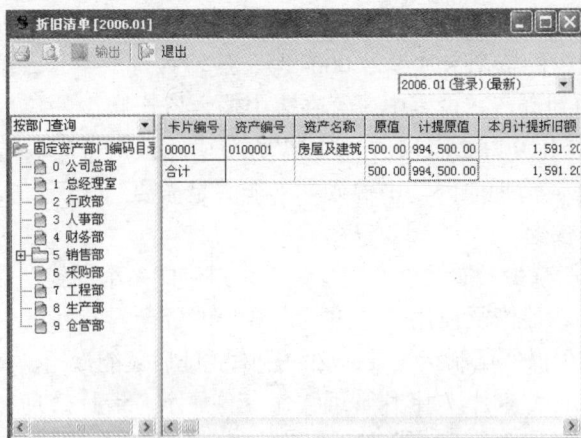

图 9-80 折旧清单窗口

（3）单击工具栏上的"凭证"按钮，可生成折旧计提的凭证，也可在以后利用"批量制单"功能填制凭证。

5. 批量制单

如果在选项设置时，没有选中"在业务发生后立即制单"复选框，则应在每个会计期末，利用本系统的"批量制单"功能完成制单工作。该功能可同时将一批需制单业务连续制作凭证传输到总账系统，避免了多次制单的繁琐。

凡是业务发生时没有制单的，该业务自动排列在制单表中，表中列示应制单而没有制单的业务发生日期、类型、原始单据号，缺省的借贷方科目和金额，以及制单选择标志。批量制单的具体操作步骤为：

（1）执行"处理"/"批量制单"命令，显示"批量制单"界面。

（2）单击"全选"按钮或双击打钩，如图 9-81 所示。

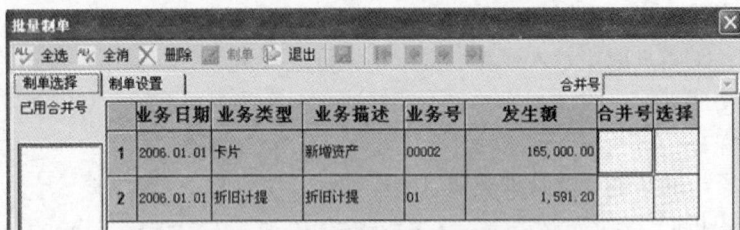

图 9-81 批量制单选择窗口

（3）打开"制单设置"选项卡，如图 9-82 所示。系统根据初始设置显示科目，其他辅助核算可按实际情况输入。

（4）单击"制单"按钮。

（5）单击"保存"按钮，保存已生成的凭证。

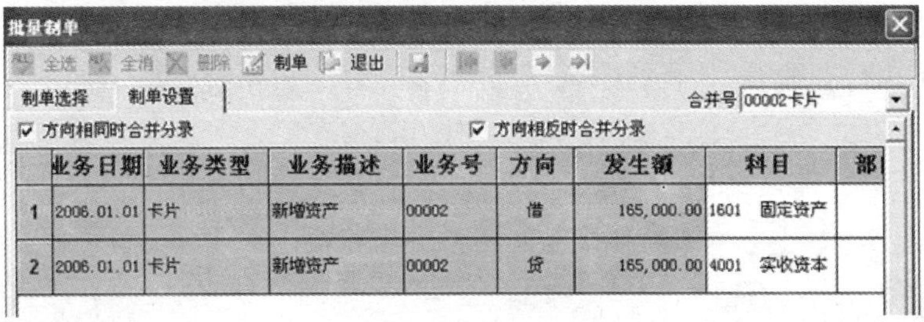

图 9-82　制单设置选项卡

五、系统的月末处理

在固定资产管理系统日常处理完成后，可进行月末处理。月末处理主要包括对账、结账和反结账。

1. 对账

如果在选项设置中选择了"在对账不平衡情况下允许固定资产月末结账"，则固定资产系统可以在所有日常业务完成后结账，否则，要等到总账系统审核记账后，与其对账平衡后才能结账。在结账过程中，系统会自动进行对账，并显示与总账系统是否平衡。

2. 结账

按照会计制度规定，每会计期末要结账，固定资产管理系统到月底也必须结账。月末结账的操作步骤如下：

（1）执行"处理"/"月末结账"命令，系统显示月末结账界面。结账后当期数据不能修改。

（2）单击"开始结账"按钮，系统会自动结账，完毕显示结账成功提示框。

（3）单击"确定"按钮，系统提示最新修改日期。

3. 恢复结账前状态

结账完成后，在"处理"下增加"恢复月末结账前状态"功能。如果由于某种原因，在结账后发现结账前的操作有误，可通过该功能恢复月末结账前的状态，又称"反结账"，这是本系统提供的一个纠错功能。但是不能跨年度恢复数据，即本系统年末结转后，不能利用本功能恢复本年末结转前的状态。因为成本管理系统每月从本系统提取折旧费用数据，所以一旦成功从本系统提取了某期的数据，则该期不能反结账。具体操作步骤如下：

（1）执行"处理"/"恢复月末结账前的状态"命令，屏幕显示恢复日期的提示信息。

（2）单击"是"按钮，系统即执行恢复操作，完成显示成功信息。

六、账表管理

1. 分析表

分析表主要对固定资产的部门构成、价值构成、类别构成和使用状况进行分析。

例如，查询部门构成分析表的操作步骤如下：

（1）执行"账表"/"我的账表"/"分析表"命令，系统会显示如图 9-83 所示的界面。

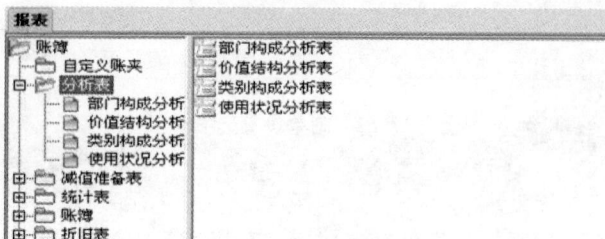

图 9-83　分析表窗口

（2）双击需要查询的部门构成分析表，输入查询条件及查询期间，单击"确定"按钮，系统显示"部门构成分析表"界面，如图 9-84 所示。

图 9-84　部门构成分析表窗口

2. 统计表

统计表中可查询固定资产原值表、固定资产到期提示表、固定资产统计表、盘盈盘亏报告表、评估报告表、评估变动表、逾龄资产统计表等。查询步骤与分析表相同，查询的"（固定资产原值）一览表"如图 9-85 所示。

图 9-85　（固定资产原值）一览表窗口

3. 账簿

通过账簿功能可查询固定资产的部门、类别明细账、单个固定资产明细账、固定资产登记和固定资产总账。

186

4. 折旧表

通过折旧表功能可查询部门折旧计提汇总表、固定资产及累计折旧表、固定资产折旧计算明细表和固定资产折旧清单。查询的固定资产及累计折旧表如图9-86所示。

固定资产及累计折旧表(一)

使用单位:深圳市和氏电子有限公司　　　期间:2006.01
汇总类别:1---1

资产类别	原值		可回收市值		累计折旧		减值准备		本月计提折旧额
	年初数	期末数	年初数	期末数	年初数	期末数	年初数	期末数	
房屋及建筑(01)	994,500.00	994,500.00	53,128.80	51,537.60	41,371.20	42,962.40			1,591.20
运输设备(03)		165,000.00		55,000.00					
合计	994,500.00	159,500.00	53,128.80	16,537.60	41,371.20	42,962.40			1,591.20

图 9-86　固定资产及累计折旧表窗口

第五节　应收款与应付款管理系统

一、系统启用

1. 应收款管理系统的启用

与总账系统类似,如果在建立账套时没有启用系统,在使用应收款管理系统之前,应先在企业门户里启用应收款管理系统。操作步骤如下:

(1)以账套主管身份注册"企业门户"。

(2)执行"基础信息"/"基本信息"/"系统启用"命令,系统显示"系统启用"界面,选中"应收"系统中的"系统编码"复选框,选择启用日期。

(3)单击"是"按钮,启用系统。

(4)单击"退出"按钮,返回企业门户界面。

2. 应收款管理系统的注册

应收款管理系统注册步骤如下:

(1)执行"开始"/"程序"/"用友ERP-U8"/"财务会计"/"应收款管理"命令,或在企业门户界面执行"财务会计"/"应收款管理"命令,系统显示应收款注册界面。

(2)单击"确定"按钮,系统显示"应收款管理"系统界面,如图9-87所示。

二、系统基础设置

在使用应收应付系统前,首先应完成账套的基础设置,主要包括系统初始设置、选项设置、期初数据录入、单据设置、单据编号等。

1. 系统选项设置

与其他系统类似,在运行应收款管理系统前,用户应在此设置运行所需要的账套参数,即进行系统选项设置。选项设置的操作步骤如下:

(1)在"应收款管理"系统界面执行"设置"/"选项"命令,系统显示"账套参数设置"对话框，如图9–88所示。

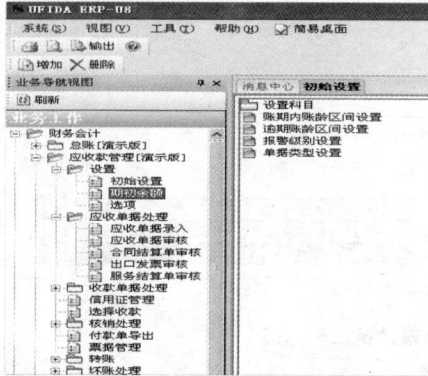

图9–87 应收款管理系统窗口

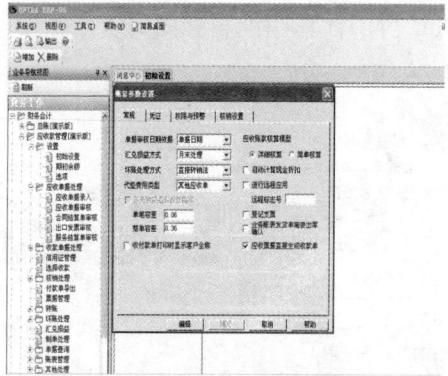

图9–88 账套参数设置对话框

（2）单击"编辑"按钮，分别单击每个选项后边的下拉菜单以选择用户所需要的账套参数。选择完各个账套参数后，单击"确定"按钮，系统保存用户所选的操作；单击"取消"按钮，系统则取消用户所作的选择。

在"账套参数设置"对话框中有三个选项卡：常规、凭证、权限与预警。

2. 单据设置

单据设置可分为专用发票、普通发票和应收单三种设置，它们的设置方法类似，这里以增值税专用发票为例来介绍单据设置的一般方法。

（1）在启动应收款系统之后，执行"设置"/"单据设置"/"销售模块"/"销售专用发票"/"显示"/"销售专用发票显示模块"命令，系统显示专用发票界面。

（2）单击工具栏上的"表头项目"和"表体项目"按钮，可分别对发票的表头项目和表体项目进行选择设定，其中属于系统固定项的是必选栏目。

（3）单击"确定"按钮，保存栏目选择，单击"保存"按钮保存设计的单据。

3. 初始设置

初始设置就是建立应收款管理的基础数据，使应收业务管理更符合用户的需要。系统提供的初始设置包括科目的设置、坏账准备设置、账龄区间设置、单据类型设置和报警级别设置。

（1）科目设置。设置科目是为了将应收款系统中所处理的各种单据制单并生成凭证，在传递到总账系统中时自动代入其生成凭证对应的会计科目，包括基本科目设置、控制科目设置、产品科目设置和结算方式科目设置。

1）基本科目设置。

a. 执行"设置"/"初始设置"/""基本科目设置"命令，系统显示"基本科目设置"界面。

b. 在各科目里输入相应的科目编码，如图9–89所示。其中应收科目、预收科目、银行承兑科目和商业承兑科目都应该是总账系统中设置为"客户往来"核

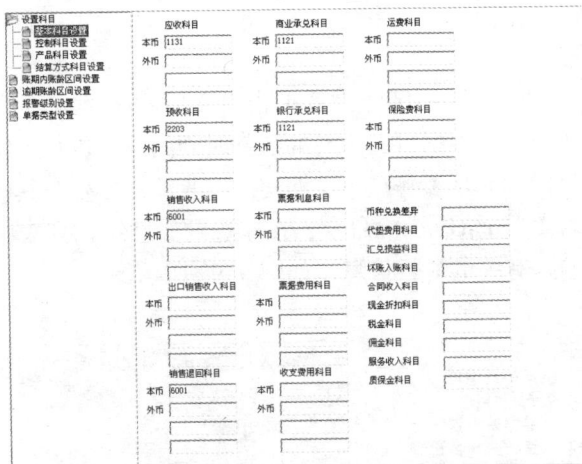

图 9-89　基本科目设置窗口

算的会计科目。

　　c. 设置完毕后，单击"退出"按钮或单击"控制科目设置"选项进行控制科目设置。

　　2）控制科目设置。控制科目设置是按照参数设置时选择的控制依据（本例选择的是按客户），为每一个客户录入相应的应收、预收科目，如图 9-90 所示。

图 9-90　控制科目设置窗口

　　3）结算方式科目设置。结算方式科目设置是为各种结算方式设置科目。在进行发票和收付款单的填制时，系统根据各种结算方式选择币种并查找对应的结算科目，在制单时自动显示。设置界面如图 9-91 所示。

图 9-91　结算方式科目设置窗口

　　（2）坏账准备设置。坏账准备设置是指用户定义坏账准备的提取比率和录入坏账准备期初余额。只有用户在账套参数设置时选择备抵法，才能够在此对坏账准备进行设置。第一年使用应收系统，坏账准备期初余额可以直接录入，以后年度由系统自动生成。

（3）账龄区间设置。账龄区间设置是指定义应收账款或收款时间间隔的功能，它的作用是便于用户根据自己定义的账款时间间隔，进行应收账款或收款的账龄查询和账龄分析，清楚了解在一定期间内应收款的发生及其收款情况。其操作为：执行"设置"/"初始设置"命令，在左边的属性结构列表中单击"账龄区间设置"按钮，输入有关的科目信息，如图 9-92 所示。

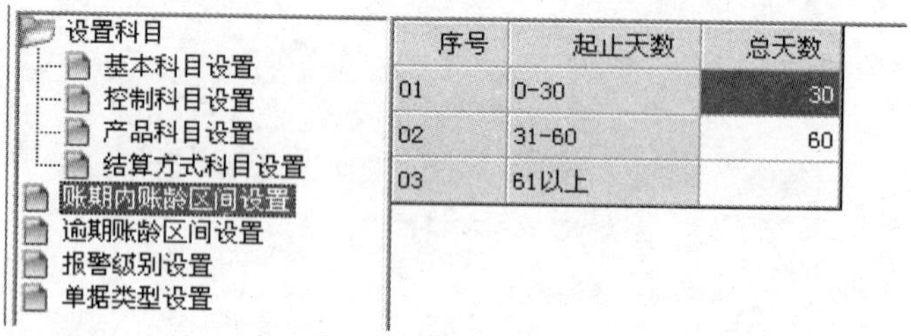

图 9-92　账龄区间设置窗口

（4）报警级别设置。报警级别设置是指用户根据客户欠款余额与信用额度的比例设置报警级别，方便用户掌握客户的信用情况。其操作步骤为：

1）执行"设置"/"报警级别设置"命令，进入设置界面。

2）单击"增加"按钮，在新增行中输入总比率及级别名称，设置界面如图 9-93 所示。

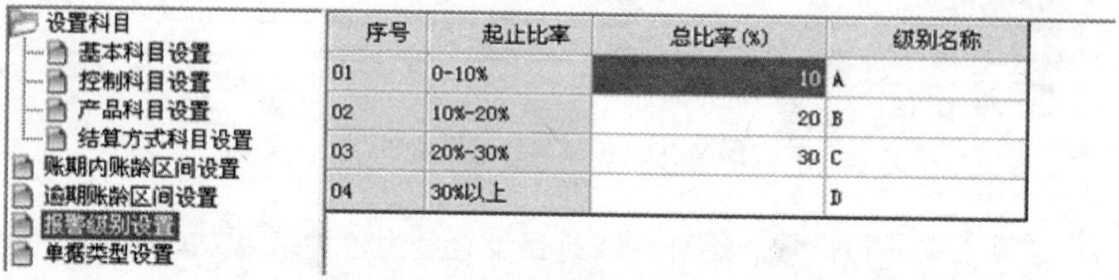

图 9-93　报警级别设置窗口

（5）单据类型设置。单据类型设置是指用户将自己的往来业务与单据类型建立对应关系。系统提供了发票和应收单两大类型的单据。如果使用销售系统，则发票类型单据名称包括销售专用发票、普通发票、销售调拨单和销售日报。如果单独使用应收系统，则单据名称不包括后两种。发票是系统默认类型，不能修改删除。单据类型设置操作步骤如下：

执行"设置"/"初始设置"命令，在左边的树形结构列表中单击"单据类型设置"按钮，如图 9-94 所示。

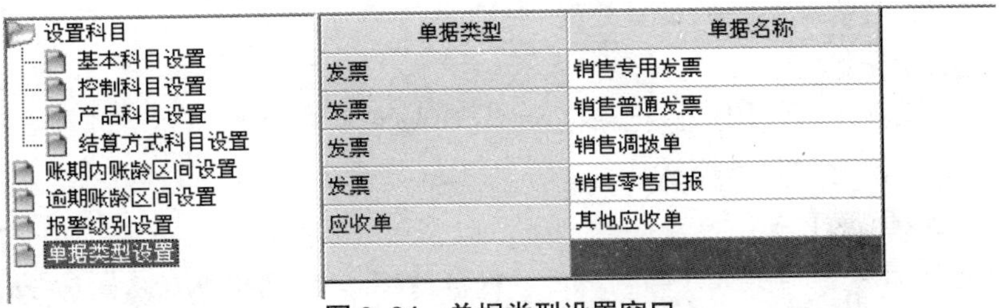

单据类型	单据名称
发票	销售专用发票
发票	销售普通发票
发票	销售调拨单
发票	销售零售日报
应收单	其他应收单

设置科目
　　基本科目设置
　　控制科目设置
　　产品科目设置
　　结算方式科目设置
账期内账龄区间设置
逾期账龄区间设置
报警级别设置
单据类型设置

图9-94　单据类型设置窗口

4. 期初数据录入

当初次使用应收系统时，要将启用应收系统时的未处理完的单据都录入到本系统，以便于以后核销处理。当进入第二年度处理时，系统自动将上年未处理完的单据转为下年度的期初余额。在下一年度的第一个会计期间里，可以进行期初余额的调整。下面举例讲解期初余额录入的一般方法。

期初余额数据录入的操作步骤如下：

（1）执行"设置"/"期初余额"命令，系统出现"期初余额—查询"界面，输入各种查询条件，如果不输入，则为所有记录。

（2）单击"确认"按钮，系统会显示"期初余额明细表"界面。

（3）单击"增加"按钮，屏幕会出现"单据类别"对话框。

（4）单击各项下拉框选项并选择单据名称、单据类型和方向，本例选择"销售专用发票"。

（5）单击"确认"按钮，屏幕就会出现该类型单据的界面，输入表头有关栏目。单击"增行"按钮输入表体内容，如图9-95所示。

图9-95　期初销售专用发票录入窗口

（6）单击"保存"按钮，即可保存所进行的操作，回到"期初余额明细表"界面。可单击"增加"按钮，继续增加该类型的单据。通过以上几个步骤，可以把所有期初数据资料传递到本系统中。

（7）在"期初余额明细表"界面，单击"对账"按钮，可与总账系统核对。

三、应收款管理系统的日常处理

1. 应收单据处理

应收单据处理是指用户进行单据录入和单据管理的工作，还可以对单据进行审核、查询、核销和制单等。

（1）应收单据录入。

1）在应收款管理系统界面，执行"日常处理"/"应收单据录入"命令，选择单据类别，单击"增加"按钮，则可以新增应收单据。

2）依照栏目说明，输入各个项目，然后单击"保存"按钮将其保存。

"应收单据录入"中上下翻页查找的单据为本系统录入的应收单、发票，包括已审核、未审核单据。已做过后续处理（如核销、转账、汇总损益、坏账处理）的单据则需要到"单据查询"中进行查询。

（2）应收单据审核。

1）在应收系统界面，执行"日常处理"/"应收单据审核"命令，输入各项单据过滤条件，缺省则表示所有应收单据，单击"确认"按钮，系统显示"应收单据列表"界面。

2）双击需要审核的单据编号，单击"审核"按钮，对当前单据进行审核。若录入的单据错误，则单击"弃审"按钮进行弃审，并单击"修改"按钮进行修改，也可以单击"删除"按钮进行删除。

3）审核完成后，系统提示用户是否制单。用户可选择立即制单，也可以选择在制单处理中统一进行制单。

4）选择立即制单，则系统弹出凭证卡片，用户可进行修改并保存。

2. 收款单据处理

收款单据处理主要是对收款单进行管理，包括收款单的录入和审核。

（1）收款单据录入。收款单据录入是将已经收到的客户款项，录入到应收款管理系统。其操作步骤如下：

1）执行"收款单据处理"/"收款单据录入"命令，系统显示收款单据录入界面。

2）单击"增加"按钮，录入各项目。

3）单击"保存"按钮，系统显示审核单据界面。

（2）收款单据审核。在收款单据审核界面，单击"审核"按钮，即可审核收款单据。审核后系统提示"是否立即制单"，可在此制单，也可以后统一制单。

3. 核销处理

单据核销处理是解决收回客户款项，核销该客户应收款，建立收款与应收款的核销记录，监督应收款及时核销，加强往来款项的管理。系统提供了两种核销方式：手工核销与自动核销。

（1）手工核销。手工核销是指由用户手工确定与收款单核销对应的应收单的工作。通过本功能可以根据查询条件选择需要核算的单据，然后手工核销，加强往来款项核销的灵活性。

手工核销的操作步骤如下：

1）执行"核销处理"/"手工核销"命令，弹出"核销条件"对话框。核销条件有3个选项：通用、结算单和单据。用户可根据需要输入相应的条件进行核销。

2）单击"确定"按钮，进入"单据核销"界面，如图9-96所示。上边列表显示该客户可以核算的结算单记录，下边列表显示该客户符合核销条件的对应单据。结算单列表显示结算单表体明细记录，包括款项类型为应收款和预收款的记录，而款项类型为其他费用的记录不允许在此作为核销记录，核销时可以选择其中一条表体记录进行。余额已经为0的表体记录不用在此列表中显示。

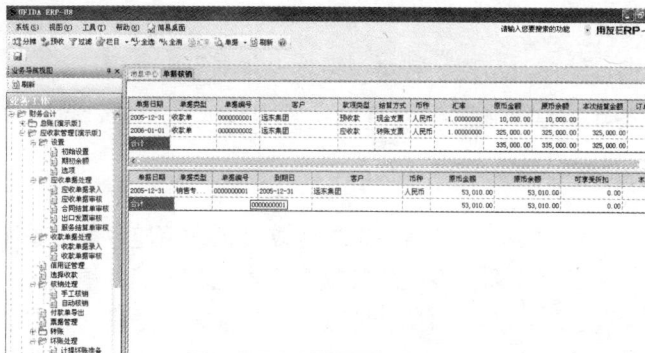

图9-96 单据核销窗口

3）用手工输入本次结算余额，本例输入325000.00，上下列表中的结算余额合计必须保持一致，单击"保存"按钮，即可完成本次核销操作。

4）用户也可手工输入本次结算金额后，单击"分摊"按钮，系统将当前结算单列表中的本次结算金额合计，自动分摊到被核销单据列表的本次结算栏中。核销顺序依据被核销单据的排序顺序。用户可更改当前被核销单据的排序，可通过单击"栏目"/"单据"按钮进行单据列表顺序的设置。

5）完成后，单击"保存"按钮，系统自动保存该结算单核销信息。

（2）自动核销。自动核销是指由用户确定与收款（付款）单核销对应的应收（应付）单的工作。通过本功能可以根据查询条件选择需要核销的单据，然后系统核销，加强往来核销的效率性。

自动核销的操作步骤如下：

1）执行"核销处理"/"自动核销"命令，进入核销条件界面，此界面与手工核销类似。

2）输入过滤条件，单击"确认"按钮，自动核销时提供进度条，从而使操作人员能够知道核销进程。核销完成后，提交自动核销报告，显示已核销的情况和未核销的原因。

4. 票据管理

票据管理的功能是对银行承兑汇票进行管理，同时记录票据详细信息，记录票据处理以及查询应收票据（包括即将到期且未结算完的票据）。例如，增加一张商业承兑汇票，其操作步骤为：

（1）执行"日常处理"/"票据管理"命令，弹出"票据查询"对话框，可输入查询条件，如果不输入则表示所有票据。单击"确认"按钮进入票据管理界面。

（2）单击"增加"按钮，系统弹出"票据增加"对话框，按照各栏目的说明进行数据输入。

（3）单击"确认"按钮保存新增票据，则系统会生成一张收款单，可以在"收款单据录入"中进行查询。

在票据管理界面中，可以单击"计算"（"贴现"、"转出"、"结算"、"背书"等）按钮对该票据进行计算（贴现、转出、结算、背书等）处理。

注意：如果要进行票据科目的管理，必须将应收票据科目设置为应收受控科目。

5. 转账处理

在日常业务处理中，可能会有一笔预收款冲抵一笔应收款的情况，也可能该客户是销售客户又是供应商，发生应收款和应付款相抵消的情况及红字发票与蓝字发票对冲的情况，这些都可以用转账处理的功能进行处理。转账处理可分为应收冲应收、预收冲应收和红票对冲三种情况，其情况基本类似，我们以预收冲应收为例来介绍转账处理的一般方法与步骤。

预收冲应收是指与某客户的往来既在"应收账款"中核算，也在"预收账款"中核算，如果不核销，就会导致多方挂账的情况发生。利用此功能可以处理客户的预收款和该客户应收欠款的转账核销业务。

预收冲应收的操作步骤如下：

（1）执行"日常处理"/"转账处理"/"预收冲应收"命令，系统弹出"预收冲应收"界面。也可以直接单击"自动转账"按钮，则系统会自动进行成批的预收冲抵应收款工作，也可以进行单个客户的预收冲抵应收款工作。

（2）单击"过滤"按钮，系统会将该客户所有满足条件的预收款的日期、转账方式、金额等项目列出。在"转账金额"一栏里输入每一笔预收款的转账金额，如图9-97所示。

上述两个选项卡页面均可以通过输入转账总金额，单击"分摊"按钮，达到自动分摊该转账总金额到具体单据上的目的，且分摊好的各单据转账金额允许修改。

注意：每一笔应收款的转账金额不能大于其余额。应收款的转账金额合计应该等于预收款的转账金额合计。

6. 坏账处理

坏账处理是指利用坏账准备设置的参数，实现坏账准备的计提、坏账发生、

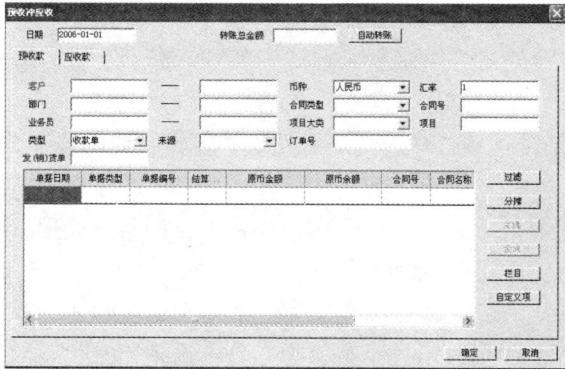

图 9-97　预收冲应收窗口

坏账收回的处理功能。计提坏账的方法主要有销售收入百分比法、应收账款百分比法和账龄分析法。下面以应收账款余额百分比法为例来介绍对坏账计提的处理，可以根据实际情况进行修改。计提比率在此不能修改，只能在初始设置中改变计提比率。

（1）坏账准备的计提。

1）执行"日常处理"/"坏账准备"命令，选择"计提坏账准备"选项。

2）系统自动算出当年年度应收账款总额，并根据计提比率计算出本次计提金额。

3）单击"确认"按钮确认此次操作。确认后，本年度将不能再次计提坏账准备，并且不能修改坏账参数。

（2）坏账发生的处理。坏账发生的处理是指应收款项符合坏账核销条件，应在坏账准备中核销的处理。其操作步骤为：

1）执行"日常处理"/"坏账处理"/"坏账发生"命令，弹出"坏账发生"对话框，录入日期、客户、部门等项目。

2）单击"确认"按钮，系统显示"坏账发生单据明细"界面。在"本次发生坏账金额"处录入金额。

3）单击"确认"按钮，系统提示"是否立即制单"，单击"是"按钮则立即制单，否则以后统一制单。

（3）坏账收回的处理。坏账收回的处理是指已经作为坏账核销的应收款项又收回的处理。当收回一笔坏账时，应首先在"收款单据录入"中录入一张收款单，金额为收回坏账的金额，否则在坏账收回操作中的结算单将无法选择。其操作步骤为：

1）执行"日常处理"/"坏账处理"/"坏账收回"命令，弹出"坏账收回"对话框，录入日期、客户、部门、结算单号等项目。

2）单击"确认"按钮，系统显示"是否立即制单"，单击"是"按钮则立即制单，否则以后统一制单。

（4）坏账查询。坏账查询步骤如下：

1）执行"日常处理"/"坏账处理"/"坏账查询"命令，弹出"坏账查询"界面。

2）单击"详细"按钮，可查询坏账发生和坏账收回的详细数据资料。

7. 汇兑损益

汇兑损益是指有外币业务发生的用户进行汇兑损益的处理。系统提供了外币余额结清时计算和月末处理两种方式。

（1）外币余额结清时计算。仅当某种外币余额结清时才计算汇兑损益，在计算汇总损益时，界面中仅显示外币余额为0且本币余额不为0的外币单据。

（2）月末计算。每个月末计算汇总损益，在计算汇总损益时，界面中显示所有外币余额不为0或者本币余额不为0的外币单据。

汇兑损益的操作步骤如下：

（1）在系统中执行"日常处理"/"汇兑损益"命令，在币种选择栏中双击空白处选定进行汇兑的币种。

（2）选择币种后单击"下一步"按钮，将显示所选择币种的汇兑损益的计算情况，然后单击"确定"按钮即可，如图9-98所示。

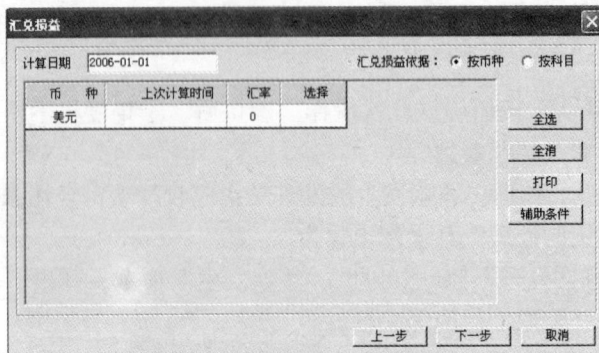

图9-98 汇兑损益处理窗口

8. 制单处理

如果在业务发生时没有选择立即制单，就可以利用"制单处理"统一生成凭证，并将凭证传递至总账审核记账。制单处理的操作步骤如下：

（1）执行"日常处理"/"制单处理"命令，弹出"制单查询"对话框。

选择"制单类型"，制单类型包括发票制单、应收单制单、结算单制单、核销单制单、票据处理制单、汇总损益制单、转账制单、并账制单、现结制单和坏账处理制单。用户可以根据实际需要选择制单的类型。

（2）输入完查询条件，单击"确认"按钮，系统会将符合条件的所有未制单但已经记账的单据全部列出，本例选择"结算单制单"。

（3）输入制单日期，并在"凭证类别"下拉列表框中为每一个制单类型设置

196

一个默认的凭证类别。可以在凭证中修改该类别。

(4) 若希望在生成凭证的过程中系统自动形成凭证的摘要内容，可以单击“摘要”按钮。

(5) 选择要进行制单的单据，在“选择标志”栏输入一个序号，表明要将该单据制单。也可以单击“合并”按钮，进行合并制单。

(6) 单击“制单”按钮，进入凭证界面，在此可进行凭证的填制。

(7) 单击“退回”按钮，回到应收款系统主界面。

9. 单据查询

单据查询包括发票、应收单、结算单、凭证等的查询，可进行各类单据、详细核销信息、报警信息、凭证等内容的查询。在查询列表中，系统提供自定义显示栏目、排序等功能，通过单据列表操作来制定符合要求的单据列表。用户在单据查询时，若启用客户、部门数据权限控制时，则在查询单据时只能查询有权限的单据。由于发票、应收单、结算单、凭证查询的操作方法基本相同，下面以结算单查询为例介绍单据查询的一般方法。

单据查询的操作步骤如下：

(1) 执行“单据查询”/“发票查询”命令，弹出“发票单查询”对话框，如图 9-99 所示。

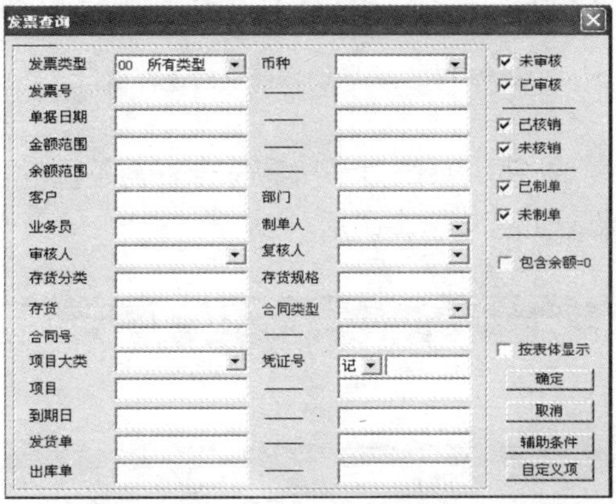

图 9-99 发票查询窗口

(2) 输入完条件后，单击“确认”按钮，不输入条件则为所有结算单。查询结果按所选的月份列示。在查询结果界面，可对其进行相关操作，如图 9-100 所示。

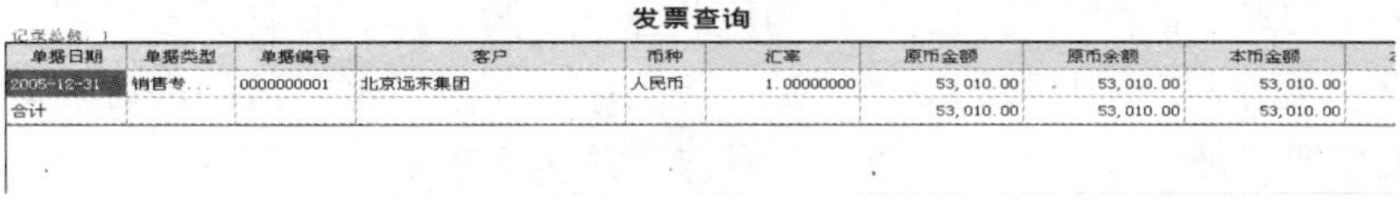

单据日期	单据类型	单据编号	客户	币种	汇率	原币金额	原币余额	本币金额
2005-12-31	销售专...	0000000001	北京远东集团	人民币	1.00000000	53,010.00	53,010.00	53,010.00
合计						53,010.00	53,010.00	53,010.00

图 9-100 发票查询结果界面

四、账表管理

用友 ERP-U8 账表管理可以查询业务账表、进行统计分析和科目账表查询等。

1. 业务账表

在业务账表中可以查询业务总账、业务余额表、业务明细表、对账单和与总账对账。本例以查询业务明细为例进行讲解，其操作步骤如下：

（1）执行"账表管理"/"业务账表"/"业务明细账"命令，系统显示"应收明细账"查询条件对话框，输入各相关条件，如图 9-101 所示。

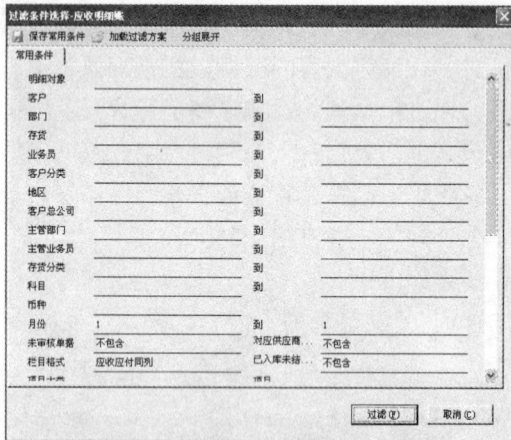

图 9-101　应收明细账查询条件窗口

（2）单击"过滤"按钮，系统显示所有符合查询条件的记录。如果没输入查询条件则为所有记录，如图 9-102 所示。

图 9-102　明细账查询结果窗口

2. 统计分析

统计分析是指系统提供对应收业务进行的账龄分析。通过统计分析，可以按用户定义的账龄区间进行一定期间内应收账款账龄分析、收款账龄分析、往来账龄分析，了解客户应收款的周转天数、周转率，了解各账龄区间内应收款、收款及往来情况，及时发现问题，加强对往来款项的动态管理。以下对应收账龄分析和收款账龄分析进行简单介绍。

（1）应收款账龄分析。应收款账龄分析能分析客户、存货、业务员、部门或单据的应收款余额的账龄区间分布，同时可以设置不同的账龄区间进行分析。既可以进行应收款的账龄分析，也可以进行预收款的账龄分析。

应收款账龄分析的操作步骤如下：

1）执行"账表管理"/"统计分析"/"应收账龄分析"命令，屏幕会出现查询条件对话框，如图9-103所示。

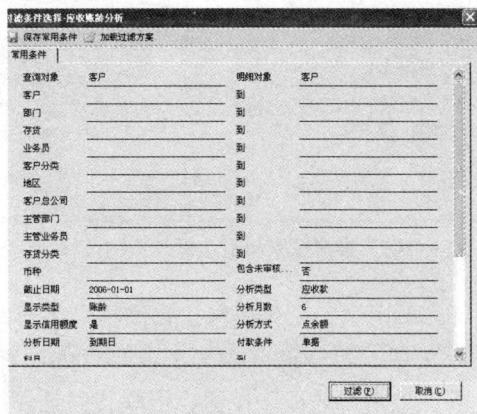

图9-103　账龄分析过滤条件窗口

2）输入完条件后，单击"过滤"按钮，查询结果按所选的条件列示，如图9-104所示。

图9-104　账龄查询结果界面

（2）收款账龄分析。收款账龄分析可以分析客户、产品、单据的收款账龄。收款账龄分析的操作步骤如下：

1）执行"账表管理"/"统计分析"/"收款账龄分析"命令，系统出现"收款账龄分析"对话框。

2）输入完条件后，单击"确认"按钮，查询结果按所选的条件列示。

3. 科目账表查询

科目账表查询主要包括科目余额表查询和科目明细表查询，可以通过科目余额表查询"总账"、"明细表"和"凭证"，实现总账、明细账、凭证的联查。本例以科目余额表查询为例来介绍科目账表查询的一般方法。

科目余额表查询的操作步骤如下：

（1）执行"账表管理"/"科目账表查询"/"科目余额表"命令，屏幕会出现"客户往来余额表"查询条件对话框，如图9-105所示。

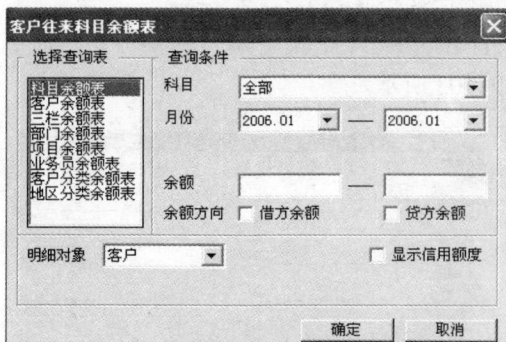

图9-105　客户往来科目余额表查询条件窗口

（2）输入完条件后，单击"确认"按钮，查询结果按所选的月份列示。

（3）单击"明细"按钮，可查询余额表上各科目的明细账。在"科目明细账"界面选择某笔业务，单击"凭证"按钮，可联查凭证。

五、期末处理

当应收系统的日常处理全部完成后就可以进行期末处理了。期末处理包括月末处理和取消结账。

1. 月末结账

当进行了月末结账，本月就不能进行任何处理，因此在结账前应确认本月的各项处理工作都已结束。月末结账的操作步骤为：

（1）执行"其他处理"/"期末处理"/"月末结账"命令，系统显示"月末处理"向导一对话框。选择需要结账的月份，双击打上"Y"，如图9-106所示。

（2）单击"下一步"按钮，弹出"月末处理"向导二对话框，如图9-107所示。各处理类型的处理情况应该显示"是"，否则不能显示确认操作。

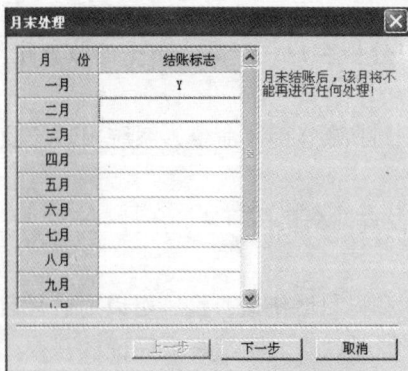

图9-106　月末处理向导一窗口

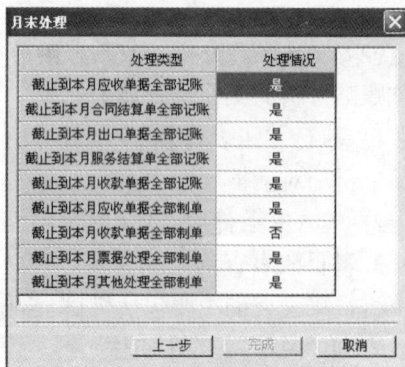

图9-107　月末处理向导二窗口

（3）单击"确认"按钮，系统显示结账成功界面。

（4）单击"确定"按钮，结束结账工作，返回应收款系统主界面。

2. 取消月结

结账后如果还需要处理数据，则需要取消结账。如果该月总账已经结账，则应先取消总账的月结，再进行应收款系统的取消余额操作。取消月结的操作步骤如下：

（1）执行"其他处理"/"期末处理"/"取消月结"命令，系统显示"取消结账"界面。

（2）单击"确认"按钮，即完成取消工作。

（3）单击"确定"按钮，返回到应收款系统主界面。

第六节　UFO 报表系统

一、UFO 报表系统概述

UFO 报表系统是用友公司开发的电子表格软件，独立运行时，适合于处理日常办公事务，可以完成制作表格、数据运算、打印等电子表格的所有功能，适用于各行各业的财务、会计、人事、统计、税务等部门。

1. UFO 的基本功能

UFO 最大的特点是能够实现三维立体表的四维处理能力。一张由行和列组成的表称为二维表；一叠二维表需要增加表页号表示；多个三维表又需增加一个要素，即表名，在三维表间相互操作称为四维运算。

（1）UFO 报表的功能。

1）基本功能。能够提供各行各业报表模块（包括现金流量表）、文件管理功能、格式管理功能、数据处理功能、图表功能、打印功能、二次开发功能、注册管理功能、一次生成多张报表功能、联查明细账功能、表页计算时进行"账套选择"功能等。

2）优化功能。包括改进 UFO 报表文件，把其转换为 HTML 格式功能、Excel 格式功能，在格式工具栏中增加"组合单元"的快捷按钮功能、增加"区域画线"的快捷按钮功能，明确了各产业函数的取数权限，状态栏增加了当前账套及操作员信息功能等。

（2）UFO 报表的基本术语。

1）格式状态和数据状态。

2）单元。

3）区域与组合单元。

4）表页。

5）关键字。

2. UFO 报表操作流程

一般在制作一个报表时，都要先启动系统并执行建立报表、设置报表格式、进行数据处理、保存报表并退出系统等操作步骤。下面是制作报表的一般步骤：

（1）启动 UFO 系统，建立报表。

（2）设计报表格式。

（3）定义各类公式。

（4）报表数据处理。

（5）报表图形处理。

（6）打印报表。

（7）保存并退出 UFO 系统。

上述步骤是必须的，但在实际中，具体操作步骤要根据实际情况而定。

二、报表设计

1. 创建新表

单击安装 UFO 时自动生成的 UFO 程序组可启动 UFO。其操作步骤如下：

（1）执行"开始"/"程序"/"用友 ERP–U8"/"财务会计"/"UFO 报表"命令，进入 UFO 报表系统，可以通过系统提供的"日积月累"功能了解报表的基础知识。

（2）执行"文件"/"新建"命令。单击新建图标后，建立一个空的报表，并进入格式状态。这时可以开始设计报表格式，在保存文件时用自己的文件名给这张报表命名。

2. 报表格式设计

报表的格式在格式状态下设计，格式对整个报表都有效。和其他电子表格一样，在 UFO 中可以设置报表的多种格式。可能包括以下操作：

（1）设置表尺寸。设置表尺寸即设定报表的行数和列数。根据各种报表的需要，估计需要的行数和列数，然后再定义尺寸。

（2）定义行高和列宽。一般都使用报表默认的行高 5 毫米，如果输入较大字体，则需要重新设置行高。

（3）画表格线。在默认状态下，报表在数据状态下不显示表格线，用户可以根据需要在格式状态下为报表设置表格线。

（4）设置单元格属性。单元格属性包括单元格的类型、字体图案、对齐方式和边框线。

（5）定义组合单元。定义组合单元即把几个单元作为一个使用。

（6）输入报表内容。报表一般由标题、表头、表体和表尾四部分组成。

（7）设置可变区。设置可变区即确定可变区在表页上的位置和大小。

（8）确定关键字。确定关键字即确定关键字在表页上的位置，如单位名称、年、月、日等。

3. 报表公式设计

（1）定义单元公式。单元公式可以一个单元一个单元地定义，也可以给一个区域定义公式，称为区域公式。报表数据都来源于总账或本报表文件，也可能来源于其他报表，因此定义单元公式也有些不同。

1）利用账务函数定义公式，从总账系统取数的函数称为账务函数，可以利用公式向导输入单元公式，在对用友财务函数比较熟悉后也可以直接输入公式。账务函数的基本格式是："函数名（科目编码，会计期间，［方向］，［账套号］，［会计年度］，［编码1］，［编码2］）。"其中以"［   ］"括起来的可以省略。

2）利用本表本页取数的函数，在 UFO 报表中，还提供了利用统计函数进行公式编辑的功能。具体统计函数如表 9-6 所示。

表 9-6   统计函数列表

统计函数	立体方向	固定区函数	可变函数
合计函数	TOTAL	PTOAL	GTOTAL
平均函数	VAG	PAVG	GAVG
计数函数	COUNT	PCOUNT	GCOUNT
最小值函数	MIN	PMIN	GMIN
最大值函数	MAX	PMAX	GMAX
方差函数	VAR	PVAR	GVAR
偏方函数	STD	PSTD	GSTD

3）自本表其他表页取数的函数，从本报表文件的其他表页取数可用 SELECT（   ）函数。

4）自其他报表取数的函数，可用"报表［.REP］->单元"来指定要取数的报表单元。

（2）审核公式。为了确保数据的准确性，UFO 提供了数据的审核公式，将报表数据之间的勾稽关系用公式表示出来，在数据状态下执行审核公式的运算。

（3）舍位公式。舍位是进位操作，报表数据在进行进位时，若选用的单位发生变化，原来满足的数据平衡关系就可能被破坏，因此系统提供了舍位公式，将报表经舍位之后重新调整平衡关系后用公式表示出来。

（4）保存报表格式。报表格式设置完成后，应将其保存下来，以备后用。系统默认其扩张名为".rep"，即报表文件。

三、报表模板

1. 直接套用模板格式及计算公式

用户可以根据所在的行业挑选相应的报表套用其格式及计算公式。具体操作步骤如下：

（1）执行"文件"/"新建"命令，弹出新建的空白表，选择"格式"状态。

（2）执行"格式"/"报表模板"命令，弹出"报表模板"窗口，根据自己的需要选择相应的行业，在"财务报表"下拉列表中选择所需要的报表模板，单击两次"确认"按钮即可，如图9-108所示。

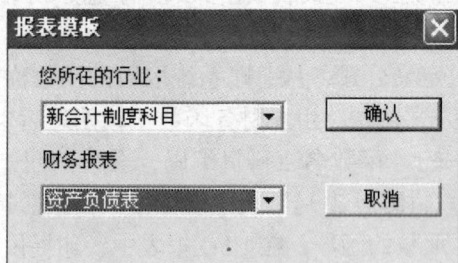

图9-108 报表模板窗口

注意：当前报表套用标准财务报表模板后，原有内容将丢失。

2. 自定义模板

（1）定制行业。通过使用定制行业，可以将自己的单位名称或单位所属的行业加入到模板的行业类型中，在以后套用模板时可以直接选择自己定制的行业或单位名称。

（2）定制模板。通过使用定制模板功能，用户可以将本单位自制的模板加入到定制行业或系统提供的行业模板中。

四、报表管理

在使用报表时，有时会根据实际需要增加或减少一行或一列，也有可能需要增加一个表页，折旧也需要对报表进行编辑。此外，报表制作完毕后，还需要录入数据以形成表内数据。

1. 报表编辑

对报表的行和列编辑分为对固定区插入、删除和对可变区插入、删除两种情况。

（1）在固定区域插入行和列。在固定区中插入的行和列的格式与其插入位置的行和列的格式是相同的，包括表格线、单元格和单元风格。具体操作步骤如下：

1）选中要插入的行和列的位置，执行"编辑"/"插入"/"行（列）"命令，打开"插入行（列）"对话框。

2）输入要插入的行数或列数，单击"确认"按钮即可。

（2）在固定区域追加行或列。

1）打开某一报表文件，选择"格式"状态。

2）执行"编辑"/"追加"/"行（列）"命令，打开"追加行（列）"对话框。

3）输入要插入的行数或列数，单击"确认"按钮即可。

（3）在固定区交换行或列。交换行或列是把行与列之间的数据进行交换，操作步骤如下：

1）打开某一文件，执行"编辑"/"交换"/"行"命令，打开"交换行"对话框。

2）输入要交换的行或列的源行号和目标行号，单击"确定"按钮即可。

（4）在固定区域删除行或列。删除行或列的步骤如下：

1）打开某一报表文件，选择"格式"状态。

2）选定要删除的行或列，然后执行"编辑"/"删除"/"行（列）"命令，即可删除选定的行或列。

（5）增加表页。因为新建的报表只有一张表页，为了每月编辑报表的需要，需增加多个表页。增加表页可以通过插入或追加表页来实现，插入表页是在当前表页前插入一张空白表页，追加表页是在最后一张表页后追加空表页。

对表页的管理是在数据状态下进行的，可以插入、追加、交换和删除表页。追加表页的操作步骤如下：

1）打开某一报表文件，选择"数据"状态。

2）执行"编辑"/"追加"/"表页"命令，打开"追加表页"界面。

3）输入要追加的表页数，单击"确认"按钮即可，此时在报表的下方会出现各表页的标号，如第 X 页。

2. 报表数据处理

在报表设计好后，就可以录入数据并进行处理了。报表数据处理在数据状态下进行。数据录入的方法很简单，选择相应的单元直接进行数据输入，设置了公式的单元数据由公式生成，关键字的值必须由键盘输入。

（1）关键字录入。如果报表中定义了关键字，则需要录入每张表页关键字的值。例如，录入中国 ABC 股份有限公司 2007 年 10 月 31 日的资产负债表的关键字，其操作步骤如下：

1）在数据状态下，选择第 1 张表页，执行"数据"/"关键字"/"录入"命令，弹出"录入关键字"对话框。

2）输入单位名称、年、月、日后，单击"确认"按钮。

3）系统显示"是否重复第 1 页？"，单击"是"按钮，系统自动根据设定的公式计算并显示 2007 年 10 月 31 日的资产负债表。

（2）生成报表。生成报表也称编制报表，是由计算机根据设定的公式自动计算报表的各项目数据。例如，资产负债表、利润表等都是月末编制，是从总账系统的账簿中提取数据，因此要求总账系统必须记账或结账，否则生成的报表数据可能有误。生成报表可以在录入关键字后出现系统提示"是否重算第 1 页？"时，单击"是"按钮生成，也可以按以下步骤生成：

1）打开需要的报表文件，选择"数据"状态，选择需要生成的表页，本例选第 2 页。

2）执行"数据"/"表页重算"命令，系统显示"是否重算第 2 页？"对话框。

3）单击"是"按钮，系统显示生成的资产负债表。

（3）透视数据。大量的数据在 UFO 中是以表页形式分布的，正常情况下每次只能看到一张表页。要想对各个表页的数据进行比较，可以利用数据透视功能，把多张表页的多个区域的数据显示在一个平面上，数据透视的具体操作步骤如下：

1）打开报表，在数据状态下，执行"数据"/"透视"命令，弹出"多区域透视"对话框。

2）输入要透视的区域和列标，单击"确定"按钮。

（4）数据排序。数据排序是指在数据状态下对数据进行排序，分为表页排序和可变区排序。表页排序的操作步骤如下：

1）打开报表，选择数据状态。

2）执行"数据"/"排序"/"表页"命令，弹出"表页排序"对话框。输入排序的关键字后，单击"确认"按钮。

可变区域的排序方法与表页排序方法基本相同，而可变区排序设置的关键字为列号或行号。

（5）报表汇总。报表的汇总是数据不同形式的叠加，可以分为表页汇总和可变区汇总。报表汇总是非常复杂的，但利用 UFO 提供的汇总功能可以快速、简捷地完成报表汇总。表页汇总的操作步骤如下：

1）打开报表，选择数据状态。

2）执行"数据"/"汇总"/"表页"命令，弹出"表页汇总—三步骤之——汇总方向"对话框。

3）设置表页汇总方向后，单击"下一步"按钮即可弹出"表页汇总—三步骤之二—汇总条件"对话框。

4）设置完汇总条件后，单击"下一步"按钮即可弹出"表页汇总—三步骤之三—汇总位置"对话框。

5）设置完汇总位置后，单击"完成"按钮即可完成汇总当前报表。

可变区的汇总方法与表页汇总方法基本相同，在汇总时选择设置表页汇总的条件，再设置可变区的汇总条件，然后单击"完成"按钮即可。

（6）审核与舍位平衡。若已在格式状态下设置审核与舍位公式，则在数据状态下，单击"数据"/"审核"命令，系统就会自动对当前报表进行审核。同样，执行"数据"/"舍位平衡"命令，系统就会自动对当前报表进行舍位平衡运算。

本章小结

本章主要介绍总账管理系统、固定资产管理系统、应收款与应付款管理系统和 UFO 报表系统四部分内容。总账管理系统主要包括总账系统初始设置、总账系统的日常处理和期末处理。固定资产管理系统适用于各类企业和行政事业单位进行各项固定资产管理、折旧计提等，同时可为总账系统提供折旧凭证，为成本管理系统提供设备的折旧费用依据。应收款与应付款管理系统根据对客户往来款项核算和管理程度的不同，提供了应收账款与应付账款核算模型"详细核算"和"简单模型"客户往来款项两种方案供用户选择。UFO报表管理系统最大的特点是能够实现三维立体表的四维处理能力，本章就UFO报表系统分别介绍了报表设计、报表模板、报表管理等功能。

第十章 用友 ERP 生产管理系统

[学习目的]

通过本章学习，了解用友 ERP 生产管理系统的基本构成；

掌握生产订单、物料订单和需求规则模块的基本操作方法。

第一节 用友 ERP 生产管理系统概述

用友 ERP 生产管理系统是 ERP-U8 企业管理软件的重要组成部分，是企业信息化管理核心的和有效的方法和工具。它面向离散型和半离散型的制造企业资源管理的需求，遵循以客户为中心的经营战略，以销售订单及市场预测需求为导向，以计划为主轴，覆盖了面向订单采购、订单生产、订单装配和库存生产四种制造业生产类型，并广泛应用于机械、电子、食品、制药等行业。

生产管理系统的业务活动涉及企业的销售、计划、生产、采购、委外、库存、财务等业务管理内容，其中，"生产制造"子系统主要包括物料清单、主生产计划、产能管理、需求规划、生产订单、车间管理、工序委外、工程变更、设备管理等功能模块。

其功能特点有如下几个方面：

（1）管理好企业从接单、下生产单到生产订单完成全过程的跟踪管理。让企业管理者很容易就了解到每张订单生产进程、生产单完成情况。

（2）可以管理好仓库物料的采购和领用情况，随时可以查询到仓库物料的实有数量以及缺料情况。

（3）通过相关的统计报表，让企业管理者很容易就了解到各供应商的原材料供应情况和客户的送货情况。

（4）很方便就可让企业管理者查询到每张生产订单所消耗原材料的详细情况及生产成本。

（5）有严密的应收应付模块，方便业务员追收货款，妥善解决账单管理的难题。

第二节　生产订单

一、基本资料维护

生产订单管理系统中的基本资料维护有生产订单类别资料维护和物料生产线关系资料维护两个部分。

1. 生产订单类别资料维护

维护生产订单类别资料，建立生产订单时可指定所属类别，如返工、拆卸等，供生产订单统计分析。

(1) 在生产订单系统中，展开"基本资料维护"，选择"生产订单类别资料维护"命令，系统弹出"生产订单类别资料维护"窗口，如图 10-1 所示。

图 10-1　生产订单类别资料维护

(2) 单击"增加"按钮，新增一生产订单类别。单击"保存"按钮保存新增加数据。

2. 物料生产线关系资料维护

对于重复制造物料，维护其与各生产线的关系资料，供 MPS/MRP 自动生成或手动输入重复计划时使用。

(1) 在生产订单系统中，展开"基本资料维护"菜单，选择"物料生产线关系资料维护"命令，系统弹出"物料生产线关系资料维护"窗口，如图 10-2 所示。

(2) 单击"增加"按钮，新增物料生产线之间关系数据。

● 生产线：必输，须存在于工作中心主档且被视为生产线。

● 优先级：输入物料在该生产线分配生产数量时的优先级数值，在本系统"重复计划自动生成"作业中，使用生产线来确定 MPS/MRP 建议重复性计划的生产线，即系统首先在较高优先级生产线上分配重复性计划。必输，同一物料在不同生产线其优先级可相同。

● 日产量：对于主计量所表示的物料在该生产线的额定日产量。

● 换算率：默认计量单位组中主计量单位与辅助计量单位的换算率。

● 辅助日产量：对于辅助计量单位所表示的物料在该生产线的额定日产量。

● 替代工艺路线：物料在该生产线通常使用的替代工艺路线标识。可参照替代工艺路线输入，也可不输入；如不输入，手动输入或自动生成物料的重复计划时，系统默认该物料的主工艺路线。

二、生产订单生成

生产订单生成方式包括生产订单手动输入、重复计划手工输入、生产订单自动生成（根据 MRP 运算结果生成生产订单）和重复计划自动生成。

1. 生产订单手动输入

可以直接手工增加、修改、删除和查询标准与非标准生产订单资料。

（1）在生产订单系统中，展开"生产订单生成"菜单，然后单击"生产订单手动输入"命令，系统弹出"生产订单手动输入"窗口，如图 10-3 所示。

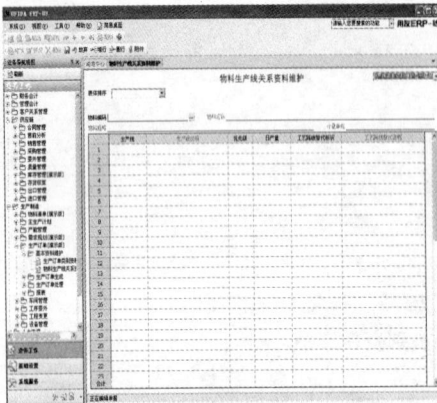

图 10-2　物料生产线关系资料维护　　图 10-3　生产订单手动输入

（2）单击工具栏上"增加"按钮增加一张生产订单。

● 生产订单号：必输，可手工输，也可系统自动产生。

● 行号：表示同一张生产订单中的第几页物料资料，当同一张生产订单有数项物料时，可分别输入其行号。系统自动维护流水号，可改选项必输。

● 类型：该生产订单所属类型，系统默认为标准生产订单，可改为非标准生产订单。

● 物料编码：可参照存货主档输入，必输。如果是标准生产订单，则输入的物料编码须为自制件货委外件，且输入的"物料编码+结构自由项"须有物料清单存在；若为非标准生产订单，则输入的物料编码须为 ATO 模型、自制、委外和采购件之一，输入的"物料编码+结构自由项"可以没有物料清单存在。

● 结构自由项：可参照存货主档输入，若该物料编码有结构自由项存在则必输。

● 订单类型：该生产订单所属类别，如拆卸、改制等，可参照生产订单类别资料输入，可不输入。

● 状态：按生产制造参数设定默认值，手动输入时可改为"未审核/锁定"之一，自动生成的生产订单状态（锁定）不可修改。

● 提前期：显示该物料在存货主档中的固定提前期。

● 开工/完工日期：该生产订单的预计开工/完工日期。必输且开工日期不可大于完工日期。

● 计量单位：依物料编码带出存货主档的主计量单位。

● 生产数量：对于主计量单位所表示的物料的计划生产数量。

● MRP 净算量：MPS/MRP 将该数量作为预计完工日期的有效供应量。默认为"生产数量"，若是标准生产订单，不可修改；若是非标准生产订单，可改，如产品维修，计划生产数量为 100，但预计产出合格数量可输入 95。

● 辅助单位：依物料编码带出存货主档默认的生产单位。

● 换算率：默认计量单位组中主计量单位与辅助计量单位的换算率。

● 辅助生产量：对于辅助计量单位所表示的物料的计划生产数量。

● 生产批号：该生产订单的生产批次号，可不输入。

● 预入仓库：该生产订单制造完成物料指定的缴入仓库。默认物料主档仓库代号，可参照仓库主档修改，可不输入。

● 生产部门：指生产订单的承制单位。默认物料主档生产部门，可改，可不输入。

● 销售订单类别：默认为"不选"，可改为"不选/销售订单/出口订单"之一，并依次参照输入相应的"销售订单/出口订单+行号"。

● 销售订单/行号：如果销售订单类别为"销售订单/出口订单"则必输。若输入资料，则系统提供以销售订单号码为角度查询生产订单的完工进度。

● BOM 选择：选择生产订单采用主要物料清单或是代替清单，默认为主要清单。若是标准生产订单，可改为"主要/替代"之一；若是非标准生产订单，可改为"主要/替代/不选"之一。

● 版本号/替代标识：如果物料清单选择为"主要"，则系统按生产订单开工日期默认为母件的当前有效主要清单版本，可改，必输；若物料清单选择为"替代"，则必须输入该母件的替代清单标识；若物料清单选择为"不选"，则不可输入。

● 工艺路线选择：选择生产订单采用主要工艺路线或是替代工艺路线，默认为主要工艺路线，可改为"主要/替代/不选"之一。

● 版本号/替代标识：如果工艺路线选择为"主要"，则系统按生产订单开工日期默认为母件的当前有效主要工艺路线版本，可改，必输；若工艺路线选择为"替代"，则必须输入该母件的替代工艺路线标识；若工艺路线选择为"不选"，则不可输入。

● 备注：输入生产订单的注释性说明，可不输入。

（3）在表体中，填入需要生产的产品名称，系统会自动根据该产品的物料清单（BOM），生成相应的自建需求，则生产订单在执行生产领料（向仓库领料）时，系统会自动计算应该领出的子件和子件数量。如果需要更改此生产订单中各生产产品在执行生产领料时的子件和子件数量（并不是修改生产产品的物料清单，只是修改在领料时的物料领用数据），则可以单击"子件"按钮，系统列出该生产产品的子件清单，如图 10-4 所示。

（4）在"生产订单手动输入—子件资料"窗口中，可以手动修改子件的内容，供执行生产订单领料时使用。

（5）生产订单手动输入完成后，单击"保存"按钮保存该生产订单。

2. 重复计划手工输入

新增、修改、删除和查询重复计划资料。可修改、删除和查询按 MPS/MRP/BRP 计划自动生成的锁定状态的重复计划及其子件需求资料。

（1）在生产订单系统中，展开"生产订单生成"菜单，选择"重复计划手工输入"命令，系统弹出"重复计划手工输入"窗口，如图 10-5 所示。

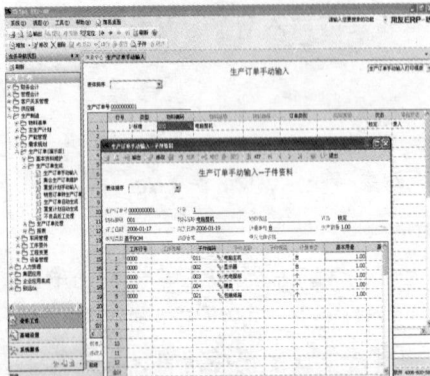

图 10-4　生产产品的子件清单　　　　图 10-5　重复计划手工输入

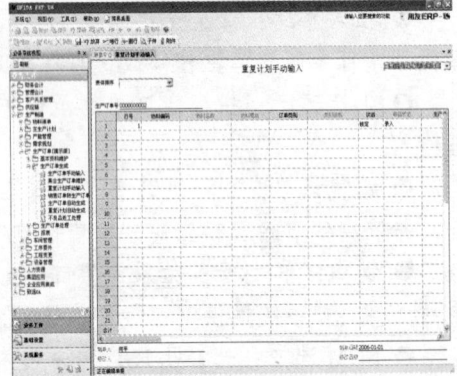

（2）单击"增加"按钮新增一张重复计划手动输入单。单击"保存"按钮保存该计划单。

日产量/生产数量/加工天数/计划日期连动关系说明如下：

● 日产量/生产数量/加工天数：更改生产订单的日产量，将导致生产数量随加工天数的变化而变化；更改加工天数，则会导致生产数量随日产量的变化而变化；更改生产订单的生产数量并不影响日产量，但增加生产数量会导致加工天数的增加，相反，减少生产数量则会导致加工天数的减少。

● 加工天数/日期：当首件开工日/首件完工日、末件开工日/末件完工日有值时，若修改"加工天数"，则以"末件开工日/末件完工日"为基准，考虑该生

212

产线工作日历，推算另一组日期即"首件开工日/首件完工日"；反之，若修改"首件开工日/首件完工日、末件开工日/末件完工日"中任意一组日期，则不影响"加工天数"。

3. 生产订单自动生成

查核并确认经由 MPS/MRP/BRP 业务流程再造所产生的建议自制（或委外）量，并自动生成生产订单。按建议计划量自动生成生产订单时，系统可自动按产生的生产订单量消抵建议计划量余量。

（1）在生产订单系统中，展开"生产订单生成"菜单，选择"生产订单自动生成"命令，系统弹出"生产订单自动生成"窗口。

（2）录入过滤条件，单击"生成"按钮，系统列出经过 MPS/MRP/BRP（销售订单计划）计算，符合过滤条件的记录。

（3）对于要生成生产订单的记录，单击该记录的"选择"项，使其"否"字样变更为"是"字样，然后单击"保存"按钮，则系统将记录中选择项为"是"的记录自动生成生产订单，并提示生产订单信息。

4. 重复计划生成

查核并确认 MPS/MRP 所产生的重复制造物料的建议自制计划，并自动生成重复计划类型的生产订单。

按建议计划量自动生成生产订单时，系统可自动按产生的生产订单量消抵建议计划量余量。

三、生产订单处理

1. 生产订单处理

按生产订单、销售订单、生产线和生产部门审核、弃审、关闭、还原生产订单，包括手动输入和自动生成标准/重复计划/非标准的生产订单资料，并执行产品入库报检作业。

（1）在生产订单系统中，展开"生产订单处理"菜单，选择"生产订单处理"命令，系统弹出"生产订单处理"窗口。

（2）录入生产订单的过滤条件（先前生成的生产订单状态都为"锁定"），单击"过滤"按钮，系统列出符合条件的生产订单记录。

（3）单击"修改"按钮，对于需要执行"审核"或"弃审"或"还原"按钮（具体能执行什么样的操作，需要看过滤的是什么状态的生产订单）的生产订单，单击其"选择"项，使其变为"是"字样，然后单击"审核"或"弃审"或"还原"按钮，执行相应的生产订单处理，系统最终给出处理结果。

2. 已审核生产订单修改

修改或查询已审核标准和非标准生产订单母件的生产数量、开工/完工日期等。新增、修改、删除或查询已审核生产订单的子件需求资料。

（1）在生产订单系统中，展开"生产订单处理"菜单，选择"已审核生产订单修改"命令，系统弹出"已审核生产订单修改"窗口。

（2）选择"定位"按钮，找到所需已审核需要修改的生产订单，单击"修改"按钮，修改该张生产订单内容，包括开工/完工日期、生产数量等。

（3）单击"子件"按钮，可以修改该张生产订单中某指定生产产品的子件资料，供该生产订单在执行删除领料时使用。

（4）单击"保存"按钮保存设置。

3. 已审核重复计划修改

修改或查询已审核重复计划母件的生产数量、开工/完工日期等。新增、修改、删除或查询已审核重复计划的子件需求资料，如图10-6所示。

图10-6　已审核重复计划修改

四、生产订单报表

生产订单报表包含未审核生产订单明细表、生产订单通知单、生产订单缺料明细表、生产订单领料单、生产订单完工状况表、生产订单用料分析表。

下面以"生产订单完工状况表"查询为例进行说明。

（1）在生产订单系统中，展开"报表"菜单，选择"生产订单完工状况表"命令，系统弹出"生产订单完工状况表"条件过滤窗口，录入过滤条件，单击"确认"按钮，系统列出符合条件的记录。

（2）在"生产订单完工状况表"中，拖动滚动条，可以查询每张生产订单的"生产订单数量"、"报检数量"、"入库数量"和"未完成数量"等信息。

第三节　物料清单（BOM）

用友ERP-U8（V8.61）中的物料清单系统用于定义组成各产品的所有零配件及原材料，即建立物料清单（BOM）。建立物料清单的目的如下：

（1）标准成本卷叠计算，包括物料、人工和制造费用等。

（2）新产品的成本模拟，作为拟订售价的参考。

（3）物料需求计划（MRP）计算，用料的基础。

（4）计划品、模拟及选项物料需求预测展开的依据。

（5）支持按订单配置产品的组件选配。

（6）领料、发料（仓库管理系统中使用）的依据。

一、物料清单维护

1. 物料清单资料维护

在系统中可以新增、修改、删除、查询某物料（模型、选项类、委外类、计划品和自制件）的组成子件资料；可以复制现有清单或引用公用清单，节省维护时间；可以建立母件的替代物料清单；可以建立物料清单中子件可替代的物料资料，供修改生产订单、委外订单子件用料时参考。

[例10-1] 增加以下两个物料清单：

清单1：BOM类别"主BOM"，母件名称"电脑整机"，版本代号"10"、版本说明"1"、母件损耗率"0"，子件设置如图10-7所示。

子件编码	子件名称	基本用量（分子）	基本用量（分母）	子件损耗率（%）	固定变动	供应类型
011	电脑主机	1	1	0	变动	领用
002	显示器	1	1	0	变动	领用
003	光电鼠标	1	1	0	变动	领用
004	键盘	1	1	0	变动	领用
021	包装纸箱	1	1	0	变动	领用

图10-7　物料清单1

清单2：BOM类别"主BOM"，母件名称"电脑主机"，版本代号"10"、版本说明"1"、母件损耗率"0"，子件设置如图10-8所示。

子件编码	子件名称	基本用量（分子）	基本用量（分母）	子件损耗率（%）	固定变动	供应类型
005	主机箱（带电源）	1	1	0	变动	领用
006	CPU（配电风扇）	1	1	0	变动	领用
007	256内存条	2	1		变动	领用
008	集成主板	1	1	0	变动	领用
009	DVD光驱	1	1	0	变动	变动
010	40G硬盘	1	1	0	变动	变动

图10-8　物料清单2

（1）在物料清单系统中，展开"物料清单维护"菜单，单击"物料清单资料维护"命令，系统弹出"物料清单资料维护"窗口，如图10-9所示。

（2）单击"增加"按钮，在表头增加新的物料清单（分别增加 [例10-1] 中的两组物料清单），选择增加物料清单的母件编码、名称、母件损耗率（%）、版本代号、版本说明和版本日期（即该版本的生效日期）。

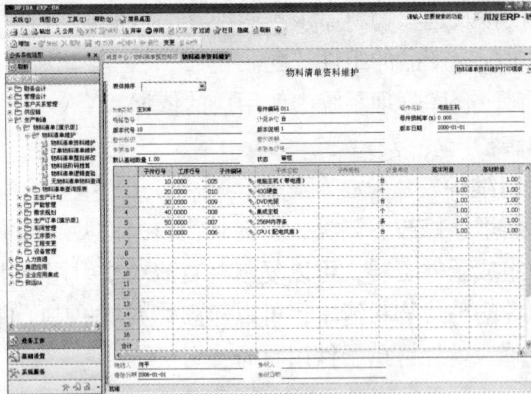

图10-9　物料清单资料维护

（3）在表体中设置该母件的下阶子件。

● 子件行号：表示该子件在清单中的顺序号。新增时默认当前最大号加生产制造参数中设定的"子件/工序行号增加值"，可改但不可重号，必须输入。新增保存后刷新时，系统按行号由小到大排列显示子件资料。

● 工序行号：指定子件在母件工艺路线的工序行号。可参照"母件+结构自由项"的工艺路线工序行号输入，必须输入。在建主要清单时，可参照"母件+结构自由项"当前有效的主工艺路线（与主要清单版本日期比较）的工序行号，也可手动输入当前有效主工艺路线中不存在的工序行号；当建立替代清单时，可参照与"母件+结构自由项"有相同替代标识的替代工艺路线的工序行号，若无有效的替代工艺路线，则参照有效的主工艺路线的工序行号，或手动输入有效的主要或替代工艺路线中不存在的工序行号；若该"母件+结构自由项"无当前有效的工艺路线，则系统默认为"0000"，不可改。

● 子件编码：参照存货主档输入且必输，输入子件编码后可自动带出该子件名称、规格型号及计量单位。输入子件的存货属性与母件属性，具体约束条件参照图10-10。主要清单中"子件＋结构自由项"不可与"母件＋结构自由项"相同，替代清单中的可与母件相同；相同工序行号中，"子件编码＋结构自由项"可重复，但其生效/失效日期不可重叠。母件与子件区别如图10-10所示。

母件：BOM 物料属性	子件：BOM 物料属性
标准物料	标准物料
模型物料	标准物料、模型物料、选项类物料
选项类物料	标准物料、模型物料、选项类物料
计划物料	标准物料、模型物料、选项类物料、计划物料

图10-10　母件与子件区别

● 结构自由项：参照存货主档输入，若该子件有结构自由项则必输。替代清单中"子件＋结构自由项"可与"母件＋结构自由项"相同，"子件编码＋

结构自由项"可重复，但其生效/失效日期不可重叠。

● 基本用量（分子）和基本用量（分母）：这两个设置是相互依存的，基本用量（分母）默认为1，基本用量（分子）/基本用量（分母）的结果是该子件在该母件下的用量，这两项都必输。

● 供应类型：设置该子件的供应类型，系统自动根据该子件在存货档案中的设置带出，但可以更改，分为"入库倒冲"、"工序倒冲"、"领用"和"虚拟件"。当"工序行号"为"0000"时，不可"工序倒冲"；当子件为"产成品"时，必须用"领用"；当子件为"计划品、模型、选项类"时，必须为"虚拟件"；若子件在存货档设为"追踪性存货"，则不可设为"入库倒冲"或"工序倒冲"；当物料清单类别为替代物料清单时，可以为"虚拟件"；当子件为固定用量时，不可为"虚拟件"。

● 使用数量：考虑母件和子件耗损率后，子件所需的数量，系统自动计算。当子件"固定/变动"设为"变动"时，等于"基本用量（分子）/基本用量（分母）/（1 − 母件损耗率）×（1 + 子件损耗率）"；当子件"固定/变动"为"固定"时，等于"基本用量（分子）/基本用量（分母）×（1 + 子件损耗率）"。

● 生效日期：子件开始生效的日期。生产订单或委外订单的开工日期，如果落于生效日和失效日间，则该物料列入应领用物料，MPS/MRP 也考虑该生效日。新增时系统默认母件的"版本日期"，若是替代清单则默认 2000/01/01，可改，对于主要清单则须大于或等于母件"版本日期"且不可大于"失效日期"，同一"子件 + 结构自由项"在同一工序行号，其生效日期/失效日期不可重叠。

● 失效日期：子件开始失效的日期。生产订单或委外订单的开工日期，如果落于生效日和失效日间，则该物料列入应领用物料，MPS/MRP 也考虑该失效日。新增时系统默认母件的"版本日期"，若是替代清单则默认 2099/12/31，可改，不小于"生效日期"，同一"子件 + 结构自由项"在同一工序行号，其生效日期/失效日期不可重叠。

● 偏置期：在单价物料清单中，子件的偏置期表示该子件比其母件计划开工日应提前或延后提供的天数。

● 计划比例：MPS/MRP 系统对计划品、模型和选项类物料单进行预测开时的子件的计划百分比。系统默认为 100，若母件属性为"计划品、模型、选型类"，则可改。

● 产成品：若为产成品，则在清单中代表计划供应而非耗用，在计算物料供应与需求净值时，MPS/MRP 展开包括生产订单及物料清单上的产出品物料，并将此类型的子件需求作为有效的可供应量。系统默认"否"，若母件为"计划品、PTO 模型、选型类"或子件"计划品、模型、选项类"时不可为产成品。

● 成本累积否：该子件是否包含在母件标准成本计算中（如生产电脑整机，可以选择键盘的成本是否累积计入到电脑整机的成本中）。当子件为产出品，其值为"否"。

● 可选否：指明该子件在模型或选项类清单中是法定的还是可选的。当母件为选项类时，默认为"是"，其他默认为"否"。当母件为模型和选项类时可改默认值，其他属性的母件则不可修改；当子件为产出品时，不可修改默认值。

● 选择规则：对于可选子件如选项类，设定其下阶子件的选择规则。系统默认为"任选"，可修改"一个/全部/任选/至少一个"之一。

● 替代标志：若该行子件有维护替代料，则显示＊号。

● 替换日期：显示该子件在存货档案中维护的替换日期，供维护子件替代料参考。

● 仓库代号：该子件通常的领用仓库。按存货主档带出可修改，可不输入。如果指定仓库代号为非 MRP 仓，则 MPS/MRP/BRP 展开时将该子件不纳入需求量计算。

● 领料部门：该子件的领用部门，专供库存管理生成限额领料单使用。可不输入。

● 定位符：指定子件的装配位置。备注用，如电子元件的插件位置。

● 备注：可输入备注性文字说明资料。

（4）单击"保存"按钮保存物料清单资料。

注意：如果一个物料清单是分多阶的，则需要每一阶单独设置其母件与该母件下阶的物料清单资料。图 10-11 是设置的"电脑整机"与其下阶的物料清单关系，并且在此下阶中引用了"电脑主机"这个存货档案。

图 10-11　"电脑整机"与其下阶的物料清单关系

2. 物料清单物料取代

如果物料编码更改（只是编码更改）或原先物料一律改为新物料确定时（原物料可能存在质量缺陷，一律使用新的物料），在物料清单较多的情况下，如果是手工逐个打开去更改，将非常繁琐，使用"物料清单物料取代"则可以一次性将新的物料，整批替换指定条件范围内物料清单中旧物料子件。

（1）在物料清单系统中，展开"物料清单维护"菜单，单击"物料清单物料取代"命令，系统弹出"物料清单物料取代"条件过滤窗口。

（2）在此录入原物料编码和取代该物料的物料编码。

（3）录入取代条件。

● 物料清单选择：指定要被替换子件的物料清单，是主要清单或替代清单或全部。

● 范围选择和有效日期："全部"表示全部取代，但是在物料清单中，如果是"当前"或"将来"则需要录入"有效日期"，即在该有效日期"当前"指当前有效的子件（有效日期同子件生效/失效日期相比较）或"将来"生效的子件才被取代。

（4）单击"执行"按钮，系统根据取代条件，进行"物料清单物料取代"操作。

3. 物料清单物料删除

如果某种物料不再采用，则可以进入到物料清单中，将该物料删除，该物料不管是母件还是子件，其在物料清单中原有的上下关系一律消失。如果物料清单较多，需逐个打开物料清单去删除，使用"物料清单物料删除"则可以一次性将所有物料清单中该物料删除。

（1）在物料清单系统中，展开"物料清单维护"菜单，单击"物料清单物料删除"命令，系统弹出"物料清单物料删除"条件过滤窗口。

（2）选择需要删除的物料编码，单击"执行"按钮执行物料删除。

物料清单物料删除的约束条件如下：要删除的物料作为母件，存在替代清单，则其主要清单均不被删除；要删除的物料如果作为母件，在另一个清单中被用作公用清单，则其主要清单不被删除。

4. 物料低价码推算

计算物料的低价码，是成本管理系统中计算物料成本的依据。推算物料低价码时，系统只考虑主要清单（包括公用清单、物料清单子件的替换料）及主要清单各版本，不考虑替代清单。

低价码推算完毕后，系统自动将推算结果写回各物料的存货档案中。

（1）在物料清单系统中，展开"物料低价码推算"命令，系统弹出"物料低价码推算"执行提示，如图10-12所示。

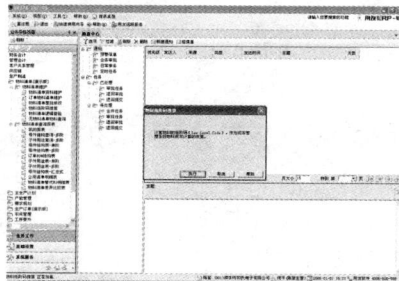

图10-12 物料低价码推算

（2）单击"执行"按钮，系统开始执行低价码推算，然后把推算结果返回各物料的存货档案中，如图 10-13 所示。

5. 物料清单逻辑查验

查验物料清单中物料有逻辑错误，包括替换料是否有成为自我子件的错误逻辑（如在物料清单设置中，设置 C 是 A 的子件，又在设置 C 物料清单时，设置 A 是 C 的子件，则系统在进行业务处理时，会出现逻辑错误，陷入死循环中）。

（1）在物料清单系统中，展开"物料清单维护"菜单，单击"物料清单逻辑查验"命令，系统弹出"物料清单逻辑查验"执行窗口，如图 10-14 所示。

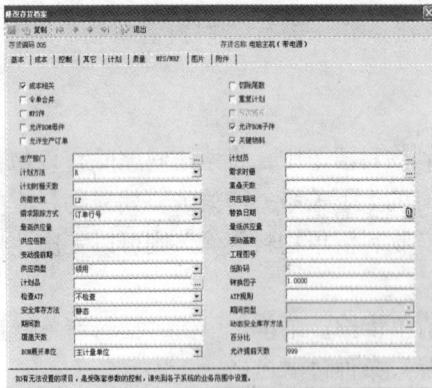

图 10-13 修改存货档案

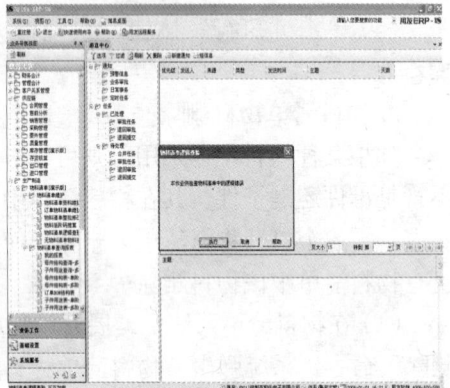

图 10-14 物料清单逻辑查验

（2）输入物料清单展开的层数，然后单击"执行"按钮开始执行物料清单逻辑查验。

二、物料清单查询报表

物料清单查询报表包含如下内容：

（1）母件结构查询—多阶。查询母件之下各阶的子件资料，并绘出各物料上下隶属物料清单结构图。

（2）子件用途查询—多阶。查询子件之下各阶的母件资料，并绘出各物料上下隶属物料清单结构图。

（3）母件结构表—单阶。录入查询指定母件代号范围，查询该母件下一阶的子件材料。

（4）母件结构表—多阶。录入查询指定母件编码范围，查询该母件各阶的子件材料。

（5）子件用途表—单阶。录入指定子件编码范围，查询该子件直接上阶的母件资料。

（6）子件用途表—多阶。录入指定子件编码范围，查询其上各阶的母件资料。

（7）母件结构表—汇总式。查询指定母件以下的所有各子件的汇总用量，即同一子件在各阶层的用量皆予加总。

（8）公用清单明细表。按物料编码范围，查询公用物料清单明细表，供核对用。

（9）物料清单替代物料明细表。查询母件物料清单中，各子件可被替代的物料编码及数量关系等，供核对用。

（10）物料清单差异比较表。查询比较同一母件主要清单和替代清单，或同一母件主要清单不同版本的比较表。

在此以"母件结构查询—多阶"为例进行查询。

（1）在物料清单系统中，展开"物料查询报表"菜单，单击"母件结构查询—多阶"命令，系统弹出"母件结构查询—多阶"条件过滤窗口，如图 10-15 所示。

（2）录入需要查询的母件编码、选择展开方式（全阶或阶列式）等其他条件，单击"确定"按钮，系统列出符合条件的记录，并列出各物料上下隶属物料清单结构表图，如图 10-16 所示。

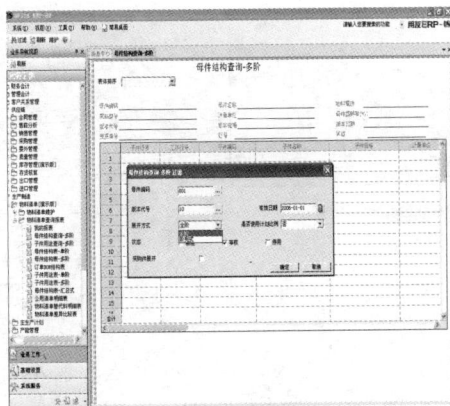

图 10-15　母件结构查询—多阶

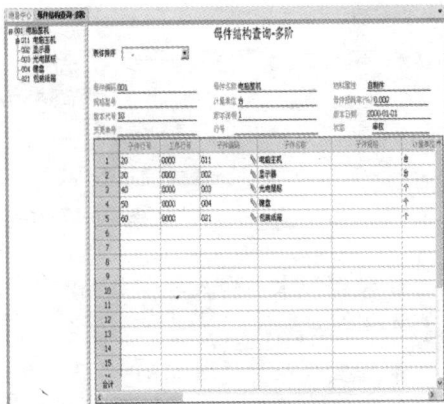

图 10-16　录入需要查询的母件

第四节　物料需求计划（MRP）

物料需求计划，也称需求计划，依据企业销售订单和预测单，利用物料清单（BOM）资料，同时考虑现有库存量信息，以及有效订单（如请购单、采购订单、生产订单和委外订单）供应量，计算物料净需求并提出新的供应计划。

需求计划解决以下问题：

第一，计算出企业需要采购什么、采购多少、什么时候下采购订单、什么时候到货。将以上结果供采购管理系统使用。

第二，计算出企业需要生产什么、生产多少、什么时候开始生产、什么时候生产完工入库。将以上结果供生产订单系统使用。

第三，计算出企业需要委外什么（外协加工）、委外多少、什么时候委外、什么时候委外完成。将以上结果供物料管理系统使用。

一、基本资料维护

维护 MRP 计划，用相关参数作为 MRP 展开计算时所依据的条件。

（1）在需求规划系统中，展开"基本资料维护"菜单，单击"MRP 计划参数维护"命令，系统弹出"MRP 计划参数维护"窗口，如图 10–17 所示。

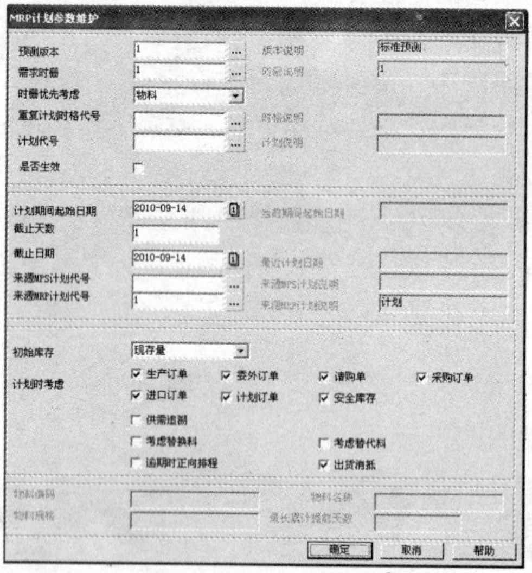

图 10–17　MRP 计划参数维护

● 预测版本：输入要参与 MRP 计算的需求预测订单的版本号。可参照预测版本资料输入。

● 时栅代号：输入 MRP 展开所用的时栅代号，未在存货主档指定时栅代号的物料，MRP 以此作为该物料的需求时栅，可参照时栅代号档输入，必须输入。

● 重复计划时格代号：输入划分重复制造计划期间所用的时格代号，可参照时格资料档输入，可不输入。

● 计划期间起始日期：以时格代号划分重复制造计划期间的起始日期。默认"当前期间起始日期"可改，可不输入"如果使用的是本书中的 001 模拟账套，则需要改到 2006–01–01 来进行处理"。输入日期不可大于系统日期及当前期间起始日期。MRP 展开时，系统以该日期为起点，并按重复计划时格代号所对应的时段和顺序，将该日期开至 MRP 工作日历限度（当年往后两年、往前一年）截止日期，正向和反向分别划分为若干重复计划期间。

● 冻结日期：输入 MRP 计划的冻结日期，必输且不可小于系统日期。例如，系统日期为 2000/05/01，冻结日期为 2000/05/12，则表示冻结天数为 12 天，即在未来 12 天之内的订单，是不允许变动的，执行 MRP 展开时，如果存在计划生产订单的审核日期落后于此 12 天内，系统会自动显示该笔生产订单状态为"冲突"。

● 截止日期：对参与 MRP 计划的客户订单和产品预测订单资料预计完工日期的截止日期进行设定。有关截止日期的认定，客户订单是以预定完工日期为准，预测资料订单则是以均化后各期间的起始日期为准。在截止日期之后的客户订单或预测订单，不视为计划对象。本栏目必输，且不可小于系统日期。

● MRP 件最长累计提前天数：显示存货主档 MRP 物料中，最长的累计天数由本系统"累计提前天数推算"作业自动算出。通常，截止天数应不小于最长累计提前天数，否则物料需求计划中某些物料的供应计划将会逾期。如果此处无任何显示，则有可能还未进行累计天数推算操作。

● 物料编码：显示存货主档，累计提前期最长的物料的编码及名称规格。

（2）单击"确定"按钮保存设置。

二、需求来源资料维护

MRP 计算的需求来源有两种：一是销售订单，即接到客户的订货要求之后，系统通过 MRP 进行展算，计算出需要采购、生产和委外的数据结果；二是预测单，即企业根据以往的市场情况，预测数据，通过 MRP 进行展算，计算出需要采购、生产和委外的数据结果。销售订单在销售管理系统中填制，预测单在需求规划中填制。

1. 产品预测单输入

在此录入产品预测订单。

（1）在需求计划系统中，展开"需求来源资料维护"菜单，单击"产品预测订单输入"命令，系统弹出"MRP 计划参数维护"窗口，如图 10-18 所示。

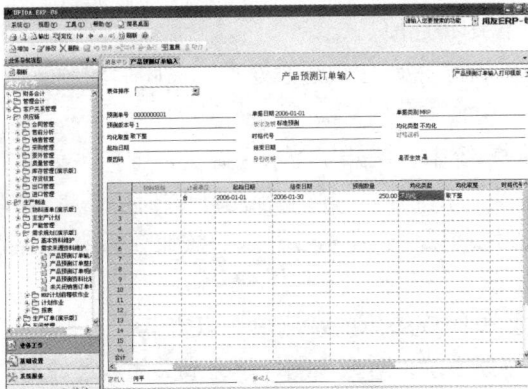

图 10-18　MRP 计划参数维护

（2）单击"增加"按钮，新增一张产品预测订单。

● 预测单号：预测订单号码。系统自动编号或手工输入，必输且不可重复。

● 单据类别：选择预测订单预测对象是 MPS 件或 MRP 件。在此选择 MRP。

● 预测版本号：该预测订单所归属的预测版本。可参照预测版本本档输入，必输。若单据类别为 MPS，则必须输入版本类别为 MPS 的预测版本号；若单据类别为 MRP，则须输入版本类别为 VDE 预测版本号。

● 行号：新增时系统自动编号，流水号。

● 物料编码：录入预测需求的物料，如果单据类别为 MPS，则须为 MPS件；若为单据类别为 MRP，则须为 MRP 件；若输入计划品、模型、选项类、自制件或委外件，则其须有主要物料清单。

● 结构自由项：若有结构自由项存在，则必输。若输入物料为计划品、模型、选项类、自制件或委外件，则其与结构自由项组合，须有主要物料清单。

● 计量单位：显示物料在存货主档的主计量单位。

● 辅助单位：默认物料在存货主档中的销售单位，可改为存货主档计量单位中其他单位。

● 换算率：默认主计量单位、辅助计量单位换算率，可改。

● 起始/结束日期：必输。起始日期不可大于结束日期。

● 预测数量：输入起始/结束日期范围内以主计量单位表示的预测需求数量。

● 辅助数量：输入起始/结束日期范围内以辅助计量单位表示的预测数量，若有辅助单位则必输。

● 均化类型：默认为不均化，可选择"不均化/周均化/月均化"之一。预测订单输入保存时，系统自动按每行"均化类型"执行处理。均化的意思就是预测所需要的物料量，可以平均分配到均化选择的区段内执行。

● 状态：新增时，系统默认为"审核"，关闭后为"关闭"。关闭状态的预测订单将不会参与 MPS/MRP 计算。

（3）录入完成，单击"保存"按钮保存该单据。

2. 产品预测订单关闭/还原

对产品预测订单执行手动关闭/还原处理。关闭后的预测订单不可参与 MPS/MRP 运算。

（1）在需求计划系统中，展开"需求来源资料维护"菜单，单击"产品预测订单关闭/还原"命令，系统弹出"产品预测订单关闭/还原"窗口。

（2）选择需要过滤的条件，单击"过滤"按钮，系统列出符合条件的产品预测单。

（3）对需要执行关闭或还原的预测单，双击其"选择"栏，使其为"是"，然后单击"保存"按钮系统，对该预测订单完成关闭或还原的操作。如果预测订单的状态为"审核"，则单击"保存"按钮，系统会将其关闭；如果预测订单的状态为"关闭"，则单击"保存"按钮，系统会自动将其还原为"审核"状态。

3. 产品预测订单明细表（MRP）

（1）在需求计划系统中，展开"需求来源资料维护"菜单，单击"产品预测订单明细表"命令，系统提示是否"均化"进行查询，如图 10-19 所示。

（2）在此系统所查询的预测单是否要进行均化查询，单击"确定"按钮，系统要求录入查询过滤条件，如图 10-20 所示。

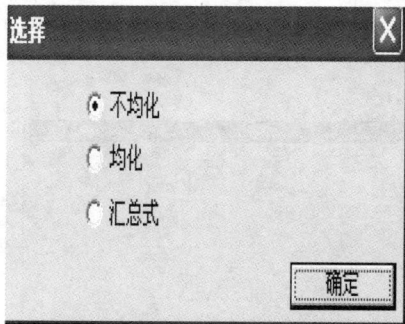

图 10-19 查询选择窗口

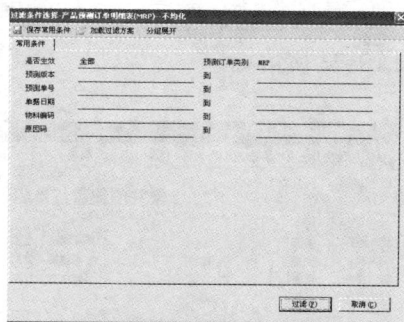

图 10-20 录入查询过滤条件

（3）录入过滤条件，单击"过滤"按钮，系统列出符合条件的预测单，如图10-21所示。

图 10-21 符合条件的预测单

4. 未关闭销售订单明细表

查询来自销售管理系统中未关闭的销售订单明细表（已关闭的销售订单不能进行 MRP 计算）。

（1）在需求计划系统中，展开"需求来源资料维护"菜单，单击"未关闭销售订单明细表"命令，系统弹出"未关闭销售订单明细表"条件过滤窗口，如图10-22所示。

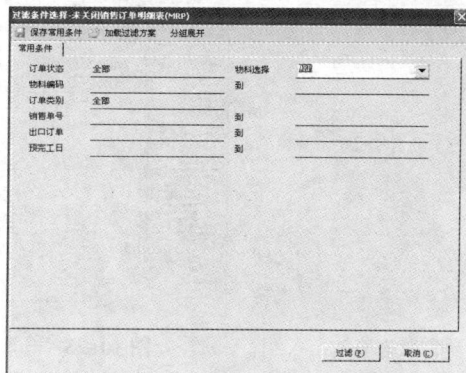

图 10-22 未关闭销售订单明细表

（2）录入过滤条件，单击"过滤"按钮，系统列出未关闭的销售订单记录，如图 10-23 所示。

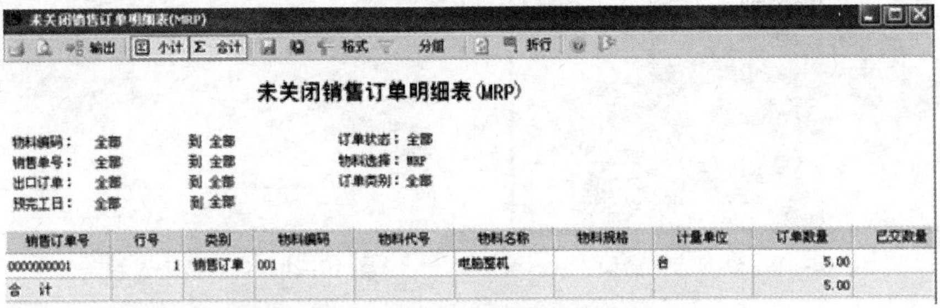

图 10-23　系统列出未关闭的销售订单记录

三、MRP 计划稽核作业

MRP 计划稽核作业处理在进行 MRP 展算之前的相关准备工作。

1. 累计提前天数计算

物料的固定提前期或主要物料清单更改时，执行本作业，以计算各物料的累计提前天数，并更新存货主档即 MPS/MRP 系统参数的最长累计提前天数。

2. 库存异常状态查询

查询各仓库中现存量为负值的不正常物料资料，供 MPS/MRP 展开前查核。

（1）在需求计划系统中，展开"MRP 计划稽核作业"菜单，单击"库存异常状态查询"命令，系统弹出"库存异常状态查询"窗口，如图 10-24 所示。

（2）录入查询条件，单击"查询"条件按钮，系统将库存中数量为负数的物料显示出来。

3. 仓库净算定义查询

查询有哪些仓库参与 MRP 计算，仓库是否参加 MRP 计算需要在仓库档案设置中设置，在此只查询结果，不能修改，如图 10-25 所示。

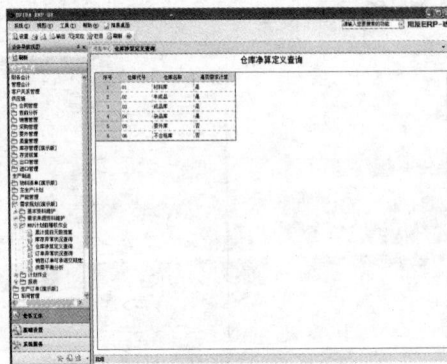

图 10-24　库存异常状态查询

图 10-25　仓库净算定义查询

4. 无物料清单物料查询

查询未建立主要物料清单和公用清单的属性为自制、委外、计划品、PTO 和选项类的物料资料，供 MPS/ MRP 展开前查核，以免因物料清单建立不完善而无法完成 MPS/ MRP 计算。

（1）在需求计划系统中，展开"MRP 计划稽核作业"菜单，单击"无物料清单物料查询"命令，系统弹出"无物料清单物料查询"窗口。

（2）录入查询条件，单击"查询"按钮，系统列出所有未建立主要物料清单和公用物料清单的属性为自制、委外、计划品、PTO、选项类的物料资料。

5. 订单异常状态查询

查询预计完工/交货日期逾期或超出物料替换日期的订单资料，包括锁定/审核状态的销售订单、预测订单、请购单、采购订单、委外订单和生产订单，供 MPS/MRP 展开前查核，以免异常资料导致 MPS/MRP 计算结果不合实际而无法执行。

（1）在需求计划系统中，展开"MRP 计划稽核作业"菜单，单击"订单异常状态查询"命令，系统弹出"订单异常状态查询"窗口，如图 10-26 所示。

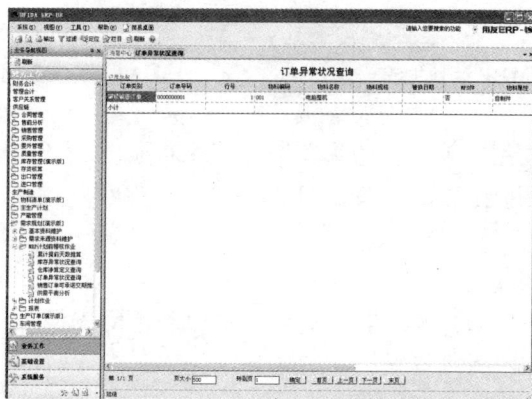

图 10-26　订单异常状态查询

（2）单击"查询"按钮，系统列出所有异常的订单。

四、计划作业

1. MRP 计划生成

依据物料的需求来源（MPS、需求预测及客户订单），按物料清单（BOM），考虑现有物料存量和锁定（如安全库存）、已审核订单（请购单、采购订单、生产订单和委外订单）余量，及物料提前期、数量供需政策等，自动产生 MRP 件的供应计划。

（1）在需求计划系统中。展开"计划作业"菜单，单击"MRP 计划生成"命令，系统弹出"MRP 计划生成"窗口，如图 10-27 所示。

（2）系统显示 MRP 计划的各项（只能查询，不能修改，要修改需要在

"MRP 计划参数维护"中进行修改），单击"执行"按钮，系统开始 MRP 运算，最后提示"处理成功"。

2. BRP 计划生成

BRP 又称为销售订单计划，不考虑仓库现有的物料、在途料等，但是考虑物料提前期，直接将销售订单上的物料按照物料清单（BOM）进行运算，作为计划请购单、采购订单、生产订单及委外订单时的依据。

（1）在需求计划系统中，展开"计划作业"菜单，单击"BRP 计划生成"命令，系统弹出"BRP 计划生成"窗口，如图 10-28 所示。

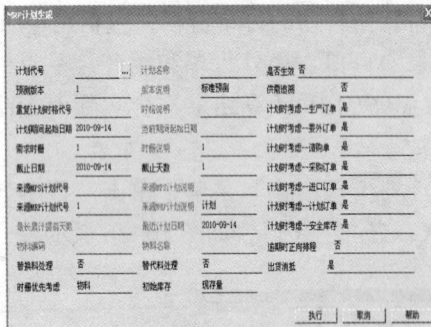

图 10-27　MRP 计划生成

图 10-28　BRP 计划生成

（2）录入过滤条件，单击"查询"按钮，系统列出所有符合条件的记录。

（3）选择需要进行 BRP 处理的订单，单击"保存"按钮，系统开始执行 BRP 计算。

3. MRP 计划维护

MRP 计划运算完成之后，在此查询、修改和删除 MRP 自动生成的计划供应，或手动新增 MRP 计划资料。

（1）在需求计划系统中，展开"计划作业"菜单，单击"MRP 计划维护"命令，系统弹出"MRP 计划维护"窗口，如图 10-29 所示。

（2）单击"过滤"按钮，系统要求录入过滤条件，录入过滤条件完成后，单击"过滤"按钮，系统列出符合条件的记录，如图 10-30 所示。

（3）在列出来的记录中，物料属性为"自制"的表示该物料的需求可以通过企业自行生产；物料属性为"采购"的表示该物料的需求可以通过企业外购得到；物料属性为"委外"的表示该物料的需求可以通过企业委外得到。销售订单项表示该物料的需求来源于哪一张销售订单。

（4）拖动状态条，可以查看其他信息，如图 10-31 所示。

（5）如果需要修改 MRP 计划结果，可以单击"修改"按钮。

4. 供需资料查询—订单

即按销售订单，查询 MPS/MRP 计划的供应、需求资料，以及供需资料的计

228

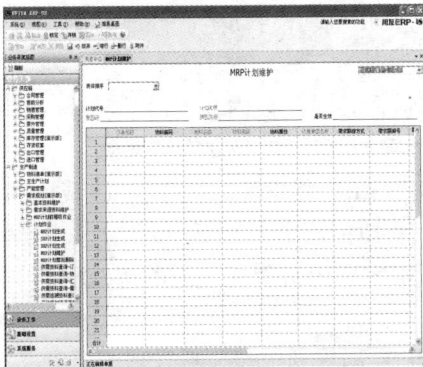

图 10-29　MRP 计划维护

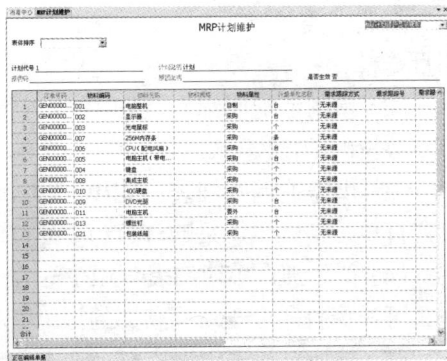

图 10-30　过滤后符合条件的记录

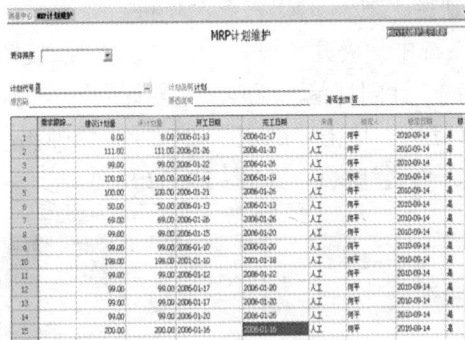

图 10-31　查看其他信息

算的过程。

（1）在需求计划系统中，展开"计划作业"菜单，单击"供需资料查询—订单"命令，系统弹出"供需资料查询—订单"窗口。

（2）录入过滤条件，单击"过滤"按钮，系统列出需要查询的订单，然后可以双击选择订单进行明细查询。

5. 供需资料查询—物料

即按物料，查询 MPS/MRP 计划的供应、需求资料以及供需资料的计算过程。

（1）在需求计划系统中，展开"计划作业"菜单，单击"供需资料查询—物料"命令，系统弹出"供需资料查询—物料"窗口。

（2）录入过滤条件，单击"过滤"按钮，系统列出需要查询的物料，然后可以双击选择物料进行明细查询。

6. 自动规划错误信息表（MRP）

即提供 MPS/MRP/BRP 展开后，物料出现展开错误的信息资料，如果 MPS/MRP/BRP 展开后，物料未出现展开错误，则在此无任何信息供查询。

五、报表

报表包含如下内容：

（1）建议计划量明细表（MRP）：按销售订单或物料编码以及物料属性（自

制、采购、委外和计划品），查询 MPS/MRP/BRP 展开自动生产修改后的建议计划量资料。

（2）预测消抵明细表（MRP）：查询物料在各时间段内，产品预测单与客户订单数量的消抵模型资料，供详细了解 MPS/MRP/BRP 的独立需求来源。

（3）供需追溯明细表（MRP）：查询 MPS/MRP 展开后，各订单（计划订单、生产订单、请购单、采购订单和委外订单）多阶的需求来源资料。

（4）待处理订单明细表（MRP）：查询 MPS/MRP 计算完成后的待处理订单资料，可选择打印处于不同状态的订单资料。

（5）替换料处理供需资料表：查询 MRP 自动规划中替换料处理的供应/需求资料，供了解替换料处理的计算过程。

下面以"建议计划量明细表（MRP）"为例进行介绍：

（1）在需求计划系统中，展开"报表"菜单，单击"建议计划量明细表"命令，系统要求选择是按"计划订单"还是"重复计划"查询。

（2）选择"计划订单"，单击"确定"按钮，系统弹出"建议计划量明细表（MRP）—计划订单"条件过滤窗口，如图 10-32 所示。

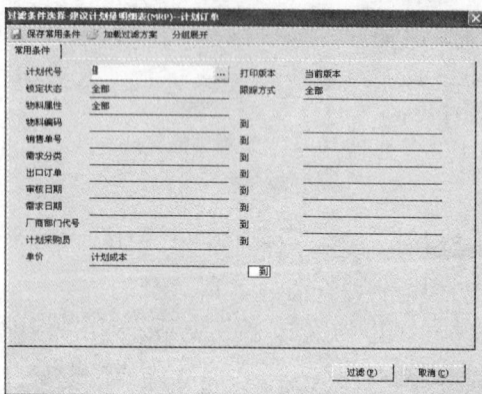

图 10-32　建议计划量明细表（MRP）——计划订单

（3）录入过滤条件，单击"过滤"按钮，系统列出符合条件的记录，如图 10-33 所示。

图 10-33　过滤后符合条件的记录

230

本章小结

  本章以企业生产经营活动为主线展开，共分 4 节，第一节概述了用友 ERP-U8 生产管理软件及其功能特点，随后各节中分别介绍了生产制造系统中的生产订单、物料清单、需求计划三个模块。为突出以实战为主导的思想，本章以一个企业单位的生产经营业务为原型，重点介绍了信息环境下各项业务的处理方法和处理流程，以便体会 ERP 软件环境下企业生产活动的情景。

第十一章 用友 ERP 供应链管理系统

[学习目的]

通过本章的学习，了解用友 ERP 供应管理系统的基本构成；

掌握采购管理、销售管理、库存管理、存货核算模块基本操作方法。

第一节 用友 ERP 供应链管理系统概述

供应链管理是用友 ERP-U8 管理系统的重要组成部分，它是以企业购销存业务环节中的各项活动为对象，不仅记录各项业务的发生，还有效跟踪其发展过程，为财务核算、业务分析、管理决策提供依据，并实现财务业务的一体化全面管理，实现物流、资金流管理的统一。

用友 ERP-U8 供应链管理系统主要包括采购管理、销售管理、委外管理、库存管理、存货核算几个模块。主要功能在于增加预测的准确性、减少库存、提高发货供货能力，减少工作流程周期、提高生产效率、降低供应链成本，减少总体采购成本、缩短生产周期、加快市场相应速度。同时，这些模块提供了对采购、销售业务环节的控制，以及对库存资金占用的控制，能完成对存货出入库成本的核算，使企业的管理模式更符合实际情况，制定出最佳的企业运营方案，实现管理的高效率、实时性、安全性、科学性。

供应链系统的建账工作是在系统管理中完成的。系统管理的主要功能是对用友 ERP-U8 管理系统的各个产品进行统一的操作管理和数据管理，包括以下内容：

（1）账套管理。账套指的是一组相互关联的数据，每一个企业（或每一个独立核算部门）的数据在系统内部都体现为一个账套。账套管理包括账套的建立、修改、引入和输出等。

（2）年度账管理。在用友 ERP-U8 管理系统中，每个账套都存放有企业不同的数据，企业不同年度的数据称为年度账。年度账管理包括年度账的建立、引入、输出和结转上年数据，清空年度数据等。

（3）操作员及其权限的集中管理。为了保证系统数据的安全与保密，系统提供了操作员及其权限的集中管理功能。通过对系统操作分工和权限的管理，一方面可以避免与业务无关的人员进入系统，另一方面可以对系统所包含的各个子系统的操作进行协调，以保证各负其责。操作员和其权限的管理主要包括设置用户、定义角色及设置用户功能权限。

一个账套可以由多个子系统组成，这些子系统共享公用的基础信息。在启用新账套时，应根据企业的实际情况和业务要求，先手工整理出一份基础资料，而后将这些资料按照系统的要求录入到系统中，以便完成系统的初始建账工作。基础设置的内容较多，主要包括部门档案、职员档案、客户分类、客户档案、供应商分类及供应商档案等。

第二节　采购管理

采购管理是企业供应链管理的重要组成部分，对采购业务的全部流程进行管理，提供请购、订货、到货、入库、开票和采购结算的完整采购流程，采购管理系统还可以进行供应商管理，提供采购最高价控制、采购订单到货期预警等，可根据实际情况进行采购流程的控制。

一、请购

1. 请购单

（1）在"采购管理"窗口中，展开"业务"下的"请购"菜单，单击"请购单"命令，系统弹出"请购单"窗口，如图11-1所示。

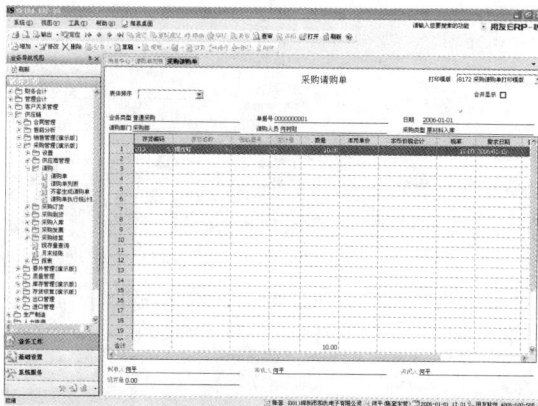

图11-1　请购单窗口

（2）单击"增加"按钮录入数据，单击"保存"按钮保存采购请购单。

（3）单击"审核"按钮审核请购单。

在"新增请购单"的界面下，单击鼠标右键，在系统所弹出的功能菜单中，可以选择请购单"拷贝MPS/MRP计划"或"拷贝采购请购单"（即拷贝以前做过的采购请购单）生成，如图11-2所示。

如选择"拷贝MPS/MRP计划"命令，系统弹出条件过滤窗口，录入过滤条件，单击"过滤"按钮，系统列出可以拷贝、可以生成采购请购单的记录，如图11-3所示。

选择需要生成采购请购单的记录，单击"OK"按钮，所选记录则被导入采

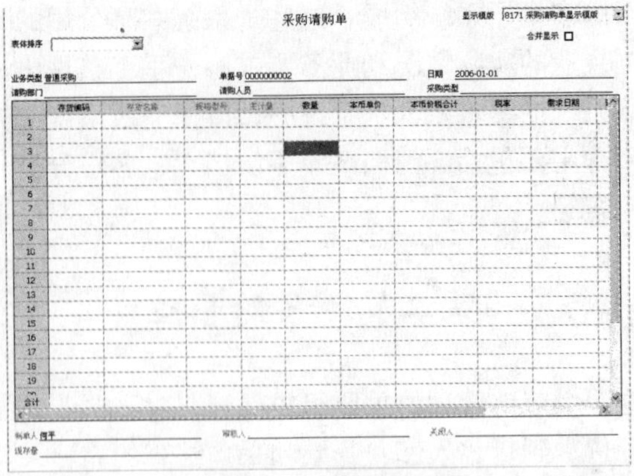

图 11–2　新增请购单

序号	选择	存货编码	存货名称	规格型号	存货代码	ABC分类	启用日期	计量单位组名称	主计量单位名称
1	Y	002	显示器				2006-01-01	无换算关系组	台
2	Y	003	光电鼠标				2006-01-01	无换算关系组	个
3	Y	004	键盘				2006-01-01	无换算关系组	个
4	Y	005	电脑主机（带...				2006-01-01	无换算关系组	台
5	Y	006	CPU（配电风扇）				2006-01-01	无换算关系组	台
6	Y	007	256M内存条				2006-01-01	无换算关系组	条
7	Y	008	集成主板				2006-01-01	无换算关系组	个
8	Y	009	DVD光驱				2006-01-01	无换算关系组	台
9	Y	010	40G硬盘				2006-01-01	无换算关系组	个
10	Y	013	螺丝钉				2006-01-01	无换算关系组	个

图 11–3　可以拷贝、可以生成采购请购单的记录

购请购单中，如图 11–4 所示。

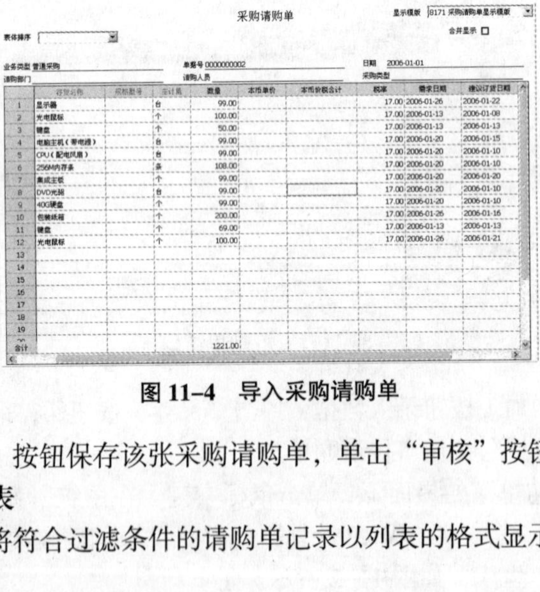

图 11–4　导入采购请购单

单击“保存”按钮保存该张采购请购单，单击“审核”按钮进行审核。

2. 请购单列表

请购单列表将符合过滤条件的请购单记录以列表的格式显示，便于用户快速查询和操作单据。

（1）在“采购管理”窗口中，展开“请购”菜单，单击“请购单列表”命令，系统弹出“采购请购单”条件过滤窗口。

（2）录入请购单过滤条件，单击“过滤”，系统列出所有符合条件的记录，如图 11–5 所示。

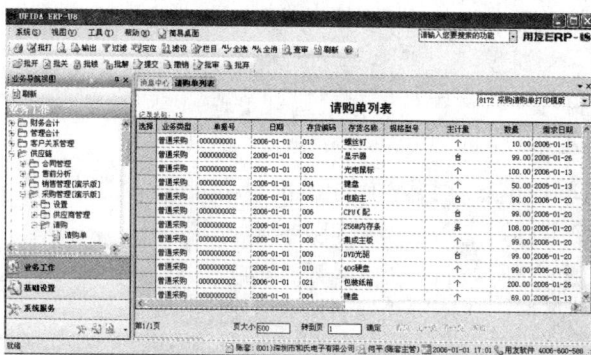

图11-5　过滤符合条件的记录

（3）选择需要处理的采购请购单，可对其进行"批打"（即批量打印）、"批开"、"批关"、"批锁"、"批解"、"批审"和"批弃"。

（4）在列出的记录中，双击可打开单据。

3. 请购单执行统计表

请购单执行统计表可以查询请购单记录的执行情况，即请购单记录生成采购订单记录的情况。同时还提供通过销售订单号追查相应请购单执行情况的功能。

（1）在"采购管理"窗口中，展开"请购"菜单，单击"请购单执行统计表"命令，系统弹出"请购单执行统计表"条件窗口，如图11-6所示。

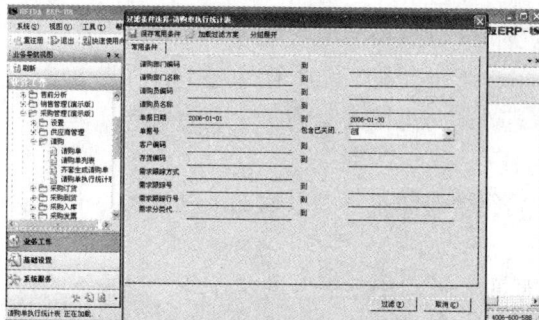

图11-6　请购单执行统计表

（2）录入过滤条件（销售订单类别必须选择），单击"过滤"，系统列出所有符合条件的记录。

注意：在此列出了请购单的执行情况（即采购订单参照该采购请购单的订货情况），如果订货数量为空，则该张采购请购单并没有被参照生成采购订单。

二、采购订货

采购订单是指企业根据采购需求，与供货商之间签订的采购业务、购销协议。

1. 采购订单

（1）在"采购管理"窗口中，展开 "业务"目录下的"订货"菜单，单击"采购订单"命令，系统弹出"采购订单"窗口。

（2）单击"增加"按钮可新增一张采购订单，录入新增数据，单击"保存"按钮保存。

（3）单击"审核"按钮审核该张采购订单。

2. 计划批量生单

计划批量生单根据库存管理中的 ROP 计划批量生成采购订单，可以选择生单的记录，并修改数量。

（1）在"采购管理"窗口中，展开"业务"目录下的"订货"菜单，单击"计划批量生单"命令，系统弹出条件过滤窗口。

（2）录入采购计划的过滤条件，系统列出所有符合条件的记录。

（3）单击"选择"栏使其变为"Y"字样，然后选择当前行；再单击，取消选择；可选择"全选"或"全消"。

（4）用户可以修改生成订单数、单价、币种、计划到货日。单击"确定"按钮则采购计划批量生成采购单。

3. 请购比价生单

（1）在"采购管理"窗口中，展开"订货"菜单，单击"请购比价生单"命令，系统弹出条件过滤窗口。

（2）录入过滤条件，单击"过滤"，系统列出所有符合条件记录。

（3）单击需要进行比价的记录"选择"栏使其变为"Y"字样。

（4）单击"比价"按钮系统自动进行比价，并将供应商存货价格对账表中该存货最低进价的供应商及其价格、税率代入，如无则不代入。

（5）单击"生单"按钮，系统将所有已选择的请购单形成采购订单，并弹出成功生单的提示信息。此时可以去查询所生成的采购订单。

4. 采购订单列表

采购订单列表将符合过滤条件的采购记录以列表的格式显示，便于用户快速查询和操作单据。

（1）在"采购管理"窗口中，展开的"业务"目录下的"订货"菜单，单击"采购订单列表"命令，系统弹出"采购订单列表"条件过滤窗口。

（2）录入过滤条件，单击"过滤"，系统列出所有符合条件的记录，如图11-7 所示。

（3）可对所列出的记录进行批量打印、批量关闭、批量审核和批量启审。

（4）可以双击具体的记录，打开采购订单进行操作。

三、采购到货（退货）

1. 采购到货单

（1）在"采购管理"窗口中，展开"业务"下的"到货"菜单，单击"采购到货单"命令，系统弹出"采购到货单"录入窗口，如图11-8 所示。

（2）单击"增加"按钮可新增一张采购到货单，也可以在表体空白处单击右键，在弹出式菜单中选择"拷贝采购到货单"或"拷贝采购订单"命令。如果选

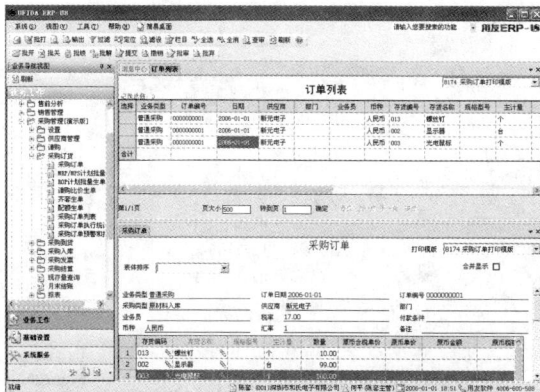

图 11-7　过滤符合条件的记录

图 11-8　采购到货单

择"拷贝采购订单",则系统弹出"条件过滤窗口",录入采购订单的过滤条件,单击"过滤"按钮,在列出的采购订单中选择采购订单生成采购到货单,到货数量可以更改。

(3)在采购到货单中单击"保存"按钮保存采购到货数据。

2. 到货退回单

到货退回单是采购到货单的红字单据,采购到货之后,如果因为其他原因而需要将货物退回,则需要填制到货退回单。

(1)在"采购管理"窗口中,展开"到货"菜单,单击"到货退回单"命令,系统弹出"到货退回单"录入窗口,如图 11-9 所示。

(2)单击"增加"可增加一张到货退回单。

(3)也可以在表体空白处,单击鼠标右键,在弹出式菜单中选择"拷贝采购到货单"或"拷贝采购订单"命令,以参照采购到货单或采购订单生成本次到货退回单。

(4)在采购到货退回单中单击"保存"按钮保存单据。

3. 到货单列表

(1)在"采购管理"窗口中,展开的"业务"目录下的"到货"菜单,单击"到货单列表"命令,系统弹出"采购到货单"条件过滤窗口。

(2)录入过滤条件,单击"过滤"按钮,系统列出所有符合条件的记录,如

图 11-10 所示。

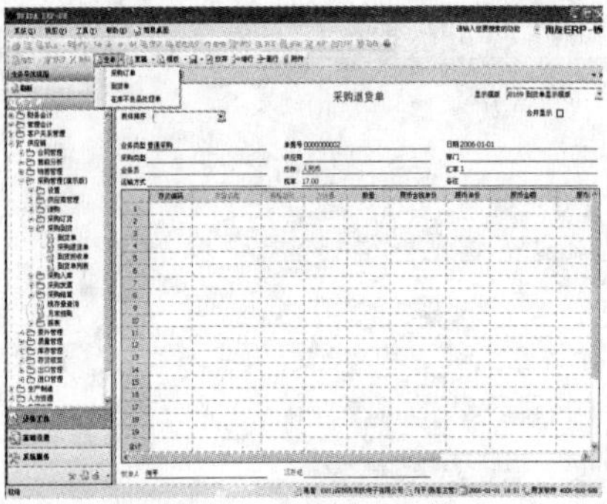

图 11-9　到货退回单

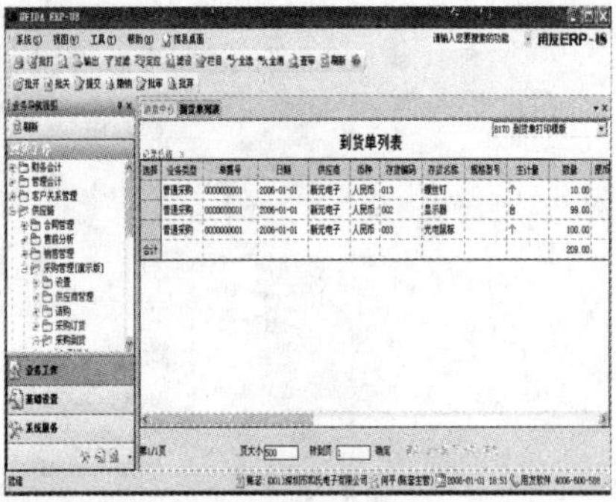

图 11-10　过滤后符合条件的记录

（3）双击具体的记录，可以打开该张采购到货单进行查看。

四、采购入库

1. 采购入库单

采购入库单是根据采购到货签收的实收数量填制的单据。

（1）在"采购管理"窗口中，展开"业务"目录下的"入库"菜单，单击"采购入库单"命令，系统打开"采购入库单"录入窗口。

（2）单击"增加"按钮可新增一张采购入库单。

（3）单击"生成"按钮可将该采购入库单生成一张采购发票。

2. 红字入库单

红字入库单是采购入库单的逆向单据。

（1）在"采购管理"窗口中，展开"业务"目录下的"入库"菜单，单击"红字入库单"命令，系统打开红字"采购入库单"录入窗口。

（2）单击"增加"按钮可新增一张红字采购入库单。

（3）单击"生成"按钮可将该红字采购入库单生成一张红字采购发票。

3. 入库单列表

将符合过滤条件的入库单以列表的格式显示，便于用户快速查询和操作单据。

（1）在"采购管理"窗口中，展开"业务"目录下的"入库"菜单，单击"入库单列表"命令，系统打开"采购入库列表"条件过滤窗口。

（2）录入过滤条件，单击"过滤"按钮，系统列出所有符合条件的记录。

（3）双击具体记录，可以打开该张采购入库单进行查看。

五、采购发票

采购发票是供应商开出的销售货物的发票，用户根据采购发票确认采购成本，进行付款核销。采购发票是供应商开出的销售货物的凭证，系统将根据采购发票确认采购成本，并登记应付账款。

1. 专用采购发票

专用采购发票即增值税专用发票，单价是无税单价，金额是无税金额。

（1）在"采购管理"窗口中，展开"业务"目录下的"发票"菜单，单击"专用采购发票"命令，系统打开"专用采购发票"录入窗口，如图11-11所示。

图11-11 专用采购发票

（2）单击"增加"按钮可新增一张专用采购发票。也可以在单据的标题中单击鼠标右键，执行参照"拷贝采购到货单"生成采购发票。

（3）单击"保存"按钮保存新增单据。

（4）单击"现付"可对前单据进行现付，发票左上角注明"现付"红字标记。单击"弃付"可取消现付。

2. 普通采购发票

普通采购发票包括普通发票、废旧物资收购凭证、免税农产品收购凭证和其他收据，单价是含税单价，金额是税价金额。

普通采购发票与专用采购发票的操作方式一样。

3. 运费发票

运费发票是记录在采购货物过程中发生的运杂费、装卸费和入库整理费等费用的单据。

（1）在"采购管理"窗口中，展开"业务"目录下的"发票"菜单，单击"运费发票"命令，系统打开"运费发票"录入窗口，如图11-12所示。

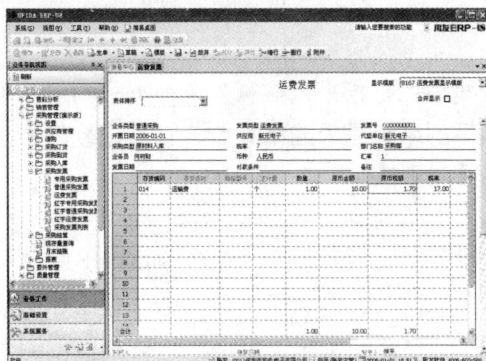

图11-12 运费发票

（2）单击"增加"按钮录入运费发票。也可以在单据的标题中单击右键，执行"拷贝采购发票"功能。

（3）单击"保存"按钮保存新增单据。

（4）单击"现付"可对当前单据进行现付，发票上角注明"已现付"红色标记。单击"弃付"可取消现付。

4. 红字专用采购发票、红字普通采购发票、红字运费发票

红字发票是采购发票的逆向单据。红字发票的处理方式与蓝字发票的处理方式一样。

5. 采购发票列表

采购发票列表是将符合过滤条件的采购发票记录以列表的格式显示，便于用户快速查询和操作单据。

（1）在"采购管理"窗口中，展开"业务"目录下的"发票"菜单，单击"采购发票列表"命令，系统打开"采购发票"条件过滤窗口。

（2）录入过滤条件，单击"过滤"按钮，系统列出所有符合条件的记录，如图11-13所示。

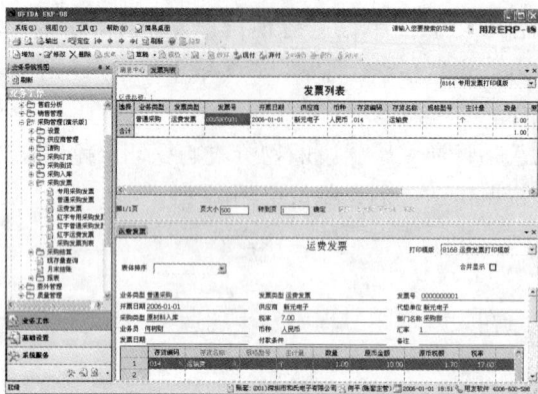

图11-13　过滤符合条件的记录

（3）双击具体记录，可以打开该张采购发票进行查看。

六、采购结算

采购结算即采购报账，是指采购核算人员根据采购入库单和采购发票核算采购入库成本。采购结算的结果是采购结算单，它是记载采购入库单记录与采购发票记录对应关系的结算对账表。

1. 自动结算

（1）在"采购管理"窗口中，展开"业务"目录下的"采购结算"菜单，单击"自动结算"命令，系统打开"自动结算"条件过滤和结算模式勾选窗口。

（2）根据需要输入结算条件，系统根据输入的条件范围自动结算，并产生结算结果列表。如没有则提示"没有符合条件的单据，不能继续"。

（3）在"采购管理"窗口中，展开"业务"目录下的"采购结算"菜单，单击"结算列表"命令，可查询、打印本次自动结算结果。

2. 手工结算

结算包括入库单与发票结算、蓝字入库单与红字入库单结算、蓝字发票与红字发票结算。

（1）在"采购管理"窗口中，展开"业务"目录下的"采购结算"子菜单，单击"手工结算"命令，系统打开"手工结算"窗口，如图11-14所示。

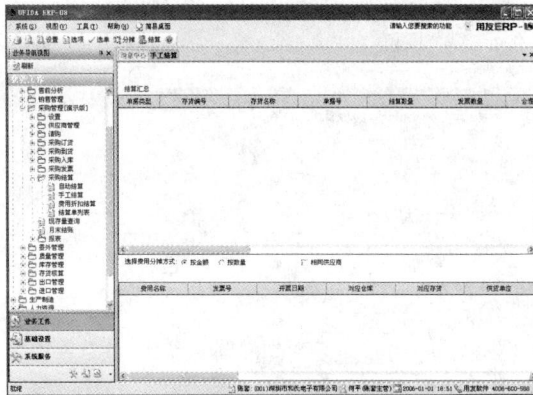

图11-14　手工结算

（2）单击"过滤"按钮，系统弹出"结算选单"窗口，分别单击"刷入"和"刷票"过滤按钮进行入库单和采购发票选择。

（3）在选择出来的采购发票中，选择要结算的发票，单击"选择"栏使其变为"Y"字样。

（4）在选择出来的入库单中，选择要结算的入库单，单击"选择"栏使其变为"Y"字样。

（5）单击"确定"按钮，系统返回"手工结算"窗口。

（6）检查是否选单有误，如有误，可重新选单。

（7）如果有运费发票需要进行分摊（运费发票显示在窗口的下方），则单击"分摊"按钮，系统会根据所设置好的分摊方式进行分摊。

（8）单击"结算"按钮，系统开始结算，最后提示结算完毕。

（9）结算后的单据，可以提供结算单列表以便进行查看，如果发现结算有误，可将结算单删除，重新进行结算。

3. 结算单列表

采购结算单列表将符合过滤条件的采购结算单记录以列表的格式显示，便于用户快速查询与操作单据。

（1）在"采购代理"窗口中，展开"业务"目录下"采购结算"菜单，单击"结算单列表"命令，系统打开"现存量查询"条件过滤窗口。

（2）录入过滤条件，单击"过滤"按钮，系统列出所有符合条件的记录。

（3）双击具体记录，可以打开该张结算单进行详细查询，如果结算有误，可以单击"删除"该张结算单，重新进行采购结算。

七、采购账表查询

采购账表查询包括采购统计表、采购账簿、采购分析查询。

1. 采购统计表

（1）在"采购管理"窗口中，展开"账表"目录下的"统计表"菜单，单击"采购明细表"命令，系统打开"采购明细表"分组汇总方式设置和条件过滤窗口，如图11-15所示。

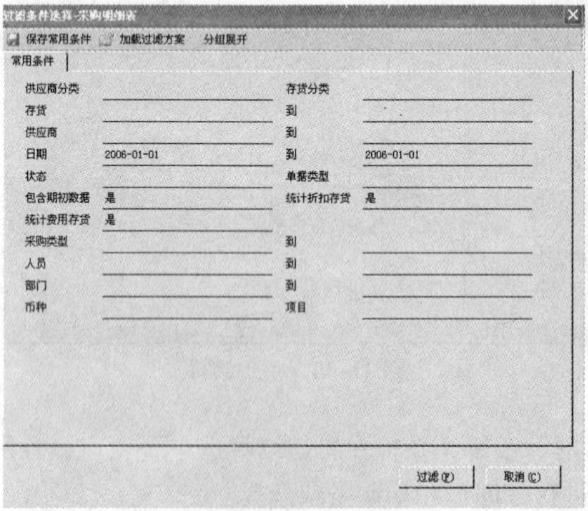

图11-15 采购明细表

（2）设置分组汇总方式和过滤条件，单击"过滤"，系统列出所有符合条件的记录，如图11-16所示。

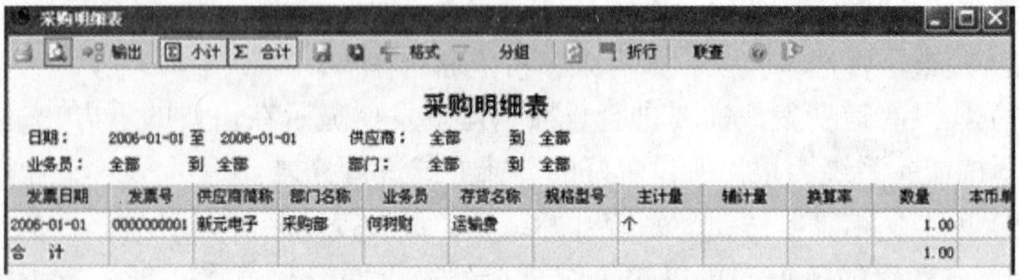

图11-16 过滤后符合条件的记录

（3）双击具体的记录，可打开其单据进行查询。

2. 采购账簿

（1）在"采购管理"窗口中，展开"账表"目录下的"采购账簿"菜单，单击"在途货物余额表"命令，系统打开"在途货物余额表"分组汇总方式设置和条件过滤窗口。

（2）设置分组汇总方式的过滤条件，单击"过滤"按钮，系统列出所有符合条件的记录，如图 11-17 所示。

3. 采购分析

（1）在"采购管理"窗口中，展开"账表"目录下的"采购分析"菜单，然后单击"采购资金比重分析"命令，系统打开"采购资金比重分析"分组汇总方式设置和条件过滤窗口，如图 11-18 所示。

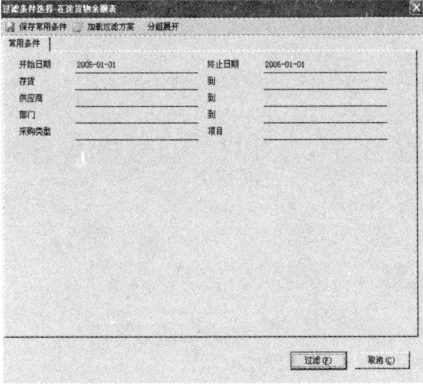

图 11-17　在途货物余额表　　　　图 11-18　采购资金比重分析

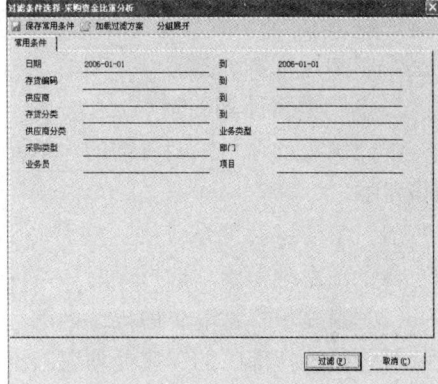

（2）设置分组汇总分析方式和过滤条件，单击"过滤"按钮，系统列出所有符合条件的记录。

八、采购月末结账

采购业务处理完成后，要进行月末结账，已结账月份的采购管理入库单、采购发票不可修改、删除。

（1）在"采购管理"窗口中，展开"业务"菜单，单击"月末结账"命令，系统打开"月末结账"处理窗口。

（2）系统显示该月会计是否结账，双击需要结账的月份"选择标记"栏，使其为"选中"字样，必须连续选择，否则不允许结账。

（3）单击"结账"按钮，系统自动进行月末结账，将所选各月采购单据按会计期间分月记入有关账表中。

（4）月末结账后，可逐月取消结账，选中已结账最后月份，单击"取消记账"，则取消该月的月末结账。

第三节　销售管理

销售是企业生产经营成果的实验过程，是企业经营活动的中心。销售管理系统提供了销售计划编制、销售报价、销售订货、销售发货和销售开票的完整销售流程，支持普通销售、委托代销、分期收款、直运、零售和销售调拨等多种类型的销售业务，并对销售价格和信用进行实时监控，在销售过程中，还可以对销售支出、销售代垫费用和销售包装物租借等业务数据进行记录和统计。用户可根据实际情况对系统进行定制，构建自己的销售业务管理平台。

一、销售计划

销售计划可以指导企业销售部门和销售人员进行货物销售；在期末可将实际销售收入与销售计划、销售定额进行比较，分析各项销售计划的具体执行情况——是未完成销售计划，还是超额完成销售计划。

用友 ERP 销售管理系统提供三种销售计划的编制方式：按部门编制、按业务员编制和按货物编制。

1. 部门销售计划编制

部门销售计划是以销售部门为单元，制订企业年度计划、月计划销售金额和销售定额。

（1）在销售管理系统中，展开"销售计划"菜单，单击"部门销售计划编制"命令，系统弹出"选择部门"条件过滤窗口，如图 11-19 所示。

（2）选择好需要编制销售计划的起始部门和截止部门，单击"确认"按钮，系统打开所选择部门的销售计划编制窗口，如图 11-20 所示。

图 11-19　选择部门

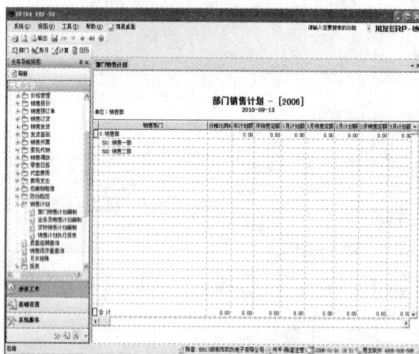

图 11-20　部门销售计划

（3）填入年计划额、年计划定额和分摊比例，选择分摊方式，或直接填入月计划额、月销售定额。

（4）单击"保存"按钮保存编制好的部门销售计划。

2. 业务员销售计划编制

业务员销售计划，是以业务员为主体，制订企业年度销售计划、月销售计划额和销售定额。系统提供将企业的年销售计划分摊到业务员，以及将业务员的年销售计划分摊到各月的功能。

3. 货物销售计划编制

货物销售计划，是以货物为主体，制订企业年度销售计划、月销售计划额和销售数量。系统提供将企业的年销售计划分摊到货物，以及将货物的年销售计划

244

分摊到各月的功能。在本功能中货物包括存货分类。

4. 销售计划执行报告

用户可以参照部门、业务员和货物查询销售计划的执行报告，销售计划执行的数据是指发生了的销售发票、销售调拨单和零售日报的结果。

（1）展开"业务"目录下的"销售计划"菜单，单击"销售计划执行报告"命令，系统弹出"销售计划执行报告"条件过滤窗口。

（2）在"销售计划执行报告"条件过滤窗口中输入过滤条件和计划分组汇总项，然后单击"过滤"，系统列出所有符合条件的记录。

二、销售报价

销售报价是指客户向企业询价时，由企业向客户提供货物名称、规格、价格和结算方式等信息。当客户确认向企业购买产品时，销售报价单可以转化为有效力的销售合同或销售订单。

1. 销售报价单

销售报价单是企业向客户进行比价的单据。

[**例 11-1**] 在 001 账套中，接到客户"北京远东集团"需购买 5 台"电脑整机"的询价，"北京远东集团"需制定一张销售报价单，销售部门"北京区"，业务员"何亮"，销售商品"电脑整机"，数量"5"，含税报价"4300"。

（1）在销售管理系统中，展开"销售报价"菜单，单击"销售报价单"命令，系统弹出"销售报价单"窗口，如图 11-21 所示。

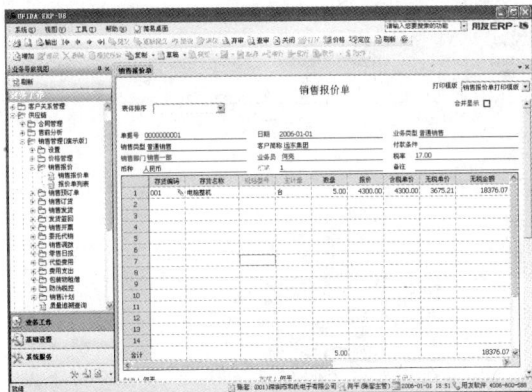

图 11-21 销售报价单

（2）单击"增加"按钮，参照 [例 11-1] 中的内容新增一张销售报价单，单击"保存"按钮保存这张报价单，单击"审核"按钮进行审核，被审核之后，"审核"按钮变成了"弃审"按钮，如果需要弃审该张单据，则可以单击"弃审"按钮。经审核后的报价单可以打印出来传送给客户，等待客户回复。单击"附件"按钮可以将该张报价单与附件文件挂接，便于查询。

（3）报价单执行完毕，该单据就可以关闭；对于确实不能执行的某些单据，经主管批准后，也可以关闭。如果单据已关闭，但又要执行，可以打开订单。单据只能整张关闭/打开，不可以拆单。单击"关闭"按钮则可以关闭订单。

（4）可以对单据进行批量处理，包括审批、批弃、批关和批开。单击"批量"按钮执行批量处理功能。

（5）单击"退出"按钮退出销售报价单处理。

2. 报价单列表

销售报价单列表将符合过滤条件的报价单记录以列表的格式显示，便于用户快速查询和操作单据。

（1）展开"业务"目录下的"销售报价"菜单，单击"报价单列表"命令，系统弹出"报价单过滤条件"窗口。

（2）输入过滤条件，单击"过滤"按钮，系统列出所有符合条件的记录，如图11-22所示。

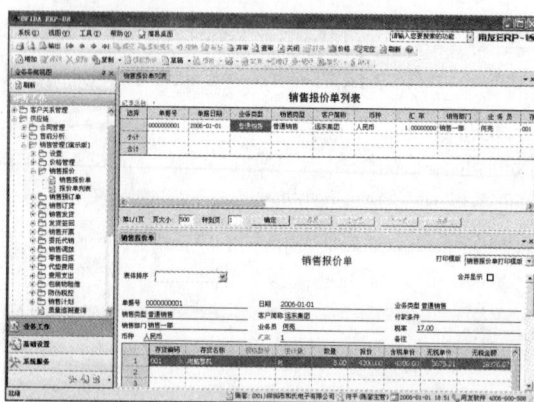

图11-22 过滤后符合条件的记录

三、销售订货

销售订货是由企业和客户双方确认的客户要货需求的过程，用户根据销售订单组织货源，并对订单的执行进行管理、控制和追踪。

1. 销售订单

销售订单是由企业和客户双方确认的客户要货需求的单据，它可以是企业销售合同中关于货物的明细内容，也可以是订货的口头协议。

如果设置了必有订单的业务模式，则销售订单是必填单据，因为销售发货、销售开票等业务都参照拷贝销售订单而生成。

[例11-2] 在001账套中，将 [例11-1] 所审核后的报价单生成销售订单，预计发货日期为2006-01-18。

（1）展开"业务"目录下的"销售订货"菜单，单击"销售订单"命令，系统弹出"销售订单"录入窗口。

（2）单击增加按钮，可新增一张销售订单，单击"保存"按钮保存该张新增订单。单击"审核"按钮可对新增加的订单进行审核。

销售订单的生成可以参照销售报价单，在销售订单窗口中，单击"增加"按钮，然后单击"报价"按钮，则系统弹出"选择报价单"过滤窗口，输入过滤条件，单击"显示"按钮，则系统列出符合条件的报价单，选择［例11-3］销售报价单，最后单击"确定"，则［例11-3］报价单的内容就被拷贝到销售订单中了，内容可以更改，如图11-23所示。

（3）在销售订单的表体中，单击鼠标右键，则系统会弹出一组小菜单，选择"查看现存量"可查看库存中存货的现存量，在做销售订单时可以直接查询到该存货现在库存的数量情况，以便做出应对；选择"查看当前订单的累计开票情况"查看当前订单的累计开发票情况，因为存在订单分次开票的情况；选择"查看当前订单的累计发货情况"查看当前订单的累计发货情况，因为存在订单分次发货的情况；"选择当前订单预估毛利"预测当前订单的预估毛利［预估毛利（本币）=无税金额（本币）-参考成本×数量］；选择"查看当前订单对应的发货单"查看当前订单所生成的发货单；选择"查看当前订单对应的发票"查看当前订单所产生的发票，如图11-24所示。

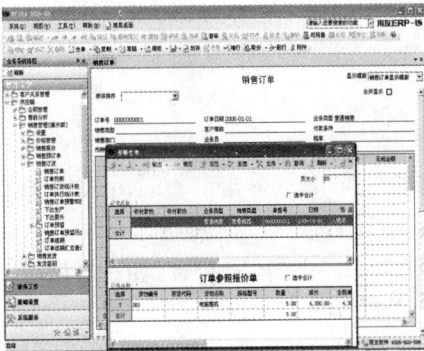

图 11-23　销售报价单

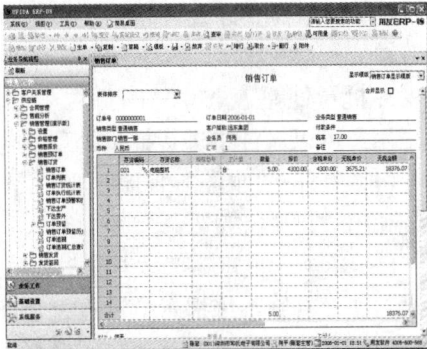

图 11-24　查看当前订单对应的发票

（4）单击"审核"按钮可以审核该张销售订单，销售订单被审核之后则不能执行修改（除非取消审核），但可以单击"变更"按钮，变更销售订单信息，变更后即生效不必再次审核，状态依然为"已审核"。

（5）如果该张销售订单执行完毕（即该张销售订单被参照生成了销售发货单、销售发票），则该单据就可以关闭；对于确实不能执行的单据，经主管批准后，也可以关闭。如果单据已关闭，但又要执行，可以打开订单。单据只能整张打开，不能拆单。

（6）单击"退出"按钮退出订单窗口。

2. 订单列表

订单列表将符合过滤条件的订单记录以列表的格式显示，便于用户快速查询和操作单据。

（1）展开的"业务"目录下的"销售订货"菜单，单击"订单列表"命令，系统弹出"销售订单过滤条件"录入窗口。

（2）录入订单过滤条件，单击"过滤"按钮，系统列出所有符合条件的订单记录，如图 11-25 所示。

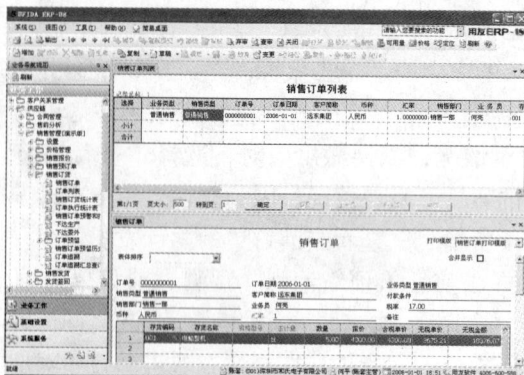

图 11-25　过滤符合条件的订单记录

（3）如果需要详查具体的销售订单，则在该记录上双击鼠标左键打开该张销售订单。

3. 批量处理

用户可以对订单进行批量处理，包括批审、批弃、批关和批开。

（1）展开"业务"目录下的"销售订货"菜单，单击"批量处理"命令，系统弹出"订单批量处理"窗口。

（2）单击"批审"、"批弃"、"批关"、"批开"，则系统将符合过滤条件的单据代入，如没有则系统提示"没有符合条件的单据"。

（3）在列出订单中，单击"选择"栏使其变为"Y"字样，如果单击，则取消选择；也可以单击"全选"、"全消"；可单击"上张"、"下张"、"首张"、"末张"按钮，查找单据。

（4）选单完毕，按"确认"按钮则所选单据执行操作，系统显示"批量操作完毕"。

4. 销售订货统计表

销售订货统计表用来查询销售订货的统计情况，可根据各种查询条件来进行销售订货的统计。

5. 订单执行统计表

订单执行统计表用来查询销售订单的订货、发货、退货、开票和收款等情况。

由于前面 001 账套中的销售订单尚未被执行销售发货、销售开票等处理，所以以 888 演示账套进行查询。

（1）展开"业务"目录下的"销售订货"菜单，单击"订单执行统计表"命令，系统弹出"订单执行统计表"汇总方式和过滤条件窗口。

（2）在此录入过滤条件，选择分组汇总项，单击"过滤"，系统列出符合条件的统计条件结果，如图 11-26 所示。

图 11-26　过滤后符合条件的统计

（3）可以查询得到销售订单的执行情况，单击移动条向右查看。

四、销售发货

销售发货是企业执行销售订单，将货物发往客户的行为，是销售业务的执行阶段。如果客户所订的货备齐完毕（如果生产完毕或采购完毕）则可以执行销售发货。

1. 发货单

发货单是销售方给客户发货的凭据，是销售发货业务的执行载体，发货单是销售管理系统的核心单据。

[**例 11-3**] 在 001 账套中，将 [例 11-2] 的销售订单，执行销售发货，此次发货数量为 4 台，剩下的货物以后再发货。

（1）展开"业务"目录下的"发货"菜单，单击"发货单"命令，系统弹出"发货单"窗口，如图 11-27 所示。

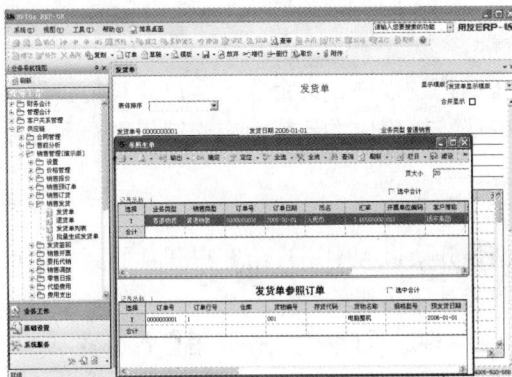

图 11-27　发货单

（2）单击"增加"按钮，新增一张销售发货单。

（3）在销售发货单的表体中，单击鼠标右键，系统弹出一组菜单，在此可以查看现存量、当前发票单开票情况、当前发货单预估毛利、发货单对应发票。如果当前发货单对应出库单，则可以关闭当前发货单。

（4）单击"保存"按钮保存数量。

（5）单击"审核"按钮可对该张发货单进行审核。

2. 退货单

销售退货业务是指客户因货物质量、品种的数量等不符合要求而将已购货物退回本企业的业务。

退货单是发货单的红字单据，可以处理客户的退货业务，也可以处理换货业务，货物发出后客户要求换货，则用户先按照客户退货的货物开退货单，然后再按照客户所换的货物开发货单。

退货单的退货数量一定为负数。如果需要指定退货业务由某张销售订单或销售发货单而产生，则单击"订单"和"发货"按钮，系统弹出销售订单或销售发货单过滤窗口，选择该订单或发货单的原有业务进行操作。

3. 发货单列表

发货单列表将符合过滤条件的发货单记录以列表的格式显示，便于用户快速查询和操作单据。

（1）展开"业务"目录下的"发货"菜单，单击"发货单列表"命令，系统弹出"销售发货单过滤条件"窗口。

（2）录入过滤条件，单击"过滤"按钮，系统列出所有符合条件的记录。

（3）如果需要详查具体的销售发货单，则在该记录上双击鼠标左键，打开该张销售发货单。单击发货单列表上的"栏目"，可进行退货单列表栏目设置（可以设置该栏目是否显示及在列表中的位置)。

4. 批量处理

用户可以对发货单进行批量处理，包括批审、批弃、批关和批开。请参阅销售订单的批量处理。

五、销售开票

销售开票是指在销售过程中，由企业向客户开具销售发票及其所附清单的过程，它是销售收入确认、销售成本计算、应交销售税金和应收款确认的依据，是销售业务的重要环节。

1. 销售发票

销售发票是在销售开票过程中用户给客户开具的原始销售单据，包括增值税专用发票、普通发票及其所附清单。

[例 11-4] 将 [例 11-2] 订单生成一张销售普通发票，开票数量为 4，剩下的以后再开票。

（1）展开"业务"目录下的"开票"菜单，单击"销售普通发票"命令，系统弹出"销售普通发票"窗口，如图 11-28 所示。

（2）单击"增加"按钮，可新增一张销售发票。也可以单击"订单"按钮参照销售订单生成发票，在此选择参照 [例 11-2] 的销售订单生成销售发票，发票上的存货数量修改为 4；单击"发货"按钮可参照销售发货生成发票；单击"采购"按钮可参照采购发票生成销售发票。

（3）单击"保存"按钮保存该张发票。

2. 红字发票

红字销售发票是销售发票的逆向处理业务单据，当客户要求退货或销售转让，但用户已将原发票作账务处理时，需要向客户开具红字销售发票。

红字发票分为红字专用发票和红字普通发票两种。

3. 销售发票列表

销售发票列表将符合过滤条件的发票记录以列表的格式显示，便于用户快速查询和操作单据。

（1）展开"业务"目录下的"开票"菜单，单击"销售发票列表"命令，系统弹出"销售发票过滤条件"窗口。

（2）录入过滤条件，单击"过滤"按钮，系统列出所有符合条件的记录，如图 11–29 所示。

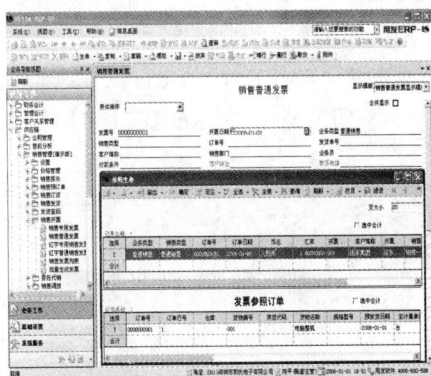

图 11–28　销售普通发票

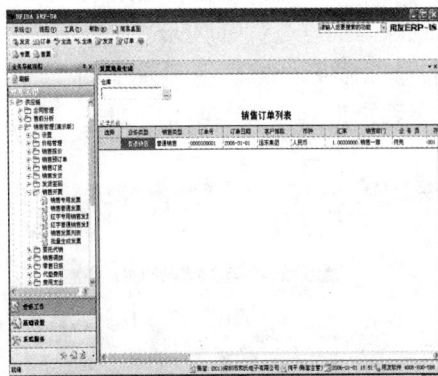

图 11–29　过滤后符合条件的记录

（3）如果需要详查具体的销售发票，则在该记录上双击鼠标左键，打开该张销售发票。

4. 批量生成发票

用户可根据发货单批量生成发票，发货单只能整单批量生成发票，不能拆单拆记录。参阅前面参照销售发货单生成销售发票。

5. 发票批量处理

发票批量处理包括对专用发票和普通发票进行批复、批弃。

（1）展开"业务"目录下的"开票"菜单，单击"专票批量处理"命令，系统弹出"单据批量处理"窗口。

（2）单击"批复"或"批弃"按钮，系统列出符合条件的记录。

（3）在需要进行处理记录的"选择"栏，双击使其变成"Y"字样，单击"确认"按钮，完成批量处理工作。

六、销售账表

销售账表可查询统计表、明细账、销售分析和综合分析。

1. 统计表

用户可以查询销售系统中的各种统计表。

下面以销售统计表为例进行讲解。

（1）展开"账表"目录下的"统计表"菜单，单击"销售统计表"命令，系统弹出"销售统计表"分组汇总条件和过滤条件，如图11-30所示。

（2）录入分组汇总和过滤条件，单击"过滤"按钮，系统列出所有符合条件的记录。

（3）单击"小计"按钮可对销售统计表中的数据，按分组汇总条件进行分组小计，单击"合计"按钮可合计表内数据。

2. 明细账

用户可以查询销售管理系统中的各类明细账。明细账众多，下面以销售收入明细账为例进行讲解。

（1）展开"账表"目录下的"明细账"菜单，单击"销售收入明细账"命令，系统弹出"销售收入明细账"分组汇总条件和过滤条件，如图11-31所示。

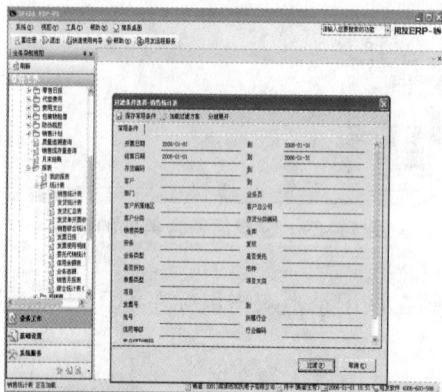

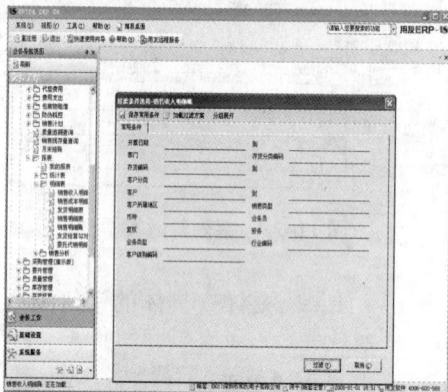

图11-30 销售统计表   图11-31 销售收入明细账

（2）录入分组汇总条件和过滤条件，单击"过滤"按钮，系统列出所有符合条件的记录。

（3）单击"小计"按钮可对销售统计表中的数据，按分组汇总条件进行分组小计，单击"合计"按钮可合计表内数据。

（4）双击指定记录，可以打开该张单据进行查看。

3. 销售分析

用户可以对销售数据进行分析。下面以市场分析为例进行分析。

（1）展开"账表"目录下的"销售分析"菜单，单击"市场分析"命令，系统弹出"市场分析"分组汇总条件和过滤条件，如图11-32所示。

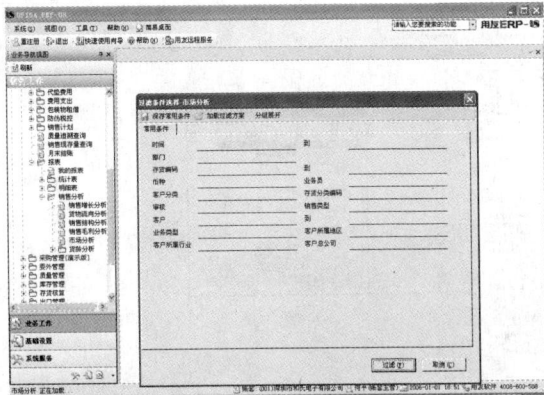

图 11-32　市场分析

（2）录入分组汇总条件和过滤条件，单击"过滤"按钮，系统列出所有符合条件的记录，如图 11-33 所示。

图 11-33　过滤后所有符合条件的记录

（3）单击"小计"按钮可对销售统计表中的数据，按分组汇总条件进行分组小计，单击"合计"按钮可合计表内数据。

七、销售月末结账

销售管理系统的月末结账是将每月的销售单据逐月封存，并将当月的销售库数据记入有关账表中。

本月还有未审核/复核单据时，结账时系统提示"存在未审核的单据，是否继续月末结账？"用户可以选择继续结账或取消结账，即有未审核的单据仍可月末结账；但在年底结账时，所有单据必须审核才能结账。

销售管理系统月末处理后，才能进行库存管理、存货核算的月末处理。

（1）展开"业务"菜单，单击"销售月末结账"命令，系统弹出"销售月末结账"处理窗口，如图 11-34 所示。

（2）单击"月末结账"按钮，系统开始进行合法性检查，如果检查通过，系统立即进行结账操作，结账后结账月份的已经结账显示"是"；如果检查未通过，系统提示不能结账的原因。当某月结账发生错误时，可以按"取消结账"功能恢复到结账前，正确处理后再结账。不允许跳月取消月末结账，只能从最后一个月逐月取消。

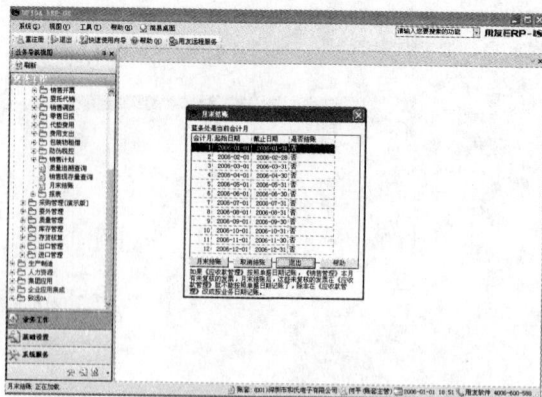

图 11-34　销售月末结账

第四节　库存管理

库存管理系统，能够满足采购入库、销售出库、产成品入库、材料出库（配额发料、限额发料）、其他出入库和盘点管理等业务需要，提供仓库货位管理、批次管理、保质期管理、出库跟踪入库管理和可用量管理等全面的业务应用。

一、入库业务

仓库收到采购或生产的货物，仓库保管员将验收货物的数量、质量和规格型号等，确认验收无误后入库，并登记库存账。

入库业务单据主要包括采购入库单、产成品入库单和其他入库单。

1. 采购入库单

采购入库单是根据采购到货签收的实收数量填制的单据。工业企业的采购入库单一般是指采购原材料验收入库时所填制的入库单据（如果启用了委外管理系统，则委外入库也以本张采购入库单据来处理），商业企业的采购入库单一般是指商品进货入库时所填制的入库单据。

（1）在"库存管理"窗口中，展开"日常业务"目录下的"入库"菜单，单击"采购入库单"命令，系统打开"采购入库单"窗口。

（2）单击"增加"按钮可新增一张采购入库单，也可以单击"生单"按钮，系统会弹出"选择采购订单和采购到货单"窗口，在此可参照采购管理系统的采购订单或采购到货单生成采购入库单。

（3）选择"采购到货单"（也可以选择"采购订单"），然后输入过滤条件，单击"过滤"按钮，系统列出符合条件的记录。

（4）双击采购管理系统中的采购入库单的"选择"栏，使其变为"Y"字样，如果勾选了"显示表体"，则选择单据的表体数据将显示出来。

（5）选择入库仓库，可更改本次的入库数量（如处理一次到货多次入库的情况），然后单击"确定"按钮，系统提示"确定要生单吗?"，单击"是"，系统将会把所选择的内容拷贝到采购入库中。

（6）在已生成的采购入库单中，单击"保存"按钮保存单据内容，单击"审核"可审核该张采购入库单。该采购入库单也会分别传递到采购管理系统（请参阅采购入库）和存货核算系统。

采购入库单由委外到货单传递过来，具体操作如下：

（1）在采购入库单上单击"增加"按钮，在到货单中，选择"委外到货单"命令。

（2）系统提示录入"委外到货单"条件过滤窗口，录入过滤条件，单击"过滤"按钮，系统列出符合条件的委外到货单。

（3）单击需要生成采购入库单的到货单"选择"栏，使其为"Y"字样，然后点击"OK"按钮，系统将所选择的到货单拷贝到采购入库单中。

（4）在采购入库中，可以更改入库数量（即一次到货，分次入库），单击"保存"按钮保存采购入库单数据，单击"审核"按钮审核当前入库数据。

2. 产成品入库

产成品入库单一般指产成品验收入库时所填制的入库单据，是工业企业入库单据的主要部分。只有工业企业才有产成品入库，商业企业没有此单据。

（1）在"库存管理"窗口中，展开"日常业务"目录下的"入库"菜单，单击"产成品入库"命令，系统打开"产成品入库"的窗口。

（2）单击"增加"按钮可新增一张产成品入库单。

（3）产成品入库单也可以参照生产订单系统中的生产订单生成（前提是该张生产订单已经从仓库领料进车间并生产完成）。单击"增加"按钮后，首先选择入库仓库，然后在"生产订单号"中录入需要参照的生产订单，或者单击放大镜按钮，系统弹出"生产订单生成单列表"窗口。

（4）勾选需要入库的生产订单和需要入库的存货，单击"确定"按钮，系统会把所选择需要入库的存货拷贝入产成品入库单中，入库数量可以修改。

3. 其他入库单

其他入库单是指除采购入库、产成品入库之外的其他入库业务，如样品入库、赠品入库、调拨入库、盘盈入库、组装拆卸入库和形态转换入库等业务形成的入库单。其他入库单一般由系统根据其他业务单据自动生成（如调拨、盘点、组装拆卸和形态转换），也可手工填制。

（1）在"库存管理"窗口中，展开"日常业务"目录下的"入库"菜单，单击"其他入库单"命令，系统打开"其他入库单"窗口，如图11-35所示。

（2）单击"增加"，录入其他入库单据。

（3）单击"保存"菜单保存所增单据，单击"审核"按钮审核该张单据。

二、出库业务

出库单据包括销售出库单、材料出库单和其他出库单。

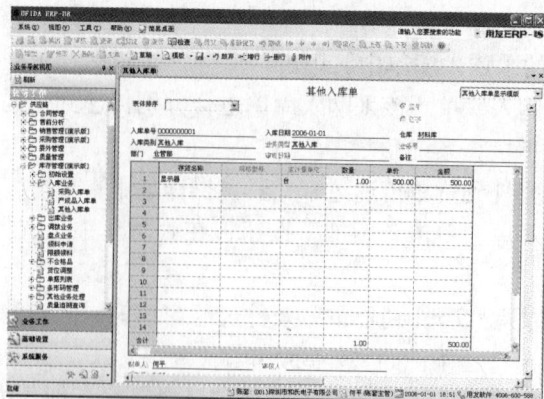

图 11-35　其他入库单

1. 销售出库单

销售出库单是销售出库业务的主要凭据，在库存管理系统中用于存货出库数量核算，在存货核算系统中用于存货出库成本核算。

（1）在"库存管理"窗口中，展开"日常业务"目录下的"出库"菜单，单击"销售出库单"窗口。

（2）如果没有启用销售管理系统，则可以直接单击"增加"按钮新增一张销售出库单。如果启用了销售管理系统，则销售出库单由销售管理系统传递过来，在此直接单击"审核"按钮即可。

2. 材料出库单

材料出库单是领用材料时所填制的出库单据，从仓库中领用的材料用于生产时，需要填制材料出库单，只有供应企业才有材料出库单，商业企业没有此单据。

（1）在"库存管理"窗口中，展开"日常业务"目录下的"出库"菜单，单击"材料出库单"命令，系统打开"材料出库单"窗口，如图 11-36 所示。

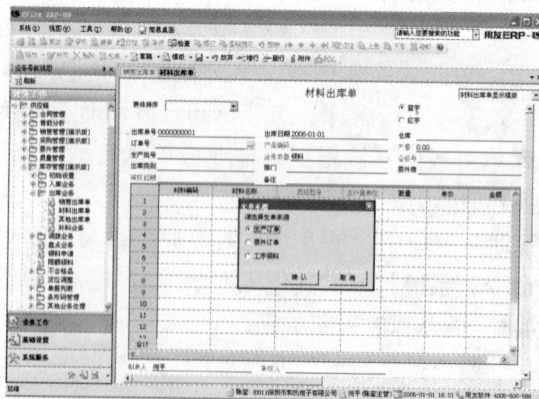

图 11-36　材料出库单

（2）单击"增加"按钮可新增一张材料出库单，单击"保存"按钮保存数据，单击"审核"按钮审核该张单据。

（3）在材料出库单中，单击"增加"按钮后，在表头的"订单号"中，选择新增材料单参照"生产订单"或"委外订单"生成，系统要求进行"生产订单"或"委外订单"条件过滤，录入过滤条件，单击"过滤"，系统列出符合条件的订单生单列表记录。

（4）勾选"显示表体"项，单击需要生成材料的订单记录的"选择"栏，使其变为"Y"字样，在生产所属子项中，系统列出所选记录应领用的子文件名称、数量等，然后选择此次需要领用的子件，单击"OK"按钮，系统将所选内容拷贝进入材料出库单。

（5）在材料出库单中，可以更改表体中各材料的出库数量，单击"保存"按钮保存该张单据，单击"审核"按钮进行审核。

工业企业中，配比出库单是一种特殊的材料出库单，如生产或组装某一父项产品，系统可以将其按照物料清单（BOM）展开到子项材料，并计算生产或组装父项产品需要领用的子项材料数量。对具有产品结构的存货，配比出库可以加强领料出库的速度和准确性。

（1）在"材料出库单"窗口中，直接单击"配比"按钮，系统弹出"配比出库单选择"窗口。

（2）在此选择需要领料而产生的生产订单号（没有生产订单号也可以），单击"展开"按钮，系统会自动依据产品的物料清单计算出需要领用的存货名称、数量。

（3）录入出库类别、领料仓库，然后单击"生单"按钮，系统将需要领用的存货名称、数量自动拷贝到材料出库单中。

（4）双击"选择"栏使其为"Y"字样，可对其进行审核。单击"联查"按钮可联查领料单据。

3. 其他出库单

其他出库单指除销售出库、材料出库之外的其他出库业务，如样品出库、赠品出库、调拨出库、盘亏出库、组装出库、形态转换出库和不合格品记录等业务形成的出库单。其他出库单一般由系统根据其他业务单据自动生成，也可手工填制。

（1）在"库存管理"窗口中，展开"日常业务"目录下的"出库"菜单，单击"其他出库单"命令，系统打开"其他出库单"窗口，如图11-37所示。

（2）单击"增加"，录入其他出库单。

（3）单击"保存"按钮保存所增单据，单击"审核"按钮审核该张单据。

三、调拨业务

1. 调拨申请单

调拨申请单用于录入调拨申请数据。

（1）在"库存管理"窗口中，展开"调拨业务"菜单，单击"调拨申请单"命令，系统打开"调拨申请单"录入窗口，如图11-38所示。

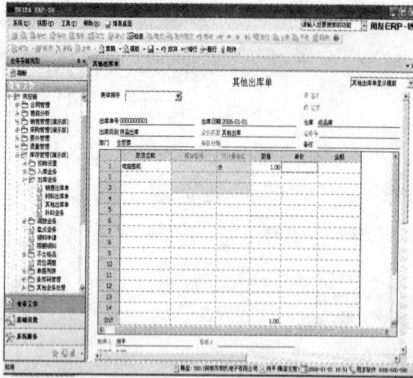

图11-37　其他出库单

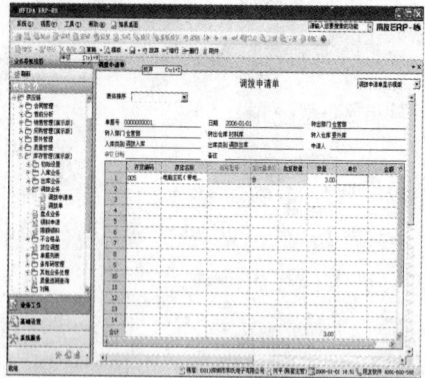

图11-38　调拨申请单

（2）单击"增加"按钮新增一张调拨申请单。在表头录入调拨的转出部门、转入部门、转出仓库、转入部门、入库类别和出库类别等信息，在表头录入需要调拨的物料。

（3）单击"保存"按钮保存调拨申请单，单击"审核"按钮进行审核。

2. 调拨单

（1）在"库存管理"窗口中，展开"日常业务"菜单，单击"调拨"命令，系统打开"调拨单"仓库，如图11-39所示。

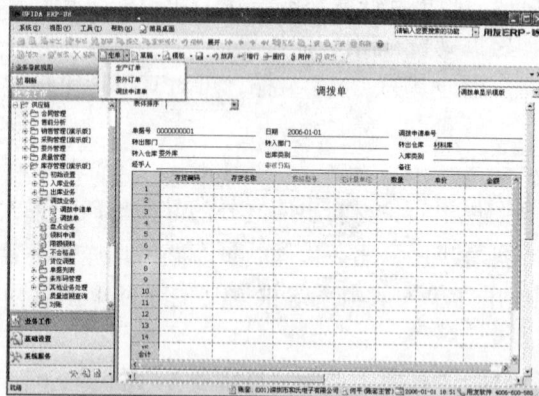

图11-39　调拨单

（2）单击"增加"按钮新增一张调拨单，新增调拨单时，可以选择本张调拨单参照其他单据生成。

（3）单击"保存"按钮保存该单据，单击"审核"按钮进行审核。

四、盘点

为了保证企业库存资产的安全与完整，做到账实相符，企业必须对存货进行定期或不定期的清查，查明存货盘盈、盘亏、损毁的数量以及造成的原因，并据以编制存货盘点报告表，按规定程序，报有关部门审批。

（1）在"库存管理"窗口中，展开"日常业务"菜单，单击"盘点"命令，系统打开"盘点单"窗口，如图11-40所示。

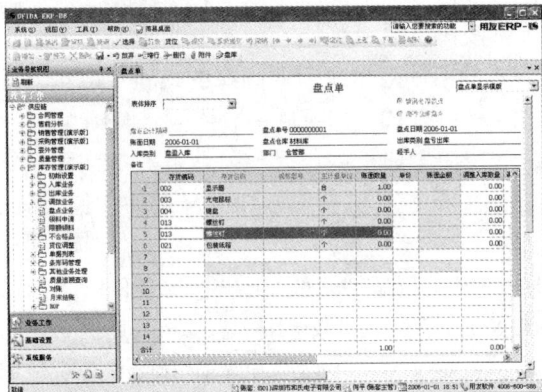

图11-40　盘点单

（2）录入盘点表头栏目，指定盘点仓库。

（3）可直接录入要盘点的存货，也可单击"盘存"、"选择"按钮批量增加存货。

（4）单击"保存"按钮保存盘点单。将盘点表打印出来，到仓库中进行实物盘点。

（5）实物盘点后，打开盘点单，单击"修改"按钮。输入盘点数量/件数，保存此张盘点单。

（6）单击"审核"按钮对盘点单进行审核。

五、限额领料单

对于管理比较严格的工业企业，只靠配比出库功能并不能满足企业在领料出库方面的管理需要，用户可以采用限额领料单加强管理。

限额领料单可以手工填制，然后再根据物料清单展开需要领用的物料，限额领料单分单后系统自动生成一张或多张材料出库单，可以一次领料、多次签收；限额领料单审核后可以再次分单领料。

用户是否进行限额领料控制设置，请参阅库存选项设置。

（1）在"库存管理"窗口中，选择"限额领料"命令，系统打开"限额领料"窗口。

（2）单击"增加"按钮增加一张空白的限额领料单。在表头录入生产的产品名称、产量和出库类别等信息，单击"展开"按钮，系统提示"是否展开到末级？"可选择"否"，系统根据所生产的产品的物料清单和产量，展开所需要的子件物料和数量，并写到表体中。用户选择各材料的出库仓库，单击"保存"按钮保存该张单据。

（3）单击"领料"按钮，处理本次仓库向车间发料业务，本次出库数量，系统默认为计划出库数量（即表示全部出库），但企业正常业务中，一般不会一次全部把原材料出库，可能会分多次出库，所以本次出库数量可以双击进行更改。

（4）单击"保存"按钮保存本次出库数量的修改。

（5）单击"分单"按钮，系统弹出"限额领料单出单方式"对话框，选择分单条件，依据出库方式的不同对本次需要出库的材料生成包含不同材料数据的材料出库单，如按仓库+材料方式，即按同一仓库同一材料生成一张材料出库单。

（6）单击"确认"按钮生成材料出库单，业务类型为限额领料，业务号为限额领料单号。在限额领料单表头可通过单据设计增加"最大分单号"，显示该单共分了几张材料出库单。

（7）单击工具栏上的"打单"按钮，弹出打单条件输入窗口，包括仓库、出库单号、分单号、库管员、用料车间和用料工序，可复选。单击"确定"按钮则打印符合条件的限额领料单分单。下次分单要在审核及清空数据后进行分单。

（8）单击"签收"按钮，处理签收业务，签收是指车间向仓库人员签字收取本次实际领用到车间的材料及其数量，前面的领料业务是仓库向车间发放物料，实际工作中，车间的签收数量可能比仓库发放的物料少或多（即仓库可能将物料领出做一张材料出库单，但车间却通过多次签收将物料领完）。

（9）可以修改本次签收数量，可以查看累计签收数量、未签收数量。

（10）单击"保存"按钮保存本次签收业务处理。

（11）单击"审核"按钮，限额领料单的审核既表示一般意义上的审核，又表示对现有相关数据清空，便于下次工作。限额领料单没有弃审。

（12）经过审核之后的数据，本次出库数量的本次签收数量都为0。

（13）如果需要再次领用出库，可再次重复执行领料、分单、签收和审核流程。

六、对账

用户需要对账，以保证库存管理与存货管理、库存账与货位账的一致。

1. 库存与存货对账

库存管理与存货核算对账的内容为某月份各仓库各存货的收发货数量。

（1）在"库存管理"窗口中，展开"业务处理"菜单下的"对账"功能，单击"库存与存货对账"命令，系统提示输入对账月份，如图11-41所示。

（2）输入对账月份，单击"确定"按钮，系统开始对账。如果核对正确，系统提示用户对账工作全部完成，并退出对账功能；如果核对不上，系统则将对不上的数据显示在对账报告中。用户退出对账报告时，系统将退出对账功能。

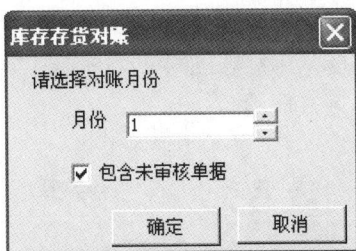

图 11-41 库存与存货对账

2. 库存账与货位账进行对账

本系统提供库存台账与货位卡片对账的功能。在"库存管理"窗口中，展开"业务处理"菜单下"对账"功能，单击"库存账与货位对账"命令，系统弹出"库存台账与货位卡片核对"窗口。

七、月末结账

月末结账是指将每月的出入库单据逐月封存，并将当月的出入库数据记入有关账表中。

在手工会计处理中，都有结账的过程，在电算化会计中也有这些过程，以符合会计制度的要求，结账只能每月进行一次，结账后本月不能再填制单据。

（1）在"库存管理"窗口中，展开"业务处理"菜单，单击"月末结账"命令，系统弹出"结账处理"窗口，如图 11-42 所示。

图 11-42 结账处理

（2）进入月末结账界面，屏幕出现结账窗口，光标位于未结账的第一个月。单击"结账"按钮对该月进行结账；单击"取消结账"按钮对当月的上月取消结账，即已结账的最后一个月才能取消结账。

（3）结账或取消结账成功，已经结账的标志就会改变；如未成功，系统提示错误信息。

结账前用户应检查本会计月工作是否已全部完成，只有在当前会计月所有工作全部完成的前提下，才能进行月末结账，否则会遗漏某些业务。

不允许跳月结账，只能从未结账的第一个月逐月结账；不允许跳月取消月末结账。只能从最后一个月逐月取消。

第五节 存货核算

存货核算是企业会计核算的一项重要内容，进行存货核算，应正确计算存货购入成本，促使企业努力降低存货成本；反映和监督存货的收发、领退、保管及存货资金的占用情况，促进企业提高资金的使用效果。

一、日常业务

存货核算系统的日常业务主要是处理各类出入库单据、月末时对车间生产线进行盘点，从而结算当月耗用材料成本（假退料业务）。

1. 入库、出库业务

入库业务的处理在存货核算系统中体现为填制"采购入库单"、"产成品入库单"和"其他入库单"。

出库业务的处理在存货核算系统中体现为填制"销售出库单"、"材料出库单"和"其他出库单"。

如果存货核算系统与采购、库存和销售系统集成使用，则入库、出库单据由这些系统传递过来，在存货核算系统中不能新增入库、出库单据。

2. 假退料业务

在月末时，由于需要核算当月耗用材料成本，需要对车间生产线的物料进行盘点，假退料业务用于车间已领用的材料在月末尚未消耗完，下月需要继续耗用，则可不办理退料入库处理业务，而制作假退料单进行成本核算，一般情况下是指车间在生产线上的材料、半成品非常多，如果退入仓库再进行成本核算是相当麻烦的事情，在这种情况下使用假退料业务进行处理。在下个月业务开始时，系统自动生成一张与该张假退料单的回冲单，相当于系统自动生成一张从仓库到车间的拉领料单。只有在建账时，该账套的性质是选择"工业"，存货核算才有此功能。

（1）展开"日常业务"菜单，单击"假退料单"命令，系统弹出"假退料单"窗口。

（2）单击"增加"按钮，增加一张空白假退料单，在单据表头中，部门选择"生产部门"，出库类别选择"材料领用出库"，在单据中仓库选择"材料库"，存货名称、数量。

（3）单击"保存"按钮保存新增内容。

3. 调整业务

录入错误（通常采用修改方式进行调整），或者由于暂估入库（与用友软件的采购系统一起使用才会产生暂估业务）后发生零出库业务等原因造成的出库成本不准确，或者库存数量为零而仍有库存金额时，只能使用入库调整单或出库调整单进行调整。

入库调整单是指对存货的入库成本进行调整的单据，它只调整存货的金额，不调整存货的数量。它用来调整当月的入库金额，并相应调整存货的结存金额，可针对单据或存货进行调整。

出库调整单是对存货的出库成本进行调整的单据，它只调整存货的金额，不调整存货的数量。它用来调整当月的出库金额，并相应调整存货的结存金额，只能针对存货进行调整，不能针对单据进行调整。

调整单记账时，在明细账中记录一笔只有金额没有数量的记录。

计划价或销售核算时，调整金额记入差异账或差价账中，形成一笔差异调整。

实际价核算时，调整金额记入存货明细账中，形成一笔存货调整。

（1）展开"日常业务"菜单，选择需增加调整的单据类型。

（2）在新增加的单据类型上，单击"增加"按钮增加一张空白调整单。

（3）在空白调整单上录入本次调整的内容，最后，单击记账完成本次调整业务。

4. 单据查询

（1）在"日常业务"菜单，展开"单据列表"子菜单，选择需要查询的具体单据。

（2）单击"采购入库单列表"命令，系统弹出"采购入库单列表"条件过滤对话框，录入过滤条件，单击"过滤"按钮，系统列出所有符合条件的记录。

（3）如果记录比较多，选择定位按钮进行查询。

（4）双击列出的某一记录，系统打开该记录的原始单据窗口。

二、业务核算

业务核算主要包括产成品成本分配、单据记账与恢复记账和期末处理工作。

1. 产成品成本分配

产成品成本分配表用于对已入库但未记明细账的产成品进行成本分配。

产成品成本分配主要用来计算一个月内某一种产成品的总成本除以总数量之后，单一产成品的成本价格。

（1）展开"业务核算"菜单，单击"产成品成本分配"命令，系统弹出"产成品成本分配"窗口。

（2）单击工具栏中的"查询"按钮，系统弹出"产成品成本分配表"对话框，选择"全选"按钮，单击"确定"按钮，系统列出所有产成品入库记录。

（3）在"产成品成本分配表"中选择产成品入库记录，然后在"金额"项中录入该批产成品入库的总金额，单击工具栏的"分配"按钮，系统将总金额除以数量，最后得出产成品入库成本单价，并写回产成品入库单中，并提示分配操作顺利完成（单击"恢复"按钮可以清除所分配的数据）。

2. 单据记账与恢复记账

单据记账与恢复记账是两个相反的操作。

单据记账将用户所输入的单据登记到存货明细账、差异明细账、差价明细账、受托代销商品明细账以及受托代销商品差价账。

（1）展开"业务核算"采购，单击"正常单据结账"命令，系统弹出"正常单据记账条件"对话框。

（2）选择"仓库"、"单据类型"等，单击"确认"按钮，系统列出符合条件的记录。

出库业务的单据是没有单价的，因为这个出库成本价是单据记账之后，根据存货核算系统选项中的核算方式和计价方式（先进先出、后进先出等）自动计算出来，由系统反填回单据中的。

（3）勾选需要结账的单据，然后单击工具栏中的"结账"按钮，即可对所勾选的单据进行结账。

恢复记账将用户已登记明细账的单据恢复到未记账状态。

（1）展开"业务核算"菜单，单击"恢复记账"命令，系统弹出"回复单据记账条件"对话框。

（2）录入过滤条件，单击"确定"按钮，然后在列出的记录上执行恢复结账操作。

3. 期末处理

期末处理用来计算按全月平均方式核算的存货的全月平均单价及其本会计月出库成本，计算按计划价或销售方式核算的存货的差异率或差价率及其本会计月的分摊差异或差价，对已完成日常业务的仓库、部门、存货做处理标志。

（1）展开"业务核算"菜单，单击"期末处理"命令，系统弹出"期末处理"对话框。

（2）在"期末未处理存货"页中，勾选需进行期末处理的存货，单击"确定"按钮，系统提示"是否处理所选仓库？"单击"是"开始进行期末处理工作。

三、财务核算

财务核算包括生成凭证、凭证列表。

1. 生成凭证

生成凭证用于对本会计月已结账单据生成凭证，然后传递到总账系统中，所生成的凭证可在财务系统中显示并生成科目总账。

（1）展开"财务核算"菜单，单击"生成凭证"命令，系统弹出"生成凭证"窗口。

（2）单击工具栏中的"选择"按钮，系统弹出"查询条件"对话框。

（3）输入查询条件，单击"确定"按钮，系统在"选择单据"窗口中列出所有符合条件的记录。

（4）对需要生成凭证的记录双击"选择"，也可以单击"全选"按钮选择所有单据。

（5）单击工具栏的"确定"按钮，系统再次弹出所选单据的"生成凭证"窗口。

（6）在"生成凭证"窗口中选择需要生成凭证的凭证类别，单击工具栏中的"生成"按钮，系统显示生成的凭证。用户在生成凭证之前可以修改凭证类别、凭证摘要、借方科目、贷方科目以及金额，也可以增加或删除借贷方记录，但应保证借贷方金额相平，并等于所选记录的金额，凭证生成后，直接传递到总账系统中。

2. 凭证列表

凭证列表是用于查询会计年度的存货核算系统的凭证。

（1）展开"财务核算"菜单，单击"凭证列表"命令，系统弹出"查询条件"对话框。

（2）输入凭证查询条件，单击"确定"按钮，系统打开"凭证列表"窗口，并在其中显示所有符合条件的记录。

（3）选定指定记录，单击工具栏中的"单据"按钮，打开"凭证联查单据列表"窗口，在此查询生成该记录的原始单据，再双击具体的单据，即可打开该单据窗口。

四、账表查询

账表查询包括账簿、汇总表、分析表的查询。

1. 账簿查询

展开"账表"菜单下"账簿"子菜单，查询"流水账"、"明细账"等。

（1）单击"流水账"命令，系统弹出"流水账"窗口，单击工具栏中的"查询"按钮，系统弹出"出入库流水账查询"条件过滤对话框。

（2）输入查询条件，单击"确定"按钮，系统将在"流水账"窗口中列出符合条件的明细账。

（3）点击工具栏中的"单据"和"凭证"按钮可联查所选定记录的原始单据或凭证。

2. 汇总表查询

展开"账表"菜单下"汇总表"子菜单，查询各种汇总表。

单击"收发存汇总表"，系统弹出"收发存汇总表查询"条件过滤窗口，在"查询条件选择"标签中录入查询条件，在"汇总方式选择"标签页录入汇总方式。

3. 分析表查询

展开"账表"菜单下"分析表"子菜单，进行报表分析。

（1）单击"入库成本分析"命令，系统弹出"入库成本分析"对话框。

（2）单击选择"仓库"标签页，用箭头按钮选入需要分析的仓库；单击选择"入库类别"标签页，选择需要分析的入库类别，然后单击"确认"按钮生成

"入库成本分析表"。

五、月末结账

月末结账是指日常业务全部完成后，计算出全月平均方式核算的存货全月平均单价及其本会计月出库成本。计算按计划价或售价方式核算存货的差异率或差价率及其本会计月的分摊差异或差价，并对已完成日常业务的仓库、部门做处理标志。如果使用采购或销售系统，则需要采购或销售系统作结账处理后才能进行。系统提供恢复期末处理功能，但是总账结账后不可恢复。

（1）展开"业务核算"菜单，单击"月末结账"命令，系统弹出"月末结账"对话框。

（2）系统提示此次的月末结账月份（只能对当前会计月进行记账），选择"月末结账"项，单击"确认"按钮完成月末结账。

月末结账后对月账簿做结账标志，如果与采购管理系统集成并用，并且暂估处理方式选择"月初回冲"将同时生成下月红字回冲单。月末结账后将不能再进行当前会计月的工作，只能做下个会计月的日常工作。

（3）对于已结账的月份，如果还需要已结账月份的内容，则可以在"月末结账"窗口中，勾选"取消结账"项，然后单击"确认"按钮，取消结账。

本章小结

本章以供应链系统中业务流程部分的基本知识和操作技能为重点，将案例教学与实践教学紧密结合，使学生能够快速掌握 ERP 供应链管理系统的采购管理、销售管理、库存管理与存货核算的基本知识与基本技能。

实 训 篇

第十二章 用友 ERP 手工沙盘

[学习目的]
通过本章学习，了解用友 ERP 手工沙盘的角色分工；
熟悉沙盘操作的基本规则；
掌握沙盘操作和报表编制方法。

第一节 ERP 沙盘简介

一、ERP 沙盘的由来

"沙盘"一词，起源于战争模拟推演，它采用各种模型来模拟战场的地形及武器的部署情况，通过模拟推演敌我双方战场的对抗与较量，发现对方战略战术的弱点，从而制定有效的作战方案。目前，沙盘推演已经得到普遍推广，ERP 沙盘模拟就是其中之一。

自从 1987 年瑞士皇家工学院的 Klas Mellan 开发了 ERP 沙盘之后，ERP 沙盘模拟演练就迅速风靡全球。现在国际上许多知名的商学院（如哈佛商学院、瑞士皇家工学院）和一些管理咨询机构都在用 ERP 沙盘模拟，对于职业经理人、MBA、经济管理类学生进行培训，以期提高他们在实际经营环境中决策和运作的能力。

20 世纪 80 年代初期，"ERP 沙盘模拟"被引入我国，率先在企业的中高层管理培训中使用并快速推广到高等院校的实验教学中。现在，越来越多的高等院校为学生开设了"ERP 沙盘模拟"课程，并且都取得了很好的效果。

二、"ERP 沙盘模拟"简介

从理论上讲，"ERP 沙盘模拟"就是将实物沙盘和 ERP 管理理念相结合，通过构建仿真企业环境，模仿真实企业的生产经营活动，集成企业的所有资源（涉及厂房、设备、物料，还包括人力资源、资金、信息等，甚至还包括企业上、下游的供应商及客户），通过计划、决策、控制与经营业绩评估等手段对这些资源进行全方位和系统化的管理，以实现资源的优化配置，使企业流畅运转，从而达到商业上的成功。

在实际操作中，"ERP 沙盘模拟"课程的背景设定为六个基础状况完全相同的生产型企业。参加训练的学员分为 6 个组，各自代表不同的虚拟公司，每组 4~5 人，分别担任公司的总经理（CEO）、市场总监（CMO）、生产总监（COO）、采购总监（CPO）、财务总监（CFO）角色。每个组都将面临来自其他企业（其他学员小组）的严峻挑战。例如，在企业的整个运营过程中，如何分析外部环境、如何制订战略规划、需要开发哪些市场、何时进行产品研发、如何组织生产、如何控制成本等，学员们必须做出众多的决策，以在激烈的市场竞争中将企业向前推进，每个独立的决策似乎容易做出，然而当它们综合在一起时，许多不同的方案自然产生，要想做出正确的决策就不是一件轻而易举的事了。

总的来说，ERP沙盘模拟强调学生的积极投入，目的在于培养学生亲自动手解决问题的能力，核心价值就在于让参与者感悟正确的经营思路和经营理念；动态管理、实时控制，从而实现企业财务、业务一体化，实现信息、流物和资金流的协调统一。

第二节　角色详解

"ERP沙盘模拟"是融角色扮演、案例分析和专家诊断于一体，让参与者能够"互动学习，在过程中学习"的一项课程。该课程一般选择6个经营年度作为模拟期。在模拟过程中，组内的5人将进入场景，如置身真实的企业，各自肩负不同的职能，支撑相互独立又相互联系的部门。例如，总经理（CEO）主要负责整个企业的策划和规划；财务总监（CFO）负责资金运作的管理，负责记录每期现金的收支情况，及每年财务报表的报出。各个角色在完成自身岗位工作的同时，还要保证相互之间的信息畅通，及时沟通与协作。

一、总经理（CEO）的职责

1. 总经理的职责

（1）组织实施公司年度经营计划和投资方案。

（2）主持公司的日常生产经营管理，组织实施并反馈董事会决议。

（3）拟订设置、调整或撤销公司的内部管理机构的具体方案。

（4）拟订公司的基本管理制度和具体规章。

（5）聘请或解聘应由董事会聘请或解聘以外的管理人员和工作人员。

（6）依有关规章制度决定对公司职工的奖惩、升级、加薪及辞退。

（7）在职责范围内，对外代表公司处理业务。

2. 沙盘对抗赛中总经理的职责

ERP沙盘是从现实企业中抽象出来的理想化、具体化和简单化的模拟对抗，它和《公司法》规定的各职位职责不完全相同。总经理是总顾问（指导老师）和各职位人员的联络员，是团队各项工作的组织者和领导者。

首先，对于团队建设，总经理需要知人善任，选择能够胜任相关职位的专业人才，建立目标、相互信任、相互支持、技能互补的一种有默契和效率的团队。在整个运营过程中，总经理应该及时纠正团队内的错误，在团队压力大时缓解气氛，必要时发起"建设性"的争吵。团队团结的关键就在于总经理的组织能力和沟通能力。

其次，在实战对抗中，总经理要召集各职位人员，共同出谋划策、制定企业发展战略、选择执行方案、分配运营任务并组织实施。例如，总经理并不具体负责某个职能部门的运营，但是他又完全参与各部门的运营管理工作。他与市场总监合作，分析市场，在不同的市场安排不同的产品组合，制定不同的广告策略；与财务总监共同制定企业的长、短期贷款策略；同时，还需要同生产总监、采购总监一起，共同保证企业的正常生产，给市场和财务提供更多的灵活度。当然，沙盘对抗赛是脑力和体力的对抗，总经理的职责远不止这些，在比赛的紧要关头，总经理还要充当救火队员，还要与对手、裁判沟通……总经理还要起监督管理的作用，总经理的这些工作都能有效提高团队的绩效。

此外，在比赛过程中，总经理还起到观察其他组的作用，为本组赢得最有利的竞争环境。

总之，总经理是企业团队的建立者和激励者，是企业整体发展战略的制定者，是企业资产投资的决策者，是企业生产经营的设计者，是企业其他职能部门决策的参与者和制定者。

二、财务总监（CFO）的职责

1. 财务总监的职责

（1）在董事会和总经理的领导下，总管公司预算、会计、报表工作。

（2）负责制订公司利润计划、资本投资、财务规划、销售前景、开支预算或成本标准。

（3）制定和管理税收政策方案及程序。

（4）组织公司有关部门开展经济活动分析，组织编制公司财务计划、成本计划、努力降低成本、增收节支、提高效益。

（5）建立、健全公司内部核算的组织、指导和数据管理体系，以及核算和财务管理的规章制度。

（6）监督公司遵守国家财经法规、纪律以及董事会决议。

2. 沙盘对抗赛中财务总监的职责

财务状况是企业的命脉，所有者权益为负的企业将被迫宣布破产，现金断流的企业则直接退出比赛，所以在沙盘对抗比赛中，财务总监的首要任务就是实现对所有者权益的控制和保证现金的正常运转。首先，财务总监要参与企业总体发展规划的制订，并依据这一发展战略，估计各年及各经营时期现金总量的需求，制定出相应长、短期贷款方案；其次，对各年的财务进行全面预算，保证现金流的通畅，并实施对成本的全面控制，以降低企业的经营风险和经营成本；再次，在各年的实际经营中，进行现金流经营流程的登记工作；最后，还需要填制五大表（订单明细表、品种明细表、综合费用明细表、资产负债表、利润表）。

企业的经营发展和日常生产都是以财务状况允许为前提的。因此对于财务总监来说，《资产负债表》、《利润表》等的填制并不困难，难的是对资金的预算和控制。例如，每年的实际销售金额是不确定的，甚至会与预算有很大的差异，这就要求财务总监在预算时要充分考虑到各种情况，并根据具体情况及时调整资金的使用。另外，沙盘对抗赛中绝大多数企业都是负债经营，长期贷款和短期贷款各有利弊，贷款时期不同对现金的影响也不相同，因为利息支出将直接导致企业利润减少，从而影响权益，而权益又决定下一年度贷款额度。每一年度选完订单，财务总监就应准备制作出资产负债表，并结合生产情况设计交货时间，从而编制出现金流量表，进而安排是否进行贷款以及贷款额度和形式。此外，为了有更好的财务状况，财务总监会对生产线和厂房的投资、市场开拓、产品研发和 ISO 认证等情况与相应负责人协商，参与战略管理。

三、市场总监（CMO）的职责

1. 市场总监的职责

（1）完成公司年度营销目标以及其他任务。

（2）建立独立的销售渠道，具有良好的市场开拓能力。

（3）负责销售部门内部的管理及建设。

（4）进行市场调查以及寻找新市场机会。

（5）制定新项目市场推广方案。

（6）成熟项目的营销组织、协调和销售绩效管理。

（7）制定销售队伍的建设与培养方案。

2. 沙盘对抗赛中市场总监的职责

企业的利润来自于"开源"和"节流"两个方面。成本控制的作用在于"节流"，而销售总监的作用就是"开源"。如果没有实现企业的销售，没有"开源"，就算是成本控制为零也没有利润来源，毕竟"羊毛出在羊身上"。市场总监必须要做好各市场总需求及产品价格走势的分析、研究，估计出企业各年的销售量；据此参与制定企业的总策略；参与制定与市场需求相应、且与企业能力相应的投资策略；制定企业的销售策略。此外市场总监还需依据企业的销售目标、市场的供给情况，制定相应的广告策略及市场订单的选择策略；制定企业市场开拓和 ISO 认证等无形资产的投资方案；按既定的预算进行交货并进行收款或者填写应收款单据；向财务申请支付与市场相关的现金支出等。

四、生产总监（COO）的职责

1. 生产总监的职责

（1）保证本单位安全生产投入的有效实施。

（2）督促、检查本单位的安全生产工作，及时消除生产安全事故隐患。

（3）建立、健全本单位安全生产责任制。

（4）组织制定本单位安全生产规章制度和操作规章。

（5）组织制定并实施本单位的生产安全事故应急救援预案。

（6）及时、如实报告生产安全事故。

2. 沙盘对抗赛中生产总监的职责

生产总监的工作直接体现在与其他队员的配合中。生产总监必须按照企业的战略规划，安排产能大、效率高的生产线来生产企业决策中的主打产品，同时还要使生产线的建成与产品的研发同步，合理安排生产线，尽量减少维护费和折旧费。柔性生产线无疑是对采购总监的计算能力的考验，生产总监需要协助采购总监计算原材料采购数据，否则就有可能面对"巧妇难为无米之炊"的窘境。同时，生产总监要结合原材料的库存和在途物资情况以及生产线结构分析下一财年的产出情况，向市场总监提供准确的产能数据，以便于选择订单，并向财务总监提供生产所需的原材料采购费用、加工费用、维护费、折旧费等数据，为财务预算做准备。

五、采购总监（CPO）的职责

1. 采购总监的职责

（1）在上级的领导下，负责采购部门各项工作。

（2）在遵循公司总体经营策略下领导采购部门完成公司的业绩要求。

（3）给予采购人员相应的培训。

（4）与采购本部及其他地区公司密切沟通与配合。

2. 沙盘对抗赛中采购总监的职责

采购总监是团队中除了财务总监之外计算量最大的人了，根据生产线的情况计算原材料的采购情况是其主要职责。由于存在柔性生产线，采购总监往往要有几套采购方案，同时原材料的库存状况会影响到生产总监对生产线的安排。在紧要关头，企业可能会靠贴现来购买原材料，这时，采购总监、生产总监、市场总监以及财务总监就要发挥协作精神了，要在生产线允许的前提下，花费最小的成本生产出市场上利润最高的产品，"把好钢用在刀刃上"。

第三节　沙盘盘面介绍

沙盘的盘面（如图 12-1 所示）象征着一个公司的物质基础，相当于公司的现实表现形式，让人一目了然。一个公司的好坏、经营的结果都可以在这个台面用"物质"表现出来，而不是用空洞乏味的数字形式。因此，沙盘学习就从过去的理论化教学发展到现在的实践教学，让同学们用已经学过的知识来"经营"自己的"企业"。

用友 ERP 沙盘设计了营销与规划中心、财务中心、生产中心、物流中心以及信息中心。相应的岗位可以配备总经理（CEO）、市场总监（CMO）、财务总监（CFO）、采购总监（CPO）、生产总监（COO），如图 12-2 所示。

一、财务部门

财务部门在盘面上表现为财务中心和综合费用中心，如图 12-3 和图 12-4 所示。

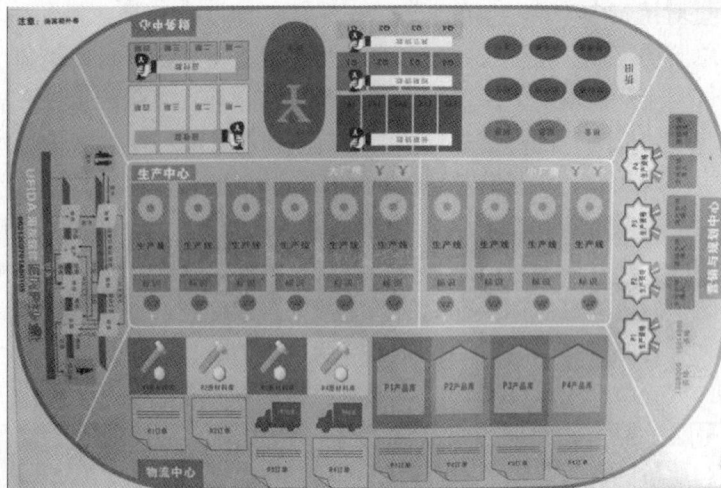

图 12-1 用友 ERP 沙盘

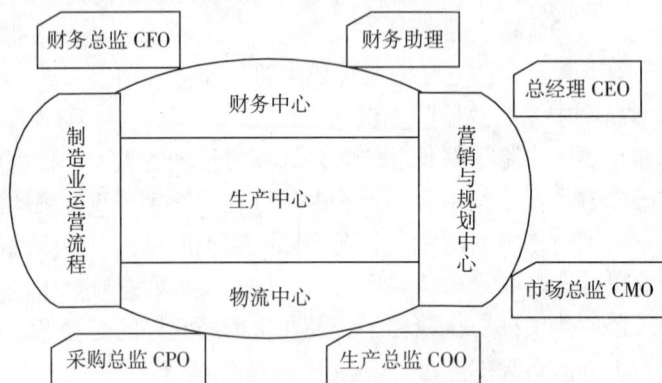

图 12-2 用友 ERP 沙盘角色设置

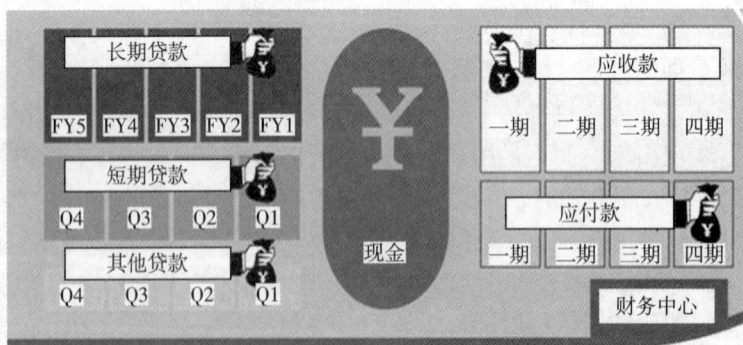

图 12-3 财务中心

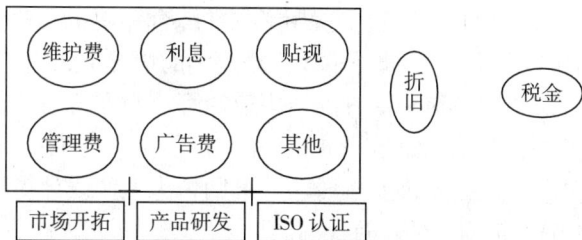

图 12-4 综合费用中心

1. 财务中心

财务中心主要包括现金、长期贷款（长贷）、短期贷款（短贷）、其他贷款（包括高利贷等）、应收账款及应付账款（一般不涉及）。

（1）现金。代表公司现金的灰币，每一个现金灰币代表 100 万，记为 1M，如图 12-3 所示。放在图中现金的位置用于公司的日常运作。此处只能放置由应收账款、贷款和贴现得到的现金，以及销售现金订单得到的现金收入。

（2）应收账款。公司销售出去的产品很多时候没有立刻收到现金，而是有一定的账期，当公司按照销售订单交货时，要根据订单上面的账期将销售订单放在相应的账期位置上，如图 12-3 "应收款" 处，公司每运营完一个周期，就将应收账款向前移动一个账期，等到账期为零时就拿着应收账款登记单去领取现金。

（3）短期贷款（短贷）。此项贷款的最高额与公司上一年度的所有者权益挂钩，一般为所有者权益的两倍（具体情况以规则为准）。在沙盘训练中，此项只起到记录作用，不必要把现金放在图 12-3 中短贷的位置。例如，某公司借了40M 的短期贷款，则财务总监应该把借来的钱放在现金的位置，然后写一张 40M的纸条放在短贷第四个账期（Q4）的位置，与应收账款的操作一样，每运营完一个周期，将此带有数据的纸条向前移动一个账期，直到账期为零时，也就是该还贷款和利息之时，财务总监就拿相应的现金去银行还短贷，并将利息费放在盘面相应的位置。

（4）长期贷款（长贷）。此项贷款的最高额与公司上一年度的所有者权益挂钩，一般为所有者权益的两倍，有时会变动，具体情况以规则为准。与短贷相同，长贷只起到记录作用，操作方法也与短贷一样，唯一不同的是每一格代表一年，因此，纸条的位置是每过一年才移动一次。

（5）高利贷。高利贷是一种融资方式，一般不采用，因为成本非常高，只有公司现金短缺且贷款额度已满又有应收账款可以贴现时，公司才会考虑此种方式融资。与短贷不同的是高利贷在每一季度任何时候都可以贷和还，其他操作均相同。

2. 综合费用中心

除了财务中心，财务部门还表示为台面上的综合费用中心，企业在经营过程中，产生维护费、转产费、厂房出租费用、贴现利息、管理费用、广告费用、贷款利息、生产折旧及其他费用，这些费用必须在综合费用中心对应的区域放入相应费用数额，如图12-4所示。此外，在销售盈利的情况下，还有税金。

（1）广告费。公司为了得到更好的销售业绩都会为本公司的产品打广告做宣传，这时应把每年打的广告费放在图12-4中"广告费"的位置。

（2）折旧。每年年末公司都要按照会计准则，为生产线计提折旧，将计提的折旧放在图12-4中"折旧"的位置。

（3）利息。每年年末应偿还长贷和短贷的利息，如果有高利贷，还应包括高利贷利息，将利息都放在图12-4中"利息"的位置。

（4）管理费。每季公司都要交的行政管理费放在图12-4中"管理费"处。

（5）维护费。只要建设完成的生产线都需要交维护费，放在图12-4中"维护费"处。

（6）贴现。当公司为了获得现金将应收款贴现时，需要缴纳相应的贴现费，此项费用就放在图12-4中"贴现费"位置处。

（7）其他。当公司由于特殊情况产生费用时，则放在"其他"费用的位置。例如，公司变卖生产线，且该生产线的净值大于其残值时，公司应将残值放到现金的位置，将超过残值的部分作为其他费用（依规则）。

（8）税金。如果公司盈利并且弥补亏损之后，每年年初交纳的上年所得税放入图12-4中"税金"位置处。

二、市场部门

市场部门在盘面上表现为营销与规划中心，主要包括产品研发、市场开拓和质量认证等工作内容。

1. 产品研发

生产经营过程中，生产线可生产四种产品，即P1、P2、P3、P4。一般除了P1产品外，其余三种产品需要模拟公司自己研发，且需要一定的研发周期和研发费用。研发期间，应将研发费用放在对应的产品生产资格位置，研发完成并取得生产资格认证后，将生产资格认证标识放入相应的位置，如图12-5所示。

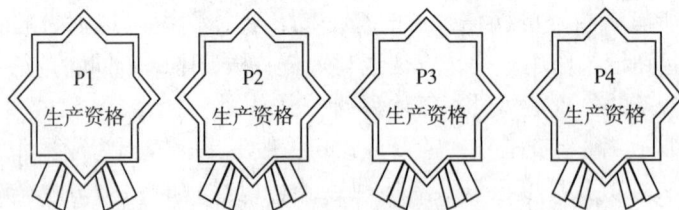

图12-5 产品研发资格认证

（1）P1。P1是最初级的产品，不需要研发周期和研发费用，可以直接生产，所需的原材料简单，但需求量大，价格相对便宜。

（2）P2。P2是企业在运营过程中视本组的情况确定是否研发的产品，它的需求量比较大，研发价格相对便宜，销售价格较 P1 高。

（3）P3。P3 是高级产品的一种，研发费用较大，所需原材料复杂，市场需求较少，质量要求较高，但利润也颇为丰厚。

（4）P4。P4 是终极产品，研发困难，所需的研发费用较高，所需的原材料较多，市场的需求不多，利润和 P3 相比不是很大。

2. 市场开拓

市场的分类相对简单，共分为五种市场，每种市场均可销售以上四种产品，但价格、需求量各不相同，质量要求也不相同。除了本地市场外，区域市场、国内市场、亚洲市场、国际市场都要求模拟公司自己开发，并且每高一级市场的开发都要比低一级市场所需的开发费用多 1M，所需的时间也多一年。如图 12-6 所示。

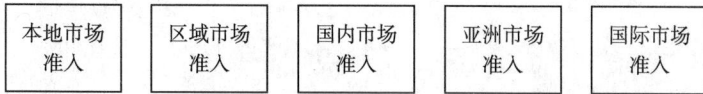

本地市场准入	区域市场准入	国内市场准入	亚洲市场准入	国际市场准入

图 12-6 市场准入开拓

（1）本地市场。不需要研发周期，直接获得本地市场准入资格，从生产第一年开始便可以直接在本地市场进行广告宣传、争取客户订单、销售产品。

（2）区域市场。需要一年的研发周期，研发第二年可获得区域市场准入资格，并将资格证放置在区域市场准入资格相应区域，此后可以在区域市场进行广告宣传、争取客户的订单、销售产品。

（3）国内市场。需要两年的研发周期，累计研发两年后可获得国内市场准入资格，并将资格证放置在国内市场准入资格相应区域，此后可以在国内市场进行广告宣传、争取客户的订单、销售产品。

（4）亚洲市场。需要三年的研发周期，累计研发三年后可获得亚洲市场准入资格，并将资格证放置在亚洲市场准入资格相应区域，此后可以在亚洲市场进行广告宣传、争取客户的订单、销售产品。

（5）国际市场。需要四年的研发周期，累计研发四年后可获得国际市场准入资格，并将资格证放置在国际市场准入资格相应区域，此后可以在国际市场进行广告宣传、争取客户的订单、销售产品。

3. 质量认证

和现实较为相近，随着市场的占领和开拓，广大消费者也对质量的要求越来越高，因此，要想获得更好的经营效果，每家公司必须在产品的质量上做文章以便占领更多市场份额。在沙盘模拟中表现为"ISO 认证"，"ISO 认证"需要经过一段时间花费一定的费用，如图 12-7 所示。

（1）ISO9000 认证资格需要两年研发周期，当研发完成后放置 ISO9000 资格认证在相应的位置，可以争取 ISO9000 资格认证的产品，在实训的相关表格中

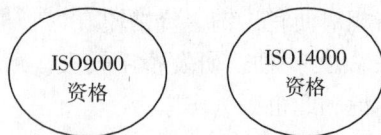

图 12-7　ISO 资格认证

ISO9000 记为 9K。

（2）ISO14000 认证资格需要三年研发周期，当研发完成后放置 ISO14000 资格认证在相应的位置，可以争取 ISO14000 资格认证的产品，在实训的相关表格中 ISO14000 记为 14K。

三、采购部门

采购部门在盘面上表现为物流中心，如图 12-8 所示，主要包括原材料订单和原材料库存两个部分。

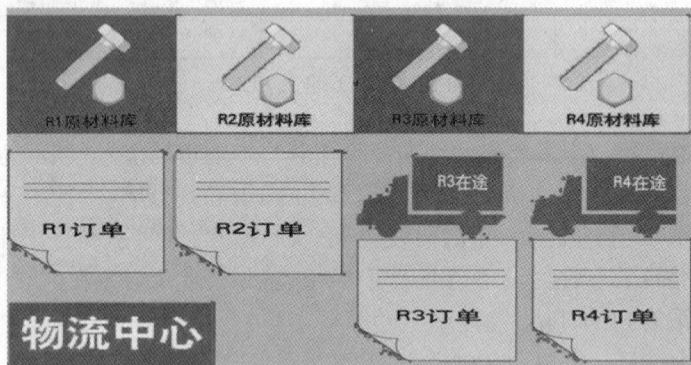

图 12-8　物流中心

1. 原材料种类

沙盘训练中一共有四种原材料，分别是 R1（红色）、R2（橙色）、R3（蓝色）、R4（绿色），如图 12-9 所示。

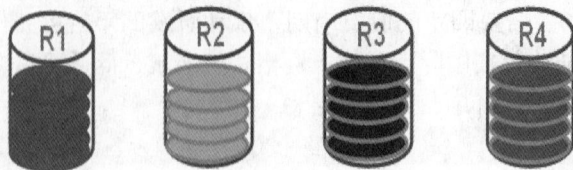

图 12-9　原材料代币

2. 原材料订单

放置本公司预定的购买原材料的订购单。

（1）R1、R2 原材料订单。直接放置在图 12-8 中 R1、R2 的相应位置，一个季度后可以直接购回订购的原材料，并移动至 R1、R2 原材料库待用。

（2）R3、R4 原材料订单。直接放置在图 12-8 中 R3、R4 的相应位置，一个季度后向上推进放置在在途小汽车上，第二季度购回订购的原材料，并移动至 R3、R4 原材料库待用。

3. 原材料库存

放置原材料，R1、R2、R3 和 R4 分别放置在图 12-8 中对应的位置。

四、生产部门

生产部门在盘面上表现为生产中心，如图 12-10 所示。主要包括大厂房和小厂房及各类生产线。

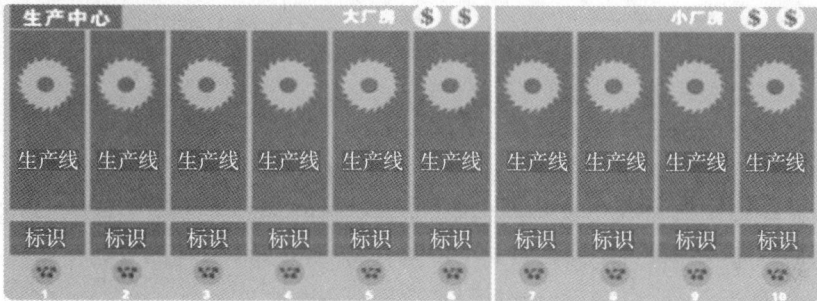

图 12-10　生产中心

1. 大厂房

购买大厂房所用的资金应当放在图中"大厂房"旁边相应的位置，如图 12-10 所示，作为固定资产，且不可随意移动固定资产的资金。如果需要，则通过买卖厂房的步骤，然后将所得现金放在应收账款四期位置。

大厂房可安装 6 条生产线，一般价格为 40M。

2. 小厂房

购买小厂房所用资金应放置在图中"小厂房"旁边相应的位置。

小厂房有 4 条生产线的安装位置，一般价格为 30M。

3. 各类生产线

大、小厂房可安装的生产线包括手工生产线、半自动生产线、全自动生产线以及柔性生产线。模拟公司可根据本企业需要，任意选取并进行投资和安装，一旦安装则不可以随意移动位置，如图 12-11 所示。

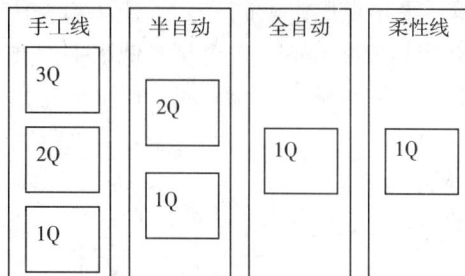

图 12-11　各类生产线

（1）手工生产线。可生产任意产品，生产周期为 3 期，无转产费用，无安装周期。

（2）半自动生产线。可生产任意产品，生产周期为 2 期，有转产费用，有安装周期。

（3）全自动生产线。可生产任意产品，生产周期为 1 期，有转产费用，有安装周期。

（4）柔性生产线。可生产任意产品，生产周期为 1 期，无转产费用，有安装周期。

第四节　初始状态解析

一、认识你所要经营的企业

ERP 沙盘模拟不是从创建企业开始，而是接手一个已经运营了三年的企业。虽然学员已经从基本情况描述中获得了企业运营的基本信息，但还需要把这些枯燥的数字活生生地再现到沙盘盘面上，由此为下一步的企业运营做好铺垫。通过初始状态设定，使学员深刻地感受财务数据与企业业务的直接相关性，理解财务数据是对企业运营情况的一种总结及提炼，为今后"透过财务看经营"做好观念上的准备。

1. 公司的发展现状与股东预期

该企业长期以来一直专注于某行业 P 产品的生产与经营，目前生产的 P1 产品在本地市场知名度很高，客户也很满意。同时企业拥有自己的厂房，其中安装了三条手工生产线和一条半自动生产线，运行状态良好。但从历年盈利来看，增长已经放缓，上年度盈利仅为 300 万元。生产设备陈旧，产品、市场单一，企业管理层长期以来墨守成规地经营等，导致企业已经缺乏活力。

不仅如此，最近一家权威机构对该行业的发展前景进行了预测，认为 P 产品将会从目前的相对低技术水平发展为一个高技术产品。为此，公司董事会及全体股东决定将企业交给一批优秀的新人去发展，希望新的管理层能完成以下工作：

（1）投资新产品的开发，使公司的市场地位进一步得到提升。

（2）开发本地市场以外的其他新市场，进一步拓展市场领域。

（3）扩大生产规模，采用现代化生产手段，努力提高生产效率。

总而言之，随着 P 产品所在行业从一个相对低水平发展为高技术水平，新的管理层必须要创新经营、专注经营，才能完成公司董事会及全体股东的期望，实现良好的经营业绩。

2. 企业财务现状描述

学员将接手经营的企业总资产为 1.05 亿元（模拟货币单位 105M，M 代表百万，下同），其中流动资产 52M、固定资产 53M、负债 41M、所有者权益 64M。

（1）流动资产包括现金、应收账款、存货等，其中存货分为在制品、成品和原材料。

该企业现有现金 20M，3 个账期（3Q，Q 表示季度，下同）的应收款 15M，在制品价值 8M，成品价值 6M，原材料价值 3M。

（2）固定资产 53M。固定资产包括土地及厂房、生产设施、在建工程等，其中土地及厂房在此试训中专指厂房，生产设施指生产线，在建工程指未建设完工的生产线。

该企业现有一个价值 40M 的大厂房和价值 13M 的生产设备，包括三条手工生产线和一条半自动生产线，目前没有在建工程。

（3）负债 41M。负债包括短期负债、长期负债和各项应付款，其中短期负债主要指短期贷款、高利贷等，长期负债主要指长期贷款，各项应付款包括应付税金、应付款等。

该企业现有长期贷款 40M，应付税金 1M，目前没有短期负债等。

（4）所有者权益 64M。所有者权益包括股东资本、利润留存、年度净利润等。股东资本是指股东的投资，利润留存是指历年积累下来的年度利润，而年度利润是指当年的净利润。

该企业股东资本为 50M，利润留存为 11M，年度净利润为 3M。

二、初始状态设定

沙盘初始状态如图 12-12~图 12-17 所示。

产品	原材料	原料价值	产品原料总价值	加工费	直接生产成本
P1	R1		1M		2M
P2	R1、R2		2M		3M
P3	2R2、R3	均为 1M	3M	均为 1M	4M
P4	R2、R3、2R4		4M		5M

图 12-12　产品的原材料、加工费情况

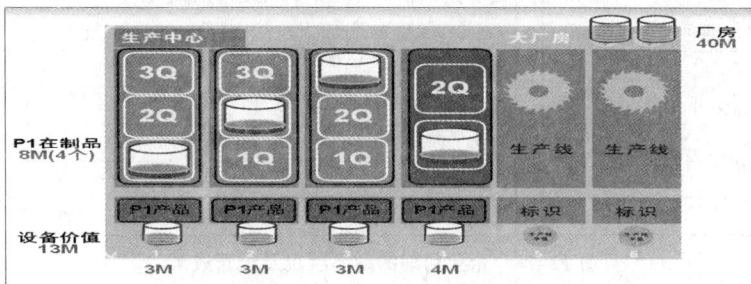

图 12-13　生产中心初始状态

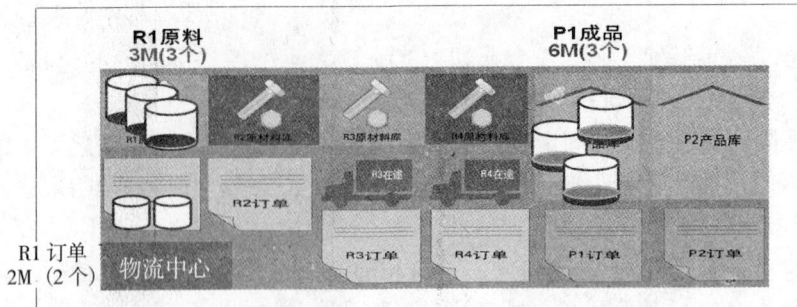

图 12-14　物流中心初始状态

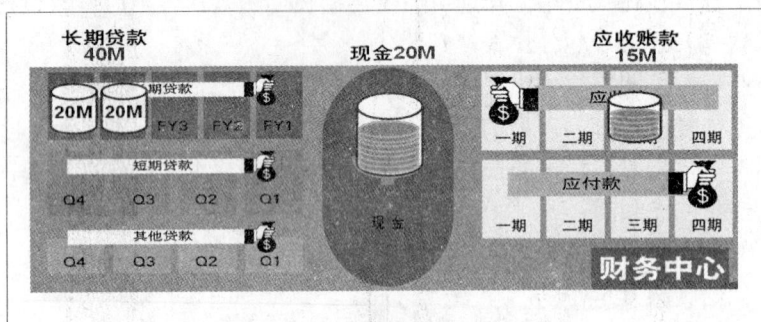

图 12-15　财务中心初始状态

利润表　　　　　　　　　　　　　　资产负债表

单位：百万元　　　　　　　　　　　　　　　　　　单位：百万元

		金额
销售收入	+	35
直接成本	−	12
毛利	=	23
综合费用	−	11
折旧前利润	=	12
折旧	−	4
支付利息前利润	=	8
财务收入/支出	+/−	4
额外收入/支出	+/−	
税前利润	=	4
所得税	−	1
净利润	=	3

资产		金额	负债+权益		金额
现金	+	20	长期负债	+	40
应收款	+	15	短期负债	+	0
在制品	+	8	应付款	+	0
成品	+	6	应交税	+	1
原料	+	3	一年到期的长贷	+	0
流动资产合计	=	52	负债合计	=	41
固定资产			权益		
土地和建筑	+	40	股东资本	+	50
机器和设备	+	13	利润留存	+	11
在建工程	+	0	年度净利	+	3
固定资产合计	=	53	所有者权益合计	=	64
总资产	=	105	负债+权益	=	105

图 12-16　企业目前的财务状况及经营成果

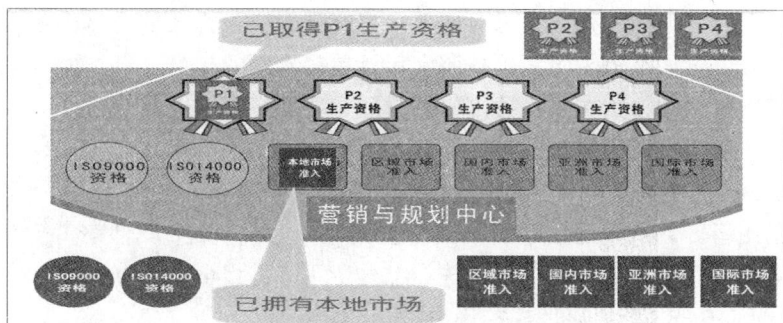

图 12-17　营销与规划中心初始状态

第五节　模拟企业运营规则

一、市场划分与市场准入

各市场投入费用规则如图 12-18 所示。不同的市场投入的费用及时间不同，资金短缺时可以随时中断或者终止投入，只有市场投入全部完成后方可接单。资金短缺可以中断投资，但是不能加速投资。所有已进入的市场每年至少投入 1M 维持，否则视为放弃该市场。

市场	开拓费用	持续时间
区域	1M	1年
国内	2M	2年
亚洲	3M	3年
国际	4M	4年

图 12-18　市场投入费用规则

二、销售会议与订单争取

每年年初各企业的销售总监参加销售会议并与客户见面。根据市场地位、产品广告投入、市场广告投入和市场需求及竞争态势，按以下顺序订单：

首先，由上年在该市场的订单销售额决定市场领导者，并由市场领导者（也称"市场老大"）最先选单，前提是在想要接单的市场上至少投入超过 1M 的广告费，如果上一年的"市场老大"未按订单交货或者破产等原因，被取消"市场老大"资格，则此市场该年无"老大"，订单选取按无"市场老大"的情况进行。

其次，按该市场产品广告投入量的多少依次选择订单；若在同一产品上有多家企业投入广告相同，则按照该市场上全部产品的广告投入量决定选单顺序；若该市场的广告投入量也相同，则按照上年订单销售额的排名决定先后顺序；如果订单销售额也相同，则按照投放广告的时间先后顺序决定由谁选择订单。

三、厂房购买、租赁与出售

厂房购买、租赁与出售规则如图 12-19 所示。年底将决定厂房是购买、租赁，还是出售。购买厂房后，将购买价款放在厂房价值处，表明该厂房的价值，厂房不提折旧；租赁厂房的租金，放在综合费用区的租金项；出售厂房收入计入4Q 应收款，不是马上可以使用的现金。

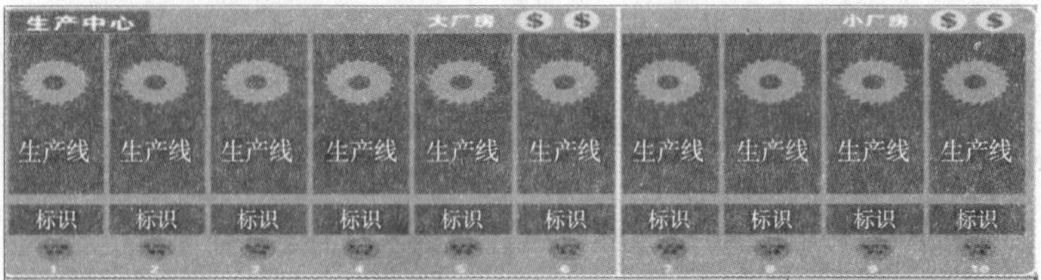

厂房	买价	租金	售价	容量
大厂房	40M	5M/年	40M（4Q）	6条生产线
小厂房	30M	3M/年	30M（4Q）	4条生产线

图 12-19　厂房购买、租赁与出售规则

四、生产线购买、转产与维护、出售

生产线购买、转产与维护、出售规则如图 12-20 所示。

生产线	购买价格	安装周期	生产周期	转产周期	转产费用	维护费用	出售残值
手工线	5M	无	3Q	无	无	1M/年	1M
半自动	8M	2Q	2Q	1Q	1M	1M/年	2M
全自动	16M	4Q	1Q	2Q	4M	1M/年	4M
柔性线	24M	4Q	1Q	无	无	1M/年	6M

手工线 3Q 2Q 1Q　全自动 1Q

所有生产线都能生产所有产品，所需支付的加工费相同，1M/产品。

购买：投资新生产线时按安装周期平均支付投资，全部投资到位的下一个季度领取产品标识，开始生产。

转产：现有生产线转产生产新产品时可能需要一定转产周期并支付一定转产费用，最后一笔支付到期一个季度后方可更换产品标识。

维护：当年在建的生产线和当年出售的生产线不用交维护费。

出售：出售生产线时，如果生产线净值小于残值，将净值转换为现金；如果生产线净值大于残值，将相当于残值的部分转换为现金，将差额部分作为费用处理（综合费用-其他）。

折旧：每年按生产线净值的1/3取整计算折旧。当年建成的生产线不提折旧，当生产线净值小于 3M 时，每年提 1M 折旧。

半自动 2Q 1Q　柔性线 1Q

图 12-20　生产线购买、转产与维护、出售规则

五、原材料采购与产品生产

1. 采购

用空桶表示原材料订货，并将其放在相应的订单上。R1、R2 订货必须提前一个季度；R3、R4 订货必须提前两个季度。根据所下采购订单接收相应原材料入库，并按规定付款或计入应付款。

2. 生产

开始生产时，按产品结构要求将原材料放在生产线上并支付加工费，各种生产线生产所有产品的加工费均为 1M。空生产线才能上线生产，一条生产线在同一时刻只能生产一个产品。上线生产必须有材料，否则必须停工待料。

六、产品研发

新产品研究规则如图 12-21 所示。几种新产品研发投资可以同时进行，按季度平均支付。资金短缺时，可以随时中断或者终止投入研发资金，不可追加投资，必须完成全部投资后方可追加研发投资，但可提前接单。例如，P2 产品研发周期为 6 期，企业从第一年 1Q 开始研发 P2，最快要到第二年 2Q 才能完成研发投资，因此，最快要到第三年 3Q 方可开始生产 P2 产品。但是企业参加第二年 2Q 的销售订货会时，已经可以接 P2 产品订单，虽然此时 P2 产品研发尚未完成。研发投资计入综合费用，研发投资完成后，持全部投资到裁判台换取产品生产资格证。

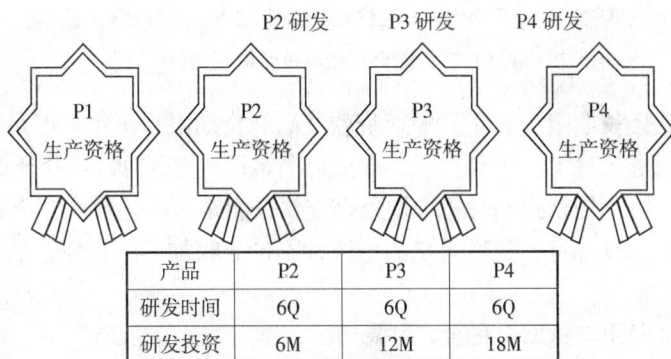

产品	P2	P3	P4
研发时间	6Q	6Q	6Q
研发投资	6M	12M	18M

图 12-21 新产品研发规则

七、市场开拓和 ISO 认证

1. 市场开拓

市场开拓投资按年度支付，允许同时开拓多个市场，但每个市场每年最多投资为 1M，不允许加速投资，但允许中断。某一个市场开拓完成后，持开发费用到裁判台领取市场准入证，之后才允许进入该市场竞单。

2. ISO 认证

ISO9000 和 ISO14000 两项认证投资可同时进行或先后进行，但不可加速投资，相应投资完成后，持投资费用到裁判台领取 ISO 资格证。当年市场开拓投资

| ISO9000 资格 | ISO14000 资格 | 本地市场准入 | 区域市场准入 | 国内市场准入 | 亚洲市场准入 | 国际市场准入 |

管理体系	ISO9000	ISO14000
建立时间	≥2年	≥3年
所需投资	1M/年	1M/年

市场	区域	国内	亚洲	国际
完成时间	≥1年	≥2年	≥3年	≥4年
投资规则	1M/年	1M/年	1M/年	1M/年

图 12-22 市场开拓和 ISO 认证规则

与 ISO 认证投资计入当年综合费用。

八、融资贷款与资金贴现

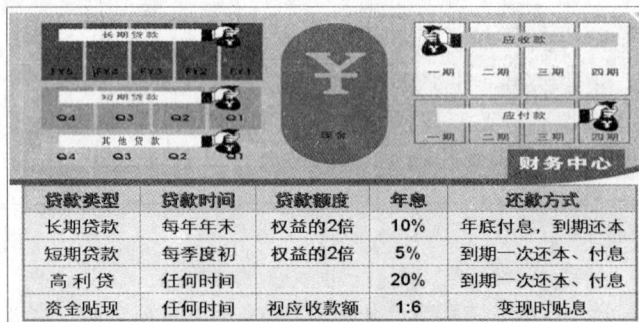

贷款类型	贷款时间	贷款额度	年息	还款方式
长期贷款	每年年末	权益的2倍	10%	年底付息，到期还本
短期贷款	每季度初	权益的2倍	5%	到期一次还本、付息
高利贷	任何时间		20%	到期一次还本、付息
资金贴现	任何时间	视应收款额	1:6	变现时贴息

图 12-23 融资贷款与资金贴现规则

长期贷款最长期限为 5 年，短期贷款及高利贷期限为 1 年，不足 1 年的按 1 年计算。长期贷款每年需还利息，新贷长贷次年开始交利息，当年还的长贷该年也要交利息；短期贷款到期时还本付息（贷款只能是 20 的倍数）。资金贴现在有应收款时随时可以进行，金额是 7 的倍数，不论应收款期限长短，从每 7M 中拿出 1M 交贴现费。

九、综合费用与折旧、税金、利息

1. 综合费用

行政管理费（每季度 1M）、市场开拓费用、产品研发费用、ISO 认证费用、广告费、生产线转产费用、设备维护费用、厂房租金等计入综合费用。

2. 折旧

设备折旧按余额递减法计算，每年按生产线净值的 1/3 取整计算折旧。当年建成的生产线不提折旧，当年生产线净值小于 3M 时，每年提 1M 折旧。

3. 税金

每年所得税计入应付税金，在下一年初缴纳。

4. 利息

利息、贴现等在计算利润表中单列为财务支出，不计入综合费用。

第六节　报表填制

一、应收账款登记表

如表 12-1 所示，"第一年"下面一行的"1"、"2"、"3"、"4"是指第一年的四个季度，"应收期"右面一列的"1"、"2"、"3"、"4"是指应收款的应收账期。下面举例说明填写方法。

表 12-1　　　　　　　　　　　应收账款登记

公司	款类		第一年				第二年				第三年			
			1	2	3	4	1	2	3	4	1	2	3	4
	应收期	1												
		2			★									
		3												
		4												
	到款						●							
	贴现								■					
	贴现费								▲					

如果第一年第三季度卖了产品，应收账款是 9M，应收账期是两个季度，则应该在标有★的格子里填写数字 9。由此可见，这 9M 是在第二年的第一季度到期，所以当企业运营到第二年的第一季度时应在标有●的格子里填写 9。

再举一个贴现的例子，如果在第二年的第三季度企业的资金不足，需要贴现，一般情况下贴现的比例是 1∶7，即企业用 7M 的应收账款贴现，可以得到 6M 的现金，另外 1M 则要计入贴现费用，所以拿去贴现的应收款必须是 7 的倍数。具体填表方法是在标有■的格子里填写 7，在标有▲的格子里填写 1。

二、公司贷款申请表

表 12-2 和表 12-3 分别为公司短期贷款、高利贷及长期贷款申请表。

表 12-2　　　　　　　　　　公司短期贷款、高利贷申请

贷款类		第一年				第二年				第三年				第四年				第五年				第六年			
		1	2	3	4	1	2	3	4	1	2	3	4	1	2	3	4	1	2	3	4	1	2	3	4
短贷	借																								
	还																								
高利贷	借																								
	还																								
短贷余额																									
监督员签字																									

表 12–3 　　　　　　　　　　　　公司长期贷款申请

长贷	借					
	还					
长贷余额						
上年权益						
监督员签字						

规则中规定公司长、短期贷款的额度分别为上一年权益的两倍。短期贷款必须按照 20M 的倍数申请，如果上一年的权益低于 10M，将不能获得短期贷款（只能获得长期贷款）。长期贷款的最低额度为 10M，最低的授信权益为 5M，上年权益低于 5M 的公司，不能申请任何贷款。

三、市场开拓、产品研发登记表

表 12–4、表 12–5、表 12–6 即市场开发投入表、产品开发登记表和 ISO 认证登记表。

表 12–4 　　　　　　　　　　　　市场开发投入

年　度	区域市场（1 年）	国内市场（2 年）	亚洲市场（3 年）	国际市场（4 年）	完　成	监督员签字
第一年	1	1	1	1	区域市场	
第二年		1	1	1	国内市场	
第三年			1	1	亚洲市场	
第四年				1	国际市场	
第五年						
第六年						
总　计						

表 12–5 　　　　　　　　　　　　产品开发登记

年　度	P2	P3	P4	总计	完成	监督员签字
第一年	4	8	12	24		
第二年	2	4	6	12	P2、P3、P4	
第三年						
第四年						
第五年						
第六年						
总　计						

表 12–6 　　　　　　　　　　　　ISO 认证登记

	第一年	第二年	第三年	第四年	第五年	第六年
ISO9000						
ISO14000	1					
总计	1					
监督员签字						

为了便于理解，下面举例说明这三个表的填法。

公司在第一年年底分别投入 1M 研发区域市场、国内市场、亚洲市场和国际市场，在第一年年末，即可获得区域市场准入资格认证，第二年继续投资研发国内市场、亚洲市场和国际市场，第二年年末，累计投资国内市场两年，年末可获得国内市场准入资格认证，以此类推。

在第 1 年的四个季度分别投入 4M、8M 和 12M 研发 P2、P3 和 P4 产品，产品研发需要 6 个周期，需要继续投资才可获得产品生产资格，如第二年继续投入 2M、4M、6M，则 P2、P3、P4 产品研发完成如表 12-5 所示。

在第一年对 ISO14000 认证投入 1M，则具体填法参照表 12-6，以后年度的填法类似。

由于公司的广告登记表太多，就不在此一一介绍，这里以第六年为例作简要说明。

第六年该公司的广告投放如下：①在本地市场对四种产品的广告费分别是：1M、3M、2M、3M。②在区域市场对四种产品的广告费分别是：0M、0M、1M、3M。③在国内市场对四种产品的广告费分别是：1M、0M、1M、2M。④在亚洲市场对四种产品的广告费分别是：0M、1M、0M、1M。⑤在国际市场对四种产品的广告费分别是：3M、0M、1M、1M。则广告登记表的填法如表 12-7 所示。

表 12-7 广告投入登记

第六年本地				第六年区域				第六年国内				第六年亚洲				第六年国际			
产品	广告	9K	14K	产品	广告	9K	14K	产品	广告	9K	14K	产品	广告	9K	14K	产品	广告	9K	14K
P1	1			P1	0			P1	1			P1	0			P1	3		
P2	3			P2	0			P2	0			P2	1			P2	0		
P3	2			P3	1			P3	1			P3	0			P3	1		
P4	3			P4	3			P4	2			P4	1			P4	1		

四、公司采购登记表

公司采购登记如表 12-8 所示。在"订购数量"一栏填入计算好的当期订购材料的数量；在"采购入库"一栏填入前期订购当期入库的原材料数量。

表 12-8 公司采购登记

1 年	第1季				第2季				第3季				第4季			
原材料	R1	R2	R3	R4	R1	R2	R3	R4	R1	R2	R3	R4	R1	R2	R3	R4
订购数量																
采购入库																

五、生产及设备状态记录表

生产及设备状况记录如表 12-9 所示，是生产总监需要填写的重要的表格之一，它记录包括产出状况、生产线、产出品总计等多个情况，此表可以进行产能预算统计。

表 12-9　　　　　　公司第＊年第＊季度生产及设备状况记录

生产线编号	1	2	3	4	产出合计			
产出情况	产出（P　）	产出（P　）	产出（P　）	产出（P　）	P1	P2	P3	P4
生产线	手/半/自/柔/空	手/半/自/柔/空	手/半/自/柔/空	手/半/自/柔/空				
1 季度末 生产线	停产	停产	停产	停产				
	在产（P/Q）	在产（P/Q）	在产（P/Q）	在产（P/Q）				
	在建（　Q）	在建（　Q）	在建（　Q）	在建（　Q）				
	转产（　Q）	转产（　Q）	转产（　Q）	转产（　Q）				

（1）"产出情况"一栏填写当期该生产线所生产的产品种类。

（2）"生产线"一栏的"手/半/自/柔/空"为生产线类型，将厂房内生产线类型画钩。

（3）"生产线"以下四栏为该生产线的状态，若生产线当期停产就在"停产"一栏画钩，其他的同理。

（4）填制"生产设备状况记录表"需要与盘面的厂房内各生产线状态相对应。

六、其他记录表（见附录 A~D)

第七节　　ERP 战略及评估

总的来说，公司战略就是规划公司目标以及为达到这一目标所需资源的获得、使用和处理的方案。它是企业面临未来环境的变化、寻求长期生存和稳定发展而制定的总体性和长远性的谋略。企业要想发展，扩大规模、扩大产能必须通过固定资产投资来实现。要尽量满足销售计划，并达到预计的产能规模，企业就要考虑生产线和厂房的获得等问题；还要做好财务规划，保证企业有足够的现金支持，不能引起现金链断裂；要把人员分工、市场预测、产品研发、设备更新、生产线改良和企业战略结合起来，以更好地实现组织目标，如图 12-24 所示。

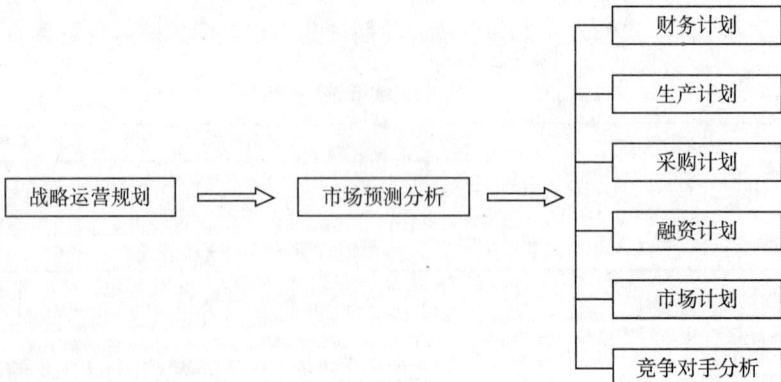

图 12-24　战略运营规划

一、市场角度

本地市场，兵家开局必争之地。前 3 年 P1、P2 价格上涨，4 年之后价格下滑。前 3 年可以为后期积累大量的资金，缓解贷款及利息所带来的压力。中后期可以持续的经济资源，建议争夺。积压产品对前期资金短缺的改善非常不利，"市场老大"不是 1=1 的关系，是 1=1+1 的关系，一次广告争夺成功等于两次主动占据市场龙头。

区域市场，开发期短，市场需求量大，3 年后价格明显下滑，可以在前 3 年赚取足够利润后第 4 年退出。

国内市场，该市场的成型时期与 P3 产品的生产开始期极其接近，也正是 P2 产品的成熟期，此市场利润很大（相对 P2 与 P3 来说）。

亚洲市场，开发期长，其成型期也正是 P3 的成熟期，有 ISO 认证要求，但是利润远远大于申请认证所花费的资金。此年可以放弃区域市场的争夺而转向亚洲市场。

国际市场，P2、P3、P4 的价格平凡，但是 P1 的价格极大限度地回升，要想争夺此市场，至少要留一条 P1 生产线。

图 12-25~图 12-29 是由一家权威的市场调研机构对未来 6 年里各个市场的需求的预测，应该说这一预测有着很高的可信度。

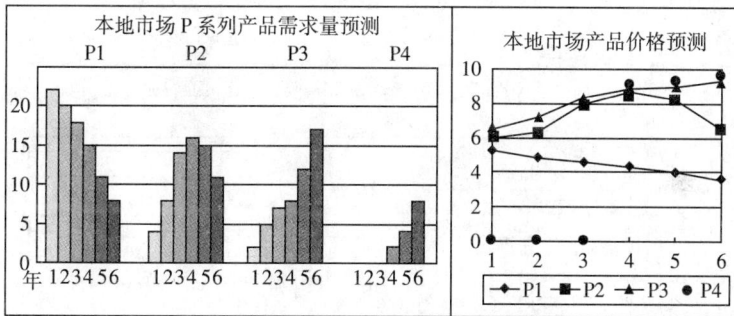

图 12-25　本地市场预测

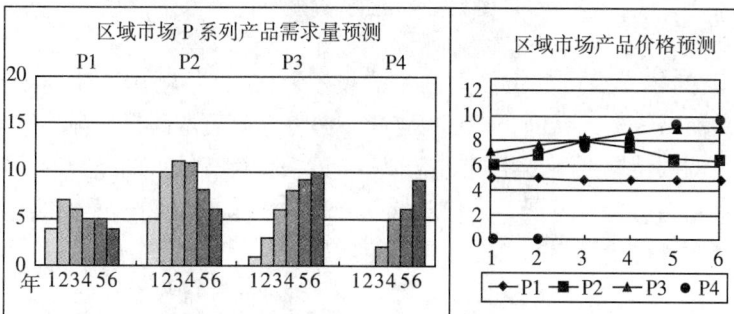

图 12-26　区域市场预测

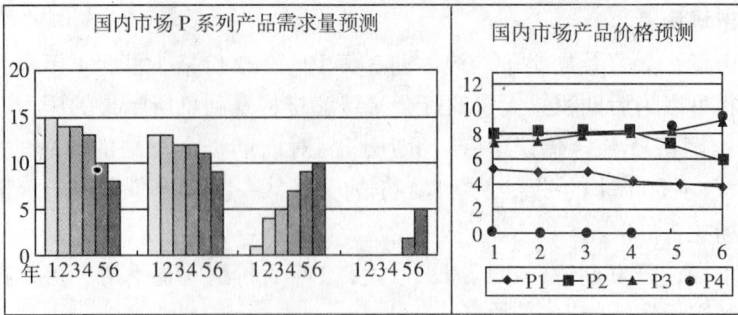

图 12-27　国内市场预测

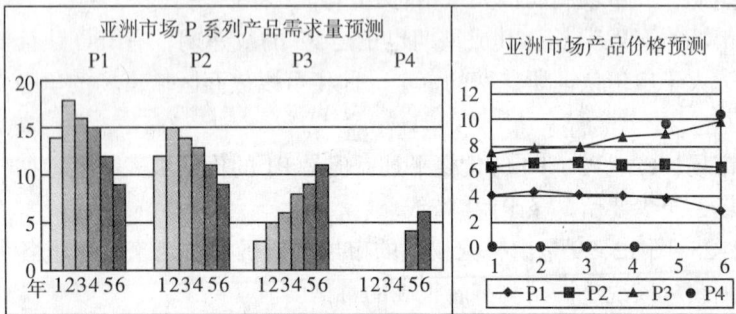

图 12-28　亚洲市场预测

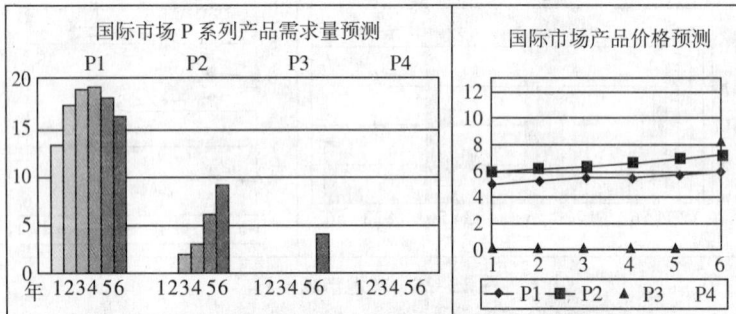

图 12-29　国际市场预测

　　P1 产品的技术是目前市场上的主流技术，P2 作为对 P1 的技术改良产品，也比较容易获得大众的认同。P3 和 P4 产品作为 P 系列产品里的高端技术，各个市场上对它们的认同度不尽相同，需求量与价格也会有较大的差异。

　　本地市场将会持续发展，客户对低端产品的需求可能要下滑。伴随着需求的减少，低端产品的价格很有可能会逐步走低。后几年，随着高端产品的成熟，市场对 P3、P4 产品的需求将会逐渐增大。同时随着时间的推移，客户的质量意识将不断提高，后几年可能会对厂商是否通过了 ISO9000 认证和 ISO14000 认证有更多的要求。

区域市场的客户对 P 系列产品的喜好相对稳定，因此市场需求量的波动也很有可能会比较平稳。因其紧邻本地市场，所以产品需求量的走势可能与本地市场相似，价格趋势也应大致一样。该市场的客户比较乐于接受新的事物，因此对于高端产品也会比较有兴趣，但由于受到地域的限制，该市场的需求总量非常有限。并且这个市场上的客户相对比较挑剔，因此在后几年客户会对厂商是否通过了 ISO9000 认证和 ISO14000 认证有较高的要求。

因 P1 产品带有较浓的地域色彩，估计国内市场对 P1 产品不会有持久的需求。但 P2 产品因为更适合于国内市场，所以估计需求会一直比较平稳。随着对 P 系列产品新技术的逐渐认同，估计对 P3 产品的需求会发展较快，但这个市场上的客户对 P4 产品却并不是那么认同。当然，对于高端产品来说，客户一定会更注重产品的质量保证。

亚洲市场上的客户喜好一向波动较大，不易把握，所以对 P1 产品的需求可能起伏较大，估计 P2 产品的需求走势也会与 P1 相似。但该市场对新产品很敏感，因此估计对 P3、P4 产品的需求会发展较快，价格也可能不菲。另外，这个市场的消费者很看重产品的质量，所以在后几年里，如果厂商没有通过 ISO9000 和 ISO14000 的认证，其产品可能很难销售。

进入国际市场可能需要一个较长的时期。有迹象表明，目前国际市场上的客户对 P1 产品已经有所认同，需求也会比较旺盛。对于 P2 产品，客户将会谨慎地接受，但仍需要一段时间才能被市场所接受。对于新兴的技术，这一市场上的客户将会以观望为主，因此对于 P3 和 P4 产品的需求将会发展极慢。因为产品需求主要集中在低端，所以客户对于 ISO 的要求并不如其他几个市场那么高，但也不排除在后期会有这方面的需求。

二、产品角度

P1，成本低，前期需求大。因为无须研制，所以前两年无疑就是 P1 的争夺战。主要销往三个市场：本地、区域、国际。

P2，成本不高，需求量稳定，材料补充快，研制周期短，倘若第一年本地"市场老大"位置没争夺到，可以利用提前开拓 P2 来争取区域"市场老大"位置。在第 3 年之后，可以由 P2 向 P3 转移继而争夺国内甚至亚洲市场"老大"位置。

P3，利润高，研发成本高，可以作为后期压制对手与翻盘的一把利剑，建议在第 3 年后主要生产 P3 来压制科技水平低的企业。可以说谁控制了 P3 市场谁就能控制国内与亚洲市场。

P4，研发成本高，研发周期长，虽然说利润不菲，但是要求高，可销售时间不长，只有 2~3 年销售期，一般不建议研制 P4。

★加急订单怎样选择？

在市场总监打广告选择订单时，手中应该有该年产量的预算。值得注意的是，加急订单一般数目较少（一个或者两个产品），如果有机会选单，应该首先选择产品数量较大的订单保证最大量的销售库存产品。如果加急订单的产品数量在产能之内，可以在之后选单的过程中优先选择加急订单，因为加急订单较普通订单售价高。

★选订单时该产品的原材料没订购（可加急采购），应该怎样做出选择？

在这种情况下，先考虑生产该种产品需要紧急采购哪些原材料，需要花费多少原材料成本，再用订单的销售额减去这一多花费的成本，用其差额作为这一订单的销售额，这样就可以把它当作没有紧急采购的订单一样考虑了。

三、广告角度

要把商品卖出去必须抢到单子，如果"小打广告小卖产品"，那么所得利润只能填补广告费与运营费用。但是贷款的利息在逐年扣除，为了维护自己的权益，必须适量销售产品。

至于广告费的多少可以从多角度考虑：①如果观察到对方放弃大量产品的生产而在进行研发或者开拓市场的时候，广告费可以适当增加；②如果发现各企业都有大量产品库存时，可以避其锋芒保单即可，也可以大胆压制，消耗对方的广告费，哪怕比第二名多投5M，利润不在于所赚的毛利有多少，而在于与对手拉开的差距有多远，压制是一种保本逼迫对手急躁犯错的战术。

★投广告有哪些技巧？

选择主打产品时需要考虑产品生命周期、市场份额和消费者基础、竞争与干扰、广告频率、产品替代性。

基于以上考虑，投广告应从以下几个方面考虑：①先根据企业各种产品的产能，估计出各种产品需要拿到几张订单（一般假设一张订单销售3种产品）。②看市场的供求情况，对市场需求远大于供给的某种产品，则可以按照订单张数来确定划分几个细分市场，并且少打广告。但如果需求小于供给，就要多划分细分市场，多打些广告。③如果考虑在某一市场上争抢"市场老大"位置，在这一市场内，对需求多的产品就少打广告，对需求少的产品应多打广告，争取每一种产品都能在这一市场上拿到订单，并且拿到好的订单。

★广告费大约每年要投多少？

广告费的投入应依据需要销售的产品数量和市场需求情况确定，各年各不相同。一般情况下，第一年的广告费用在4M~8M之间，第2~6年的广告费用在10M~20M之间。1~3年市场竞争激烈，细分市场少，因而每个细分市场上的广告费用就要多些；4~6年市场需求旺盛，细分市场也多，从而每个细分市场上的广告费用就少些。

四、资金角度

资金是企业运行的血脉，在权益下降时适时贷款是一个企业发展的必要决策。

（1）如果企业在第一年的第一季度进行短贷，则要在第二年的第一季度还本付息。如果所有者权益允许，则还可续借短贷，但要支付利息。如果企业能力允许，短贷也可提前还款，同时支付利息。

（2）企业要充分利用短贷的灵活性，根据企业资金的需要，分期短贷，这样可以减轻企业的还款压力。

（3）长贷、短贷在每次还款时，都要先看贷款额度。

（4）申请贷款时，要注意一点：所有者权益×2＝A，则：短贷+长贷≤A。长贷和短贷是分开算利息的，短贷的利息低，可是一个企业要有所突破，光靠短贷根本无法维持，最好的方法就是长、短贷相结合。贴息可以缓解经济压力，贴息的代价是权益的下降，具有双面性。

★现金的库存量应该在什么样的范围？

一般认为现金的库存应尽量减少，如果现金库里放着大量的未加以使用的现金，那么企业的筹资成本是白白付出的，无法产生收益。所以现金不应放着，而应通过支出产生收益。当然，现金的库存量也不能过低，应当满足企业的经营需要，保证现金流平稳而不产生断裂。

★怎样使财务费用最小化？

财务费用在整个综合费用中占的比重非常大，它的发生直接导致企业所有者权益的减少，那么有效地控制财务费用就显得尤为重要。财务费用包括两方面的内容：借款利息和贴现费。要降低财务费用就得减少这两方面的支出。可以参考的方法概括为：①多做财务预算。②减少不必要的贷款，多用短期贷款。③调整企业的交货时期，争取少贴现。要进行财务费用的控制，主要关注以下两个方面：

第一，筹资方式的选择。不同的筹资方式产生不同的筹资成本，应该比较不同的筹资方式，在实际操作中应当根据具体情况尽量选择成本较低的筹资方式。

第二，财务预算的准确性。如果CFO能有效地进行年度现金收支的预算，那么企业在年度内面临的现金缺口就一目了然，进而筹资方式的选择也就比较准确，从而避免了因突然的现金缺口而产生不必要的财务费用。

五、生产线角度

要占取大面积市场份额就必须能销售大量的产品，没有坚固的生产线的话，企业根本无法与对手竞争，即使有订单也未必敢接，因为如果造成了毁约，那便得不偿失。

手工生产线灵活，但是产率低，同样一年花费1M的维护费用，但是产率远远不及其他生产线。转产灵活与折旧费低是它的优势。

半自动生产线产率比手工生产线高，但是不及全自动生产线与柔性生产线，转产周期限制了它的灵活性，相对来说，是前两年比较实用的生产线。

全自动生产线产率是最高的，折旧费适中，即使产率最大化，也能让自身效益保持稳定耗损。唯一不足的就是灵活性差、转产周期长，不建议转产，可用到最后。停产半年所造成的损失远比转产后所取得的经济效益大。

柔性生产线是最灵活、产率最高的生产线。缺点是折旧率高，不建议多建设，准备一条转产备用即可。

为使效益最大化和权益最优化，全自动生产线是不二之选，因为折旧率直接和权益挂钩，产率和分值和柔性线相等，实为竞争利刃。

六、战略角度

ERP 里有多种经济战略，合适灵活的战术往往是持续发展的灵魂，举几种常见战术如下：

（1）压制型。顾名思义，压制对手，从开场做起，最大限度地利用权益贷款，封锁本地市场最大利润销售线，利用"长期+短期贷款"大力发展生产与高科技路线，给每一个市场都施加巨大压力，当对手喘不过气来也开始贷款时，利用他们的过渡期可以一举控制两个以上的市场，继续封锁销售路线，逼迫对手无法偿还高息而走向破产。此战术不可做任何保留，短、长期双向贷款为的就是"广告+科技+市场+生产线"能最早成型，走此路线建议一定要争取第 1 年和第 2 年的"市场老大"位置，巨额贷款的利息让人汗颜，无法控制市场取得最大销售量就等于自杀。

（2）跟随型。这种类型企业只有一个目的：不破产。等待机会，在竞争激烈化后收拾残场，这样的企业一般不会破产，也不会拿到第一。首先在产能上要努力跟随对手的开发节奏，同时内部努力降低成本，在每次新市场开辟时均采用低广告策略，规避风险，稳健经营，在双方两败俱伤时立即占领市场。此策略的关键在于一个"稳"字，即经营过程中一切按部就班，广告投入、产能扩大都要循序渐进，逐步实现，稳扎稳打。其次，要利用好时机，因为时机是稍纵即逝的，对对手一定要仔细分析。

（3）保守型。前 4~5 年保住自己的权益不降，少贷款，小量生产，到最后一年全额贷款，开设多条生产线，购买厂房，把分数最大化。

（4）忍辱负重型。这种企业类型有多种分歧，有的在前期被压制后，就马上贷款转型，占据新开发的市场来翻盘；有的只研发 P1，尽量省钱，在国际市场开放后一鼓作气垄断 P1 市场，争取最大销售额；有的直接跳过 P2 的研制，完成从 P1 到 P3 的转型，用新产品抢新市场份额；更有甚者忍 3 年，后期用纯 P4 占取市场最大毛利来翻盘。最后一种企业在前两年举动十分明显：不发展新产品但增加生产线，或者不抢市场份额而利用贷款增加生产线走高科技路线，此时便要时刻留意它们的发展，因为它们远比光明争夺市场的企业更具威胁性，必须要在它们爆发的时期控制住它们。

第八节　ERP 手工沙盘比赛案例（以初始年为例）

企业选定了新的管理团队之后，原有管理层总要"扶上马，送一程"，因此在起始年里，新的管理团队仍受制于老的管理团队，企业的决策由老的团队定夺，新的管理层只能执行。起始年的主要目的是让新的管理团队磨合以及进一步熟悉并掌握运营规则，明晰企业的运营流程。

一、初始年运行说明

不进行任何贷款：

（1）不投资任何生产线。

（2）不进行产品研发。

（3）不购买厂房。

（4）不开拓新市场。

（5）不进行 ISO 认证。

（6）每季度订购下一批 R1 原材料。

（7）生产持续进行。

二、模拟企业的运营流程

（1）按流程逐步运行，并在沙盘盘面做相应操作。销售会议完成后，登记市场订单，如表 12-10 所示。

表 12-10　　　　　　　　　　　订单登记表

订单号	****								合计
市　场	本地								
产　品	P1								
数　量	6								
账　期	2Q								
销售额									
成　本		交货时填写							
毛　利									
未　售									

（2）按企业运营流程运行初始年后，结果如表 12-11 所示。

表 12-11　　　　　　　　　　　财务用表

新年规划会议	★			
参加订货会/登记销售订单	1			
制订新年度计划	★			
支付应付税	1			
季初盘点（请填数量）	18	14	10	22
更新短期贷款/长期贷款/还本付息	★	★	★	★
更新应付款/归还应付款	/	/	/	/
原材料入库/更新原料订单	2	1	1	1
下原料订单	★	★	★	★
更新生产/完工入库	★	★	★	★
新建/在建/转产/变卖—生产线	★	★	★	★
开始下一批生产	1	2	1	2
更新应收款/应收款收现	★	★	15	32
厂房—出售（买转租/退租/租转买）	/	/	/	/
向其他企业购买成品/出售成品	/	/	/	/

按订单交货	/	★	/	/
产品研发投资	/	/	/	/
支付行政管理费	1	1	1	1
其他现金收支情况登记	/	/	/	/
支付利息/更新长期贷款/申请短期贷款				4
支付设备维护费				4
支付租金/购买厂房				★
计提折旧				(4)
新市场开拓/ISO认证				★
现金收入合计	0	0	15	32
现金支出合计	4	4	3	12
期末现金对账	14	10	22	42
结账				★

（3）填写产品核算统计表，结果如表12-12所示。

表12-12　　　　　　　　　　　产品核算统计表

单位：百万元

	P1	P2	P3	P4	合　计
数　量	6	0	0	0	6
销售额	32	0	0	0	32
成　本	12	0	0	0	12
毛　利	20	0	0	0	20

（4）填写综合费用明细表，结果如表12-13所示。

表12-13　　　　　　　　　综合管理费用明细表

单位：百万元

项　目	金　额	备　注
管理费	4	
广告费	1	
保养费	4	
租金	0	
转产费	0	
市场准入开拓	0	□区域 □国内 □亚洲 □国际
ISO资格认证	0	□ISO9000 □ISO14000
产品研发	0	P2（　）P3（　）P4（　）
其他	0	
合计	9	

（5）编制财务报表，结果如表 12-14 和表 12-15 所示。

表 12-14 利润表

单位：百万元

项 目	上年数	本年数
销售收入	35	32
直接成本	12	12
毛利	23	20
综合费用	11	9
折旧前利润	12	11
折旧	4	4
支付利息前利润	8	7
财务收入/支出	4	4
其他收入/支出		
税前利润	4	3
所得税	1	1
净利润	3	2

表 12-15 资产负债表

单位：百万元

资产	期初数	期末数	负债和所有者权益	期初数	期末数
流动资产：			负债：		
现金	20	42	长期负债	40	40
应收款	15	0	短期负债	0	0
在制品	8	8	应付账款	0	0
成品	6	6	应交税金	1	1
原料	3	2	一年内到期的长期负债		
流动资产合计	52	58	负债合计	41	41
固定资产：			所有者权益：		
土地和建筑	40	40	股东资本	50	50
机器与设备	13	9	利润留存	11	14
在建工程			年度净利	3	2
固定资产合计	53	49	所有者权益合计	64	66
资产总计	105	107	负债和所有者权益总计	105	107

本章小结

企业管理模拟沙盘是企业竞争推演工具，本章从 ERP 沙盘的介绍入手，重点讲述了操作流程和操作规则，此外还介绍了一些常用的策略。模拟过程是竞争对手之间战略的博弈，做好相关的知识准备和心理准备，进行组织划分，扮演角色后，我们才能像企业管理者那样进行思考和决策。企业要想在激烈的市场竞争中得以不断提升，就必须要熟悉市场规则。企业经营的成败，决策是关键。要想做正确的事，就必须正确地做事。只有合理整合企业的物流、资金流、信息流，才能发挥最大效用。

第十三章 用友"创业者"电子沙盘

[学习目的]

通过本章学习，了解"创业者"电子沙盘的基本知识；
掌握电子沙盘基本操作方法。

第一节 ERP 电子沙盘概述

一、ERP 电子沙盘的基本原理

ERP 电子沙盘是针对高等学校经济、管理等专业实验教学而开发的一套实训软件。

（1）ERP 电子沙盘围绕着资金的运动，进行了精心设计和合理布局。在生产过程中，企业的资金总是处于不断的运动之中。企业的资金运动，是借助于资金的筹集、投放使用、耗费、收回和分配等财务活动来进行的。ERP 电子沙盘以资金运动为主线，展现企业如何完成资金的转化和循环，从而完成企业经营活动周期的全过程。

（2）ERP 电子沙盘是将企业置于完全竞争市场，基本满足完全竞争市场所需要的同质化、信息完全化、资源流动化和价格市场化。ERP 电子沙盘所模拟的市场既具有市场经济的一般性，又具有市场经济的特殊性。并且由于风险和机遇的设置、规则的制定等，可随我国市场环境的变化做出相应调整。因此，ERP 电子沙盘所模拟的市场环境能与我国的经济现实保持一致。

（3）ERP 电子沙盘是由竞争规则、竞争策略、收入和支付等基本要素组成。每 5 名学生成立一个虚拟的公司，分别担任总经理 CEO、财务总监 CFO、市场总监 CMO、生产总监 COO、采购总监 CPO。多个公司（一般为六个以上）一起连续模拟经营若干年。每个模拟公司依照竞争规则，做出购买、研发、生产、竞标、广告、销售等经营决策，并用"资产负债表"和"损益表"记录经营结果、计算出经济效益。

（4）使用 ERP 电子沙盘，可以让学员身临其境，体验企业间的竞争与挑战。各公司管理层将依据市场信息决定自己的定位和市场策略：何时投资何种新产品；何时进入目标市场；如何扩展生产能力，使之与市场策略相适应；如何融资；如何平衡资金；等等。

二、ERP 电子沙盘的特点

（1）真实。ERP 电子沙盘模拟出与现实企业经营活动近似的一个完整的全过程。如组建团队、设备投资、广告宣传、购买材料、产品研发、市场竞标、银行贷款、填制报表、期末结算等，使学员犹如处在真实的企业经营活动中。

（2）实用。ERP 电子沙盘寻求经营过程中"业绩、激励、创新"三者平衡。在模拟过程中，培养学生经营战略性思考、经营计划的制订和实施涉及对企业运营的关键要素进行调度的能力，为企业经营者的经营思想和经营决策提供了一个自我反省和自我检查的机会，对学员从事现实的企业经营管理活动有极大帮助。

（3）协作。ERP 电子沙盘既体现市场竞争，又追求"义"与"利"的统一，强调团队协作。模拟实验不仅是学习管理知识、掌握管理技能的课堂，而且是学生交流思想、联络沟通、增进感情的场所。

（4）新颖。ERP 电子沙盘与传统的理论教育、理论讲授等教学方式完全不同。它不仅沿用先进的教学载体，而且教学内容更注重实战技能的传授，强调演练与实践，让学员在练中学，学中用。学习气氛轻松活跃，学习方式新颖别致，学员的学习兴趣浓厚，积极主动。

（5）换位。传统学习过程中，老师是课堂教学的主体，而 ERP 电子沙盘学习，学员是主体，是理解型的学习。学员通过观察、分析、研究、操作、体验、总结等学习方式，达到巩固和掌握所需学习知识的目的。

三、与同类产品相比的优势

（1）ERP 电子沙盘通过图形化的软件界面，将整个实物沙盘模拟"搬"到电脑上，从而实现沙盘模拟电子化，降低了实验课的教学难度。师生同时操作，直观性、互动性强。

（2）ERP 电子沙盘可与实物沙盘结合使用，既可减少操作失误，又便于指导老师监控实验过程、分析实验效果、把握实验进度。

（3）ERP 电子沙盘可脱离实物沙盘单独使用以进行实验，也可在机房每人一台电脑进行比赛。

（4）ERP 电子沙盘使用方便灵活，既可连续实验操作，又可以把理论与实验相结合。

四、学习 ERP 电子沙盘的意义

（1）ERP 电子沙盘充分体现了以"学生学为主，教师教为辅"的试验模式，有利于促进高等院校企业管理类专业课程的教学改革。

（2）通过 ERP 电子沙盘学习，可以使学员在较短的时间里感受到企业经营氛围，体验到市场竞争的精彩与残酷，体会到企业领导承担的风险与责任。

（3）在 ERP 电子沙盘学习中，学员身临其境，感受企业团队协作，培养战略经营理念，增强沟通能力和洞察市场、参与竞争、理性决策的能力。

（4）在 ERP 电子沙盘学习中，促使学员发现机遇、分析问题、制定决策、组织实施，激发学员学习的潜能，提高学习效果。

（5）ERP电子沙盘可以加深学员对企业资源规划的重要性的理解，将复杂、抽象的经营管理理论以最直观的方式让学员体验、学习，培养学员的实践能力，使学员成为真正既懂技术、又懂管理的复合型人才。

（6）ERP电子沙盘的学习，有效地缓解了高等院校企业管理专业学生对实践性学习的迫切性需要。能够让学员了解生产企业经营中各项业务的关联，如企业的产品库存、生产设备、银行借贷、现金流量等指标之间的联系。学员被分配在若干个相互竞争的模拟公司里，根据市场需求预测和竞争对手的动向，决定模拟公司的产品、生产、市场、销售、融资等方面的长、中、短期策略，进行经营结果的分析，并制定改进方案。

五、用友"创业者"电子沙盘简介

"创业者"是用友公司最新推出的企业经营模拟软件，首创基于流程的互动经营模式。系统与各类纸质ERP沙盘完美结合，继承了ERP沙盘直观形象的特点，同时实现了选单、经营过程、报表生成、赛后分析的全自动，将教师彻底从选单、报表录入、监控中解放出来，而将重点放于企业经营的本质分析。如图13-1所示。

图13-1　"创业者"沙盘的易学易用性

"创业者"由高校资深实训教师及用友公司专业讲师精心设计，全真模拟企业市场竞争及经营过程。受训者如身临其境，真实感受市场氛围，既可以让受训者全面掌握经管知识，又可树立团队精神、责任意识。对传统课堂教学及案例教学既是有益补充，又是一次革命。

第二节　"创业者"企业模拟经营系统
学生端操作说明

一、登录系统

进入用友"创业者"电子沙盘系统需要按以下步骤进行：

（1）打开IE浏览器。

（2）在地址栏输入"http：//服务器地址或服务器机器名"，进入创业者系统，如图13-2所示。

（3）进入创业者登录界面，在 Username 栏里输入用户名，在 Password 栏里输入密码，如图 13-3 所示。

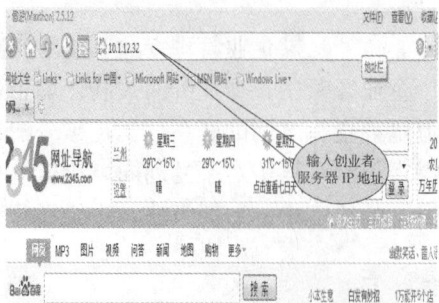

图 13-2　登录服务器

图 13-3　创业者系统学生登录界面

提示：用户名为公司代码 U01、U02 等，首次登录的初始密码为"1"。

（4）首次登录填写信息。只有第一次登录需要填写：登录密码、公司名称（必填）、各职位人员姓名（如有多人，可以在一个职位中输入两个以上的人员姓名）（必填）。登记确认后不可更改；密码可更改。如图 13-4 所示。

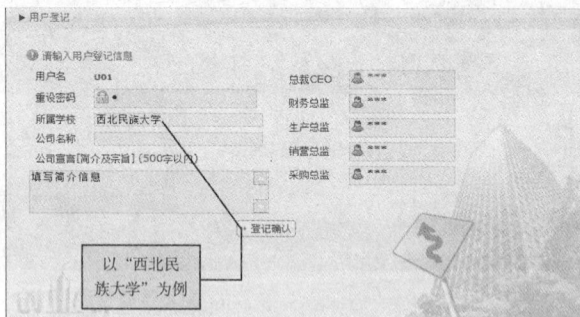

图 13-4　首次登录注册界面

（5）进入创业者操作界面，如图 13-5 所示。

二、创业者操作窗口介绍

创业者操作窗口如图 13-6 所示。

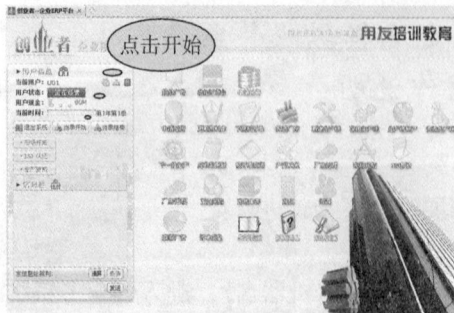

图 13-5　创业者操作界面

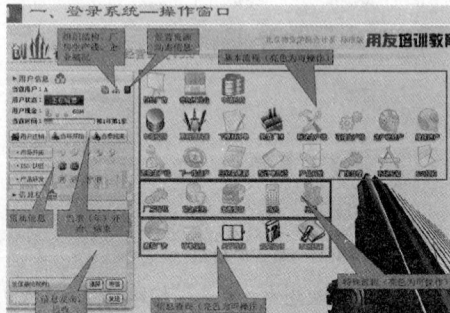

图 13-6　创业者操作窗口

（1）"申请长贷"界面，如图 13-7 所示。

双击图 13-6 中"▦"图标，弹出图 13-7 对话框，操作人员可以根据需要选择"需要贷款年限"（1~5 年），选择"需贷款额"（在 10M~180M 之间，贷款额必须是 10 的倍数），一经点击"确认贷款"按钮，不得再次修改，系统会提示操作成功。

（2）"申请短贷"界面，如图 13-8 所示。

双击图 13-6 中"☻"图标，弹出图 13-8 对话框，操作人员可根据需要选择"需贷款额"（贷款额为 10 的倍数）。

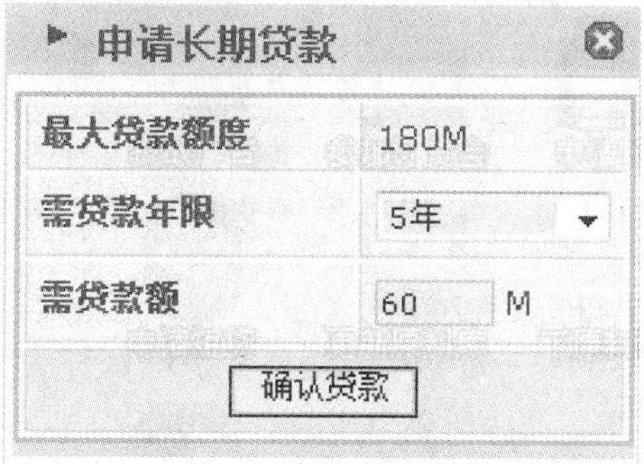

▶ 申请长期贷款	⊗
最大贷款额度	180M
需贷款年限	5年 ▼
需贷款额	60 M
确认贷款	

图 13-7 "申请长期贷款"界面

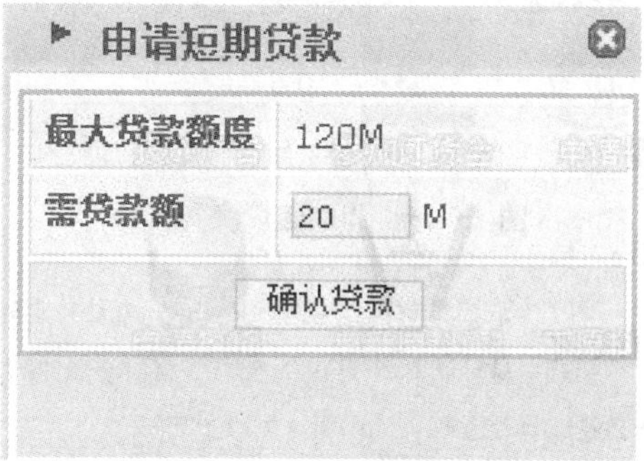

▶ 申请短期贷款	⊗
最大贷款额度	120M
需贷款额	20 M
确认贷款	

图 13-8 "申请短期贷款"界面

（3）"更新原料订单"界面，如图 13-9 所示。

双击图 13-6 中"☲"图标，弹出图 13-9 对话框，操作人员根据实际需要确认更新，一旦确认更新，将从现金库中扣除支付金额。

（4）"下原料订单"界面，如图 13-10 所示。

双击图 13-6 中"⚏"图标，弹出图 13-10 对话框，操作人员根据实际需要填写 R1、R2、R3、R4 四种原料的订购量。

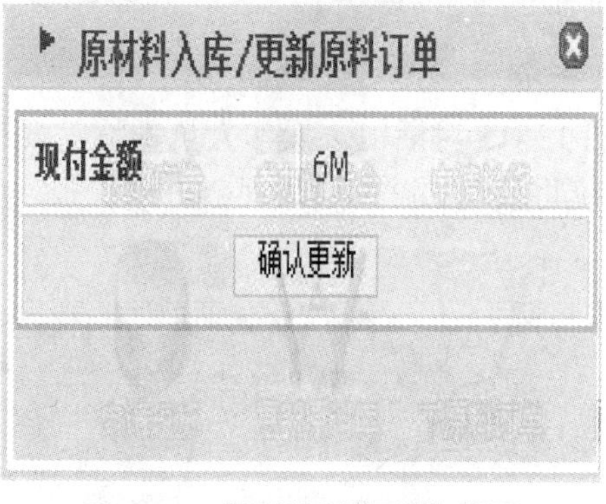

▶ 原材料入库/更新原料订单	⊗
现付金额	6M
确认更新	

图 13-9 "更新原料订单"界面

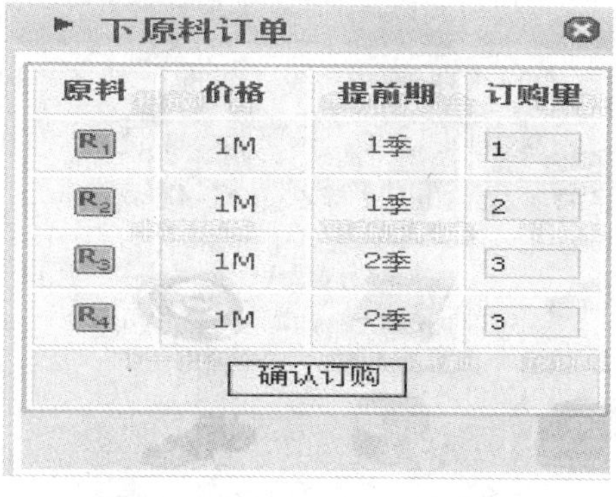

▶ 下原料订单			⊗
原料	价格	提前期	订购量
R₁	1M	1季	1
R₂	1M	1季	2
R₃	1M	2季	3
R₄	1M	2季	3
确认订购			

图 13-10 "下原料订单"界面

（5）"购置厂房"界面，如图13-11和图13-12所示。

双击图13-6中""图标，弹出图13-11对话框，操作人员根据需要选择厂房类型，如图13-12所示，大厂房或者小厂房。然后确定"获得方式"——租或买。

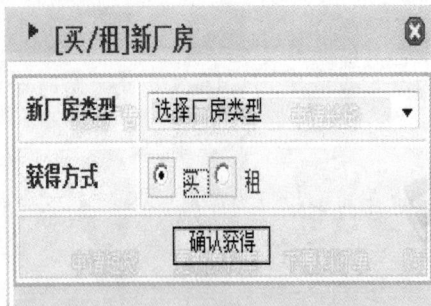

图13-11　"购置厂房"界面　　图13-12　"'购置厂房'——选择厂房类型"界面

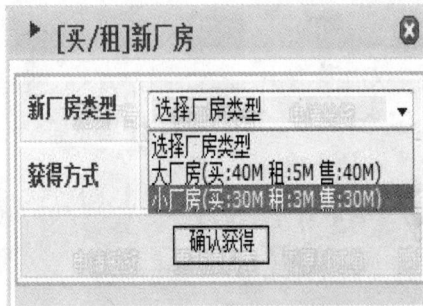

（6）"新建生产线"界面，如图13-13和图13-14所示。

双击图13-6中""图标，弹出图13-13对话框，操作人员可自行选择生产线的类型，如图13-14所示，并选择该生产线所要生产的产品类型。

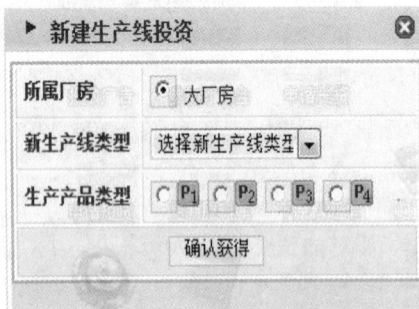

图13-13　"新建生产线"界面　　图13-14　"'新建生产线'——选择生产线类型"界面

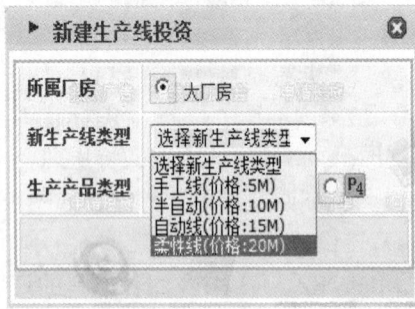

（7）"在建生产线"界面，如图13-15所示。

双击图13-6中""图标，弹出图13-15对话框，操作人员根据需要选择需要投资的生产线，一旦确认投资，系统将自动扣除相应的现金。

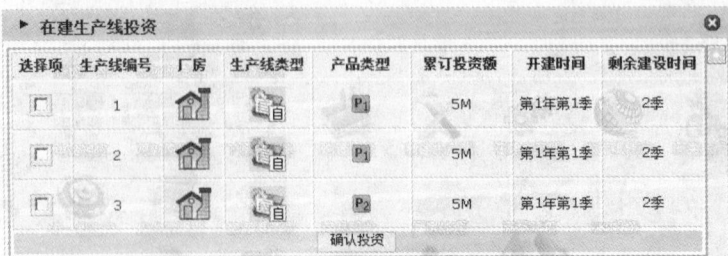

图13-15　"在建生产线"界面

（8）"生产线转产"界面，如图13-16所示。

双击图13-6中"![icon]"图标，弹出图13-16对话框，操作人员根据需要选择需要转产的生产线，并选择转产后生产的产品类型。

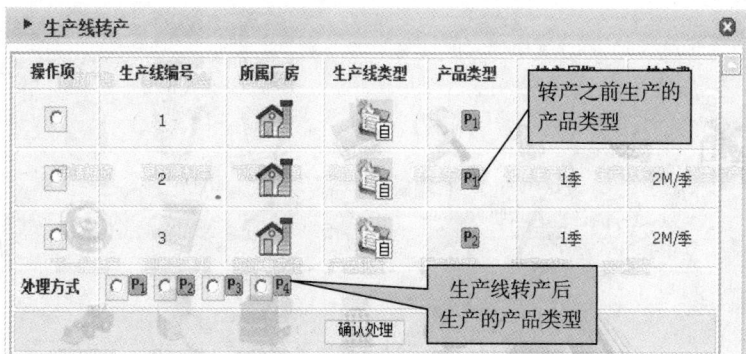

图13-16　"生产线转产"界面

（9）"变卖生产线"界面，如图13-17所示。

双击图13-6中"![icon]"图标，弹出图13-17对话框，变卖生产线后，相应的残值收入计入现金库。

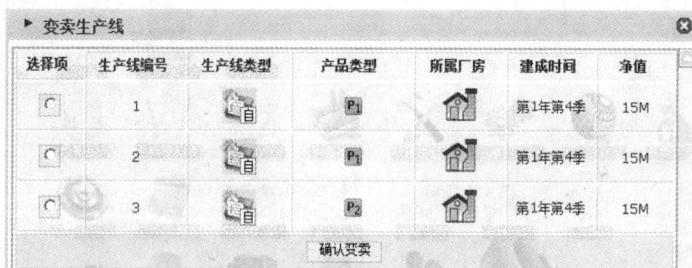

图13-17　"变卖生产线"界面

（10）"下一批生产"界面，如图13-18所示。

双击图13-6中"![icon]"图标，弹出图13-18对话框，操作人员可以选择相应的生产线开始下一批生产，也可以不进行下一批生产。

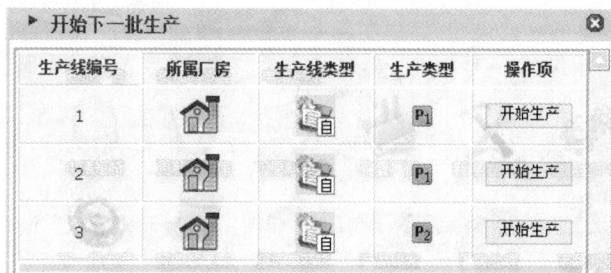

图13-18　"下一批生产"界面

(11) "应收款更新"界面，如图13-19所示。

双击图13-6中"▧"图标，弹出图13-19对话框，在"收现金额"栏中输入本期到账金额，即可更新成功。

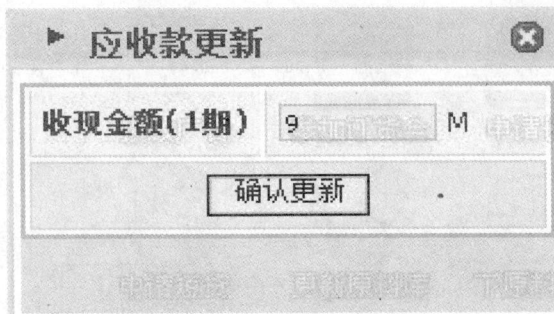

图13-19　"应收款更新"界面

(12) "按订单交货"界面，如图13-20所示。

双击图13-6中"✎"图标，弹出图13-20所有未交货的订单信息，操作人员可以根据库存或策略需要选择订单交货。

订单编号	产品	数里	市场	总价	得单年份	交货期	帐期	操作
6-0038	P2	2	本地	15M	第2年	4季	2季	确认交货
6-0035	P1	4	本地	20M	第2年	4季	3季	确认交货

图13-20　"按订单交货"界面

(13) "产品研发"界面，如图13-21所示。

双击图13-6中"▨"图标，系统会弹出图13-21对话框，操作人员可以针对还未研发成功的产品继续研发投资。

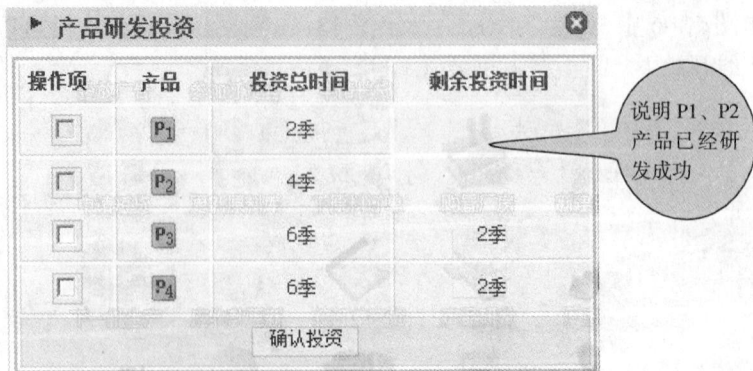

操作项	产品	投资总时间	剩余投资时间
☐	P1	2季	
☐	P2	4季	
☐	P3	6季	2季
☐	P4	6季	2季

说明 P1、P2 产品已经研发成功

确认投资

图13-21　"产品研发"界面

（14）"厂房处理"界面，如图 13-22 所示。

双击图 13-6 中 " <img> " 图标，系统会出现图 13-22 对话框，操作人员可以根据需要选择"买转租"、"退租"或"租转买"。

图 13-22　"厂房处理"界面

（15）"市场开拓"界面，如图 13-23 所示。

双击图 13-6 中 " <img> " 图标，系统会弹出图 13-23 对话框，可以对未完成开发的市场进行投资。

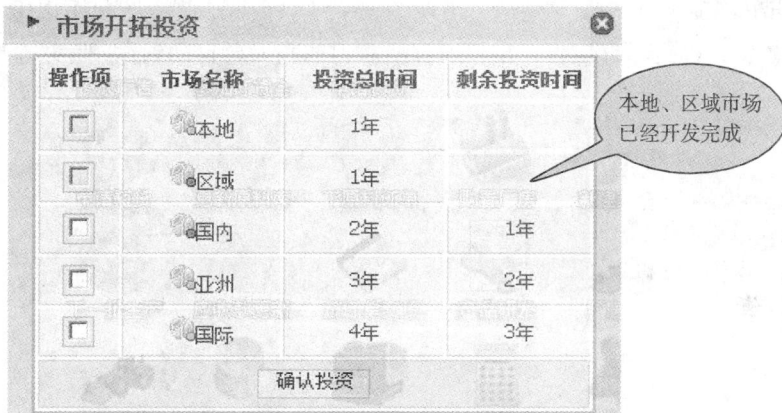

图 13-23　"市场开拓"界面

（16）"ISO 投资"界面，如图 13-24 所示。

双击图 13-6 中 " <img> " 图标，会出现图 13-24 对话框，分别对"ISO9000"和"ISO14000"认证进行投资。

图 13-24　"ISO 投资"界面

（17）"厂房贴现"界面，如图 13-25 所示。

双击图 13-6 中" ![icon] "图标，弹出图 13-25 对话框，当公司流动资金不足、面临破产、策略需要等情况下可以选择进行厂房贴现。

图 13-25　"厂房贴现"界面

（18）"紧急采购"界面，如图 13-26 所示。

双击图 13-6 中" ![icon] "图标，会出现图 13-26 对话框，操作人员可以根据实际需要进行原材料、产成品的紧急采购，紧急采购的价格比正常的价格高。

（19）"出售库存"界面，如图 13-27 所示。

双击图 13-6 中" ![icon] "图标，出现图 13-27 对话框，操作人员可以输入需要出售的数量，进行库存出售，出售库存所获得的收入会自动到达库存现金账户。

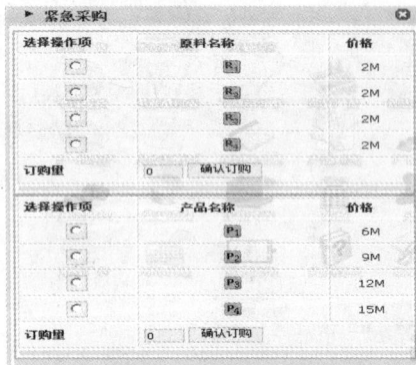

图 13-26　"紧急采购"界面

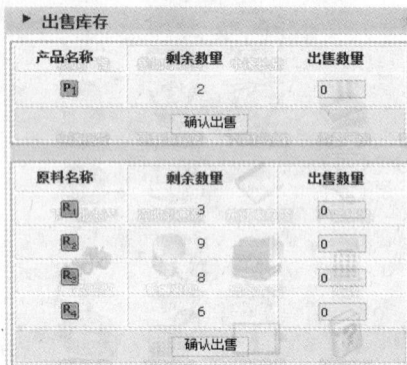

图 13-27　"出售库存"界面

（20）"贴现"界面，如图 13-28 所示。

双击图 13-6 中" ![icon] "图标，系统会弹出图 13-28 对话框，操作人员可以根据需要进行贴现，一般只有在库存现金不足且有应收账款时使用。

（21）"间谍"对话框，如图 13-29 所示。

双击图 13-6 中" ![icon] "图标，操作人员可以通过购买获得间谍时间，获取竞争对手的信息。

310

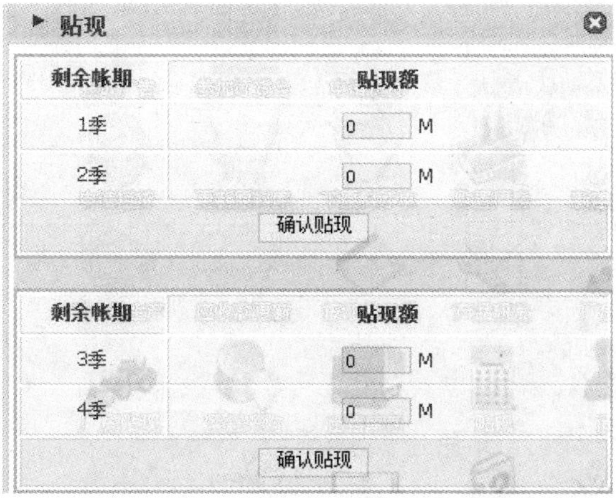

图 13-28 "贴现"界面

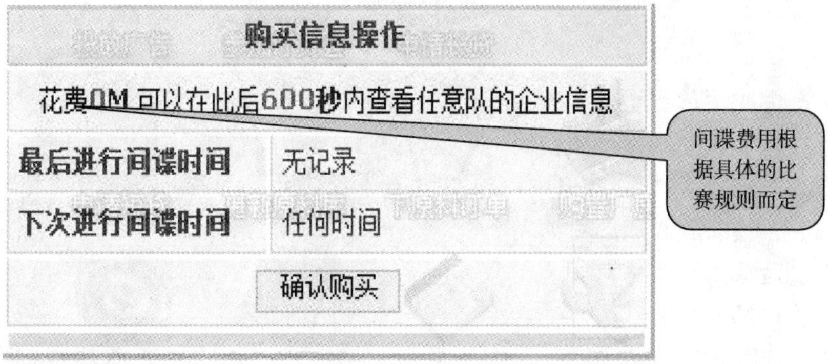

图 13-29 "间谍"界面

(22) "订单信息"界面，如图 13-30 所示。

双击图 13-6 中""图标，了解自己公司的交货情况、违约情况以及应收账款的到账时间。

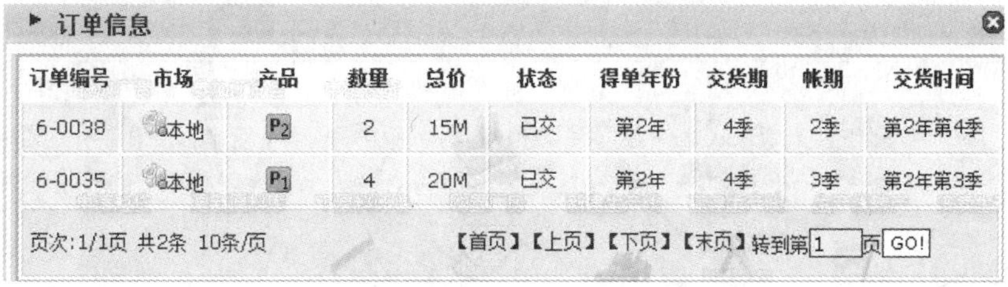

图 13-30 "订单信息"界面

(23) "投放广告"界面，如图 13-31 所示。

在上一年经营完成之后，需要对下一年的产品进行广告宣传，并参加订货会，公司可以根据实际情况决定广告额的投放，且只能在本公司已开拓的市场上

图 13-31 "投放广告"界面

投放广告。

第三节 "创业者"ERP 电子沙盘规则说明

一、企业运营流程

总经理 CEO 按照经营记录表中指示的顺序发布执行指令，每项任务完成后，CEO 须在任务后对应的方格中打钩。每年经营结束后，各参赛队需提交综合费用明细表、利润表和资产负债表。

二、运营规则

1. 生产线

生产线购置、安装周期、生产周期、总转产费、转产周期、维修费和残值规定如表 13-1 所示。

表 13-1   生产线操作规则

生产线	购置费	安装周期	生产周期	总转产费	转产周期	维修费	残值
手工线	5M	无	3Q	0M	无	1M/年	1M
半自动线	10M	2Q	2Q	1M	1Q	1M/年	2M
全自动线	15M	3Q	1Q	2M	1Q	1M/年	3M
柔性线	20M	4Q	1Q	0M	无	1M/年	4M

注：不论何时出售生产线，从生产线净值中取出相当于残值的部分计入现金，净值与残值之差计入损失；只有空的并且已经建成的生产线方可转产；当年建成的生产线、转产中生产线都要交维修费。

2. 折旧（平均年限法）

已建成生产线的各年度折旧额如表 13-2 所示。

3. 融资规则

各类型融资的相关规则如表 13-3 所示。

表 13-2 　　　　　　　　　　生产线折旧规则

生产线	购置费	残值	建成第 1 年	建成第 2 年	建成第 3 年	建成第 4 年	建成第 5 年
手工线	5M	1M	0	1M	1M	1M	1M
半自动线	10M	2M	0	2M	2M	2M	2M
全自动线	15M	3M	0	3M	3M	3M	3M
柔性线	20M	4M	0	4M	4M	4M	4M

注：当年建成生产线当年不提折旧，当净值等于残值时生产线不再计提折旧，但可以继续使用。

表 13-3 　　　　　　　　　　各类型融资的相关规则

贷款类型	贷款时间	贷款额度	年息	还款方式
长期贷款	每年年初	和为权益三倍	10%	年初付息，到期还本，10 的倍数
短期贷款	每季度初		5%	到期一次还本付息，20 的倍数
资金贴现	任何时间	视应收款额	1/8（3，4），1/10（1，2）	变现时贴息
库存拍卖	原材料九折，成品原价			

4. 厂房

厂房购买、租赁和出售的相关规则如表 13-4 所示。

表 13-4 　　　　　　　　厂房购买、租赁和出售的相关规则

厂房	买价	租金	售价	容量	厂房出售得到 4 个账期的应收款，紧急情况下可厂房贴现，直接得到现金
大厂房	40M	5M/年	40M	6	
小厂房	30M	3M/年	30M	4	

注：每季均可租或买，租满一年的厂房在满年的季度（如第二季租的，则在以后各年第二季为满年，可进行处理），需要用"厂房处置"进行"租转买"、"退租"（当厂房中没有任何生产线时）等处理，如果未加处理，则原来租用的厂房在满年季末自动续租；厂房不计提折旧；生产线不允许在不同厂房间移动。

5. 市场准入

各区域市场开发的费用和时间规则如表 13-5 所示。

表 13-5 　　　　　　　　市场开发的费用和时间规则

市场	开发费	时间	开发费用按开发时间在年末平均支付，不允许加速投资。市场开发完成后，领取相应的市场准入证
本地	1M/年	1	
区域	1M/年	1	
国内	1M/年	2	
亚洲	1M/年	3	
国际	1M/年	4	

注：无须交维护费，中途停止使用，也可继续拥有资格并在以后年份使用。

6. 资格认证

ISO 资格认证规则如表 13-6 所示。

表 13-6　　　　　　　　ISO 资格认证规则

认证	🆔 ISO9000	🆔 ISO14000	平均支付，认证完成后可以领取相应的 ISO 资格证。可中断投资
时间	2 年	2 年	
费用	1M/年	2M/年	

注：无须交维护费，中途停止使用，也可继续拥有资格并在以后年份使用。

7. 产品

产品开发的各项费用和产品组成规则如表 13-7 所示。

表 13-7　　　　　　产品开发的各项费用和产品组成规则

名称	开发费用	开发周期	加工费	直接成本	产品组成
P₁	1M/季	2 季	1M	2	R₁
P₂	1M/季	4 季	1M	3	R₂ + R₃
P₃	1M/季	6 季	1M	4	R₁ + R₃ + R₄
P₄	2M/季	6 季	1M	5	R₂ + R₃ +2 R₄

8. 原料

原料采购的价格和提前期规则如表 13-8 所示。

表 13-8　　　　　　原料采购的价格和提前期规则

名称	购买价格	提前期
R₁	1M/个	1 季
R₂	1M/个	1 季
R₃	1M/个	2 季
R₄	1M/个	2 季

9. 紧急采购

付款即到货，原材料价格为直接成本的两倍，成品价格为直接成本的 3 倍。紧急采购原材料和产品时，直接扣除现金。上报报表时，成本仍然按照标准成本记录，紧急采购多付出的成本计入费用表损失项。

10. 选单规则

"市场老大"（某市场上年所有产品销售总和第一且该市场无违约）有优先选

单权（有若干队销售并列第一，则"老大"随机或可能无"老大"）；以本市场本产品广告额投放大小顺序依次选单；如果两队本市场本产品广告额相同，则看本市场广告投放总额；如果本市场广告总额也相同，则看上年市场销售排名；如仍无法决定，先投广告者先选单。第一年无订单。

注意：必须在倒计时大于 10 秒时选单，出现确认框要在三秒内按下确认按钮，否则可能造成选单无效；在某细分市场（如本地、P1）有多次选单机会，只要放弃一次，则视同放弃该细分市场所有选单机会。

11. 订单违约

订单必须在规定季或提前交货，应收账期从交货季开始算起。

12. 取整规则

（1）违约金扣除——向下取整。

（2）库存拍卖所得现金——向下取整。

（3）贴现费用——向上取整。

（4）扣税——向下取整。

13. 特殊费用项目

库存折价拍卖、生产线变卖、紧急采购、订单违约、增减资（增资计损失为负）操作计入其他损失。

14. 重要参数

其他重要参数如图 13-32 所示。

▶ 系统参数				✖
违约扣款百分比	20 %	最大长贷年限	5	年
库存折价率(产品)	100 %	库存折价率(原料)	80	%
长期贷款利率	10 %	短期贷款利率	5	%
贷款额倍数	3 倍	初始现金(股东资本)	60	M
贴现率(1,2期)	10 %	贴现率(3,4期)	12.5	%
管理费	1 M	信息费	1	M
紧急采购倍数(原料)	2 倍	紧急采购倍数(产品)	3	倍
所得税率	25 %	最大经营年限	6	年
选单时间	40 秒	选单补时时间	25	秒
间谍有效时间	600 秒	间谍使用间隔	3000	秒
竞拍时间	90 秒	竞拍同拍数	2	
市场老大	⊙ 有 ○ 无			

图 13-32　系统参数

注：①每市场每产品选单时第一个队选单时间为 60 秒，自第二个队起，选单时间设为 40 秒。②初始资金为 60M。③信息费 1M/次。④可以根据需求自行设定。

15. 竞赛排名

完成预先规定的经营年限，将根据各队的最后分数进行评分，分数高者为优胜。

总成绩 = 所有者权益 × (1 + 企业综合发展潜力/100) - 罚分

企业综合发展潜力如表 13-9 所示。

表 13-9 企业综合发展潜力

项　　目	综合发展潜力系数
手工生产线	+5/条
全自动/柔性线	+10/条
区域市场开发	+10
国内市场开发	+10
亚洲市场开发	+10
国际市场开发	+10
ISO9000	+10
ISO14000	+10
P1 产品开发	+10
P2 产品开发	+10
P3 产品开发	+10
P4 产品开发	+10

注：如有若干队分数相同，则最后一年在系统中先结束经营者排名靠前。生产线建成即加分，无须生产出产品，也无须有在制品。"市场老大"和厂房无加分。

16. 罚分规则

（1）运行超时扣分。运行超时有两种情况：一是指不能在规定时间完成广告投放（可提前投广告）；二是指不能在规定时间完成当年经营（以单击系统中"当年结束"按钮并确认为准）。

处罚：按总分 2 分/分钟（不满一分钟算一分钟）计算罚分，最多不能超过10 分钟。如果到 10 分钟后还不能完成相应的运行，将取消其参赛资格。

（2）报表错误扣分。必须按规定时间上报报表，且必须是账实相符，如果上交的报表与创业者自动生成的报表对照有误，在总得分中扣罚 5 分/次，并以创业者提供的报表为准修订。

注意：必须对上交报表时间作规定，延误交报表即视为错误一次。由运营超时引发延误交报表视同报表错误并扣分。

（3）盘面不实扣分。考虑到商业情报的获取，每年运行完成后，必须按照当年年末结束状态，将运作结果摆在手工沙盘上，以便现场各队收集情报用。各队可以数币，翻牌查看，遇到提问必须如实回答。如果盘面与报表不符或隐瞒盘面状态，扣 5 分/次。

17. 破产处理

（1）当参赛队权益为负（指当年结束系统生成资产负债表时为负）或现金断流时（权益和现金可以为零），企业破产。

（2）破产队伍如为某"市场老大"，继续经营不影响其资格。

（3）参赛队破产后，由裁判视情况适当增资后继续经营。破产队不参加有效排名。

（4）为了确保破产队不致过多而影响比赛的正常进行，限制破产队每年投放的广告总数不能超过 6M 并不能参加竞拍。

第四节　"创业者"电子沙盘演示

为了能让大家系统地感受 ERP 具体的操作流程，下面将以第一年为例进行操作。

期初数据：现金 60M，如图 13-33 所示。

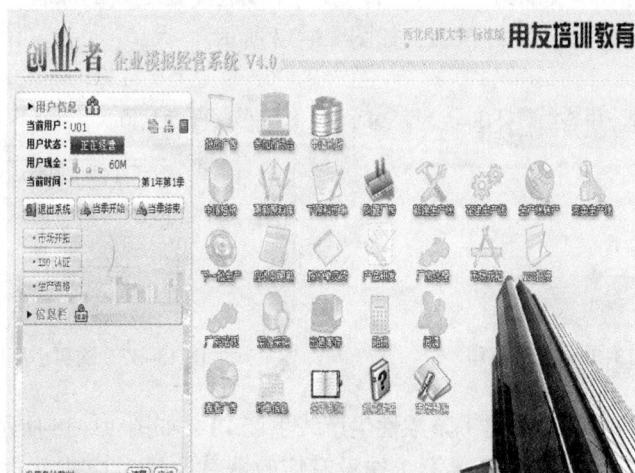

图 13-33　期初盘面

一、第一年第 1 季

（1）申请长期贷款 50M，5 年，如图 13-34 所示。

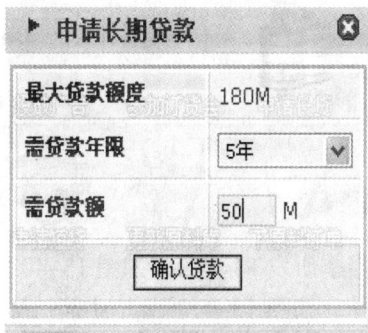

图 13-34　申请长期贷款

（2）开始第一年第 1 季，如图 13-35 所示。

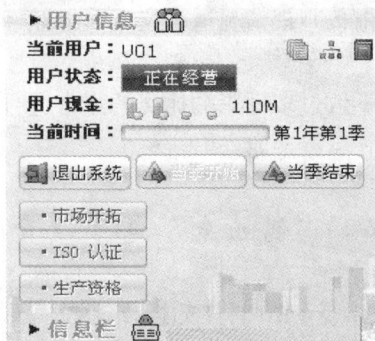

图 13-35　开始第一年第 1 季

（3）更新原料，如图 13-36 所示，第一年没有需要更新的原料。

（4）购买小厂房，支付 30M，如图 13-37 所示。

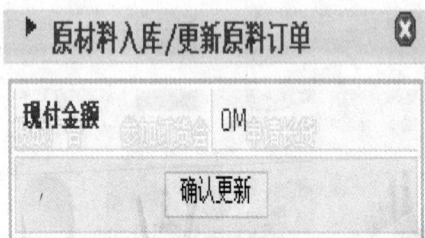

图 13-36　更新原料

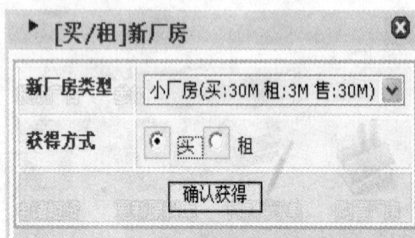

图 13-37　购买小厂房

（5）新建生产线，新建 1 条柔性生产线生产 P1，如图 13-38 所示。

（6）更新应收款，第一年第 1 季没有应收账款（没有应收款也必须进行更新，否则无法开始下面的操作），如图 13-39 所示。

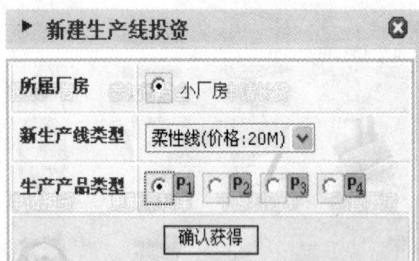

图 13-38　新建生产线

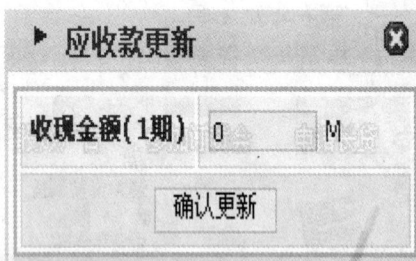

图 13-39　更新应收款

（7）进行产品研发，当季研发 P1、P2，如图 13-40 所示。

（8）结束第一年第 1 季，如图 13-41 所示，扣除 1M 管理费。

二、第一年第 2 季

（1）新建两条全自动生产线生产 P2，如图 13-42 所示，到目前为止小厂房有 3 条生产线在建，如图 13-43 所示。

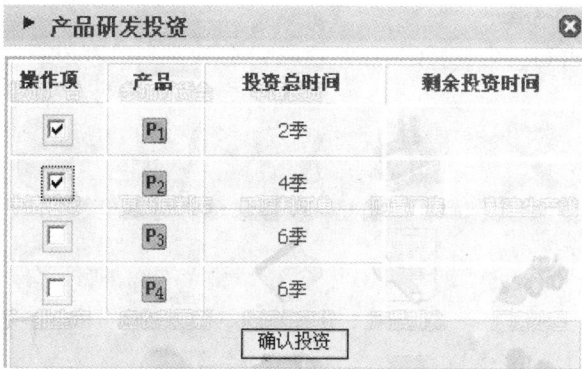

图 13-40　进行产品研发

图 13-41　结束第 1 年第 1 季

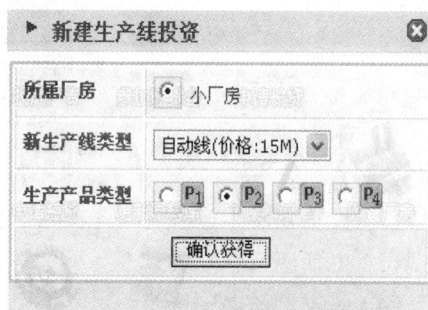

图 13-42　新建 2 条全自动生产线

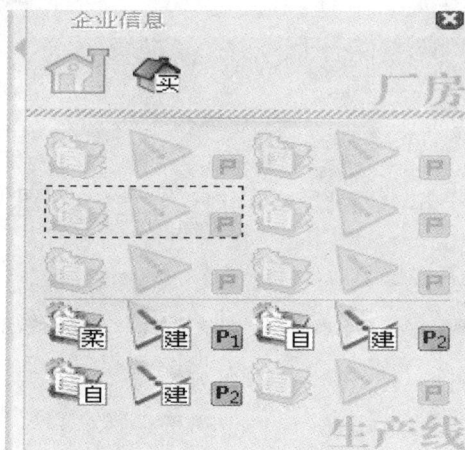

图 13-43　厂房信息

（2）投资在建一条柔性生产线。

（3）更新应收账款，第一年第 2 季没有应收款。

（4）产品研发，继续研发 P1、P2。

（5）结束第一年第 2 季，支付 1M 管理费。

三、第一年第3季

(1) 下原料订单，2个R3，如图13-44所示。

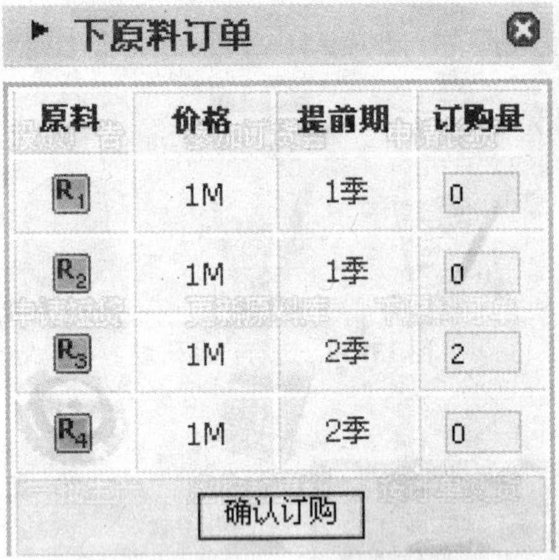

图13-44 下原料订单

(2) 投资在建生产线，一条柔性和两条全自动生产线。

(3) 更新应收款0M。

(4) 研发产品P2和P3。

(5) 结束第一年第3季，扣除1M管理费。

四、第一年第4季

(1) 下原料订单。

(2) 在建生产线。

(3) 更新应收款0M。

(4) 研发P2、P3产品。

(5) 市场开拓，开拓本地、区域和国内三个市场，如图13-45所示。

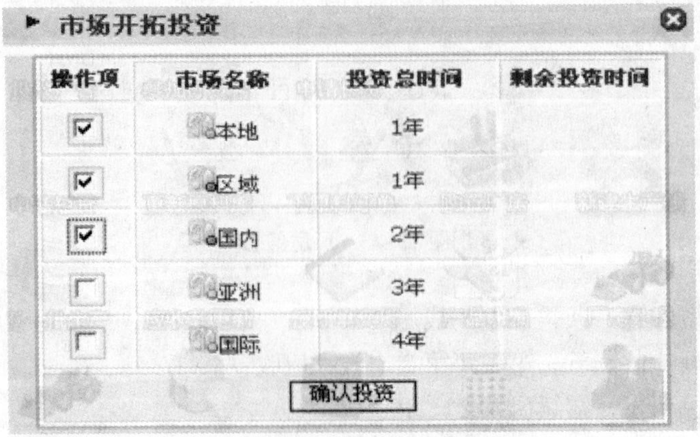

图13-45 市场开拓

（6）进行 ISO 认证，投资 ISO9000 认证，如图 13-46 所示。

图 13-46　进行 ISO 认证

（7）第一年结束，本年的综合费用表如图 13-47 所示，本年的利润表如图 13-48 所示，本年的资产负债表如图 13-49 所示。

第1年　综合费用表							
用户名	U01						
管理费	4						
广告费	0						
维修费	0						
损失	0						
转产费	0						
厂房租金	0						
新市场开拓	3						
ISO资格认证	1						
产品研发	8						
信息费	0						
合计	16						

图 13-47　综合费用表

第1年　利润表							
用户名	U01						
销售收入	0						
直接成本	0						
毛利	0						
综合费用	16						
折旧前利润	-16						
折旧	0						
支付利息前利润	-16						
财务费用	0						
税前利润	-16						
所得税	0						
年度净利润	-16						

图 13-48　利润表

第1年 资产负债表

用户名	U01
现金	14
应收款	0
在制品	0
产成品	0
原料	0
流动资产合计	14
厂房	30
机器设备	0
在建工程	50
固定资产合计	80
资产总计	94
长期负债	50
短期负债	0
所得税	0
负债合计	50
股东资本	60
利润留存	0
年度净利	-16
所有者权益合计	44
负债和所有者权益总计	94

图 13-49　资产负债表

五、第二年第 1 季度

（1）第一年结束后进行广告投放，双击图 13-33 "　" 图标，出现如图 13-50 所示的对话框。

产品/市场	本地	区域	国内	亚洲	国际
P₁	3	1	0	0	0
P₂	4	3		0	
P₃	0	0	0	0	
P₄	0	0	0	0	

确认投放

国内、亚洲、国际市场均未完成开拓

图 13-50　广告投放

（2）参加订货会，开始选单，获得以下订单，如图 13-51 所示。

订单编号	市场	产品	数量	总价	状态	得单年份	交货期	帐期	交货时间
6-0048	区域	P2	3	20M	未交	第2年	4季	1季	
6-0040	本地	P2	3	17M	未交	第2年	4季	1季	
6-0034	本地	P1	3	15M	未交	第2年	4季	3季	

页次:1/1页 共3条 10条/页　　　【首页】【上页】【下页】【末页】转到第 1 页 GO!

图 13-51　获得订单

（3）申请 5 年的长贷 80M。

（4）更新原材料库。

（5）下原料订单，1 个 R1、2 个 R2、2 个 R3。

（6）开始下一批生产。

（7）更新应收款 0M。

（8）产品研发。

（9）第二年第 1 季结束。

本章小结

本章从学习 ERP 电子沙盘的意义入手，重点介绍了用友"创业者"电子沙盘的操作，并举例说明了操作流程，学生通过结合手工沙盘的操作能够初步领悟到企业经营的思想和策略。

附录

附录 A：企业经营过程表

年度经营记录

企业经营流程 请按顺序执行下列各项操作。	每执行完一项操作，CEO 在相应的方格内打钩。 财务总监（助理）在方格中填写现金收支情况。			
新年度规划会议				
参加订货会/登记销售订单				
制订新年度计划				
支付应付税				
季初现金盘点（请填余额）				
更新短期贷款/还本付息/申请短期贷款（高利贷）				
更新应付款/归还应付款				
原材料入库/更新原料订单				
下原料订单				
更新生产/完工入库				
投资新生产线/变卖生产线/生产线转产				
向其他企业购买原材料/出售原材料				
开始下一批生产				
更新应收款/应收款收现				
出售厂房				
向其他企业购买成品/出售成品				
按订单交货				
产品研发投资				
支付行政管理费				
其他现金收支情况登记				
支付利息/更新长期贷款/申请长期贷款				
支付设备维护费				
支付租金/购买厂房				
计提折旧				（　）
新市场开拓/ISO 资格认证投资				
结账				
现金收入合计				
现金支出合计				
期末现金对账（请填余额）				

现金预算表

	1	2	3	4
期初库存现金				
支付上年应交税				
市场广告投入				
贴现费用				
利息（短期贷款）				
支付到期短期贷款				
原料采购支付现金				
转产费用				
生产线投资				
工人工资				
产品研发投资				
收到现金前的所有支出				
应收款到期				
支付管理费用				
利息（长期贷款）				
支付到期长期贷款				
设备维护费用				
租金				
购买新建筑				
市场开拓投资				
ISO 认证投资				
其他				
库存现金余额				

要点记录

第 1 季度：＿＿＿＿＿＿＿＿＿＿＿＿＿＿＿＿＿＿＿＿＿＿＿＿＿＿

第 2 季度：＿＿＿＿＿＿＿＿＿＿＿＿＿＿＿＿＿＿＿＿＿＿＿＿＿＿

第 3 季度：＿＿＿＿＿＿＿＿＿＿＿＿＿＿＿＿＿＿＿＿＿＿＿＿＿＿

第 4 季度：＿＿＿＿＿＿＿＿＿＿＿＿＿＿＿＿＿＿＿＿＿＿＿＿＿＿

年底小结：＿＿＿＿＿＿＿＿＿＿＿＿＿＿＿＿＿＿＿＿＿＿＿＿＿＿

＿＿＿＿＿＿＿＿＿＿＿＿＿＿＿＿＿＿＿＿＿＿＿＿＿＿＿＿＿＿＿＿

订单登记

订单号									合　计
市　场									
产　品									
数　量									
账　期									
销售额									
成　本									
毛　利									
未　售									

产品核算统计

	P1	P2	P3	P4	合　计
数　量					
销售额					
成　本					
毛　利					

综合管理费用明细表

单位：百万元

项　目	金　额	备　注
管理费		
广告费		
保养费		
租　金		
转产费		
市场准入开拓		□区域　□国内　□亚洲　□国际
ISO 资格认证		□ISO9000　　□ISO14000
产品研发		P2（　）　P3（　）　P4（　）
其　他		
合　计		

利润表

项　目	上年数	本年数
销售收入		
直接成本		
毛利		
综合费用		
折旧前利润		
折旧		
支付利息前利润		
财务收入/支出		
其他收入/支出		
税前利润		
所得税		
净利润		

资产负债表

资　产	期初数	期末数	负债和所有者权益	期初数	期末数
流动资产:			负债		
现金			长期负债		
应收款			短期负债		
在制品			应付账款		
成品			应交税金		
原料			一年内到期的长期负债		
流动资产合计			负债合计		
固定资产:			所有者权益:		
土地和建筑			股东资本		
机器与设备			利润留存		
在建工程			年度净利		
固定资产合计			所有者权益合计		
资产总计			负债和所有者权益总计		

附录 B: 生产计划及采购计划表

生产计划及采购计划编制举例

表 B–1

生产线	产品/材料	第1年 第一季度	第二季度	第三季度	第四季度	第2年 第一季度	第二季度	第三季度	第四季度	第3年 第一季度	第二季度	第三季度	第四季度
1手工	产品			P1									
	材料		R1										
2手工	产品		P1										
	材料	R1			R1								
3手工	产品	P1	P1		P1								
	材料	R1											
4半自动	产品		P1			P1	P1	P1				P2	P2
	材料												
5	产品												
	材料												
……	产品												
	材料												
合计	产品	1P1	2P1	1P1	2P1								
	材料	2R1	1R1		1R1								

表 B-2

生产计划及采购计划编制（1~3 年）

生产线		第 1 年				第 2 年				第 3 年			
		第一季度	第二季度	第三季度	第四季度	第一季度	第二季度	第三季度	第四季度	第一季度	第二季度	第三季度	第四季度
1	产品												
	材料												
2	产品												
	材料												
3	产品												
	材料												
4	产品												
	材料												
5	产品												
	材料												
6	产品												
	材料												
7	产品												
	材料												
8	产品												
	材料												
合计	产品												
	材料												

表 B-3

生产计划及采购计划编制（4~6 年）

生产线		第 4 年				第 5 年				第 6 年			
		第一季度	第二季度	第三季度	第四季度	第一季度	第二季度	第三季度	第四季度	第一季度	第二季度	第三季度	第四季度
1	产品												
	材料												
2	产品												
	材料												
3	产品												
	材料												
4	产品												
	材料												
5	产品												
	材料												
6	产品												
	材料												
7	产品												
	材料												
8	产品												
	材料												
合计	产品												
	材料												

附录 C：开工计划表

第 1 年

产品	第一季度	第二季度	第三季度	第四季度
P1				
P2				
P3				
P4				
人工付款				

第 2 年

产品	第一季度	第二季度	第三季度	第四季度

第 3 年

第一季度	第二季度	第三季度	第四季度

第 4 年

产品	第一季度	第二季度	第三季度	第四季度
P1				
P2				
P3				
P4				
人工付款				

第 5 年

产品	第一季度	第二季度	第三季度	第四季度

第 6 年

第一季度	第二季度	第三季度	第四季度

第 7 年

产品	第一季度	第二季度	第三季度	第四季度
P1				
P2				
P3				
P4				
人工付款				

第 8 年

产品	第一季度	第二季度	第三季度	第四季度

第 9 年

第一季度	第二季度	第三季度	第四季度

附录 D: 采购及材料付款计划表

产品	第 1 年				第 2 年				第 3 年			
	第一季度	第二季度	第三季度	第四季度	第一季度	第二季度	第三季度	第四季度	第一季度	第二季度	第三季度	第四季度
R1												
R2												
R3												
R4												
材料付款												

产品	第 4 年				第 5 年				第 6 年			
	第一季度	第二季度	第三季度	第四季度	第一季度	第二季度	第三季度	第四季度	第一季度	第二季度	第三季度	第四季度
R1												
R2												
R3												
R4												
材料付款												

产品	第 7 年				第 8 年				第 9 年			
	第一季度	第二季度	第三季度	第四季度	第一季度	第二季度	第三季度	第四季度	第一季度	第二季度	第三季度	第四季度
R1												
R2												
R3												
R4												
材料付款												

参考文献

1. 姬小利. ERP 原理、应用与实践教程. 上海：立信会计出版社，2008.

2. 陈孟健. 企业资源计划（ERP）原理及应用. 修订第 2 版. 北京：电子工业出版社，2010.

3. 周玉清，刘伯莹，周强. ERP 原理与应用教程. 北京：清华大学出版社，2010.

4. 崔晓阳. ERP123——企业应用 ERP 成功之路. 修订第 2 版. 北京：清华大学出版社，2010.

5. 张涛. 企业资源计划（ERP）原理与实践. 北京：机械工业出版社，2010.

6. 陆安生. ERP 原理与应用. 北京：清华大学出版社，2010.

7. 韩景倜. ERP 综合实验. 北京：机械工业出版社，2010.

8. 陈延寿，宋萍萍. ERP 教程. 北京：清华大学出版社，2009.

9. 刘秋生. ERP 系统原理与实施及其案例分析. 南京：东南大学出版社，2009.

10. 陈光会，康虹. ERP 原理与应用. 西安：西北工业大学出版社，2009.

11. 狄建红. 会计电算化应用教程——用友 ERP-U8.50 版. 北京：人民邮电出版社，2010.

12. 龚中华，何平. 用友 ERP-U8（8.61 版）培训教程——财务/供应链/生产制造. 北京：人民邮电出版社，2009.

13. 易永珍. 用友 ERP 财务软件操作与应用. 大连：东北财经大学出版社，2008.

14. 陈明，张健. ERP 沙盘模拟实训教程. 北京：化学工业出版社，2009.

后 记

在成书过程中，作者参考了大量的 ERP 教辅书籍，也广泛听取了一些院校教师和学生的建议。从目前各院校 ERP 课程教学内容来看，可以细分为 ERP 理论、ERP 软件和 ERP 沙盘实训三种。但是目前的教辅书籍往往只涉及其中的一种或两种，涉及全部三种内容的尚不多见。同时，考虑到各院校 ERP 课程时数不多，本书压缩了空泛的文字内容，代之以大量的图表，增加了信息量和直观性。本书中的一些章节内容（如第十五章）在同类教辅书籍中尚属首次出现。

希望本书对各院校的 ERP 课程教学有所帮助。

张 平

2010 年 12 月

图书在版编目（CIP）数据

ERP 理论、应用与实训教程/张平主编. —北京：经
济管理出版社，2010.11
ISBN 978-7-5096-1161-6

Ⅰ．①E…　Ⅱ．①张…　Ⅲ．①企业管理—计算机管
理系统，ERP—高等学校—教材　Ⅳ．①F270.7

中国版本图书馆 CIP 数据核字（2010）第 223805 号

出版发行：**经济管理出版社**

北京市海淀区北蜂窝 8 号中雅大厦 11 层
电话：(010)51915602　　　邮编：100038

印刷：三河市海波印务有限公司　　　经销：新华书店

组稿编辑：王光艳　　　责任编辑：王光艳　邱永辉
技术编辑：杨国强　　　责任校对：蒋　方

720mm×1000mm/16　　　21.75 印张　　448 千字
2011 年 1 月第 1 版　　　2011 年 1 月第 1 次印刷
印数：1—3000 册　　　　　定价：40.00 元

书号：ISBN 978-7-5096-1161-6